Reihe Film 36 · Roberto Rossellini

Die Reihe Film stellt das Werk von Regisseuren, bestimmten Genres oder andere übergreifende Themen des internationalen Films in Monografien vor. Dabei werden die einzelnen Bände unter wechselnden Perspektiven und verschiedenen Aspekten erarbeitet. Eine umfangreiche Filmobibliografie gehört zu jedem Band.

Unter den vier großen Filmregisseuren des italienischen Neorealismus der unmittelbaren Nachkriegszeit (de Sica, Antonioni, Visconti und Rossellini) war der Römer Roberto Rossellini zuerst der bekannteste, dann der umstrittenste, schließlich der vergessenste.

Als der Chronist von ROMA, CITTÀ APERTA (Rom, offene Stadt. 1945) und PAISÀ (1948) 1977 starb, schien er bereits eine historische Figur der Filmgeschichte zu sein, aus der er sich 1963 verabschiedet hatte. Von da an hatte er seine großen Dokumentationen (z. B. L'ETÀ DEL FERRO. Die Eisenzeit. 1964 und LA LOTTA DELL' UOMO PER LA SUA SOPRAVVIVENZA, Der Kampf des Menschen um sein Überleben. 1967/69) und seine historischen Portraits (u. a. von Ludwig XIV., der Medicis, Pascals und Descartes, der Apostel und des Messias) für das Fernsehen gedreht.

»Realismus ist die künstlerische Form der Wahrheit«: Dieses ethisch-ästhetische Credo liegt dem scheinbar brüchigen und chaotischen, widersprüchlichen und disparaten Œuvre des Moralisten und Aufklärers Rossellini zugrunde. Bisher nur fragmentarisch wahrgenommen, zu großen Teilen verschüttet, wird im vorliegenden Band das weitgespannte Œuvre Roberto Rossellinis und dessen künstlerische Breite, Vielfalt und innere Konsequenz in Interviews, in Essays, kommentierter Filmografie und umfassendem Datenteil für den deutschen Sprachraum erstmalig vor- und dargestellt.

Die Autoren

Rainer Gansera (1948, Bamberg). Studium an der Hochschule für Fernsehen und Film in München. 1972–79 in der Redaktion der »Filmkritik«. Kinder- und Jugendfernsehen, Features, ein Spielfilm, Mitarbeiter bei »epd-Film«. Lebt in München.

Wolfgang Jacobsen (1953, Lübeck). Studium Germanistik, Theaterwissenschaft, Kunstgeschichte. Magisterarbeit über Alexander Kluge und Rainer Werner Fassbinder. Seit 1981 freier Mitarbeiter der Stiftung Deutsche Kinemathek, Berlin. Journalistische Arbeiten für Rundfunk und Presse. Lebt in Berlin.

Peter W. Jansen (1930, Elsdorf). Verlagsbuchhändler, Studium Germanistik, Geschichte, Soziologie. Dr. phil. Redakteur bei »Der Mittag« (Düsseldorf), WDR (Köln), »Frankfurter Allgemeine«. Seit 1966 beim Südwestfunk (Baden-Baden). Lebt in Gernsbach/Baden.

Carlo Lizzani (1922, Rom). Kritiker der Zeitschriften »Cinema« und »Bianco e Nero«, dann Regieassistent u. a. bei de Santis und Rossellini. Er drehte seinen ersten langen Spielfilm (»Achtung! banditi«) 1951. Lizzanis Œuvre ist Zavattinis Begriff vom authentischen Neorealismus verpflichtet, beschäftigt sich häufig mit der Zeit des Faschismus. Seine Filme wurden mehrfach ausgezeichnet. Lizzani hat 1953 eine »Geschichte des italienischen Kinos« publiziert und war von 1979 bis 1982 Direktor der »Mostra del cinema« in Venedig. Er lebt in Rom.

Rudolf Thome (1939, Wallau, Lahn). Nach dem Studium der Germanistik und Geschichte, Filmkritiker der »Süddeutschen Zeitung« (1962/68), der Zeitschriften »Film« (1963/64) und »Filmkritik« (1962 und 1973) und beim Berliner »Tagesspiegel« (seit 1973). Nach ersten Kurzspielfilmen (»Die Versöhnung«, 1964/65 und »Stella«, 1966), lange Spielfilme u. a. »Detektive« (1968), »Made in Germany und USA« (1974), »Berlin Chamissoplatz« (1980) und »Tarot« (1986). Lebt in Berlin.

Roberto Rossellini

Reihe Film 36

Mit Beiträgen von
Rainer Gansera
Wolfgang Jacobsen
Peter W. Jansen
Carlo Lizzani
Rudolf Thome

Carl Hanser Verlag

Die Reihe Film wird herausgegeben
in Zusammenarbeit mit der
Stiftung Deutsche Kinemathek
von Peter W. Jansen und Wolfram Schütte

Redaktionsschluß 31. Juli 1987

ISSN 0172-8267
ISBN 3-446-14629-6
Gesamtherstellung: Appl, Wemding
Printed in Germany

Inhalt

Im zerbombten Berlin
Mit Rossellini während Germania anno zero
von Carlo Lizzani   7

»Die Dinge haben Sinn, weil jemand sie anblickt«
Stichworte zu Rossellini
von Rainer Gansera   13

Interview 1
von Maurice Schérer (Eric Rohmer) und
François Truffaut   59

Interview 2
von Jean Domarchi, Jean Douchet, Fereydoun Hoveyda   75

Interview 3
von E. Bruno, A. Cappabianca, E. Magelli, M. Mancini   93

Kommentierte Filmografie
von Rudolf Thome   103

La nave bianca   103
Un pilota ritorna   106
L'uomo della croce   107
Desiderio   112
Roma, città aperta. *Rom, offene Stadt*   115
Paisà. *Paisà*   125
Germania, anno zero. *Deutschland im Jahre Null*   135
L'amore. *Amore*   140
La macchina ammazzacattivi. *Die Maschine, die die Bösen tötet*   143
Stromboli, terra di dio. *Stromboli*   147
Francesco, giullare dio. *Franziskus, der Gaukler Gottes*   152
L'invidia. *Neid*   158
Europa 51. *Europa 51*   160
Dov'è la libertà?   164
Ingrid Bergman   167
Viaggio in Italia. *Liebe ist stärker*   169
Napoli 43   177

Giovanna d'arco al rogo 178
Angst 180
L'India vista da Rossellini 187
India, matri bhumi 189
Il Generale della Rovere. *Der falsche General* 193
Era notte a Roma. *Es war Nacht in Rom* 200
Viva l'Italia. *Viva l'Italia* 207
Vanina Vanini. *Der furchtlose Rebell* 212
Anima nera. *Schwarze Seele* 217
Illibatezza 222
L'età del ferro 225
La prise de pouvoir par Louis XIV.
   Die Machtergreifung Ludwigs XIV. 227
Idea di un'isola 233
La lotta dell'uomo per la sua sopravvivenza 233
Atti degli Apostoli 238
Socrate 240
Blaise Pascal. *Blaise Pascal* 243
Agostino d'Ippona (Von Peter W. Jansen) 247
L'età di Cosimo de' Medici (Von Peter W. Jansen) 250
Cartesius. *Descartes* 255
L'anno uno (Von Peter W. Jansen) 258
Il Messia. *Der Messias* 261

Daten
Von Wolfgang Jacobsen 269

Biografie 269
Filmografie 273
Bibliografie 305

Im zerbombten Berlin
Mit Rossellini während Germania anno zero

Von Carlo Lizzani

Ich lernte Rossellini 1942 kennen, als ich in der Redaktion der Zeitschrift *Cinema* verkehrte (jener von Vittorio Mussolini geleiteten Zeitschrift, die der Treffpunkt vieler zukünftiger Vertreter der neorealistischen Bewegung war: Visconti, de Santis, Antonioni, der Maler Guttuso, Zavattini usw.).

Ein seltsamer Verein, diese Zeitschrift *Cinema*! Der Sohn des Duce hatte stets eine Vorliebe für das amerikanische Kino, obgleich es die Regierung seines Vaters schon vor Jahren aus den italienischen Kinosälen verbannt hatte. Und er hatte einige Kampagnen angeführt, die eine Wende des italienischen Films hin zu mehr Authentizität, zu einer deutlicheren Nähe zur Wirklichkeit der Bevölkerung des Landes bewirken sollte. Dennoch hatten es die »popularistische« Sprache und die pseudosozialistischen Formulierungen der faschistischen Doktrin in der Zeitschrift *Cinema* – ähnlich wie in anderen faschistischen Kulturzentren – Stück für Stück ermöglicht, daß sich antikonformistische, ja geradezu oppositionelle Intellektuellengruppen bildeten, die diese Sprache und die Formeln wörtlich nahmen, sich so dem *wahren* Sozialismus, dem Marxismus näherten und eine solidarische Bewußtseinshaltung mit nachgerade umgekehrten Vorzeichen festigten.

In jenen Jahren erschien Rossellini als der am wenigsten mit dem Prozeß der wahren und wirklichen »Fronde« Beschäftigte. Und doch war gerade er es, der in den Jahren 45 und 46 Werke schuf, die die neorealistische Botschaft in aufsehenerregender Weise über die Grenzen des Landes hinaustrugen: ROMA, CITTÀ APERTA und PAISÀ. Visconti, der als erster mit dem Film *Ossessione* 1942/43 die grundlegenden Prinzipien des Neorealismus in Bilder übersetzt hatte, erfuhr erst sehr viel später internationale Anerkennung, nachdem er einen wesentlich längeren und verschlungeneren Weg durchlaufen hatte.

Meine Freude war also sehr groß, als ich über einen gemeinsamen Freund, den Kunstkritiker Antonello Trombadori – damals noch intensiv mit Kino beschäftigt –, das Angebot von Rossellini erhielt, ihm als Regieassistent und Drehbuchautor nach Berlin zu folgen. Es war im Juni 1947, und allein schon die Tatsache, die Stadt, die das Epizentrum des Zweiten Weltkriegs gewesen war, aus der Nähe zu sehen, hätte für jeden ein Ereignis von außergewöhnlicher Bedeutung dargestellt. Nur wenige Journalisten (und nur dann, wenn sie Bürger der vier Besatzungsmächte Frankreich, USA, England und UdSSR waren) erhielten hin und wieder Ausnahmegenehmigungen zum Betreten der Stadt, die jetzt tödlich zerstört dalag und die noch vor wenigen Jahren Europa beherrscht hatte und die Welt erzittern ließ. Darüber hinaus bekam ich die Gelegenheit, den Schaffensprozeß eines Mannes zu verfolgen, der – sei es in Paris, Hollywood, London oder Moskau – schon als »Maestro« galt.

Die Idee, Rossellini Dreharbeiten in Berlin zu gestatten, ging von Frankreich aus, das den römischen Cineasten »adoptiert« hatte. Ich war der einzige Italiener, der ihn begleitete. Der Rest des Teams bestand aus Franzosen. Der deutsche Drehbuchautor war Max Colpet, der Roberto von Marlene Dietrich vermittelt wurde (die damals mit Jean Gabin zusammen war und sich in Paris sehr mit Rossellini angefreundet hatte). Colpet, in Wirklichkeit halb Pole (ich glaube, sein Name war Colpetinsky), halb Österreicher, war eine bekannte Persönlichkeit im Wien und Berlin der »wilden« zwanziger Jahre.

Die beste Art, die Stimmung der Monate wiederzugeben, die wir mit den Vorbereitungen und dem Drehen der Außenaufnahmen zu GERMANIA ANNO ZERO in Berlin zugebracht haben, ist wohl, einen Brief an den italienischen Freund wieder zu lesen, der mein Engagement bei Rossellini gefördert hatte und dem ich versprochen hatte, ihm Neuigkeiten aus erster Hand von diesem außergewöhnlichen Drehort zukommen zu lassen. Ich habe meinem Freund fünf Briefe geschrieben, die dieser glücklicherweise aufgehoben hat und deren Veröffentlichung erst in ein paar Jahren ich mir vorbehalte, aus gewissen delikaten Gründen, die das Privatleben von Personen betreffen, die noch leben. Der Brief, den ich meinem Freund Schütte gerne zur Verfügung stelle, ist der zweite. Ich versehe ihn mit einigen Anmerkungen, doch allein schon dieser Brief läßt das allgemeine Hochgefühl der persönlichen Bereicherung, die ich an der Seite von Rossellini erfahren habe, erahnen: die Geburt des Films aus zufälligen Begegnungen, aus kleinen Erlebnissen, aus einem zufälligen Umherstreifen durch die große Stadt, die nach der großen Niederlage gleich einem erlahmten Riesen daniederlag (in diesem Sinn ist auch die Erwähnung des »Oblomowismus« der Deutschen zu verstehen, etwas, was heute unbegreiflich erscheinen mag).

Meine Selbstbeschreibung als ein kleiner Virgil, der Dante/ Rossellini durch die Hölle begleitet, liegt darin begründet, daß Rossellini mich einen Monat lang in Berlin alleinließ, damit ich ihm den Boden bereitete und ihm soviel wie möglich schriftliche Notizen über das tägliche Leben und die eigenartigen Typen der Stadt abfaßte.

Berlin, den 1. August 1947

Lieber Antonello,
glücklicherweise geraten die Dinge hier jetzt in Bewegung, am ersten Abend war Roberto schon sehr verdrossen, und ich befürchtete, er könnte von einem Moment auf den anderen einfach weggehen.

Dann haben wir damit begonnen (und hierbei habe ich ihm sehr geholfen), einige merkwürdige und kuriose Abende zu verbringen, und jetzt hat ihn eine Zuneigung zu Berlin erfaßt. Hauptsächlich ist er froh darüber, hier einen gewissen Treuberg[1] gefunden zu haben, seinen Jugendfreund aus dem mondänen römischen Umfeld von vor 15 Jahren (jetzt ist er Kommunist und Berater der DEFA[2]). Roberto ist darüber begeistert. Und natürlich hat die neue Freundschaft den endgültigen Fall Colpets in Ungnade besiegelt. Andererseits weißt Du ja, wie Roberto ist, er hat noch nicht den Mut, Colpet zu entfernen, und nun sind wir gezwungen, unter seltsamen Winkelzügen zu arbeiten, indem wir uns in Treubergs Haus verstecken (ein wunderhübsches, modernes Haus. Man meint, in einer Villa in Pairoli zu sein und vor dem Tor die Piazza Ungheria vorzufinden) und nachts an dem Drehbuch arbeiten usw., usw.

Mir nutzt die neue Freundschaft sehr, denn wir drei ergänzen uns bestens und Treuberg kann einige meiner Vorschläge för-

9

dern. Roberto ist mit mir zufrieden und hat alle Ideen, die ich ihm unterbreitet habe, angenommen. Das Drehbuch ist *im Verhältnis zu der Art, wie Roberto dreht,* jetzt zufriedenstellend. Es ist reicher an Fakten, gleichzeitig hat es eine klare, dramatische Linie und einen mitreißenden Rhythmus ohne Hänger. Wir haben schon alle Ideen im Kopf, und bis in der Früh um vier reden wir über den Film, jedoch hauptsächlich über die Zeit und andere Dinge. Während der Dreharbeiten werden wir die Dialoge schreiben und die Szenen auflösen. Ich wiederhole, *im Verhältnis zu Robertos Stil* ist das Drehbuch, so wie es ist, in Ordnung, und ich bin ziemlich beruhigt.[3] Die Deutschen sind von einem wirklich außergewöhnlichen Oblomowismus, und der Oblomowismus Robertos findet hier eine ideale Grundlage. Es kann uns passieren, daß wir uns nachts – ohne zu wissen, wie – inmitten einer großen Villa wiederfinden, in der dreihundert Schweizer ihren nationalen Gedenktag feiern und wir ohne genauen Grund bis zum Morgen dableiben; oder es kann uns passieren, daß wir stundenlang an einem Tisch mit Hans Albers und einem kleinen, unscheinbaren Typ sitzen, der sich dann als Besitzer eines der größten Zirkusse herausstellt (wie würde sich Gianni[4] vergnügen!) und der anfängt, dir zu erzählen, wie er die Zähne der Elefanten abbricht, die Bären dressiert und die Haustür mit dem Daumen aufsprengt, wenn er die Schlüssel vergessen hat. Heute abend hat er uns in seinen Zirkus eingeladen, wo er uns zu Ehren eine spezielle Nummer mit seinen Elefanten darbieten wird. An einem der nächsten Abende werden wir mit Ciaureli[5] zu Abend essen, der wegen eines Films hier in Berlin ist. Alles in allem verfliegt die Zeit sehr angenehm, auch wenn man wenig zum Schlafen kommt. Mittwoch fangen wir mit den Dreharbeiten an. Wir werden drei oder vier Tage »dokumentarisch« arbeiten und dann zu einer neuen Szene übergehen: die Masse, die sich mitten auf der Straße auf ein totes Pferd stürzt, es zerteilt und sich dann um das Fleisch und die Knochen streitet. Falls wir im normalen Rhythmus arbeiten, dann könnten wir die Außenaufnahmen hier in Berlin bis spätestens zum 15. September abgeschlossen haben.

Ich habe ein sehr nettes und intelligentes Mädchen kennengelernt.[6] Ich möchte Dir meine finanzielle Situation ans Herz legen. Ich weiß, daß sich Guarini darum kümmert. Mein Va-

Germania, anno zero

ter hat nach einem Monat noch immer keine Lira erhalten.
Gut, ich kann warten, aber informiere Dich bei Guarini, ob
die Überweisungen, die mir Roberto gab, mit meinem Ver-
trag übereinstimmen, der folgendes besagt: eine Pauschale
von 200 000 Francs (zusätzlich zu den Spesen), die in Rom ab
Anfang Juli in wöchentlichen Raten zu 25 000 Lire zahlbar
ist.
Ich umarme Dich und grüße mir alle

Carlo

P.S.: Schreib immer nach Paris.

Tatsächlich war die Rückkehr nach Rom für die Innenauf-
nahmen für mich eine Enttäuschung. Roberto hätte sie auch
in Berlin drehen sollen. An Originalschauplätzen wären sie
außergewöhnlich geworden. Der Film, der dann ja wunder-
schön wurde, hätte vielleicht in Verbindung mit den Außenaufnahmen durch die ungewöhnliche Roheit der Innenräu-
me noch gewonnen (auch wenn die »Wirklichkeitsnähe« der
Aufnahme am Originalschauplatz – wie ich es immer vertre-
ten hatte – nicht ausschlaggebend ist für den neorealistischen
Stil). Berlin stellte eine Ausnahme-Wirklichkeit dar; deswegen war meine Enttäuschung so groß. Doch die Magnani,
mit der Roberto eine Beziehung hatte, sperrte sich dagegen.

Sie hatte Angst vor langen Reisen und vor dem Fliegen, und aus diesem Grund hatte Roberto auf die Rückkehr nach Rom gedrungen.

Die Rückkehr nach Rom war mit vielen Problemen verbunden, da die deutschen Schauspieler erst zwanzig, dreißig Tage nach uns ankamen. Sie benötigten die Ausreisegenehmigung von den Militärbehörden aller vier Besatzungsmächte. Aus einer Stadt wie Berlin kommend, wo die Ernährungsprobleme in den letzten Jahren extrem schwierig waren, stopften sie sich zunächst tagelang mit Pizza, Cappuccino und Pastasciutta voll und wurden dicker. Unterdessen war die Produktion aufgrund von Währungs- und finanziellen Problemen gestoppt worden, und die Konstruktion der Innenbauten ging nur langsam voran. Als wir dann die ersten Szenen drehten, bekamen wir Schwierigkeiten bei der Montage, denn zuerst sah man abgemagerte Gestalten auf den Straßen Berlins und dann die gleichen Gestalten, aber viel dicker (es schienen andere Personen zu sein). Sobald sie die Bühnenbauten betraten, waren sie kaum wiederzuerkennen. Die Sache war wirklich grotesk. Also haben wir weitere 15 Tage verloren in Erwartung, daß die Schauspieler wieder abnahmen. Nun ja, der Film wollte nicht enden. In der Zwischenzeit hatte ich die Gelegenheit bekommen, mit Giuseppe de Santis an dem Drehbuch eines Films zu arbeiten, der auch sehr berühmt wurde: *Riso amaro*. Doch die Zusammenarbeit mit Rossellini wird mir immer in Erinnerung bleiben.

1 Der Graf Franz von Treuberg, Schriftsteller und Drehbuchautor, vor dem Krieg nach London emigriert, Freund der bekanntesten antifaschistischen deutschen Intellektuellen, hatte Anfang der 30er Jahre die Universität in Rom besucht.
2 Die DEFA, die ehemalige UFA, war der Stützpunkt für alle ausländischen Teams, die zu Dreharbeiten nach Berlin kamen.
3 Das Drehbuch bestand am Vorabend der Dreharbeiten in Wirklichkeit aus 15 kleinen Seiten. Jede kleine Seite beschrieb zwar in Form von Zusammenfassungen, jedoch mit unverwechselbarer Klarheit – da sie in Wochen der Diskussionen gereift war – eine Sequenz.
4 Gianni Puccini war der Co-Direktor der Zeitschrift *Cinema*.
5 Ciaureli war der berühmteste sowjetische »Regime«-Regisseur. Eine weitere kuriose Begegnung war die mit Billy Wilder. Auch er war mit einigen Außenaufnahmen für einen seiner Filme beschäftigt.
6 Die Malerin Edith Bieber, die ich dann geheiratet habe.

Übersetzung: Pit Riethmüller

»Die Dinge haben Sinn, weil jemand sie anblickt« Stichworte zu Rossellini

Von Rainer Gansera

Motto. »Schlimmstenfalls kommt ein weiterer schlechter Film heraus – also, wo ist das Problem?« (Rossellini zu George Sanders bei den Dreharbeiten zu VIAGGIO IN ITALIA)

Bekehrung. Zu Rossellinis Filmen wird man bekehrt. Nicht wie zu einem definierten Weltbild, oder zu einer bestimmten Bildwelt, sondern in solchen Momenten, in denen sie uns eine Öffnung der Sicht mitteilen. Seine Filme sind Suche, Erforschung, Reise, mit allen Risiken des Mißlingens, aller Offenheit für das Unvorhergesehene. Sie ermöglichen eine Umkehr der Sicht, aber steuern nicht auf sie zu, verlangen sie nicht ab. Eric Rohmer: »Das ist mitten in STROMBOLI passiert. Während der ersten Minuten der Projektion empfand

Stromboli

Viaggio in Italia

Viaggio in Italia

ich genau die Grenzen dieses Realismus à la Sartre, in die, wie ich glaubte, der Film sich einschließen würde. Ich habe den Blick auf die Welt, zu dem er mich einlud, verabscheut, bis ich verstand, daß er mich *auch* dazu einlud, über ihn hinauszugehen. Und da also geschah die Konversion. Das ist das Wunderbare an STROMBOLI, das war mein Damaskuserlebnis: mitten im Film war ich konvertiert und habe die Optik gewechselt.«[1]

Wunder. Am Schluß von VIAGGIO IN ITALIA, wenn sich George Sanders und Ingrid Bergman schon einig sind über ihre Scheidung, geraten sie in Neapel in eine Prozession. Sie verlieren sich in der Menge. Da geschieht in der Prozession etwas, das aussieht wie eine Wunderheilung. Das Paar findet sich wieder, die beiden umarmen, versöhnen sich. Dieses »Parallelwunder« war Gegenstand großer Exegesen, denn: ganz eindeutig ist es nicht, und die Schlüsse in Rossellinis Filmen sind keine Abschlüsse, kein Fazit, keine aufgehende Rechnung; seine Filme kehren, wie Rivette geschrieben hat, »in die Zeit zurück wie der Fluß ins Meer und haben am Ende nur die banalsten Bilder«.
So sieht man auch hier ganz zum Schluß nicht den Geheilten, nicht das wiedervereinte Paar, sondern unbeteiligte Zuschauer der Prozession. Alain Bergala schrieb dazu: »Das Wunder geschieht mittels Ansteckung: die Figuren werden von einer Gnade berührt, die sie nicht direkt anzielt, wenn man so sagen kann. So wird auch der Zuschauer im Kinosaal in einem Augenblick von dieser Gnadenansteckung berührt – oder er wird es nicht, das ist Rossellinis Risiko –, den zu programmieren der Film sich weigert.«[2]

Verstehst du? Es müßte schon ein Wunder geschehen, daß die Menschen sich verstehen. Oder: man versteht schon zu genau und will es nicht wahrhaben. Von den Gesten des amerikanischen Soldaten in der Sizilien-Episode von PAISÀ, mit denen er Carmela klarmachen will, daß er zuhause Milch-Ausfahrer ist, bis zum Disput zwischen Pascal und Descartes darüber, wie man zu Gewißheiten gelangt, beschreibt Rossellini genau und ohne Lamento die Situationen des Nicht-Verstehens, des Mißverstehens, des Aneinander-vorbei-Redens.

Viaggio in Italia

PAISÀ, Neapel-Episode, die Elendsquartiere an der Peripherie Neapels. Joe, dem amerikanischen Soldaten, wird es angesichts der Not immer unwohler zumute, aber er will seine Stiefel zurückhaben, die ihm der kleine Pasquale gestohlen hat. Schließlich sind sie allein in einer höhlenartigen Behausung.

Joe: Where's your mother and father?

Pasquale (tritt vor ihn hin): Nun te capisco!

Joe (sieht sich um, blickt Pasquale nicht an): Dov'è mamma and pappa?

Pasquale (sich aufrichtend, deutlich erklärend): Mamma e papà nun ce stannu cchiú. So' morti ... 'e bombe!

17

Joe wendet sich von ihm ab.
Pasquale (off): Bum, bum! Capisci? 'E bombe! Bum, bum!
Pasquale sieht Joe an, neugierig forschend, ob er verstanden
hat; der eilt davon.

Realismo. Am liebsten wolle er als Autor ganz hinter dem
Werk verschwinden, sagte Rossellini zur Zeit der Produktion
der TV-Serien (L'ETÀ DEL FERRO, LA LOTTA DELL'UOMO PER LA
SUA SOPRAVVIVENZA), Mitte der 60er Jahre, bei denen sein
Sohn Renzo Regie führte. Dann aber legte er selbst wieder
Hand an und setzte ein Werk fort, dessen Handschrift sich
am wenigsten auf der Ebene von Schrift-Zeichen festmachen
läßt.
Begonnen hat Rossellini seine Filmarbeit nach einigen Kurz-
filmen mit drei zwischen 1941-43 produzierten Spielfilmen,
LA NAVE BIANCA, UN PILOTA RITORNA, L'UOMO DELLA CROCE,

La prise de pouvoir par Louis XIV.

Socrate

die die Kriegsmaschine zu Wasser, Luft und Land begleiten. Es sind dies auch Propagandafilme für das faschistische Regime, aber gemessen an der Parole, die in einem Kriegsschiff

Blaise Pascal

zu lesen ist, wonach Mensch und Maschine eins sein sollen, sind sie konträr, dissident, und zeigen Menschen, die ins Getriebe und zwischen die Kriegsmaschinenfronten geraten. Was in diesen Filmen bereits an »Keimen des Neorealismus« vorhanden ist (an einer Haltung, die die Menschen in ihre Realität freigibt), wird noch von pathetischen, ideologischen, süßlichen Klischees überlagert. Zu entscheidender Freiheit seines Stils sei er erst ab PAISÀ gelangt, sagte Rossellini, und unter seinen folgenden Filmen gebe es noch zwei, drei, für die er sich schäme, weil er sie nur des Geldes wegen gemacht habe.

Bekannt wurde Rossellini mit ROMA, CITTÀ APERTA. Sein Neorealismus wurde in der Addition des Sujets Krieg-Résistance mit dem Gebrauch von Laiendarstellern und natürlichen Dekors gesehen. Dementsprechend wurden seine Filme mit Ingrid Bergman oder gar die Reihe seiner TV-Filme über Ludwig XIV., Sokrates, Pascal, Cosimo de' Medici, Augustinus, Descartes … als Verfehlung oder Abgesang aufgefaßt. In den 50er Jahren gab es einen Kritiker, der die Eigenheit des Neorealismus auf besondere Weise beschrieb und auf der Kontinuität im Werk Rossellinis beharrte: André Bazin.[3]

»Nach meiner Meinung ist es das Verdienst des italienischen Films, noch einmal daran erinnert zu haben, daß es keinen ›Realismus‹ in der Kunst geben kann, der nicht zuallererst und zutiefst ›ästhetisch‹ ist.«

»Es gibt im wahrsten Sinn des Wortes keinen ›ästhetischeren‹ Film als PAISÀ.«

(Bazin hält die Gegenüberstellung Realismus-Ästhetizismus für fruchtlos. Die Konvertiten von der »Wirklichkeitswiderspiegelung« zum »reinen filmischen Zeichen« charakterisieren die Fruchtlosigkeit. Für Bazin ist der Neorealismus ein Realismus des Stils, nicht einer des Sujets.)

»Alle Personen sind überwältigend wahrhaft, keine ist auf den Zustand des reinen Objekts oder Symbols reduziert, der es ermöglichen würde, sie bequem zu hassen, ohne vorher auf ihre eigentliche Humanität zu stoßen.«

L'età di Cosimo de' Medici

Agostino d'Ippona

»Fahrten und Schwenks haben nicht den nahezu göttlichen Charakter, den ihnen in Hollywood der fahrbare Kamerakran verliehen hat … Die italienische Kamera hat etwas von der Humanität der Bell & Howell-Wochenschaukamera übernommen, die Einheit von Hand und Auge, eine weitgehende Identifikation mit dem Menschen und die vollkommene Übereinstimmung mit seiner Aufmerksamkeit.«

(Daß sich – wie Rossellini sagte – seine Ästhetik aus einer Ethik der Nächstenliebe herleite, läßt sich noch genauer so sagen: der Grundimpuls seiner Ethik ist nicht ein Sollen,

Cartesius

sondern ein Aufwachen zur Wirklichkeit; aus dieser Bewegung entsteht seine Ästhetik parallel.)

»Die Einheit der Filmerzählung in PAISÀ ist nicht die Einstellung, der abstrakte Blickpunkt auf die Realität, die analysiert wird, sondern die ›Tatsache‹. Fragment der unbearbeiteten Realität, in sich selbst vielfältig und vieldeutig, deren ›Sinn‹ sich nur im nachhinein aufgrund anderer ›Tatsachen‹ ergibt, zwischen denen der Verstand Beziehungen herstellt. Zweifellos hat der Regisseur diese ›Tatsachen‹ genau ausgewählt, jedoch indem er ihre Integrität respektiert.«

(Bazin entdeckte, daß das filmische Bild kein »Bild« ist, eher ein Abdruck, in den die Gegenstandswelt ganz anders hineinragt als in die Bildnisse der bildenden Künste. So muß sich auch die Autorschaft im Film weniger auf die künstlerische Subjektivität als auf die gegenständliche Objektivität richten.)

»Die Erzähltechnik Rossellinis behält zweifellos einen bestimmten begreifbaren Ablauf der Ereignisse bei, aber diese greifen nicht wie bei der Kette eines Zahnrades ineinander über. Der Verstand soll von einer Tatsache zur anderen springen, wie man von einem Stein zum anderen springt, um einen Fluß zu überqueren.«

»Der Neorealismus steht im Gegensatz zu den realistischen Ästhetiken, die ihm vorausgegangen sind, insbesondere zum Naturalismus und zum Verismus insofern, als sein Realismus nicht so viel über die Wahl des Sujets als über das sich Bewußtwerden der Dinge mitteilt.«

»Der traditionelle realistische Künstler (Zola zum Beispiel) analysiert die Realität, um dann eine seinem moralischen Weltverständnis entsprechende Synthese herzustellen, während das Bewußtsein des neorealistischen Regisseurs die Realität filtert.«

(Ein noch stärkerer Gegensatz besteht zu den expressiven, symbolistischen Ästhetiken. Rossellini ist realistischer, und das heißt also ästhetischer als Fritz Lang oder Eisenstein. Wenn sich diese in Bildkomposition, Montage und Wirklichkeitsstyling um symbolhafte, zeichenhafte Wirksamkeit bemühen, dann entstehen dabei eher Phänomene der Massenpsychologie als solche der Ästhetik. Anders gesagt, Filme sind in dem Maß schlecht, in dem sie aus Symbolen, Zeichen, Konventionen, dramatischen, moralischen und affektiven Hieroglyphen bestehen.)

»Von allen italienischen Regisseuren ist Rossellini derjenige, der die Ästhetik des Neorealismus am weitesten vorangetrieben hat.«

»Das rossellinische Universum ist ein Universum der reinen Tatsachen, die, in sich selbst unbedeutend, die plötzliche und strahlende Offenbarung ihres Sinns vorbereiten, gleichsam ohne göttliches Vorwissen.«

»Niemand hat die Ereignisse in einer strengeren, unbestechlicheren und vollkommeneren transparenten ästhetischen Struktur vorgeführt als der Autor von EUROPA 51.«

»Die Kunst Rossellinis ist die Fähigkeit, den Tatsachen die zugleich dichteste und eleganteste Struktur zu geben, nicht die grazilste, sondern die schärfste, direkteste und rücksichtsloseste.«

»Die Kunst Rossellinis ist linear und melodisch. Es ist richtig, daß mehrere seiner Filme an eine Skizze erinnern, der Strich deutet mehr an, als daß er ausmalt.«

Œuvre. Die jungen Autoren der *Cahiers du Cinéma* (Truffaut, Rivette, Rohmer, Godard) haben die Vorwürfe gegen Rossellini (»kunstloser Dokumentarismus«) direkt gekontert. Godard: »INDIA macht in allem genau das Gegenteil vom üblichen Kino: das Bild ist nur das Komplement der Idee, die es hervorruft ... INDIA umfaßt das Weltkino, wie die Theorien von Riemann und Planck die klassische Geometrie und Physik umfassen.«[4]

Rivette hat in seinem »Brief über Rossellini« (dem vielleicht schönsten Essay über den Regisseur) Vergleiche mit Matisse, Goethe, Mozart gezogen.

Rossellini hat sich kaum um die Konservierung seines Werks gekümmert, weder durch ausführliche Kommentare noch durch Rekonstruktion authentischer Filmfassungen – und ein Großteil seiner Filme liegt nur in Fassungen vor, worin die Scheren der Produzenten, Verleiher, Zensoren ihre Spuren hinterlassen haben. Seine Filme wollte er sich nachträglich nie mehr wieder anschauen, »wenn mir einer davon gefallen würde, würde ich ja versuchen, ihn nochmal zu machen«.

Die nähere Bekanntschaft mit den jungen *Cahiers*-Autoren begann mit einem Brief Truffauts an Rossellini: »Lieber Herr Rossellini, Ihr Film VIAGGIO IN ITALIA, den wir sehr lieben,

India

wird in einer völlig verstümmelten Version gezeigt, sowohl in der Synchronisierung wie in der Montage. Der Verleiher, M. Caradou, ist sogar so weit gegangen, ihm den Titel ›La Divorcée de Naples‹ zu geben.«[5]

La macchina ammazzacattivi

Vor-Bild. Die »Maschine, die die Bösen vernichtet«, LA MAC-
CHINA AMMAZZACATTIVI, ist ein Fotoapparat. Dem Fotografen einer kleinen Ortschaft an der amalfischen Küste hat der
Heilige Andreas den Trick gezeigt, wie er mit dem Fotoapparat eine scharfrichterliche Funktion ausüben kann. Er muß
nur eine Fotografie des aufs Korn Genommenen noch einmal abfotografieren, und schon erstarrt dieser in der abgebil-
deten Positur. Der Heilige Andreas, so stellt sich am Schluß
heraus, war ein Teufel, der die Aufgabe hatte, mit dieser Maschine üblere Verheerungen auf der Erde anzurichten, als es
die Atombombe vermag. Aber auch dieser Teufel ist kein Ab-
ziehbild des Dämonischen, nur ein armer, alter Teufel, der
seine Mission vermasselt.
Gleichnishaft zeigt Rossellini mit dieser Fotografier-Tötungs-
Maschine jene Ethik-Ästhetik, die er immer zu vermeiden
trachtet. (Ganz frei von klischeehaften Zeichnungen des
»Bösen« ist Rossellini nicht. So konnotiert er in ROMA, CITTÀ
APERTA das Verwerfliche deutlich mit dem sexuell Verwerfli-
chen, mit Drogen und homosexuellem touch bei Maria Mi-

Il messia

chi; und der Hinkefuß-Spitzel in ERA NOTTE A ROMA ist über-
deutlich.) Aber: die vorgefertigten Bilder sind zu meiden;
denn sie zu kopieren führt zu tödlicher Erstarrung.
Pascal: »Der Mensch ist weder Engel noch Tier, und das
Unglück will, daß, wer den Engel will, das Tier macht.« –
Wenn man sich all die Bilder vor Augen hält, die im Laufe
der Jahrhunderte von den Lebensstationen des Jesus von
Nazareth gemacht wurden, die ganze christliche Ikonografie
bis hin zu den unzähligen Verfilmungen, dann spürt man an
Rossellinis IL MESSIA die Kraft, sich gegen die Gerinnung der
Darstellung in bekannten Vorbildern zur Wehr zu setzen. In
den Kostümen, Farben, Arrangements erinnert IL MESSIA bis-
weilen an Krippendarstellungen, und er vermeidet auch
nicht die bekannten Motive; aber zum Beispiel das Bild der
Pietà, der trauernden Maria mit dem Leichnam Jesu auf dem
Schoß, wird allein schon durch den Zoom auf die Figuren im
Hintergrund von aller bildhaften Eingerahmtheit befreit.
Beim Kreuzestod sieht man die drei nebeneinanderstehen-
den Kreuze zuerst nur flüchtig in mehrmals hin- und herge-

henden Zoom- und Schwenkbewegungen, welche auf Kinder beim Spiel gerichtet sind, auf Soldaten, die auf der Stadtmauer patrouillieren, auf eine kleine Karawane mit Esel und Kamel: eine Szenerie nebeneinanderherlaufender alltäglicher Ereignisse, zu der schließlich auch das Vorhandensein der drei Kreuze gehört. Von einem entfernten kleinen Hügel aus sehen Maria und ihre Begleiter das Sterben Jesu am Kreuz, Maria senkt den Blick.

Die vielen Zooms in IL MESSIA haben manchen verwirrt – im Vergleich zu den ruhigen, konzentrierten Bewegungen in SOCRATE, BLAISE PASCAL, CARTESIUS, auch im Vergleich zur ruhiger atmenden Apostelgeschichte, ATTI DEGLI APOSTOLI, die sich zum Teil an denselben Örtlichkeiten abspielt. Warum verwandte Rossellini bei IL MESSIA derart exzessive Kamerabewegungen? Vielleicht deshalb, weil hier die Notwendigkeit stärker war, den vorgefertigten Bildern auszuweichen; und dann ist in diesen Messias-Ereignissen noch eine ganz andere Dynamik wirksam. Die Apostelgeschichte hat Rossellini wie ein Geschichtsschreiber erzählt, die Geschichte Jesu wie ein Engel der Geschichte, mit einer schwebenden, beinahe fliegenden Kamera.

Dadurch, daß diese brachialen Zooms sich nie verstecken und daß sie oft mit Querfahrten verknüpft sind, eröffnen sie dennoch eher den Raum, als daß sie eine raumzerstörende Euphorie bewirken.

Nestor Almendros, Kameramann von Rossellinis BEAUBOURG, CENTRE D'ART ET DE CULTURE GEORGES POMPIDOU: »Der Film verlangte eine Kombination von Travellings und Zooms. Mit dem Travelling erreichten wir eine Empfindung der dritten Dimension, indem Mauern und Gegenstände rechts und links in den Ausschnitt eintreten und verschwinden, mit dem Zoom konnten wir das Blickfeld erweitern oder verengen, das Wesentliche festhalten.«[6]

Insignien. Kreuz und Dornenkrone. »Das Werk Rossellinis ist so tief von der christlichen Symbolik durchdrungen, daß die allerunmittelbarst wahrnehmbare Erscheinung sich sofort teilen läßt in das, was in ihr teilhat am Fleisch, und das, was teilhat am Geist«, schrieb Eric Rohmer. Zum Beispiel findet sich die Figur der Pietà am Schluß der Florenz-Episode von PAISÀ, wo Harriet den sterbenden Partisanen in den Armen

Germania, anno zero

Il messia

hält, und am Schluß von GERMANIA ANNO ZERO, wo eine Passantin neben dem herabgestürzten Jungen auf die Knie niedersinkt. Entscheidend aber ist, daß hier nicht bedeutet wird: Pietà; daß der Darstellung kein Zwang angetan wird, damit sich das Pietà-Bild einstellt. Vielmehr ergibt sich diese Figur mit Evidenz ganz aus der Sache selbst, kann zwanglos vom Zuschauer mitwahrgenommen werden. Eine zwanghafte Symbol- oder Zeichenherstellung hieße, das Fleisch ans Kreuz zu nageln.

Robert Spaemann: »Wenn das Römische Recht es verbot, römische Bürger zu kreuzigen, so nicht nur deshalb, weil ein Kreuzestod qualvoller ist als die Enthauptung, sondern vor allem, weil sie den Exekutierten in eine Haltung zwingt, die ihn den Blicken aller preisgibt, ohne die Möglichkeit irgendeiner Weise der Selbstdarstellung. Der Exekutierte ist mit anderen konfrontiert, ohne daß von seiner Seite aus diese Konfrontation den Charakter des ›Sich-zeigens‹ hat.«[7]

Aus dieser Erniedrigung, Kreuz und Dornenkrone, geschieht Erhöhung. Auf die Frage, warum er die zwei die Macht repräsentierenden Figuren (Herodes, Herodes Antipas) mit zwei Komikern besetzt habe (Ucci, Capriolo), antwortete Rossellini: »... einer, der sich eine Krone auf den Kopf setzt und mit dem Zepter in der Hand dasteht, bringt mich zum Lachen«.

Des Königs neue Kleider. Leute stehen an einem Fluß beieinander, die Sonne scheint, und es fällt der Satz: »Der König, der König ... er ist ein Mensch wie andere auch. In England haben sie dem König den Kopf abgeschlagen. Die Erde hat nicht gebebt, und die Sonne hat sich nicht verfinstert.« Dann tritt der Film, LA PRISE DE POUVOIR PAR LOUIS XIV., in die Gemächer, Wandelgänge, Prunksäle ein und verfolgt die Inszenierung, mit der sich Ludwig XIV. von Frankreich als Zentralsonne der Macht installieren will. Ein Film über eine »Technik des Staatsstreichs« (Rossellini).

In Nantes soll Fouquet verhaftet werden, der innerhalb des Adels die treibende Kraft ist, die sich dem König widersetzt. Als ausführender Polizist der Aktion erhält der legendäre Musketier Seigneur d'Artagnan die Order vom Königsberater Colbert. Vom Fenster herab sehen wir mit dem König die Verhaftung aus der Distanz. Dann tritt der Hofschneider ein, und der König gibt Anweisung und Erklärung zur neuen

La prise de pouvoir par Louis XIV.

Mode: »Monsieur Fouquet bevorzugte die schlichte deutsche Mode. Wir bevorzugen hingegen die schmückenden Kleinigkeiten. Für Monsieur Fouquet war die Kleidung nur das Aushängeschild seines Ruhms. Für uns gehört sie mehr zur Politik. Es muß so sein, daß die Mode das einzige ist, worüber der Adel sich den Kopf zerbricht.«

Nachdem der König seine gigantische Inszenierung realisiert hat und in ihr (Versailles), an ihr (beim Schau-Essen gibt er nach dem 13. Gang auf), unter ihr (all den Spitzen, Rüschchen, Federn, Perücken, Schärpen) beinahe erstickt, sehen wir ihn am Schluß, wie er sich allein in sein Arbeitszimmer zurückzieht, sich langsam von etlichen Kostümstücken befreit, ein Buch in die Hand nimmt und, einem Zitat von La Rochefoucauld nachsinnend, sich den letzten Satz wiederholt: »Weder die Sonne noch der Tod sind als beständig zu betrachten.«

Rossellinis Demaskierungen sind nie polemisch oder hämisch. Maske, Kostüm, Ritual, Konvention werden nicht einfach der Lächerlichkeit preisgegeben, aber indem Rossellini ihre Wirklichkeit genau beschreibt, kann er das Ausmaß der Vergötzung spüren lassen. Des Königs neue Kleider sind

Viva Italia

nicht bloß Illusion – und wenn das Kind im Märchen ausrufen kann: »Aber er hat ja gar nichts an«, so kann Rossellini zeigen, wie er sie an- und wieder ablegt.

Ex novo. In einer Diskussionsrunde bezweifelt eine Studentin, daß eine Interpretation der Geschichte ex novo überhaupt möglich sei, in VIVA L'ITALIA wäre alles so wie in den Schulbüchern.
Rossellini: Da gibt's schon viele andere Dinge. Es genügt, all die Beschimpfungen aufzuzählen, die ich dafür einstecken durfte. Vor allem, weil in meinem Film Garibaldi nicht als Held dargestellt ist, sondern als ein von heftigen Rheumatismen geplagter Herr, der vor der Schlacht von Clatafini, wie er auf einen Hügel klettern soll, sagt: »Zuerst essen wir was.« Was übrigens historisch bezeugt ist. Verstehen Sie, mein Film zerstörte die Rhetorik einer mythischen Figur.
Studentin: Aber die Tatsachen, die Phänomene sind einfach nur beobachtet …
Rossellini: Was hätte man tun sollen?
Studentin: Man sieht nicht die Beweggründe.

Rossellini: Entschuldigen Sie, warum hätte ich sie motivieren sollen? Ich will überhaupt nichts motivieren. Ich will niemandem irgendwas beibringen. Ich will nur beobachten. Ich bin ein Arbeiter, ein Vermittler.

Die Studentin sagt, daß er in der überholten Tradition der Künstler des Quattrocento stünde.

Rossellini: Es war ein Irrtum, den Weg dieser Tradition zu verlassen.

Bett. In Rossellinis Filmen gibt es keine »Bettszenen«, aber viele Szenen mit dem Schauplatz »Bett«. Von UNA VOCE UMANA, wo das Bett beinahe den einzigen Schauplatz abgibt für Anna Magnanis Verzweiflung, bis zum Tod Pascals, von den Gesprächen am und im Bett in DESIDERIO, IL GENERALE DELLA ROVERE, ANIMA NERA bis zum Langschläfer Descartes, dem Dauerkranken Pascal, dem Sterben des Kardinals Mazarin und dem Zeremoniell des Lever in LA PRISE DE POUVOIR PAR LOUIS XIV.

Dabei kann man nicht sagen, daß das Motiv »Bett« geradezu obsessionell immer wiederkehren würde, aber die Häufigkeit

Il Generale della Rovere

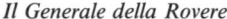

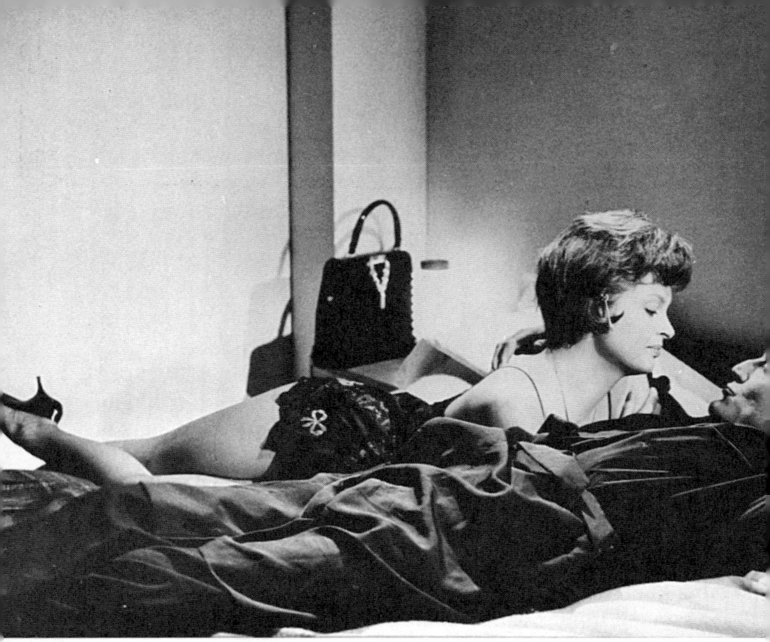

Anima nera

Stromboli

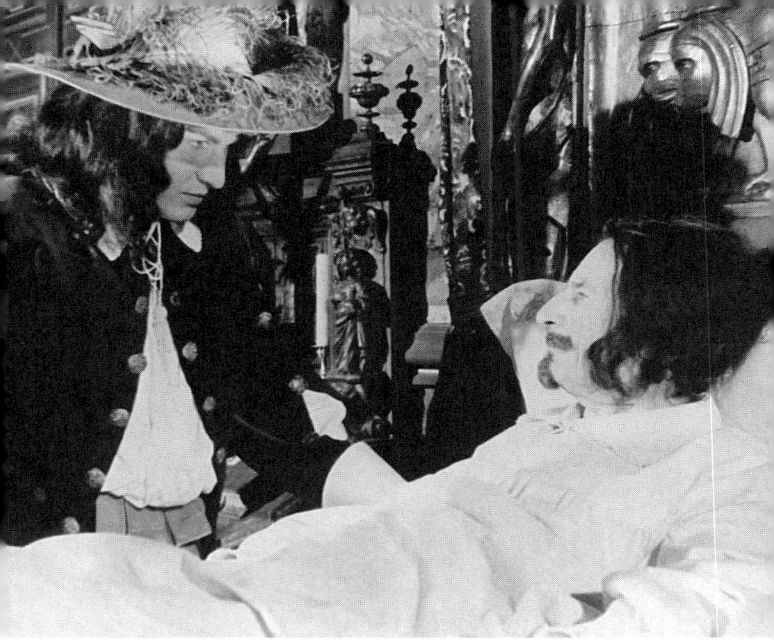

La prise de pouvoir par Louis XIV

Europa 51

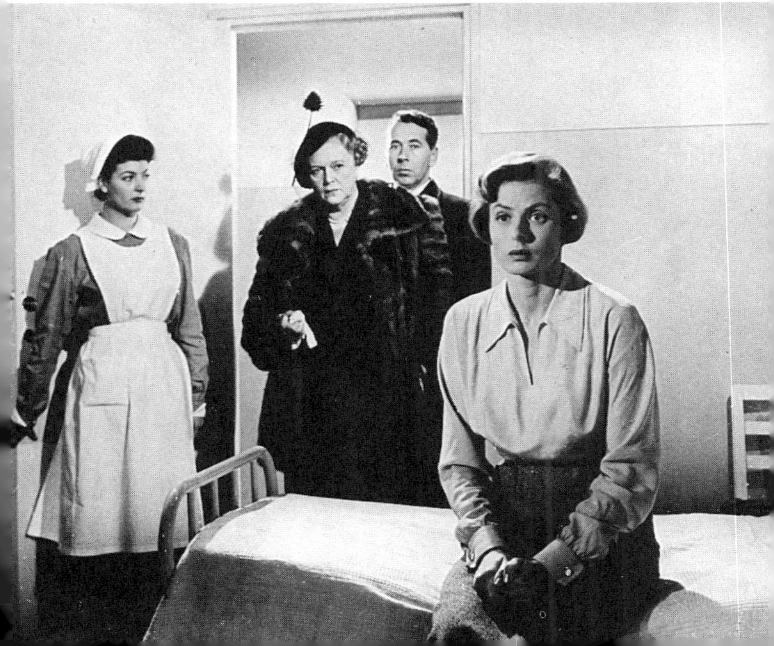

Stromboli

ist signifikant, und wenn die Alternative Küche oder Wohnzimmer oder Schlafzimmer bestand, gab es sicher immer eine instinktive Bevorzugung des letzteren. So wie Rossellini als Neugieriger-von-Beruf viel umherreiste (und seine Filme sind die Spuren davon), gibt es den Ruhepol im Umherreisen, Unterwegssein: das Zimmer mit dem Bett.

In STROMBOLI gibt es keine einzige Küchenszene, fast alle häuslichen Szenen spielen sich im Schlafzimmer ab, selbst wenn Mario einen Fisch nachhause bringt, schleppt er ihn dorthin. Das Zentrum der Häuslichkeit ist nicht der Herd, sondern das Bett.

Das Motiv »Bett« ist ein bevorzugter Schauplatz für Rossellini; die langen, einsamen Irrfahrten, Irrgänge sind ein für die Bewegung seiner Filme jedoch spezifischeres, entscheidenderes Motiv. Die Erkundungsfahrten und -gänge von Ingrid Bergman in VIAGGIO IN ITALIA und EUROPA 51, die beiden großen Bergaufstiege von Anna Magnani in IL MIRÁCOLO und Ingrid Bergman in STROMBOLI, beide als Abschluß eines langen Leidenswegs, der zu einer Art Wiedergeburt in STROMBOLI, zu einer wirklichen Geburt in IL MIRÁCOLO führt. Und der lange Irrgang des Jungen in GERMANIA ANNO ZERO, der in den Tod führt. Der Junge balanciert auf dem Rand eines zerstörten Brunnens, durchstreift die Ruinen Berlins und wird Schritt für Schritt von den Menschen und Dingen abgestoßen. Die ballspielenden Kinder wollen unter sich bleiben; er verfolgt, auf einem Bein hüpfend, Dreckspuren auf der Straße, klettert hoch in die aufgerissenen Stockwerke eines Hauses, findet ein rostiges Stück Eisen, mit dem er wie mit einem Revolver um sich schießt; er zielt auf seinen Schatten am Boden, hält sich den »Revolver« an die Schläfe. Gegenüber sieht er den Leichenwagen; im Sarg liegt sein Vater, den er vergiftet hat, er drückt sich die Augen zu und springt. Neben einem Mauerrest liegt sein Körper, eine Passantin will sich um ihn kümmern, sie kniet neben ihm nieder, lehnt sich zurück an die Mauer, »die Arme herabhängend in der ewigen Haltung der Pietà«[8].

»Nichts kennzeichnet bei Rossellini den großen Cineasten mehr als diese langen Akkorde, die in seinen Filmen die Einstellungen mit Blicken bedeuten, ob es die des Jungen auf die Ruinen von Berlin sind, die der Magnani auf das Gebirge in IL MIRÁCOLO, die der Bergman auf ganz Italien (und jedes-

Germania, anno zero

mal zwei Einstellungen, die der Frau, die schaut, dann ihr
Blick, und manchmal beides in einem); eine hohe Note ist
plötzlich erreicht, die man nur noch halten kann durch ge-
ringfügigste Modulationen und ständige Rückkehr zur Do-

minante (kennen Sie die ›Cantate 1952‹ von Strawinsky?); so hängen die einzelnen Strophen der ›Fioretti‹ zusammen mit dem (zu entziffernden Baß) der Nächstenliebe.«[9]

Germania, anno zero

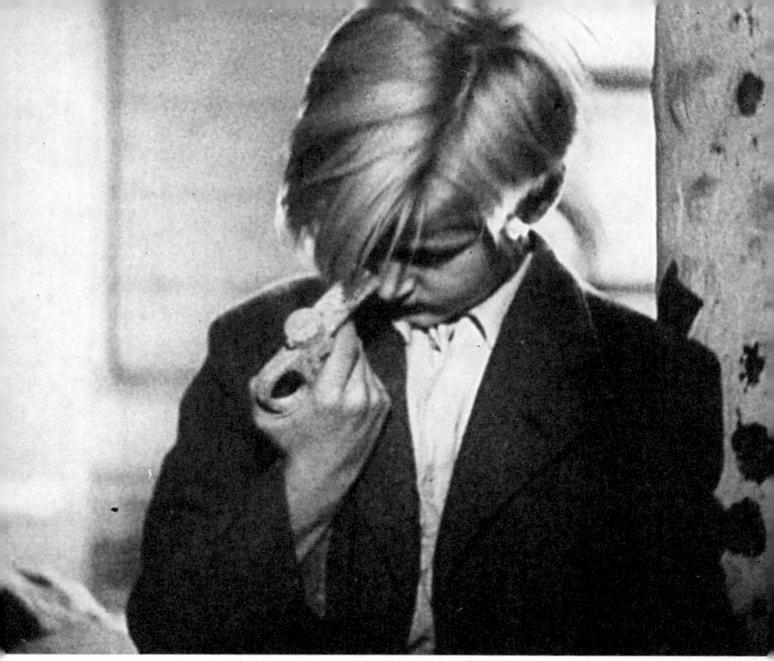

Germania, anno zero

Germania, anno zero

Türklinke. Wie sehr die eigene Deutung die Erinnerung fälscht. Ich erinnerte mich daran, daß in der psychiatrischen Klinik, die Ingrid Bergman in EUROPA 51 zum Gefängnis wird, an manchen Türen von den Schwestern die Türklinken abgezogen werden. Ich wartete bei der Wiederansicht des Films auf eine Großaufnahme des Türklinken-Abziehens, aber sie kam nicht. Man sieht es nur im Vorüberstreifen eines Blicks, der das zwar genau registriert, aber neben vielem anderem, und der auch eine merkwürdige Lust hat, sich dort einschließen zu lassen.

Wie schnell man vergißt, daß Rossellini gerade nicht solche Großaufnahmen macht, die »Gefängnis« *bedeuten.* Auch sind die verständnislosen Psychiater gar nicht als derartig »böse« gezeigt, wie die Erinnerung es wollte. Um so erschreckender wird der Vorgang im ganzen.

So schwierig es ist, Fotos aus Rossellinis Filmen zu nehmen, da seine Einstellungen ganz Bewegung sind und gerade privilegierte Bedeutungspositionen vermeiden, so wenig vermögen Szenen-Beschreibungen die Vieldeutigkeit bestehen zu lassen, die Rossellinis Inszenierung auszeichnet.

Tanz. Tanzende Mönche, merkwürdige Vögel in ihren groben Kutten, sie drehen sich, weil sie nicht wissen, in welche Richtungen sie auseinandergehen sollen, sie drehen sich so lange, bis ihnen schwindelig wird, bis sie niederfallen und so die Richtung angezeigt bekommen. Tanzende Kreisel der Vorsehung. Dieses Spiel ist auch ihr Abschiednehmen voneinander am Schluß von FRANCESCO GIULLARE DI DIO. Es ist Rossellinis einziger Film, der keinen Leidensweg beschreibt: in eine Einsamkeit, ein Draußensein; seine Episoden, »Meditationen über die Freude«, umkreisen die »Heiterkeit des Geistes« und bilden ein Innen, einen Kreis, so daß die Mönche, wenn sie nach draußen wollen, um von der Fülle ihres Gebenkönnens abzugeben, in diesem Kreiseln die Zentrifugalkraft finden müssen, die sie auseinandergehen läßt. Der alte Giovanni kann sich nicht schnell genug drehen, ihm wird nicht schwindelig, die Mönche, die schon längst am Boden liegen, lachen.

Das Geheimnis dieser Szene ist die Art, wie Rossellini das Geheimnis der Mönche wahrt: für die Trauer des Abschieds, die wir genau empfinden, von der wir wissen, daß sie da ist,

Francesco, giullare di dio

suchen wir in den Gesten und auf den Gesichtern der Mönche vergeblich nach Zeichen oder Spuren – auch auf dem Gesicht des Franziskus, der die Mönche lächelnd wie spielende Kinder betrachtet.

Tränen. Die Tränen der Ingrid Bergman am Schluß von EUROPA 51 nannte Eric Rohmer Tränen einer Kreatur und gleichermaßen Tränen eines Engels, »sie nehmen sogar teil an der Heuchelei dieser Komödie, die sie denunzieren, und dennoch, hier ist das Unbegreifliche, das Wunder …«. Die Tränen der Anna Magnani in L'AMORE, Ingrid Bergmans Schluchzen in STROMBOLI.

»Ich kann die angewiderten Mienen nicht vergessen, mit der gewisse Leute über das Weinen der Bergman in STROMBOLI sprachen und darüber, wie sie die Nase hochzog. Man muß zugeben, daß Rossellini häufig bis an die Grenze dessen geht, was man aushalten kann, was schicklicherweise zulässig ist, bis an den Rand der Schamlosigkeit. Wie er die Bergman führt, das hat mit Ehe zu tun, es gründet sich auf eine intime Kenntnis weniger der Schauspielerin als der Frau.« (Rivette)[10]

Stromboli

Europa 51

Il messia

Sicherlich war die große Versuchung und Gefahr für Rossellini der »Dämon des Melodramas«, der melodramatische Effekt. Von ihm sich abzusetzen und zu befreien, war der entscheidende ethisch-ästhetische Impuls für seine Arbeit. 1941/42 verdiente er als anonymer Drehbuchschreiber für die kommerzielle Produktion seinen Lebensunterhalt. (»Damals gab es zwei, drei Leute, die die Bücher zu allen italienischen Filmen schrieben. Für einen davon habe ich gearbeitet, habe ich den ›Neger‹ gemacht.«) Er kannte also die wirksamen Mischungsverhältnisse von Sensation und Sentiment. Bei ROMA, CITTÀ APERTA sei es ihm nur sehr wenig gelungen, sich zu befreien, sagte er einmal. In PAISÀ schneidet schon das Erzähltempo aufkeimende Sentimentalitäten ab, und anläßlich GERMANIA ANNO ZERO nannte Truffaut Rossellini den »neben Vigo einzigen Filmemacher, der ohne Sentimentalität das Heranwachsen gefilmt hat; mein *Les 400 coups* verdankt dem sehr viel«[11]. Schönstes Zeugnis der gelungenen Befreiung sind die Tränen der Maria am Schluß von IL MESSIA.

Hitchcock-Rossellini. Truffaut unterschied einmal – und er tat dies spielerisch wie Stendhal, nicht als Systematiker – zwischen Regisseuren, für die das Kino eine Schaukunst ist (z. B. Hitchcock), die also das Publikum fortwährend in ihre Rechnung einkalkulieren, und solchen, für die es ein individuelles Abenteuer ist (wie z. B. Rossellini) und die das Publikum später dazu auffordern, ihr Spiel mitzuspielen: »Es führt zu nichts, den einen gegenüber den anderen den Vorzug zu geben, es ist einfach so.«

Zu Beginn von EUROPA 51, wenn Ingrid Bergman durch die Wohnungstür eintritt, folgt ihr die Kamera nach, und sie muß mit der Geste, mit der sie so tut, als würde sie die Tür zuwerfen, fast direkt in die Kamera hineingreifen. Das ist eine winzige Irritation, aber die Kamera bleibt der beobachtende Begleiter. Denselben Vorgang hat Hitchcock so inszeniert, daß der Zuschauer gebannt den Atem anhalten muß, nicht nur durch den Kontext von Gefahr und Suspense, sondern durch die Art, wie er die Wendung des Akteurs zur Kamera peinlich genau und genüßlich zum Zuschauer hin ausspielt.

In seiner STROMBOLI-Kritik vergleicht Eric Rohmer die Ingrid Bergman Rossellinis mit der in Hitchcocks *Under Capricorn*:

Stromboli

»Wäre das Kino nur die Kunst, das Innere der Seelen auszuloten, dann gäbe ich den ganzen STROMBOLI für eine einzige Einstellung von Hitchcock – wo das Gesicht von Ingrid Bergman, gegen den Bettrand gelehnt, Lippen herabgezogen, Augenlider halb geschlossen, in der Zeitspanne nur eines Augenblicks einen solchen Überfluß von Empfindungen zeigt (Schwäche und Selbstbeherrschung, Arglosigkeit und Berechnung, Wut und Resignation), wie sie die konziseste Feder nicht auf vielen Seiten ausdrücken könnte. Rossellini ist aber auf etwas ganz anderes aus, und wir täten nicht gut daran, ihm anzulasten, daß er uns das vorenthält, was andere mit so viel Aufwand entdecken. Bei ihm ist jedes Ding gegenwärtig, Erscheinung, greifbare Form, die nichts anderes über sich gelten läßt als die göttliche Schöpferhand.«[12]

Nüchternheit. Für den letzten Film, IL MESSIA, hat ein amerikanischer Brauereibesitzer, Katholik deutscher Abstammung, das Geld gegeben. Rossellini habe genau gewußt, so wird erzählt, welchen Film sein Produzent erwartete: alle Wundertaten und Spektakel des Leidenswegs, alle Porzellanpuppenfrömmigkeit, und den glanzvoll siegreichen Gottessohn; und er habe auch gewußt, daß er in allen Punkten das Gegenteil wollte: keine Wunder, keine Golgatha-Stationen, keine spektakulären Aktionen, dafür Verknüpfung der Texte mit alltäglichen Verrichtungen wie Wäschewaschen, Holzhacken (»Jede Parabel, auch wenn sie einen sehr abstrakten Sinn hat, bezieht sich auf die kleinen Dinge des alltäglichen Lebens, jene Dinge, die sich im Laufe von zweitausend Jahren verändert haben und die wir nicht kennen können.«[13]) Wissend, daß der Brauereibesitzer die letzte Rate der Produktionssumme nicht mehr zahlen würde, habe Rossellini entsprechend gearbeitet und die Aufführung des Films wenigstens in Europa vertraglich gesichert. Bis heute darf der Film in den USA nicht gezeigt werden. Papst Paul VI. habe der Film sehr gefallen.

Zur kommerziellen Suche nach den starken Effekten war für Rossellini das künstlerisch-experimentelle Kino nicht Gegenbegriff sondern Komplement, er sah in ihm die Suche nach eitler Selbstdarstellung des Künstlers. Er aber versuchte, wie er sagte, »nützlich zu sein. Ich war nie einer jener Künstler, die mit geschlossenen Augen auf die Inspiration warten. Ich bin ein einfacher Arbeiter, das ist alles, und ich will nichts anderes sein. Ich habe mich immer bemüht, der Versuchung, ein Künstler zu sein, zu entkommen. Das ist eine Frage des Erwachsenwerdens, davon war ich immer überzeugt. Ich habe nie einen Tropfen Alkohol getrunken, und das nicht, weil ich nicht gern trinke, sondern aus Angst, nicht mehr bei klarem Verstand zu sein. Wenn ich zum Zahnarzt gehe, und unglücklicherweise muß ich da sehr oft hin, muß er mich achtzehnmal mit Novocain spritzen, weil ich dermaßen Angst habe, das Bewußtsein zu verlieren, daß es nicht wirkt.«[14]

Faszination. Was als Kino-Faszination gilt, langweilte Rossellini: Star-Aura, Kino-Mythen, Visionen, »schöne Bilder«, die aufpolierte, überwirkliche Wirklichkeit (Guardini: »... man sucht das wirkliche Leben, nur ›besser‹«), das Pikante, das Sensationelle. Ihn interessierten die Dinge, »wie sie sind«, er war neugierig, »alles zu wissen«.

Das Paradox will, daß sein Leben – zumindest zeitweise, zumindest für die Klatschpresse – außerordentlich faszinierend zu sein schien. Er kam aus wohlhabendem Elternhaus, lebte

Il messia

einige Jahre, wie man sagt, ein Playboy-Leben, war Liebhaber schneller Autos, fuhr selbst Autorennen, hatte vor und nach der Affäre mit Ingrid Bergman andere, nicht minder turbulente, so daß man sagen könnte: Rossellini machte Filme über den Augustinus, dem das Bischofsamt übertragen wird, über den Franziskus, der seine Bruderschaft begründet, über den Pascal, der sich in die Einsamkeit seiner wissenschaftlichen Studien und seiner Zwiesprache mit Gott zurückzieht, aber er lebte wie Pascal in seiner mondänen Epoche, wie Augustinus und Franziskus in ihren wilden, weltlichen Jahren.

Was daran auch stimmen mag, die ästhetische Kohärenz seiner Filme, die Konsequenz seines Werkes bezeugen die gelebte geistige Existenz, nicht bloß das Wunschbild davon oder gar nur das schlechte Gewissen. Unter dem Stichwort »Zerstreuung« notierte Pascal: »Da die Menschen unfähig waren, Tod, Elend, Unwissenheit zu überwinden, sind sie, um glücklich zu sein, übereingekommen, nicht daran zu denken.« Insoweit Kino-Faszination die Droge dieses Vergessens-Glücks ist, langweilte sie Rossellini. Ihm war es spannend, den Dingen so zu begegnen, »wie sie sind«, das heißt eingedenk des Todes, des Elends und vor allem der Unwissenheit.

Erste Reaktion: auf SOCRATE (und auch auf andere Filme aus der »pädagogischen Serie«): da hat einer Brecht schulfernsehmäßig mißverstanden; immer wieder Szenen, in denen der Dialog nur Vorwand für Erläuterungen ist; in einem Gespräch zwischen Vater und Sohn wird nichts als die Procedere der Gerichtsverhandlung dargelegt, eine Unterhaltung zwischen Soldaten dient nur der Aufzählung politischer Ereignisse; und so fort. Dann aber zeigt sich, daß Rossellini weder eine brechtische noch eine andere Dramaturgie verfolgt. Es werden bei ihm nicht Informationen in dramaturgische Formen verpackt, sondern diese Formen werden zu ihrer vordramaturgischen, alltäglichen Verlaufsform hin geerdet und selbst als eine bestimmte Zusammenfassung von Informationen behandelt. Den Schaubildcharakter seiner Arrangements leugnet oder versteckt Rossellini nicht.

Zum Lehrstück oder auch zum Schulfernsehen gibt es einen entscheidenden Unterschied: es soll uns nichts beigebracht werden. Rossellini will Wahrnehmungen ermöglichen. Und warum sind das überdies außerordentlich spannende und schöne Filme? Wegen der Eleganz ihrer Rhythmisierung, wegen der Kraft, mit der die großen Bögen der Reden und Gespräche gespannt sind, wegen der Strenge und Klarheit der Choreografie, die die Architektur der Räume und den Vortrag der Akteure mit dem Gang der Gedanken verknüpft. »Man muß die Dinge in ihrer Realität zeigen; die Dinge haben Sinn, weil jemand sie anblickt«, sagt Rossellini. In seinen frühen Filmen hat er Figuren, die suchend um sich blicken, er zeigt eine Geschichte ihres Suchens und das, was sie sehen; in den späteren Filmen zeigt Rossellini seinen Blick auf geschichtliche Figuren.

Anschauen-Wissen. »Man muß unbedingt vermeiden wollen, einen Stil zu haben, aber es darf einem nicht gelingen«: - wenn diese Maxime Cocteaus auf jemanden zutrifft, dann auf Rossellini. Als »Autor«, das heißt als jemand, der einen ihm eigenen Stil hat (nicht bloß eine bestimmte Manier, bestimmte Manien oder bestimmte inszenatorische Verfahren), wurde er von Bazin entdeckt. Zumeist aber galt und gilt er als jemand, der einen »rohen Wochenschaustil« praktiziert, welcher je nach Filmstoff hinhaut oder nicht und der sich in den letzten zehn Jahren seines Schaffens auf Schulfernsehen zurückgezogen hat.
1962 nannte Wilfried Berghahn Rossellinis Dilemma, daß er weder ein Blasetti noch ein Fellini sei, »sondern eine unglückliche Mischung aus beiden. Er gehört weder zu den biederen Handwerkern, die mit mehr oder weniger Geschick alle Stoffe inszenieren können, noch gehört er zu den Originalschöpfern, die mit jedem Werk ihre, nur ihnen eigene Welt aus sich herausstellen«[15].
Rossellini sei, sagt Adriano Aprà, Philosoph gewesen, nicht einer, der seine Gedanken begrifflich brillant entwickeln konnte - das sei nicht seine Sache gewesen -, aber einer, der in Bildern philosophierte, der die Bestimmungen eines Sachverhalts, einer Situation wie kein zweiter in der Konkretion zusammenfassen, in lebendiger Bewegung zeigen konnte. Sein Lieblingsphilosoph sei Comenius gewesen, der tschechische Theologe und Pädagoge des 17. Jahrhunderts, der den Leerlauf des schulischen Lernens kritisierte, die Abkapselung

der Fakultäten und Berufe, und der auf einer direkten An-
schauung der Dinge alles Wissen, Denken und Tun begrün-
den wollte. Das Verstehenwollen durch genaues, direktes
Hinsehen, unabhängig von pädagogischen Absichten im üblichen Sinn, sei Grundimpuls bei allen Filmen Rossellinis.
Das Sokrates-Projekt trug Rossellini mit sich herum, lange
bevor er sich als jemand darstellte, der nurmehr »pädagogische Filme« machen wolle. Jean-Luc Godard: »Sokrates war
der gleiche Typ wie Rossellini. Man hat ihn vergiftet, weil er
den Leuten Fragen stellte. Er akzeptierte alles. Er wollte nur
mit ihnen reden. Er war niemandem in Athen genehm, nicht
wegen der Fragen, die er stellte, sondern nur, weil er mit den
Leuten redete. Er ging allen auf den Wecker, weil er die Dinge weitertrieb, weil er weiterging.«[16]

Die kleinen Gesten. In mehreren Filmen kommt das vor, daß
die Prostituierte, bevor sie zur Sache geht, beiläufig-routiniert
ein Tuch über die Tischlampe hängt und sich den Lippenstift
abwischt, z. B. Maria Michi in der Rom-Episode von PAISÀ.
In dieser Geste aber vermittelt sich nicht kalte Routine, vielmehr wird die Situation dadurch gleich anheimelnd. In VIAG-
GIO IN ITALIA, wenn George Sanders die Prostituierte nach ei-
nigem Zögern ins Auto hat einsteigen lassen und an einen
dunklen Ort gefahren ist, dreht sie zuerst den Rückspiegel zu
sich und betrachtet sich, während sie sich eine Zigarette an-
steckt.
Die kleinen Gesten bei Rossellini sind Gesten der Berüh-
rung, bei denen nicht eine Ausdrucksbedeutung, sondern das
Anfassen entscheidend ist. Wie der Mönch in PAISÀ den
Helm in die Hand nimmt und es nicht wagt ihn aufzusetzen;
wie sich Ingrid Bergman in STROMBOLI an den Mauern ent-
langtastet - und der ganze Film dieses suchende Tasten ist;
wie Franziskus seinen Brüdern über den Kopf streicht, und
wie sich Bruder Ginepro von dem Bauern, den er um Verzei-
hung bitten will (weil er einem seiner Schweine eine Haxe
abgeschnitten hat), auch durch Stockschläge nicht abschüt-
teln läßt, ihm schließlich auf den Rücken springt und sich
festklammert.
Eine der schönsten Entdeckungen Bazins ist es, bei der Ka-
meraarbeit der italienischen neorealistischen Filme auf die
»Einheit von Hand und Auge« hingewiesen zu haben. Bei

Socrate

keinem aber ist die Hand so anwesend wie bei Rossellini. Vielleicht ist diese Anwesenheit der suchenden, tastenden Hand in den Bildern das, was Rossellini gegenüber allen andern Filmemachern, nicht nur den Italienern, auszeichnet. Rossellini haßte es, »schöne Bilder« zu machen; er wollte alles verflüssigen und der Bewegung der Dinge unterordnen. Daß nicht »Bilder«, sondern dingliche Erscheinungen soweit wie möglich hervortreten, gilt auch noch für die vom Zoom durchkreuzten und wiederaufgebauten Totalen seiner späteren Filme. Aus L'ETÀ DI COSIMO DE' MEDICI ist mir eine Gasse in London, eine Waldlichtung in Frankreich in ihrer Präsenz, in der Freiheit ihrer Erscheinung, ja in ihrem verhaltenen Jubel merkwürdig genau noch in Erinnerung.

Verkünden. Wenn in einer Episode des FRANCESCO GIULLARE DI DIO Bruder Ginepro zur Verkündung der frohen Botschaft in die Welt geschickt wird, stellt er sich für seine erste Ansprache so nah an einen lärmenden Fluß, daß er kaum selbst die eigenen Worte verstehen kann. Wie Rossellini diese Situation an der Grenze zwischen der Gemeinschaft der Brüder und der Welt draußen inszeniert, mit all dem komischen, rührenden Ungeschick Ginepros, teilt sich von den aufeinanderstoßenden Universen mehr mit als später bei dem Aug-in-Aug-Kampf mit dem Tyrannen. Tatsächlich hat es Rossellini vermocht, die Welt der Brüder, »die Gott nur lobpreisen können, indem sie eine Art Laufsport betreiben« (Bazin), so selbstverständlich in ihrer närrischen, fröhlichen Frömmigkeit zu zeigen, daß demgegenüber die äußere Welt wie von selbst brutal-grotesk erscheint und nicht noch zu dieser comic-haften Tyrannis stilisiert werden müßte. Auch wird Rossellini bei der Bekehrung des Tyrannen seinem Prinzip untreu, wonach Umkehr niemals als direkt kausal bewirkt gezeigt werden darf; sie sollte nur im Geheimnis ihrer unerwarteten Möglichkeitsform angedeutet werden. Deshalb ist bei seinem Franziskus auch der »Gaukler Gottes« stärker als der »Heilige«. Mönchisches Leben in einem Sinnen-unfrohen Sinn zeigt Rossellini gerade nicht bei seinen franziskanischen Brüdern, sondern bei Descartes und Pascal, Mönchen der Wissenschaft. Aber sie sind auch keine Verkünder.

Phantasie. »Rossellinis Genie ist sein Mangel an Phantasie«, ein Satz, den die jungen Kritiker der *Cahiers du Cinéma* prägten. So ironisch der Satz klingt, so sehr er auch Antwort ist auf Rossellinis Ablehnung ihres Kino-Enthusiasmus, ihrer künstlerischen Selbststilisierung, so sehr ist er doch Ausdruck ihrer Bewunderung. Truffaut, der drei Jahre lang Assistent bei Rossellini war (»drei Jahre, in denen er nicht einen einzigen Meter Film belichtete«), für den die Ineinanderspiegelung von Kunst (Kino) und Leben wesentlich war, schrieb 1963 über Rossellini: »Er bevorzugt das Leben, er bevorzugt den Menschen. Er schaut nie in einen Roman, er verbringt das Leben damit, Material zu sammeln … Der neuerliche Erfolg Rossellinis mit IL GENERALE DELLA ROVERE bestätigt es, daß das große Publikum und die Kritik Rossellinis Stil im Grunde nur dann akzeptieren, wenn er ihn in den Dienst des Krieges stellt, die ›Film-Aktualitäten‹ haben uns an diese Art unverstellter, gewalttätiger Wahrheit gewöhnt. – Haben wir, die wir Rossellini lieben und bewundern, unrecht, wenn wir finden, daß er recht hat, den Ehekrieg, die franziskanischen Luftsprünge und die Affen Bengalens genau so zu filmen wie Straßenkämpfe: als Aktualitäten, als die Aktualitäten aller Zeiten?«[17]

Känguruh. Nach Paris ging Rossellini 1955 für einige Zeit, um dem niederschmetternden Echo auf seine letzten Filme bei Publikum, Presse und Produzenten zu entkommen. Er quartierte sich mit Ingrid Bergman und den Kindern in einer Suite des Hotels »Raphael« ein.

Francesco, giullare di dio

Aus dieser Zeit wird folgende Geschichte berichtet: Die meisten Sorgen machte sich Rossellini nicht wegen der deprimierenden beruflichen Situation, sondern weil er seinen Kindern im Hotel kein richtiges Zuhause einrichten konnte. Nun entdeckte er in einer kleinen zoologischen Handlung ein zum Verkauf angebotenes Känguruh. Sofort kaufte er es, und er war sicher, den Kindern damit eine große Freude zu machen. Aber es wurde ein Fehlschlag auf der ganzen Linie. Die Kinder weigerten sich, es als richtiges Känguruh anzusehen, da es keinen Beutel hatte, es war außerordentlich aggressiv und boxte jeden, der ihm zu nahe trat, es zertrümmerte das Mobiliar und hinterließ überall kleine, harte Kotkügelchen, auf denen man Gefahr lief auszugleiten. Die Kinder wollten nichts mit ihm zu tun haben, und Ingrid Bergman stellte das Ultimatum, entweder das Känguruh oder ich. Zudem hatte Rossellini beim Preis eine Null übersehen, so daß er auf der Rechnung einen Betrag von umgerechnet nicht tausend, sondern zehntausend Mark fand. Er ließ das Känguruh von Freunden aus Rom für den dortigen Zoo abholen.

Angst. Rossellini hätte eine Art Freiheit besessen, die sie noch nie kennengelernt hatte, erzählt Ingrid Bergman, er hätte vor nichts und niemandem Angst gehabt, »allerdings war er manchmal ein bißchen abergläubisch – wenn eine schwarze Katze vor unserem Wagen die Straße überquerte, wartete er, bis uns ein Wagen überholt und damit den Bann gebrochen hatte«[18].

Einen Talisman trug Rossellini immer bei sich, das war ein kleiner Zeitungsausschnitt von 1945, worin der neu angelaufene Film ROMA, CITTÀ APERTA dem Kinogänger als »schlecht gespielt« und »belanglos« abempfohlen wird. Eine Aufzeichnung all der Auseinandersetzungen, die es um Rossellinis Filme gab, mit Produzenten, Verleihern, Presse, Parteien, Institutionen, wäre nicht nur interessante Filmsoziologie, sondern aufschlußreichster Geschichtsunterricht. Zwei eher kuriose Beispiele: Kardinal Spellman ließ IL MIRÁCOLO in New York wegen »Blasphemie« verbieten, und als Rossellini daranging, auf dem Münchner Bavaria-Gelände ANGST zu drehen, gelangten Auszüge aus einem Schreiben des SPD-Landtagsabgeordneten Karl Weishäupl an Rossellini in die Presse: »Wer die niederträchtige Tendenz Ihrer Filme ROMA, CITTÀ APERTA und PAISÀ kennt, wundert sich, daß Sie den Mut aufbringen, Italien zu verlassen und in Deutschland als Ihrem Gastland Filme zu drehen, selbst wenn einer davon den ernsten Titel ANGST trägt.«

Technik. Rossellini der Techniker; er hat alte Einspiegelungsverfahren für Bildhintergründe (Schüfftan) fortentwickelt, hat das Zoom-Objektiv so verändert, daß der Pumpeffekt zu Beginn und Ende der Zoom-Fahrt nicht mehr auftritt, hat sich eine Zoom-Fernbedienung konstruiert, die er bei den Aufnahmen selbst handhabe. Schließlich hat er noch versucht, um den Lichtaufwand zu reduzieren, stroboskopische, mit der Kamera synchronisierte Lampen zu konstruieren. »Die stroboskopischen Lampen sind meine letzte Manie; davor war es der Spiegel, dann der Zoom und sein Gebrauch ... das geschah, um sich von Beschränkungen freizumachen, aber schließlich muß man sich auch von seinen Manien befreien, denn diese manische Seite bei der Arbeit ist sehr gefährlich.«[19]

Manche Äußerungen Rossellinis und manche Passagen in den TV-Serien L'ETÀ DEL FERRO, LA LOTTA DELL'UOMO PER LA SUA SOPRAVVIVENZA legen den Eindruck nahe, als würde er einem wissenschaftlich-technischen Fortschrittsoptimismus anhängen. Dagegen wäre zu bedenken: erstens, daß sein Sohn Renzo bei diesen Serien Regie führte und Roberto manche Stücke gar nicht zu Gesicht bekam; es gibt viele Passagen darin, die in ihrer unaufmerksamen, auf plumpe Effekte gerichteten Inszenierung, in ihrem modischen Montagegehäcksel wie böswillige Rossellini-Karikaturen aussehen.

Zweitens: in BLAISE PASCAL nimmt die Szene um das »mémorial«, Pascals mystische Gotteserfahrung (»Feuer, Gott Abrahams, Isaaks, Jakobs, nicht der der Philosophen und der Weisen ...«), entscheidenden Raum ein und ist die schmerzliche Erfahrung der Getrenntheit von Glaubensgewißheit und der Gewißheit wissenschaftlichen Forschens die offengehaltene, abgründige Frage.

Drittens: wenn man die Form der wissenschaftlichen Erfahrung, des Experiments so charakterisieren kann, daß das Subjekt sich dabei einer möglichen Verwandlung durch Erfahrung definitionsgemäß gerade nicht aussetzt, dann sind Rossellinis Filme in ihrem Kern das Gegenteil. Man denke an ANGST, wo der Ehemann analog zu den Tierversuchen ein moralisches Experiment mit seiner Frau macht, um von ihr die »Wahrheit«, das Geständnis zu erpressen; der Film ist sicher nicht die Apologie dieses Experiments. Oder man denke an die »Wunder« in STROMBOLI oder VIAGGIO IN ITALIA. So gesehen sprechen Rossellinis Filme beinahe von nichts anderem als dieser Verwandlung durch eine existentielle, nicht experimentelle Erfahrung, die gerade nicht planmäßig herbeigeführt werden kann, die uns zuteil wird – christlich gesprochen – wie eine Gnade.

Sicherlich kann man in Rossellinis Äußerungen manchmal Züge von prometheischem Stolz, ja Enthusiasmus spüren – sein Kommentar zur bekannten Bibelstelle, Genesis 27,28, zum »Machet euch die Erde untertan« aber war: »In diesem Text haben die Worte ›sich-untertan-machen‹ und ›herrschen‹ den Sinn von ›verstehen‹, ›wissen‹, aus der Unwissenheit sich befreien, auch den Sinn: der Natur etwas abgewinnen, sie nutzen, was aber etwas ganz anderes ist als das, was wir tun: wir beuten sie mit dummer Gier aus.«[20]

Während diese Zeilen aufgeschrieben werden, ziehen über den Schreibenden Wolken hinweg, blendendweiße Mai-Wolken, die radioaktive Substanzen mit sich führen; über Rundfunk, Presse und TV werden Empfehlungen ausgegeben, keine Frischmilch zu trinken, sich nicht zum Sonnenbad ins Gras zu legen, den Verzehr von Blattgemüse zu meiden.

1 Eric Rohmer: Le goût de la beauté. Paris 1984, S. 15
2 Roberto Rossellini: Le cinéma révélé. Paris 1984, S. 12
3 Die Zitate sind aus den beiden Aufsätzen: »Der kinematografische Realismus und die italienische Schule der Befreiung« und »Verteidigung von Rossellini«, beide enthalten in: André Bazin: Was ist Kino? Köln: DuMont Schauberg 1975
4 Cahiers du Cinéma, 96, Juni 1959. zit. nach Filmkritik, 10/1978, S. 551
5 Le Roman de François Truffaut. Paris 1985, S. 57
6 Nestor Almendros: Un homme à la caméra. Paris 1980, S. 149
7 Robert Spaemann: Über den Begriff der Menschenwürde, in »Scheidewege« 85/86, S. 23
8 André Bazin: Filmkritiken als Filmgeschichte. München: Hanser 1981, S. 78
9 Jacques Rivette: Brief über Rossellini, in: Cahiers du Cinéma, 46, April 1955. zit. nach Filmkritik, 7/1969, S. 453
10 ebda.
11 François Truffaut: Die Filme meines Lebens. München: Hanser 1976, S. 208
12 Rohmer, a. a. O., S. 136
13 Interview mit Filmcritica, 264-265, Mai-Juni 1976 s. S. 93 ff dieses Buchs
14 Rossellini, a. a. O., S. 123
15 Filmkritik, 2/1962, S. 92
16 Jean-Luc Godard: Einführung in eine wahre Geschichte des Kinos. München: Hanser 1981, S. 315
17 Truffaut: Die Filme . . ., a. a. O., S. 209
18 Ingrid Bergman: Mein Leben. Berlin: Ullstein 1980, S. 241
19 Rossellini, a. a. O., S. 124
20 Roberto Rossellini: Un esprit libre ne doit rien apprendre en esclave. Paris 1977, S. 80

Interview 1

Von Maurice Schérer (Eric Rohmer) und François Truffaut

Ein Mitarbeiter der Cahiers du Cinéma, *Jacques Rivette, hat neulich geschrieben:* »Es gibt auf der einen Seite den italienischen Film, auf der anderen das Werk Roberto Rossellinis.« *Damit wollte er sagen, daß Sie sich außerhalb der neorealistischen Bewegung halten, unter deren Banner sich fast alle italienischen Regisseure versammelt haben.*

Ja, außerhalb eines gewissen Neorealismus; aber was versteht man unter diesem Begriff? Sie wissen, daß es in Parma einen Kongreß des Neorealismus gegeben hat; man hat sehr lange diskutiert, und der Terminus blieb verworren. In den meisten Fällen ist er bloß ein Etikett. Für mich ist er vor allem eine moralische Position, von der aus ich die Welt betrachte. Er wird in zweiter Linie eine ästhetische Position; aber der Ausgangspunkt ist ein moralischer.

Man sagt gewöhnlich, daß es in Ihrem Werk seit STROMBOLI, TERRA DI DIO *einen Bruch gibt.*

Das mag stimmen. Es ist schwierig, sich selbst zu beurteilen; was mich betrifft – und nicht, weil ich dem einen solchen Wert beimesse –, so finde ich mich sehr kohärent. Ich glaube immer noch das gleiche menschliche Wesen zu sein, das die Dinge auf dieselbe Weise sieht. Aber man kommt dahin, andere Sujets zu behandeln, das Interesse verlagert sich, man muß andere Wege gehen; man kann nicht ewig in zerstörten Städten drehen. Wir begehen zu oft den Irrtum, uns von einem bestimmten Milieu hypnotisieren zu lassen, von der Atmosphäre eines bestimmten Moments. Aber das Leben hat sich geändert. Der Krieg ist vorbei. Man hat die Städte wieder aufgebaut. Man müßte das Drama des Wiederaufbaus schildern; vielleicht war ich dazu nicht fähig.

Das ist das Thema, das Sie in GERMANIA ANNO ZERO *ebenso behandeln wie in* EUROPA 51. *Gibt es nicht in diesen beiden Fil-*

men einen Pessimismus, der in ROMA, CITTÀ APERTA *völlig fehl-te, aber in* PAISÀ *bereits durchschien?*

Ich bin kein Pessimist: es ist meiner Meinung nach eine Form des Optimismus, auch das Übel zu sehen. Man hat mir vorgeworfen, in EUROPA 51 dünkelhaft gewesen zu sein; schon der Titel hat Anstoß erregt. Dabei war ich sehr demütig; ich wollte in aller Bescheidenheit sagen, wie ich unser heutiges Leben empfinde. Ich bin Familienvater; folglich muß mich Alltagsleben interessieren. Man hat mir ebenfalls vorgeworfen, keine Lösung gegeben zu haben, aber das ist ein Zeichen von Demut. Wäre ich übrigens in der Lage gewesen, eine Lösung zu finden, so hätte ich keine Filme gemacht, sondern etwas anderes.

Und trotzdem: als Sie in STROMBOLI *eine Lösung vorschlugen, schnaubte die Kritik.*

Ich habe nicht verstanden, warum, aber es muß wohl mein Fehler sein, weil es mir nicht gelungen ist, die anderen zu überzeugen.

Wir persönlich finden im Gegenteil, daß dieser christliche Schluß dem Werk einen Sinn gibt.

Das ist Ihre Meinung, aber erlauben Sie mir, Sie meinerseits zu befragen. Seit einigen Jahren gibt es ganz allgemein in der Kritik zwar nicht gerade eine Feindschaft, aber doch so etwas wie einen Widerstand gegen meine letzten Filme. Gibt es ihn deshalb, weil ich Sujets behandle, die der Film gewöhn-lich links liegen läßt, oder weil ich einen unfilmischen Stil anwende? Es ist nicht die gewöhnliche Filmsprache, ich leh-ne Effekte ab, ich ›wühle‹ auf eine Art, die ich für meine per-sönliche halte.

Es ist für uns, die wir Ihre Filme lieben und zu verstehen glau-ben, fast ebenso schwierig wie für Sie, die Gründe derer zu ver-stehen, die sie ablehnen. Die Neuartigkeit Ihres Stils hat zu-nächst einen großen Teil unserer Kollegen verwirrt; Tatsache ist, daß einige von ihnen ihren ersten Eindruck korrigiert ha-ben. Zum Beispiel wechselten viele von denen, die in Venedig

Stromboli

EUROPA 51 *ablehnten, ihre Meinung, als dieser Film in Paris herauskam.*

Es ist komisch, das wiederzulesen, was die Kritiker über meine ersten Filme geschrieben haben. ROMA, CITTÀ APERTA: »Rossellini verwechselt Chronik mit Kunst, der Film ist eine Harlekinade.« In Cannes, wo der Film an einem Nachmittag lief, hat ihn keiner beachtet; dann, nach und nach, nahm man ihn langsam ernst, man übertrieb sogar. Ich erinnere mich an die ungeheure Erregung, als PAISÀ herauskam. Ich glaubte zutiefst an diesen Film; er ist einer der drei, die mir am liebsten sind [Die beiden anderen sind FRANCESCO GIULLARE DI DIO und EUROPA 51. (Anmerkung der Gesprächspartner)]. Die erste italienische Kritik, die ich in Händen hatte, sprach von dem »verwesenden Gehirn eines Regisseurs« und fuhr in diesem Ton fort. Ich glaube nicht, daß man Schlimmeres über einen Film sagen kann, als was man über GERMANIA ANNO ZERO gesagt hat. Heute zitiert man ihn bei jeder Gelegenheit. Diese späte Reaktion ist für mich schwer zu verstehen.

Um auf Ihren Stil zurückzukommen: das Verwirrende an ihm ist vielleicht das, was man als Mangel an »filmischen Effekten« bezeichnet. Sie bleiben immer nicht nur objektiv, sondern sogar ungerührt; man hat den Eindruck, daß alles aufgrund einer Art freien Entschlusses auf der gleichen Ebene behandelt wird.

Ich versuche, immer nüchtern zu bleiben. Ich finde, daß das, was es an Erstaunlichem, Außergewöhnlichem, Rührendem in den Menschen gibt, gerade darin liegt, daß die großen Gesten oder die großen Ereignisse auf die gleiche Art geschehen, mit dem gleichen Widerhall wie die kleinen, normalen Geschehnisse des Lebens. Mit der gleichen Demut versuche ich sowohl die einen wie die anderen zu umschreiben: darin liegt für mich die Quelle des dramatischen Interesses.

Haben Sie die Filme, die ROMA, CITTÀ APERTA *vorausgehen, im gleichen Geiste gemacht? Wir haben sie nicht gesehen.*

Sie haben ebenfalls nicht viel Chancen gehabt, waren aber von den gleichen Intentionen geleitet.

In LA NAVE BIANCA, *der drei Jahre vor* ROMA, CITTÀ APERTA *gedreht wurde, gab es keine Berufsschauspieler. War das Neorealismus, bevor es den Begriff gab?*

Ich nahm schon die gleiche moralische Position ein. Wissen Sie, was ein Kriegsschiff ist? Das ist etwas Schreckliches: die Existenz des Schiffs muß um jeden Preis gerettet werden, es gibt auf ihm kleine Leute, die absolut ahnungslos sind, kleine Rekruten vom Lande, die dazu angehalten sind, Maschinen zu bedienen, deren Funktion sie nicht kennen; sie wissen bloß, daß sie auf ein rotes Signal hin auf einen Knopf drücken müssen, auf ein grünes hin einen Hebel betätigen. Das ist alles. Sie sind in dieses Leben wie eingeschlossen; sie sind da an ihrem Abschnitt festgenagelt, absolut festgenagelt, denn wenn ein Torpedo das Schiff trifft, dann kann ruhig ein Teil des Schiffs unter Wasser liegen, der Rest muß weiterkämpfen. Das ist die fürchterliche und heroische Situation dieser armen Menschen, die völlig ahnungslos sind; man hört nicht einmal einen Kampf in einem Schiff dieser Art, man stellt auch die Ventilation ab, damit die Gase, damit

L'uomo della croce

eventuelle Explosionsgase sich nicht im Schiffsinneren ausbreiten. Sie sitzen also da, in einer fürchterlichen Luft und Hitze, hinter Stahlausrüstungen, blockiert, nicht eingeschlossen, blockiert, betäubt von einem vagen und unerklärlichen Lärm. Sie sind völlig ahnungslos: sie müssen auf eine rote oder grüne Lampe achten, von Zeit zu Zeit tönt aus einem Lautsprecher etwas über das Vaterland, und dann ist wieder alles still.

Ihr folgender Film, L'UOMO DELLA CROCE ...

... behandelt das gleiche Problem: Menschen mit Hoffnung, Menschen ohne Hoffnung. Das ist vermutlich naiv, aber das Problem lag so.

Weil Sie der Meinung sind, und das ist auch unsere Ansicht, daß es in Ihrem Werk nicht zwei Perioden gibt, ist wohl anzunehmen, daß ROMA, CITTÀ APERTA *und* PAISÀ *von einem Mißverständnis profitiert haben?*

63

Ja. Vielleicht war ich aber auch nicht fähig, mich richtig auszudrücken.

Wenn Sie in diesen beiden dazu fähig waren, so ist es unwahrscheinlich, daß es Ihnen in den anderen nicht gelungen sein sollte. Wir glauben eher an ein Mißverständnis. Vor STROMBOLI *war die christliche Idee weniger deutlich herauszulesen. Gewisse Kritiker waren verärgert durch die Tatsache, daß ein Cineast katholisch ist und seinen Katholizismus offen bekennt.*

Viele Katholiken waren gegen Sie.

Ein solcher Beweis ist erbracht worden durch das Verbot von IL MIRÁCOLO *durch Kardinal Spellman.*

Nach meiner Meinung ist IL MIRÁCOLO ein absolut katholisches Werk. Ich bin von einer Predigt des heiligen Bernhard von Siena ausgegangen; sie berichtet von einem Heiligen namens Bonino: ein Bauer geht mit seinem zweijährigen Sohn und seinem Hund auf sein Feld. Er läßt das Kind und den Hund im Schatten einer Eiche und geht an die Arbeit. Als er wiederkommt, findet er das Kind erwürgt und Zahnspuren an seinem Hals. In seinem Vaterschmerz tötet er den Hund, und erst in diesem Augenblick bemerkt er eine dicke Schlange und begreift seinen Irrtum. Aus Reue über seine Ungerechtigkeit beerdigt er den Hund am nahen Felsen und ritzt eine Inschrift auf das Grab: »Hier ruht Bonino« (das war der Name des Hundes), »den menschliche Bosheit tötete.« Ein paar Jahrhunderte vergehen, neben dem Grab führt jetzt ein Weg vorbei, und die Reisenden, die im Schatten der Eiche rasten, lesen die Inschrift. Nach und nach fangen sie an zu beten, bitten um die Fürsprache dieses Unglücklichen, der da begraben liegt: es geschehen Wunder, so zahlreich, daß die Menschen der Gegend eine schöne Kirche bauen mit einem Grab, um die sterblichen Überreste dorthin zu übertragen. Und dabei sehen sie, daß es sich um einen Hund handelt. Sie sehen, daß die Geschichte von IL MIRÁCOLO dem ziemlich nahekommt. Da haben wir eine arme Irre, die an einer Art religiösen Wahns leidet, aber in dieser Manie den wahren und tiefen Glauben hat. Sie kann alles glauben, was sie will. Was sie glaubt, kann auch Blasphemie sein, das gebe

L'uomo della croce

ich zu; aber dieser Glaube ist so groß, daß sie dafür belohnt wird: ihre Geste ist völlig normal: ihrem Kind die Brust zu geben. Es gab Katholiken, die für diesen Film waren, andere hatten Angst, daß er nicht verstanden würde, und schließlich gab es diejenigen, die mir bösen Willen unterstellten.

Das Mißverständnis war das gleiche wie bei allen Ihren folgenden Filmen. In Frankreich waren die Katholiken nicht aus doktrinären Gründen dagegen: die christliche Presse bewundert aus Disziplin die Saint-Sulpice-hafte Bebilderung des Monsieur Vincent[1] *oder aus paradoxen Gründen die Blasphemie von* Les orgueilleux[2].

Vielleicht habe ich mich auch nicht deutlich genug verständlich gemacht. Wenn ich in meine Filme zehn Details mehr hineinstopfte, würde alles äußerst klar; aber gerade diese zehn Details sind es, die ich nicht hinzufügen kann. Nichts ist leichter, als eine Großaufnahme zu machen. Ich unterlasse das, weil ich fürchte, in Versuchung zu geraten, sie dann im Film stehenzulassen. Wenn ich eine private Vorführung meiner Filme mache (vor einem kleinen Kreis von zwanzig bis dreißig Personen), gehen die Leute erschüttert hinaus, sie weinen. Dieselben Personen sehen sich den Film im Kino an und verabscheuen ihn. Das habe ich x-mal erlebt.

Sie wissen nicht, wie oft ich Leute getroffen habe, Frauen besonders, die mir gesagt haben: »Herr Rossellini, man erwartet einen großen Film von Ihnen. Aber vor allem: zeigen Sie nicht so furchtbare Dinge; ich bitte Sie, machen Sie einen großen, schönen Film!« Ein »großer, schöner Film« – das ist schwierig. Ich bin wahrscheinlich nicht fähig, einen solchen zu machen, und werde das wahrscheinlich niemals sein. Man fürchtet sich davor, die Probleme aufzurühren. Der politische Kampf ist so fieberhaft geworden, daß die Leute nicht mehr die Möglichkeit haben, frei zu urteilen; sie reagieren nur nach ihren eingefleischten politischen Ideen.

Die Welt ist bereit zu einer großen Veränderung. Ich weiß nicht, wie das werden wird, aber ich habe eine starke Hoffnung, obschon sehr wenig in dem Sinn gearbeitet wird, wie ich es möchte. Aber die Welt ist sicherlich reif für irgend etwas. Nehmen wir das Beispiel *Don Camillo*[3]; ich spreche nicht von den Qualitäten dieses Films; diese seine Qualität erklärt nicht den ungeheuren Erfolg, den er gehabt hat: der liegt einfach an der Tatsache, daß er die Illusion gibt, die ganze Welt könne sich einigen. Ich bin auch überzeugt, daß man den Punkt der Verständigung finden könnte, aber nicht auf die Art dieses Films: das ist zu einfach. Das hat mich ganz besonders empört.

In Italien gab es eine politische Strömung, die des »Mannes von der Straße« [uomo qualunque], mit dem Wahlspruch: Nimm's leicht! Ich bin keineswegs dieser Ansicht; der Mensch soll ständig im Kampf stehen, mit einem ungeheuren Mitleid für die ganze Welt, für sich selbst wie für die anderen; mit viel Liebe, aber er soll im Kampf stehen. Ich meine nicht den Kampf mit Waffen; ich meine den Kampf mit dem Gedanken und besonders mit dem Beispiel, das man gibt. Das nimmt einen freilich zuviel in Anspruch, das verlangt zuviel Mühe: daß man alles vergessen könnte, wäre etwas, das viel vergnüglicher wäre; und darin liegt der Grund für den so großen Erfolg dieses Films.

Viele Regisseure kommen sich als Freiheitskämpfer vor, aber sie konzipieren die Freiheit schlecht; es ist eine abstrakte Freiheit.

Wenn man von der Freiheit spricht, ist das nächste, was man hinzufügt: »Die Freiheit ja, aber in bestimmten Grenzen.« Nein, man lehnt selbst die abstrakte Freiheit ab, weil sie ein zu schöner Traum wäre. Darum finde ich auch, daß dem Christentum eine ungeheure Stärke innewohnt: weil dort die Freiheit absolut ist, sie ist wirklich absolut, nach meiner Meinung.
Es ist eine Tatsache, daß die Menschen heute frei sein wollen, an eine Wahrheit zu glauben, die man ihnen aufzwingt. Es gibt keinen Menschen mehr, der seine eigene Wahrheit sucht; und das erscheint mir außerordentlich paradox. Es genügt, ihm mit vor der Nase erhobenem Zeigefinger zu sagen: das ist die Wahrheit, und er wird gleich ganz glücklich; er will an sie glauben, er folgt einem, er ist fähig, alles mögliche zu tun, um an diese Wahrheit glauben zu können. Aber er hat sich nie die kleinste Mühe gemacht, sie zu entdecken. Durch die ganze Geschichte hindurch hat es sich immer so zugetragen; die Welt hat kleine Schritte nach vorwärts gemacht, wenn es die wahre Freiheit gab. Diese Freiheit hat sich in der Geschichte sehr selten gezeigt, und trotzdem hat man immer von Freiheit gesprochen.

Das drücken Sie in EUROPA 51 *aus.*

Wissen Sie, wie mir die Idee dazu gekommen ist? Ich drehte den FRANCESCO und erzählte die »Fioretti« Fabrizi. Nachdem er mir aufmerksam zugehört hatte, wandte er sich an seinen Sekretär und sagte: »Das war ein Verrückter.« Und der andere: »Ein völlig Verrückter.« Von daher ist mir die Idee gekommen. Außerdem habe ich mich noch von einer Geschichte inspirieren lassen, die sich während des Kriegs in Rom zugetragen hat. Ein Ladeninhaber von der Piazza Venezia verkaufte seine Stoffe zu Schwarzmarktpreisen. Als eines Tages seine Frau eine Kundin bedient, kommt er hinzu und sagt zu dieser: »Signora, nehmen Sie diesen Stoff, ich schenke ihn Ihnen, weil ich an diesem Verbrechen nicht teilhaben will; ich finde, der Krieg ist etwas Schreckliches.« Natürlich ist die Frau, nachdem die Kundin das Geschäft verlassen hatte, über ihren Mann hergefallen und hat ihm das Leben zu Haus unmöglich gemacht; aber das moralische Problem blieb für ihn bestehen. Weil er sich mit seiner Frau nicht einigen konnte und diese fortfuhr, Verbrechen gegen das moralische Gesetz in ihm zu begehen, tat er was? Er hat sich der Polizei gestellt: »Ich habe das und das und das gemacht, und ich muß mich all dieser Dinge entledigen.« Die Polizei hat ihn in eine Nervenklinik geschickt. Und was der Psychiater mir über diesen Fall gesagt hat, hat mich ziemlich beunruhigt: »Ich habe ihn untersucht und festgestellt, daß dieser Mann nichts weiter als ein moralisches Problem ›hatte‹. Ich war so erschüttert, daß ich nachts nicht schlafen konnte und mir sagte: ›Ich muß ihn als Wissenschaftler behandeln und nicht als Mensch. Als Wissenschaftler habe ich zu untersuchen, ob dieser Mann sich wie ein Durchschnittsmensch verhält. Er beträgt sich nicht wie ein Durchschnittsmensch.‹ Ich habe ihn also in eine Irrenanstalt geschickt.« Das ist tatsächlich geschehen, und ich bin diskret genug, den Namen des großen Wissenschaftlers nicht zu nennen. Ich habe noch oft mit ihm darüber diskutiert, und er hat zu mir gesagt: »Ich muß in mir selbst den Menschen vom Wissenschaftler trennen; die Wissenschaft hat ihre Grenzen, sie muß berechnen, untersuchen, messen, sich nach dem richten, was sie bereits entdeckt hat, was sie kennt. Alles, was außerhalb dieser Grenzen liegt, muß ich als Wissenschaftler vollständig vergessen.«

In einem Jahrhundert, das von der Wissenschaft beherrscht wird – und wir wissen, daß sie unvollkommen ist, daß sie sehr grausame Grenzen hat –, weiß ich nicht, bis zu welchem Punkt man sich ihr anvertrauen darf; dieses Problem ist das Sujet des Films. Meine Idee war sehr klar: der heilige Franziskus, die Geschichte, die ich Ihnen erzählt habe, und Simone Weill standen an ihrem Ursprung.

Man hat behauptet, Sie wollten einen Film über Sokrates machen?

Diesen Traum habe ich immer gehabt: Sokrates, das Urteil und die Verdammung; aber wo den Schauspieler finden?

Viaggio in Italia

Und VIAGGIO IN ITALIA *?*

Das ist ein Film, den ich sehr liebe. Es war für mich sehr
wichtig, Italien zu zeigen, Neapel, diese merkwürdige Atmosphäre, der sich ein sehr reales, sehr tiefes Gefühl beimischt:
das Gefühl des ewigen Lebens. Das ist etwas, was vollständig
aus der Welt verschwunden ist. Eduardo De Filippo ist eine
außerordentliche Geschichte passiert. Als er sein Stück *Napoli milionaria* [1950 verfilmt] schrieb, suchte er in Neapel
nach dokumentarischem Material. Eines Tages erfuhr er, daß
in einer neapolitanischen Familie ein Negerkind zu besichtigen wäre, das in dieser Familie das Licht der Welt erblickt
hätte. Er ging hin, um sich das Schauspiel anzusehen; an der
Tür kassierte der neapolitanische Ehemann fünf Lire Eintritt.
Er trat ein, er sah die Ehefrau, die das Negerkind auf dem
Arm hielt. Als er die Wohnung verließ, fragte man ihn, weil
er in Neapel sehr bekannt ist: »Sind Sie zufrieden? Haben
Sie gut gesehen?« Und De Filippo wird geantwortet haben:
»Hör mal zu, du Stück von einem Lumpen, schämst du dich

69

nicht, für fünf Lire aller Welt zu zeigen, daß ein Neger dir Hörner aufgesetzt hat?« Der Kerl nimmt ihn zur Seite und sagt: »Unter uns, am Abend waschen wir das Kind!« Es war ein armes neapolitanisches Kind! Wenn es schon Korruption gab, wollte man von der Korruption auch etwas haben. Es war eine arme Familie, die leben mußte. Sie hatte sich nach der Decke gestreckt!

Diese außerordentliche Unschuld, diese Reinheit, dieses Nichtteilhaben am Dreck der anderen, das war das Wunderbare. Erinnern Sie sich an PAISÀ? Ich bitte um Vergebung, daß ich mich selbst zitiere, aber für mich hat diese Dialogzeile eine enorme Bedeutung – als der Neger sich schlafen legt, sagt ihm der Junge: »Paß auf, wenn du einschläfst, klaue ich dir deine Schuhe!« Der Neger schläft ein, und das Kind stiehlt ihm die Schuhe. Das ist einwandfrei, das ist üblich, das ist dieses außerordentliche Spiel, das jenseits der Moral liegt.

Ich habe während des Krieges etwas Aufregendes beobachtet. Es gibt in dieser Stadt Geschäfte – der *basso* oder die *bassi* genannt –, die in der ersten Etage liegen; unten leben die Leute; es ist sehr amüsant, auf die Straße zu gehen und einen Schwatz anzufangen: das ist die größte Freude auf der Welt. Lebte da also eine Familie von sechzehn Personen; das kleinste der vierzehn Kinder war drei Jahre alt und das älteste achtzehn. Alle handelten auf dem Schwarzmarkt, ihre Taschen waren voller Geld. Wissen Sie, was sie mit diesem vielen Geld, das sie verdienten, anfingen? Sie kauften sich keine Anzüge, sie kauften sich keine Schuhe: sie kauften sich Särge, wundervolle, mit Silberornamenten verzierte Särge. Was der wahre Sinn dieses Verhaltens war? Diese armen Leute, die ein schreckliches Leben führten, in dem sie, wie sie wußten, nichts darstellten, hatten ihre Hoffnung auf das ewige Leben geworfen, sie hofften, sich als menschliche Wesen Gott würdig zu präsentieren; das war etwas, das einem die Tränen in die Augen trieb. Man sagt, ein solches Verhalten wäre Heidentum. Es war keineswegs Heidentum. Es hatte einen viel tieferen Sinn.

Übrigens darf man nicht vergessen, daß Neapel die einzige Stadt der Welt ist, in der an einem bestimmten Tag, dem 19. September, ein Wunder geschieht, das Wunder des heiligen Januarius. Und wehe Sankt Januarius! Wenn das Wunder ausbleibt, beschimpft man ihn. Es passieren dann schreckliche Dinge! Und dieser machtvolle Glaube stützt alles.

Das ist die große heroische Seite des Menschen, nichts anderes. Ich erinnere mich an eine Bemerkung, die meine Frau machte, als sie anfing, Italienisch zu lernen: »Wie merkwürdig, ihr Italiener sagt immer, daß alles entweder schön oder häßlich ist, nie daß es gut oder böse ist.« Tatsächlich, wir sagen: »ein schönes Spaghettigericht«, nie: »ein gutes Essen«; »ein schönes Steak« und nicht: »ein gutes«. Wenn es sich mit der Sprache so verhält, dann muß es sich notwendigerweise auch mit der Konzeption des Lebens so verhalten. Hier haben Sie das ganze Italien.

Wie groß ist der Anteil der Improvisation in Ihren Filmen?

Prinzipiell dreht man nach einem vorher festgelegten Plan; ich behalte mir allerdings einen Teil Freiheit vor. Ich spüre auch den Rhythmus des Films gleichsam in meinem Ohr. Das läßt mich vielleicht etwas sonderbar erscheinen. Ich weiß, wie wichtig das Warten ist, das einem bestimmten Punkt vorausgeht; ich beschreibe also nicht den Punkt, sondern die Wartezeit und bin plötzlich bei der Konklusion. Ich bin tatsächlich nicht fähig, anders vorzugehen, weil, wenn man den Punkt hat, den Kern der Sache, und man sich daranmacht, den Kern zu vergrößern, ihn ins Wasser zu legen, ihn auseinanderzuzerren, er nicht mehr ein Kern ist, sondern etwas, das keine Formen mehr hat oder keinen Sinn oder keine Emotion.

Ich habe das Buch von Claude Mauriac (*L'amour du cinéma,* Paris 1954) erhalten; neulich abends las ich, was er über STROMBOLI geschrieben hat: er sagt, daß ich in diesem Film gekaufte Dokumentaraufnahmen montiert und eingefügt habe, zum Beispiel die Sequenz des Thunfischfangs. Diese Episode ist absolut nicht dokumentarisch, außerdem habe ich sie selbst gedreht. Ich habe versucht, dieses ewige Warten unter der Sonne wiederzugeben; und dann diesen schrecklichen tragischen Moment, in dem getötet wird. Dieser Tod, der nach einem eigenartigen, einsamen, trägen, ich möchte sagen, wohlwollenden Warten in der Sonne ausbricht, das war für mich hinsichtlich der Figur das Wichtige. Claude Mau-

Giovanna d'Arco al rogo

riac ist ein sehr aufmerksamer, intelligenter Mann; aus welchem Grund kann ein Kritiker dergleichen Dinge behaupten? Er müßte sich vorher informieren.

Man sagt Ihnen nach, daß Sie ohne genaues Drehbuch [découpage] arbeiten, daß Sie durchgehend improvisieren.

Das ist zum Teil eine Legende. Ich habe die Kontinuität [continuité] meines Films im Kopf; weiterhin sind meine Taschen voller Notizzettel. Ich muß indessen zugeben, daß ich niemals die Notwendigkeit des genauen Drehbuchs begriffen habe, es sei denn, um den Produzenten zu beruhigen. Was ist absurder als die linke Seite: »amerikanische Einstellung, seitliche Fahrt, Kamera schwenkt, Bildausschnitt«? Das wäre dasselbe, als wenn ein Romancier ein genaues Drehbuch seines Buchs entwerfen würde: ein Imperfekt des Konjunktivs auf Seite 212, anschließend eine indirekte Beifügung zum Objekt usw.! Was die rechte Seite angeht, so stehen da auch bei mir die Dialoge; ich improvisiere sie nicht planmäßig; sie sind längst geschrieben, und wenn ich sie erst im letzten Augenblick herausrücke, dann deswegen, weil ich nicht möchte, daß der Schauspieler – oder die Schauspielerin – sich an sie gewöhnen. Die Herrschaft über den Schauspieler erreiche ich, indem ich wenig probe und schnell aufnehme, ohne eine Aufnahme zu oft zu wiederholen. Man muß auf die »Frische« der Darsteller zählen können. Ich habe EUROPA 51 in sechsundvierzig Tagen gedreht und nicht mehr als 16000 Meter Negativ verbraucht. Bei STROMBOLI noch weniger. Es gab zwar 102 Drehtage, aber wir waren auf der Insel abgeschlossen, durch die Unbeständigkeit des Wetters und die großen Veränderungen von Meer und Wind gehandicapt, und was den Fischfang betrifft, so haben wir acht Tage auf den Thunfisch gewartet. Um zusammenzufassen: ich gehe nicht anders vor als meine Kollegen, nur befreie ich mich ganz einfach von der Heuchelei des genauen Drehbuchs.

Wir warten voller Ungeduld auf den Film, den Sie nach Jeanne au bûcher *gemacht haben und den Sie in Cinemascope aufnehmen sollten* [GIOVANNA D'ARCO AL ROGO].

Ja, aber ich habe ihn so nicht drehen können. Er ist nur ein Farbfilm in Gevacolor. Ich bin mit dem Resultat sehr zufrieden. Es ist ein sehr eigenartiger Film; ich weiß, man wird sagen, daß meine Rückentwicklung die Grenze des Erträglichen erreicht hat, daß ich bis in den Erdboden eingeschrumpft bin. Es ist kein verfilmtes Theater, es ist echter Film, und ich würde sogar sagen, es ist Neorealismus in dem Sinne, wie ich ihn immer verstanden habe.

Ihre Projekte?

Angst

Ich werde mit meiner Frau einen Film in Deutschland drehen, nach der Novelle *Angst* von Stefan Zweig. Ich möchte die Bedeutung des Geständnisses, der Beichte zeigen: die Frau ist schuldig und kann sich nur dadurch befreien, daß sie gesteht.

Interview für Cahiers du Cinéma, 37, Juli 1954. – Übersetzung: Annemarie Czaschke.

Interview 2

Von Jean Domarchi, Jean Douchet, Fereydoun Hoveyda

(Das ist das dritte Gespräch, das Roberto Rossellini mit uns zu führen bereit war. Der Ton der Debatte hat sich jetzt derartig verschärft, daß die Italien-Sondernummer, für die dieses Gespräch zunächst vorgesehen war, sich als zu schmaler Rahmen erwiesen hat. Der Text wird unsere Leser genauso erstaunen wie uns selber, nach allen Überraschungen eines auf besondere Weise von Kontinuität geprägten Werkes. Es ist aber klar, daß die Vorstellungen eines Menschen wie Rossellini immer ihren Platz innerhalb der *Cahiers* finden werden, auch wenn sie sich vom Film abwenden, auch wenn sie sich gegen den Film wenden.)

Seit drei oder vier Filmen scheinen Sie in Ihrer Arbeit eine neue Orientierung zu haben. Ist das Absicht?

Man verändert sich ... Das eine zieht das andere nach sich, man wechselt vom einen zum anderen über. Ich weiß nicht, ob meine Entwicklung beabsichtigt ist. Ich könnte es nur dann wissen, wenn ich eine Abhandlung über Logik schreiben würde.
Mein Haupteindruck ist, daß wir in der Situation von Arbeitsbienen sind, denen man eine bestimmte Nahrung zukommen läßt, damit sie das werden, was sie sein sollen. Das ist der dramatische Aspekt der Massenkunstmedien, die uns erziehen, uns bestimmen und bedingen.
Das andere Drama ist, daß, wenn das vergangene Jahrhundert vom Freiheitstraum beherrscht war, unseres heute vom Respekt dominiert wird. Die Freiräume für Diskussion und Meinungsäußerung sind minimal geworden, innerhalb der Familie erlaubt man sich schon einige kritische Bemerkungen, es bleibt allerdings bei der Verspottung von Dingen, gegen die man nicht revoltiert. Man akzeptiert sie. Es gibt keinen kritischen Sinn mehr.

Es gibt keine Skandale mehr. Denn entweder begreift man (zumindest teilweise) dank der Manipulation den Diskurs, oder man weigert sich, ihn zu hören. In einer von Dialektik geprägten Gesellschaft könnte der Diskurs Skandale bewirken; wie es in unserer Gesellschaft möglich sein sollte, sehe ich nicht.

Wenn es einen Skandal gibt, dann reduziert er sich auf unbedeutende Dinge. Zum Beispiel befinden wir uns heute in einer Zeit, wo Sexualität Mittelpunkt von Kultur und Leben geworden ist. Daß es eine wichtige Sache ist, ist unbestritten, daß man daraus den Mittelpunkt des Denkens macht, finde ich etwas seltsam.

Nicht nur das. Die Menschheit ist erschlafft. Wir schwimmen im Konformismus. Dialektik wird in der Diskussion nur auf einige extrem begrenzte Ideen angewandt, obwohl wir in einer Welt leben, wo Ideen sich extrem schnell ändern. Es ist ein absurdes Phänomen: Dialektik wird immer enger gefaßt, während die Horizonte immer breiter werden.

Was die Kunst betrifft, wird daraus immer stärker ein Fluchtmittel gemacht, ein Zeichen von Dekadenz. Wo bleibt dabei das Denken? Ich glaube nicht, daß es ein größeres Glück gibt, als zu denken, und ich glaube, dieses Glück könnte sich sehr schnell verbreiten, wenn man den Menschen dazu die Möglichkeit geben würde. Leider leben wir aber in einer Gesellschaft, die alles tut, um die Leute so oberflächlich wie nur möglich zu machen, ich würde sogar behaupten, so gerissen wie möglich, wenn das nicht zu herabsetzend klingen würde: es ist eher aus Feigheit als aus Unehrlichkeit.

Ich selber, der ich ziemlich isoliert lebe, finde es erstaunlich, wenn ich mit Menschen in Kontakt trete, nicht nur auf vorgefertigte Ideen, was immerhin noch etwas darstellen würde, sondern auch auf vorgefertigte Phrasen zu treffen. Als ob man sie sich im Kaufhaus besorgt hätte, genauso wie man Gegenstände aus Plastik kauft, und das Entsetzliche ist, daß der Diskurs im wesentlichen aus solchen Phrasen besteht. Das zeigt, daß wir eine derartige Stufe der Manipulation erreicht haben, daß wir zu keiner Freude, zu keiner Entdeckungslust mehr fähig sind.

Der Film hat sich wie jede andere Kunstrichtung, wie die Kunst selbst in einem gefährlichen Netz verfangen. In der Literatur werden ganze Kapitel nur über die Betrachtung der eigenen Füße und die Bewegung der Zehen geschrieben. Ist das nicht wahnsinnig? Im Film wird endlos der gleiche Diskurs reproduziert, einzig und allein der Schnitt wird verändert, es wird versucht, einen neuen Lichttrick zu finden. Es kommt nur darauf an zu zeigen, daß man in der Lage ist, immer den gleichen Diskurs zu wiederholen durch immer gleiche Variationen um diesen Diskurs herum. Es ist ein Zeichen extremer Hilflosigkeit.

Ist nicht zum Teil die Zensur, zumindest was die Filmproduktion betrifft, daran schuld?

Zur eigenen Meinungsäußerung gehört die Lust und auch der Wille dazu. Es ist immer möglich, das zu tun, was man möchte, wenn man es will und vor allem wenn man sich präzise über die Dinge bewußt ist, die zu sagen sind. Zum Beispiel sind die Diskurse – um bei diesem sehr allgemeinen Begriff zu bleiben – der Revolte vage, wo sie doch, wenn ich das so ausdrücken darf, wissenschaftlich sein müßten. Ich will damit sagen, sie spiegeln kein exaktes Bewußtsein wider, keine exakte Kenntnis der Dinge, sie haben keine Überzeugungskraft.

Von daher ist es normal, daß sich eine Gesellschaft auf der Grundlage des Konformismus herausgebildet hat, und es ist auch normal, daß derjenige, der diese Mauer von Regeln, von Konformität sprengen will, nur Ärger bekommt.

Auf welche Unterstützung kann derjenige hoffen, der einen solchen Versuch wagt?

Die politische Ebene reicht zur Lösung des Problems nicht aus. Auf der ästhetischen Ebene gibt es nur in dem Maße einen Skandal, wie die Menschen nicht auf den gleichen Diskurs stoßen, den sie zu hören gewohnt sind. Von den Kritikern ist auch nichts zu erwarten.

Beschränkt man sich auf Forschung (es gibt ja Versuche, die, auch wenn sie nicht geglückt sind, doch einen Forschungswert besitzen), ist man sofort dem Spott derjenigen ausgesetzt, die nicht aus der Herde ausbrechen wollen.

Ich bin nie auf diejenigen wütend, die eine Idee verteidigen, ich bin auf diejenigen wütend, die unfähig sind, überhaupt eine Idee zu artikulieren.

Man kann endlos über die Zensur – legitim oder illegitim,

darum geht es jetzt nicht – reden, allerdings ist es eine Tatsache, daß wir in einer Welt leben, die im Namen der Verteidigung der Freiheit bereit ist, sich durch die Atombombe massakrieren zu lassen. Man muß also untersuchen, was die Freiheit ist. Was ist sie? Sie drückt sich vor allem im individuellen Wahlrecht aus. Doch demjenigen, der wahlberechtigt ist, der die Geschicke seiner Regierung, also der Nation mitbestimmen kann, spricht man das Urteilsvermögen ab, das Recht zu bestimmen, ob seine Kinder sich diesen oder jenen Film ansehen dürfen. Ich finde, daß es sich hier um ein sehr markantes Beispiel von Freiheitseinengung handelt, die uns die Manipulation hinzunehmen lehrt.

Ich will nicht sagen, es wäre auf jeden Fall etwas Kriminelles, ich will damit sagen, daß man sich, ganz automatisch, Schritt für Schritt in eine bestimmte Richtung bewegt hat, daß ein Weg geebnet worden ist, eine Angewohnheit geschaffen wurde, und das alles aus Schwäche, aus Unbekümmertheit.

Glauben Sie nicht, daß es zu einer positiven Entwicklung des Denkens kommen kann?

Das Problem wird dermaßen überwältigend, daß es schwierig ist, sich in dieser Kürze dazu zu äußern.

Aber es scheint doch, daß dies gerade die Probleme sind, die Sie in Ihren letzten Filmen, ausgehend von individuellen Fällen, angesprochen hatten?

Wichtig ist es, die Auseinandersetzung wieder allseitig zu eröffnen, und im Verhältnis zur gesamten Problematik spielt der Film eine ganz winzige Rolle. Das Problem ist ein allgemeines, das Handeln muß ein allgemeines sein.
Ein, zwei Individuen allein reichen dazu nicht aus. Gedanken müssen ausreifen, die Menschen müssen sich über die Dinge bewußt werden, das muß sich langsam innerhalb unserer Gesellschaft selbst herausbilden.

Es ist gerade die Aufgabe des Künstlers, auch wenn er eine relativ begrenzte Rolle spielt, dieses Problem anzugehen. Die Mehrzahl der großen Filmproduzenten macht es, ob Renoir,

Dreharbeiten zu *Stromboli*

Fritz Lang oder Sie selber; sie versuchen, diese Botschaft zu senden, die die Jugendlichen vielleicht aufnehmen werden und die sich letztlich ausbreiten wird.

Das stimmt, es ist eine Möglichkeit, wenn sie auch nebensächlich ist, das Problem anzugehen, bloß – sich einem Problem zu stellen bedeutet nicht, Modelle anzubieten. Das Handeln muß breiter gefaßt werden. Wichtig ist es, die Dinge unter ihrem Allgemeinaspekt zu behandeln, es gibt schon einige Fermente, die sie zum Gären bringen könnten, allerdings zu wenige.

Die tiefe Dialektik der modernen Welt liegt vielleicht darin, daß die authentischen individuellen Werte heute in der Wissenschaft Zuflucht gefunden haben, während die Wissenschaft jedoch selber zur Kollektivierung der Kultur beiträgt, die Sie vorhin beklagten.

Ich sehe, was Sie sagen wollen, teile Ihre Meinung aber nicht. Für uns, die wir die andere Seite der Dialektik Wissenschaft – Kunst repräsentieren, wäre die Lösung, die Eroberungen der Wissenschaft anzuwenden, und hier versagen wir völlig. Wir beschränken uns auf die Entdeckung, wie wunderbar es ist, mit einem Kugelschreiber zu schreiben oder einen Eisschrank zu besitzen, aber Erzählen, Erfinden, das haben wir verlernt. Heute wird über die Eroberung des Weltraums gelacht, man stellt sich die Frage: Wozu nützt es? Obwohl wir alle wünschen müssen, daß die Welt sich entwickelt, Fortschritte macht. Jede Anstrengung, jedes Leiden der Menschheit zieht allmählich doch eine Fortentwicklung, eine Veränderung nach sich, die schließlich phantastisch ist.

Wir Künstler, die wir den Anspruch haben, uns der Kunst oder ihrer Verteidigung zu widmen, was tragen wir dazu bei, im eigenen Bereich etwas Ähnliches zu schaffen wie das, was die Wissenschaft vollbringt? Was ist unsere Rolle bei dieser immensen Eroberungsanstrengung?

Die Kunst hat eine wichtige Rolle in der Bildung zu spielen, deren Sinn es ist, die Menschen darauf vorzubereiten, etwas zu erobern und sie in der Folge zu Spezialisten zu machen. Daraufhin stellt sich das Problem der Spezialisierung. Das ist schlimm: alles, was heute getan wird, verfolgt ein strikt erzieherisches Ziel. Ich persönlich lehne Erziehung ab. Erziehen beinhaltet die Idee des Führers, des Lenkens, des Beeinflussens, während wir unendlich freier die Wahrheit erforschen müßten. Wichtig ist es zu informieren, wichtig ist es zu bilden, aber Erziehen, das ist nicht das Wichtige.

Natürlich muß eine gewisse Erziehung stattfinden, aber frei, wenn die Information breit, vollständig ist. Statt dessen reduzieren wir in der Bildung mehr und mehr den Anteil der Information, um stärker erzieherisch agieren zu können.

Kann auch der Film zur Information, zur Bildung beitragen?

Der Film kann Beihilfe leisten, er ist aber nicht *das* Mittel. Wenn es eine breite Informations- und Bildungstätigkeit in allen Bereichen gäbe, könnte der Film daran teilnehmen, den Diskurs mehr spielerisch aufgreifen, Modelle anbieten, über die Emotionalität den intimen Wert der Dinge darstellen. Der Film ist aber nicht in der Lage, den Diskurs direkt, didaktisch zu behandeln, er kann auch nicht die Information in ihrer Totalität liefern. Man muß also zunächst die allgemeinen Ideen behandeln.

Dazu kann jedes Mittel benutzt werden, allerdings innerhalb einer globalen Vision der Dinge. Wir müssen uns wieder auf die allgemeine Bewegung der Menschheit rückbesinnen – in gewisser Weise auf den Humanismus zurückkommen –, statt stehenzubleiben und Sachen wiederzukäuen, die wir schon geschluckt und verdaut haben, statt sie immer aufs neue wiederzukäuen, sie abermals zu schlucken und wieder zu uns zu nehmen und wieder runterzuschlucken. Wir müssen uns neue Weideplätze suchen.

Meinen Sie, daß der Film seinen Auftrag verfehlt hat, nämlich die Kunst unseres Jahrhunderts zu werden?

Das denke ich. Es sind Versuche unternommen worden, sogar heroische, trotzdem ist er gescheitert. Von allen Künsten trägt er vielleicht sogar die größte Verantwortung für die erreichte Stufe an Manipulierung und Verblödung.

Aber einem Werk wie Le poème de la mer[4] *ist es aus sich heraus, durch die Lyrik gelungen, ganz generelle Probleme aufzuwerfen und eben diesen Einfluß der Wissenschaft auf unser Zeitalter aufzuzeigen. Auch ein Film wie* INDIA *zeigt einen möglichen Weg auf, solche Fragen zu behandeln.*

Es geht nicht darum, über meine eigenen Filme zu reden, sondern über alle Filme, die solche Versuche unternommen haben. Welchen Erfolg hatten diese Filme?

Keinen. Noch nicht mal in Rußland hatte Le poème de la mer *irgendeinen Erfolg.*

Man muß sich die Frage stellen, warum. Er ist ein Beispiel für einen Diskurs, den die Menschen nicht verstehen. Auch wenn dieser extrem simpel ist, können sie ihn nicht verstehen. Das ist es gewesen, was bei mir den Eindruck erweckt hat, daß alles, was man im Film macht, vom Gesichtspunkt des allgemeinen Nutzens betrachtet, vergebens ist. Es gibt nur wenige Menschen, die verstehen. Was die Mehrheit betrifft, begreift sie nicht nur nichts, sondern es kommt sogar vor, daß sie sich beleidigt fühlt.
Wir haben die Illusion gehabt, daß der Film viel bewirken könnte. Allein der Propagandafilm hat viel bewirken können,

in einer Welt, die sich in eine bestimmte Richtung bewegte, wo alles sich in diese Richtung drehte. Innerhalb eines sehr bestimmten Bereiches, innerhalb einer eindeutigen Ethik ist er sehr wirksam gewesen.

Genauso kann mit dem Film Vulgarisierung betrieben und gut betrieben werden; aber um allgemeine Ideen aufzuwerfen und sie zur Diskussion zu stellen, dazu ist der Film meiner Meinung nach nicht fähig.

Ich will klarer reden. Eine Debatte neu zu eröffnen über das Mittel des Films ist nicht möglich: die Filmkosten sind zu hoch. Es gibt günstigere und wirksamere Mittel. Außerhalb des Films können Diskussionen, Untersuchungen sehr viel genauer stattfinden, Grundsatzideen sehr viel wirksamer debattiert, aufgeworfen und analysiert werden. Nach wie vor ist das Buch der Ausgangspunkt von allem.

Da der Film ohne die Unterstützung des Publikums nicht möglich ist (er ist eine sehr teure Ware), muß der Diskurs woanders beginnen – und dann, unter Beihilfe des Films, aufgegriffen werden. Man kann beispielsweise von der Literatur ausgehen und dann auf ein Publikum zurückkommen, das die Literatur schon vorgebildet hat.

Man muß auch den Mut zur Didaktik haben. Aber sobald man im Film didaktisch ist, wird man als Idiot beschimpft. Obwohl der didaktische Anspruch ein absoluter Anspruch ist.

Trägt der Film nicht immerhin dazu bei, den Zuschauer aus seinem Konformismus herauszuholen?

Das ist ein sehr großes Problem. Der Zuschauer will vor allem ein ihm vertrautes Produkt konsumieren. Was er höchstens akzeptiert, sind geringfügige Abwandlungen des Produktes.

Dazu kommt das Problem der Filmkritik. Die Kritiker sind auf noch erbittertere Weise als das Publikum an die Konsumierung eines bestimmten Produktes gewöhnt. Bietet man ihnen Spaghetti an, werden sie Abwandlungen der verschiedenen Spaghettisoßen hinnehmen, wenn man ihnen aber ein anderes Gericht anbietet, dann läuft nichts mehr, dann ist Revolte angesagt.

Es ist also zwecklos, in diese Richtung weiterzugehen. Was

Dreharbeiten mit Totò zu *Dov'è la libertà*

erforderlich ist, ist ein neues Mittel zu finden, das entweder
die breiten Massen erreicht oder sich an eine begrenzte Elite
wendet, die aber in der Lage ist, die neuen Ideen anschließend zu verbreiten. Es ist eine Arbeit, die systematisch werden und umso besser laufen kann, je geringer die finanziellen
Sorgen sind.

Die Sensibilität muß sich entwickeln, einverstanden, aber das
Problem der Sensibilität hat schon immer bestanden, und wir
sind nicht der Meinung, daß man auf das Buch zurückgreifen
muß …

Ich glaube, daß die neuen Probleme zunächst mittels traditioneller Formen erforscht werden müssen, und wenn diese
Fragen sich dann der Aufmerksamkeit aufgezwungen haben,
dann kann die Diskussion mittels des Films aufgegriffen
werden.
Wenn in allen Bereichen erstmal eine größere Freiheit des
Diskurses erreicht ist, kann dieser systematischer stattfinden,

83

wird er didaktisch gesehen mehr Wert haben, und wenn auch nur eine begrenzte Zahl von Menschen daran teilnimmt, werden diese wenigen in der Lage sein, das zu tun, was zu tun ist, um ihn zu verbreiten. Der Film verlangsamt diese Tätigkeit erheblich, wo sie doch so stark wie möglich beschleunigt werden müßte. So oder so, wenn man das Problem zur Kenntnis genommen hat, nützt das Schluchzen nichts. Man muß zum Handeln übergehen, so schnell und so wirksam wie möglich.

Ich selber werde den Film vielleicht nicht verlassen, er wird aber nicht mehr meine Hauptbeschäftigung sein. Obwohl ich mich dort wohler fühle. Es ist für mich schrecklich gewesen, mit dem Schreiben anzufangen. Man muß bei Null anfangen und sich selbst ganz neu entwerfen. Sich eine Technik, eine Sprache neu zulegen. Es macht wirklich keinen Spaß, doch mußte ich dieses Problem wohl oder übel auf mich nehmen, denn mein ganzer Diskurs wurde völlig vergeblich.

Wenn es um die Befriedigung eigener Ambitionen ginge, um den eigenen Ruhm, wäre es mehr als ausreichend, mehr als zufriedenstellend, wenn man das Verständnis einiger kompetenter Menschen findet, doch geht es nicht um individuelle Zufriedenheit: es muß sich mit den Fragen auseinandergesetzt werden, die uns Angst machen – das ist etwas ganz anderes.

Sich auf der Terrasse eines brennenden Hauses zu befinden und imstande zu sein, ein geniales Gedicht über den Tod zu schreiben, der einen zum Brathähnchen machen wird, das ist zwar wunderbar, doch absolut nutzlos. Wenn Sie im Gegensatz dazu imstande sind, Feuerwehrmann zu werden, und Sie erinnern sich, nachdem der Brand gelöscht ist, an das Feuer und können das wunderbare Gedicht über das Brathähnchen schreiben, dann haben Sie etwas Vollendetes.

Sie haben viel von Wirksamkeit gesprochen, es hat aber immer große revolutionäre Handlungen gegeben, die nicht sofort aufgenommen worden sind, sondern erst viel später wirksam wurden.

In unserem Zeitalter der Beschleunigung kann man nicht mehr warten. Außerdem bin ich ein Ungeduldiger.

Das Publikum sensibilisiert sich, gewöhnt sich doch allmählich. Zum Beispiel an Ihr Werk. VIAGGIO IN ITALIA *ist ein Film mit zunehmendem Erfolg.*

Ich habe nicht die Sichtweise: ich und mein Werk, ich und mein Publikum, ich und die Kritik. So sieht mein Diskurs nicht aus, dieses Spiel mache ich nicht mit. Wenn man will, bin ich dabei, doch auf der anderen Seite. Das Wichtige ist für mich, zu schaffen. Das ist mein allergrößtes Glück. In gewissem Sinne bin ich also doch ein Egoist.

In welche Richtung gehen Ihre Bemühungen?

Vor allem in den Bereich des Experiments. Dort muß angefangen werden. Mit ganz freien Experimenten. Für mich ist das ein Mittel, mich in der Welt zu orten, damit ich sie studieren, begreifen kann.

In Ihrem Werk gab es doch Filme mit sehr großer Breitenwirkung. Könnte sich dieser Erfolg nicht wiederholen, auch wenn er von einem Mißverständnis ausginge?

Wenn er von einem Mißverständnis ausginge, wäre es noch tragischer. Wenn ich Preise erhalten habe, habe ich sie aus Freundlichkeit angenommen, ich habe aber nicht mitgemacht, eben um nicht Komplize dieses Mißverständnisses zu werden.
Dadurch daß ich Filme mache, habe ich Menschen, Probleme, Ereignisse erforscht, die mich berührten. Ich habe es gut oder schlecht gemacht, jedenfalls bin ich mir da über lauter Dinge bewußt geworden. Nur weiß ich heute, daß ich sie im Rahmen des Films nicht lösen kann. Es geht nicht nur um die Frage, ob das Publikum mich verstehen oder nicht verstehen wird. Es geht um eine andere Art von Dringlichkeit. Der Diskurs muß ganz neu geschrieben werden, es geht um eine ganze Lektüre, um eine ganze Zivilisation, die auf dem Spiel steht.

Um auf den Punkt zurückzukommen, den Sie aufgeworfen haben: der Film könnte ja weniger aufwendig werden.

Man hat sich immer bemüht, ihn so wenig aufwendig wie möglich zu machen. Letztlich ist er immer so aufwendig wie möglich geblieben.

Doch der Weg, den Rouch[5] verfolgt – ob richtig oder falsch –, kann zu etwas führen.

Wenn man schreibt, kann man unvergleichlich vielseitigere Fragen behandeln.

Welches werden die Leitgedanken Ihrer Bücher sein?

Vor allem die Welt, in der wir leben, mit neuen Augen zu sehen, zu versuchen, wissenschaftlich herauszubekommen, wie sie organisiert ist. Sie zu sehen. Weder emotional noch intuitiv, sondern so exakt wie möglich und in ihrer Totalität.
Einer der Aspekte der modernen Welt ist die Ökonomie. Wie war sie? Wie ist sie geworden? Wie wirkt sie? Was sind ihre Ziele? Ihre Mittel? etc... Der Diskurs muß ganz neu, in strikt wissenschaftliche Kapitel unterteilt, angesetzt werden.
Was ist Physik? Chemie? Welches sind die politischen Organisationen? Woher kommen sie? Wie haben sie sich gebildet? Welches sind die Gedanken, die sie entstehen ließen? Wie haben sich diese Gedanken verankert? Wie ist ihre Anpassung verlaufen? Der Prozeß der Anpassung ist eine sehr wichtige Sache. Es ist seltsam: wenn eine historische Perspektive auftaucht, dann löst sie einen gewaltigen Elan für Neues aus, doch dieser Elan wird sofort Vergangenheits-nostalgisch eingefärbt, und so oder so läuft es immer auf einen Kompromiß hinaus. Ich will das nicht verurteilen, es ist menschlich, doch dieser Prozeß muß analysiert werden, um zu wissen, wie der Mensch sich entwickelt. Wenn wir heute die Geschichte schreiben möchten und wenn wir die Geschichte der Menschen, die die Geschichte gemacht haben, schreiben möchten, dann würden wir ganze Kapitel über Verbrecher, Kranke, Irre verfassen, und von Zeit zu Zeit würden wir unter ihnen ein paar kleine Weise antreffen. Tausende von Jahren lang hat die Menschheit dies widerspruchslos hingenommen. Heute leben wir im Zeitalter der Wissenschaft, doch die Politik ist in den Händen von Menschen, denen die Wissenschaft fremd ist.

Es gibt tausend Diskurse zu führen, man muß sich einen nach dem anderen vornehmen. Das heißt, wenn das Leben einem Menschen vieles gegeben hat – und es muß ihm auch das Privileg geben, öfter mal schwere Rückschläge einzustekken –, dann soll er nicht in einer Ecke seines Zimmers niederknien und schluchzen, sondern er muß versuchen, sich klarzumachen, was passiert, vorausgesetzt er glaubt an die Menschheit. Ich selber habe einen immensen Glauben an die Menschheit, und ich will versuchen zu begreifen, aus welchen Gründen einige Sachen eher als andere passieren, aus welchem Grund der Wahnsinn, die Kriminalität möglich sind, obwohl ich – da ich an die Menschheit glaube – davon überzeugt bin, daß es nirgendwo einen Menschen gibt, der sich morgens nach dem Aufwachen sagt: »Heute werde ich mir einen netten Verbrechertag machen!« Nein: er steht auf und wird versuchen, ein guter Mensch zu sein, und dann wird sein ganzes Handeln zum kriminellen Handeln erklärt.

Wenn man nicht all dies in Betracht zieht, wird man nie die Zusammenhänge sehen können.

Ich glaube, daß das, was uns unsere Zivilisation gegeben hat, die Möglichkeit zur wissenschaftlichen Untersuchung ist, den Dingen wissenschaftlich auf den Grund zu gehen, das heißt in einer Weise, daß Fehler theoretisch vermieden werden können, wenn die Untersuchung richtig geführt wird.

Vor allem muß Bilanz gezogen werden; wenn man die Welt einmal begriffen hat, kann man zur kritischen Betrachtung übergehen. Dann können Träume und Intuitionen neu erwachen.

Ich glaube, daß das, nur in größeren Maßstäben, die Art ist, wie ich bei ROMA, CITTÀ APERTA, PAISÀ ... vorgegangen bin. Die Tragödie des Krieges war vorbei. Es mußte vermieden werden, poetisch zu sein, und all das, was normalerweise ein Künstler ist. Man mußte sich selber zwingen, völlig realistisch um sich zu schauen. Das war mein Ausgangspunkt: heute will ich es wieder, bloß viel umfassender.

In jedem Unternehmen muß Jahr für Jahr Bilanz gezogen werden. Warum? Um zu wissen, wie der Stand ist. Was tun wir in der Welt, in der wir leben, um die Bilanz der Situation zu ziehen? Nichts.

Glauben Sie nicht, daß das Problem darin besteht, den Menschen neue Träume zu geben, auch Träume zum Handeln?

Zunächst aber muß ausgemacht werden, welches diese Träume sein sollen, die wir ihnen geben werden.

Ich glaube, daß eines der Kennzeichen unserer Gesellschaft darin besteht, daß man Dinge zur Erziehung der Menschen tut, um sie zu einem Ziel zu führen. Wo es doch im Gegenteil nötig wäre, daß die Menschen selber den Weg finden, der gefunden werden muß. An Demokratie glaubt man oder glaubt man nicht, das ist der Punkt.

Aber wie kann Demokratie ohne Wissen möglich sein? Man muß also vom Wissen ausgehen, ohne das es keine Freiheit gibt. Die großen Ideen sind ganz eindeutig die Demokratie und die Freiheit.

Aber um diese Ideen zu fördern, darf die Welt für die Menschen nicht länger geheimnisvoll sein, müssen sie daran teilnehmen. Man muß also aus dem Empirischen raus und zum Wissenschaftlichen hin. Die Kunst ist allerdings in der Lage, Sie durch das Gefühl erfassen zu lassen, wozu Sie mit dem Verstand absolut nicht in der Lage wären. Sie können das Primat der Lyrik rund um die Wissenschaft schaffen.

So oder so muß man dahinkommen, was die Franzosen den Cartesianismus nennen: die Domäne der Vernunft; der angelsächsische Empirismus muß fallengelassen werden, wenn ihm auch das Verdienst zukommt, die wissenschaftliche Zivilisation ermöglicht zu haben.

Wenn man erst im Bereich der Vernunft ist, dann ist alles leicht zu erobern, die Freiheit, die Demokratie – nicht ihr »Ersatz« [deutsch im Original; Anm. d. Übers.], sondern ihre Realität.

Es gibt auch den Nicht-Aristotelismus ...

Nein, ich bin mehr denn je Aristoteliker. Aristoteles hat folgendes gesagt: »Es trifft nicht zu, daß die Freizeit das Ende der Arbeit ist, sondern die Arbeit ist das Ende der Freizeit.« Das heißt, daß die wahre Zeit des Menschen die Freizeit ist, die Arbeit ist der Zwang, die Pflicht, die der Mensch gegenüber der Gesellschaft, der Familie etc. erfüllt. Aber die Bestimmung des Menschen ist die Freizeit, und diese Freizeit muß nützlich sein. Sie kann nur nützlich sein, wenn der Mensch sich dem Studium der Wissenschaft, der Philosophie, der Literatur etc. widmen kann.

Eines der Dramen der Menschheit ist, daß die Menschen der Gesellschaft als Konsumenten nützlich sind. Sie sind eine Zelle des Verdauungstraktes. Diese konsumierende Menschheit muß sich um andere Horizonte bemühen.

Eine globale Vision der Welt war vielleicht zur Zeit der Griechen möglich, aber heute ...

Man kann es versuchen, genauso wie es die Enzyklopädisten getan haben. Sie haben eine immense Rolle gespielt. Ohne sie hätte die moderne Welt nicht existiert.

Die Enzyklopädisten waren Revolutionäre, die sich für die Vernichtung der feudalen Gesellschaft einsetzten. Wird Ihr Werk die Vernichtung der heutigen kapitalistischen Welt zum Ziel haben?

Durch die Enyzklopädie ist zunächst eine globale Vision der Welt erreicht worden, erst danach hat man Lösungen erblickt, und diese Lösungen waren eben revolutionäre. Ich selber, ich kann nicht sagen, was aus meinem Werk später werden wird. Ich will nicht den Revolutionär spielen.

Allerdings ist es in unserer heutigen Welt weitaus einfacher, Lösungen zu finden, als in der damaligen, die von einzwängenden Strukturen beherrscht war, wie beispielsweise der Monarchie von Gottes Gnaden.

Heute befinden wir uns im Jahrhundert der Wissenschaft, was die Dimensionen des Kampfes erheblich reduziert, denn die Wissenschaft wird von jedem akzeptiert. Eine wissenschaftliche Welt muß logischerweise wissenschaftliche Lösungen produzieren.

Auch unter diesem Gesichtspunkt hat der Film eine neue Wahrnehmung der Dinge ermöglicht. Es gibt beispielsweise einen Film, der einem besser als alles andere beibringt, was Amerika ist: nämlich Citizen Kane, *und der besitzt einen ebenso großen erzieherischen wie künstlerischen Wert.*

Aber um den Wert von *Citizen Kane* zu erfassen, ist es nötig, schon vorher allgemeine Ideen zu haben. Man kommt darauf zurück, wovon ich vorhin sprach: man muß mit der Aufstellung allgemeiner Ideen beginnen.

Sie werden dennoch weiter Filme machen?

Es wird nicht meine Hauptaktivität sein. Ich muß im Mai oder Juni *Polichinelle* drehen und dann …

Hatten Sie nicht die Absicht, im Rahmen einer filmischen Enzyklopädie ein Kapitel aus der Geopolitik des Hungers *von Castro zu verfilmen?*

Doch. Aber seit vier oder fünf Jahren kämpfe ich verzweifelt, ohne etwas zu erreichen. Es gibt daran kein Interesse. Mir scheint es selbstverständlich, daß man sich dafür interessiert, aber nichts zu machen …
Der Film müßte ein Mittel wie jedes andere sein, vielleicht sinnvoller als andere, Geschichte zu schreiben und Spuren von untergehenden Gesellschaften festzuhalten. Denn abgesehen von allen Mitteln zur Beschreibung der Wirklichkeit, über die wir bereits verfügten, haben wir heute *das Bild,* das uns die Menschen so zeigt, wie sie sind, was sie tun und was sie sagen. Die Protagonisten der Geschichte werden mit ihrer Stimme fotografiert, und es ist nicht nur wichtig zu wissen, was sie sagen, sondern auch wie sie es sagen. Diese Mittel, über die der Film verfügt, haben zwar manchmal Propagandazwecken gedient, sie sind aber nie auf wissenschaftliche Weise benutzt worden.
Außerdem: einen Menschen zu fotografieren ist nichts, man müßte eine Welt fotografieren können …
Ich habe die Rechte an einem Buch erworben (aber wie werde ich den Film realisieren können?), dessen Autor der Psychotechniker von Olivetti ist.
Olivetti hat eine Fabrik an einem der schönsten Plätze der Welt gebaut. Es ist wirklich das homerische Italien, ein Ort von großer historischer und geografischer Schönheit. Hier standen die großen Villen der römischen Kaiser.
Heute lebt dort eine unterbeschäftigte Bevölkerung. Die Leute gehen fischen oder dienen den Touristen als Fremdenfüh-

rer ... Plötzlich ist die Fabrik da. Sie will das Problem der Industrialisierung Süditaliens lösen, die Leute denken tatsächlich, daß das alle ihre Probleme lösen wird.

Die Fabrik kann aber nur Leute beschäftigen, die in der Lage sind, eine bestimmte Arbeit zu machen, und es ist die Rolle des Psychotechnikers, diejenigen zu prüfen, die sich um einen Arbeitsplatz bewerben. Diese Menschen haben ihre Dramen, ihre Bedürfnisse, sie begreifen nicht, daß einige von ihnen nicht genommen werden. Daher die Konflikte, wo jeder recht hat, denn die Leute fordern zu Recht eine Arbeit, und die Fabrik fordert zu Recht, daß man zu dieser Arbeit in der Lage sei.

Also ein äußerst dramatisches Thema, das die Behandlung aller möglichen Fragen erlaubt, einschließlich der Sitten und Traditionen der Gegend.

Da ist zum Beispiel der Fall einer Frau, die ihren Verlobten nicht heiraten kann, weil die beiden kein Geld haben. Sie heiraten also standesamtlich, was ihnen, materiell gesehen, eine Verbesserung ihrer Situation ermöglichen wird, aber die Ehe kann nicht vollzogen werden, weil Scham, Reinheit, Ehre in Süditalien Dinge sind, über die nicht verhandelt werden kann.

So lebt sie bei ihrem Bruder, ihr Verlobter bei seiner Familie, und zusammen werden sie erst nach der kirchlichen Heirat leben können, die aber nur stattfinden wird, wenn sie die materiellen Mittel beisammen haben, um einen Hausstand zu gründen.

Nun fällt der Verlobte bei der psychotechnischen Prüfung durch. Der Bruder lehnt die Prüfung seinerseits radikal ab. Er sagt sich, er hat Hände zum Arbeiten, er will arbeiten und kann arbeiten, Punkt aus, das ist sein Recht. Eine Diskussion ist ausgeschlossen: er lehnt es ab, sich den Regeln zu unterwerfen.

Schließlich macht die Verlobte die Prüfung! Aber eine Frau, die in die Fabrik arbeiten geht, das ist für die Leute dort beinahe entehrend. Die Ehre des Bruders, die Ehre des Ehemannes stehen auf dem Spiel. Wie werden sie reagieren? Sich anpassen?

Das ist ein sagenhaftes Thema, und ich könnte die ganzen Probleme exemplarisch aufzeigen. Warum interessiert es niemanden?

Damit das Publikum an einer Sache Interesse findet, müßte man es daran gewöhnen, seine Freizeit gut zu nutzen. Da sind wir wieder bei Aristoteles. Die Freizeit nimmt zu, aber nichts ist vorgesehen, um den Menschen beizubringen, sie zu besetzen.

Und der Sport?

Wenn eine ganze Menschheit rhythmische Bewegungen von rechts nach links und von links nach rechts macht, um das Spiel eines Balls zu verfolgen, dann sage ich, daß sie sich im vollendetsten Verblödungszustand befindet.
Sie müßte sich damit beschäftigen, etwas zu entdecken! Es gibt lauter andere Möglichkeiten, sich zu vergnügen. Ein Angler lernt immerhin das Verhalten der Forelle kennen, er müßte sich dann aber auch für das der Schnecke interessieren. Es müßte eine Kettenreaktion von Neugier entstehen.
Wenn die Filmemacher zum Ziel hätten, die Menschen mit wichtigen Problemen zu konfrontieren, könnte Film wirklich nützlich werden; aber in Wirklichkeit verfolgt man den Zeitvertreib als Selbstzweck, und der Film hat nichts vorzuschlagen. Tatsächlich schlägt er schon etwas vor, aber was er vorschlägt, ist immer »ersatz d'humanité«, und die Menschen identifizieren sich mit diesem »Ersatz«, statt sich mit den Realitäten zu identifizieren; so werden sie schließlich durch Formeln bestimmt, es ist ein wahres Verbrechen gegen die Menschheit, das tagtäglich begangen wird.
Wir müssen zur Hauptdialektik zurückkommen: die Arbeit als Ende der Freizeit und nicht die Freizeit als Ende der Arbeit.

Interview für Cahiers du Cinéma, 133, Juli 1962. – Übersetzung: Eva Groepler.

Interview 3

Von E. Bruno, A. Cappabianca, E. Magelli, M. Mancini

Uns scheint, daß Sie sich vor allem in Ihrem letzten Film (IL MESSIA) aufgrund Ihres Bemühens um einen direkten Bezug zu Geschichte und Mythos gezwungen sahen, über die allgemeinen Ideen hinauszugehen, die nicht nur zur figurativen und ikonografischen Tradition gehören, sondern auch, von Dreyer bis zu Pasolini, zur Filmtradition ... Wie ist es Ihnen gelungen, diese Vorstellungen zu überwinden und vor allem das enorme Erbe zu vergessen, das jeder mit sich trägt?

Es ist mir deswegen gelungen, weil meine Absicht eine völlig andere ist. Mir ging es darum zu informieren. Was muß getan und gesagt werden, damit unsere Ignoranz und, schlimmer noch, dieses entfremdende Wissen, womit uns Leute, die wie King Kong reden, vollgepumpt haben, möglichst erschüttert werden? Da gibt es nur noch eines: die historische Rekonstruktion bis ins kleinste Detail des zeitgenössischen Alltagslebens. Dann muß das Ereignis in diesen Kontext eingeordnet werden. So wird alles leichter. Man darf nur nicht den kreativen Dichter, den Poeten spielen: davon gibt es schon genug. Damit erreicht man eine äußerst konkrete, praktische Ebene.

Die Gegenstände, die Christus in der Hand bewegt, während er redet, sind also Zeugnisse dieser Realität, objektive Kommentare seiner Aussagen ...

Sie sind die Realität, von der wir ausgegangen sind. Jede Parabel, auch wenn sie einen sehr abstrakten Sinn hat, bezieht sich auf die kleinen Dinge des alltäglichen Lebens, jene Dinge, die sich im Laufe von zweitausend Jahren verändert haben und die wir nicht kennen können. Nur so wird die Erzählung einleuchtend ... Mein Vorhaben ist es nicht zu sagen: ich erzähle euch, wie ich Jesus sehe, und dann interpretiere ich ... Es gibt mindestens dreitausend Interpretationen ... Aber für eine didaktische Annäherung muß man die Dinge kennen, wie sie ursprünglich gewesen sind.

Diese Annäherung an die Dinge als solche fällt aber mit einem kulturellen Kontext der Dinge, wie sie sein müßten, zusammen: von daher kann es als anregende Neuinterpretation wirken.

Ich bleibe auf dem Teppich. Ich halte mich an die Realität. Das ist alles. Künstler zu sein ist nicht nötig.

Ihre Ablehnung der Kunst scheint uns offensichtlich. Dennoch enthält diese Ablehnung von Interpretation immer eine Vielzahl unterschiedlicher Bedeutungen ...

Die Ausgangspunkte sind unterschiedlich. Wenn man den Menschen vertraut, müssen ihnen die Dinge, so wie sie sind, angeboten werden. Die Interpretation ist dann ihre Sache. Wenn man aber den Menschen nicht vertraut, dann sagt man ihnen stellvertretend, was und wie sie zu denken haben.

Wir glauben, daß der Plansequenz, dem Travelling, dem Zoom in diesem Zusammenhang viel Bedeutung zukommt ...

Natürlich, denn diese Mittel machen es uns möglich, zahlreiche Kontextinformationen zu geben. Marx hat etwas sehr Schönes gesagt: »Das Konkrete ist die Synthese vielfältiger Bedingungen.« Wenn du auf die konkrete Realität stoßen willst, mußt du eine gewisse Anzahl an Bedingungen nennen, die jeder gemäß seiner Persönlichkeit und seinem Temperament synthetisieren wird. Die Plansequenz ermöglicht, die Dinge zu zeigen, ohne in die Falle des *privilegierten* Gesichtspunkts der festen Kadrierung zu tappen.

Ihre Filme unterscheiden sich alle stark von der zeitgenössischen Filmproduktion. Sowohl vom reichen Hollywood-Film wie auch vom Autorenfilm der 60er Jahre und den Fernsehfilmen. Welche Unterschiede gibt es in der Filmvorbereitung?

Zunächst muß gesagt werden, daß die Vorbereitungsarbeit stets sehr sorgfältig, minuziös ist, angefangen bei der Text-

Il messia

auswahl. Für IL MESSIA beispielsweise mußten aus dem Evangelium die klarsten, direktesten Texte, bei Einhaltung der Chronologie, ausgewählt werden. Danach ist eine archäologische Rekonstruktion notwendig, damit die verbale Aussage ihre ganze Kraft gewinnen kann. Hinzu kommen die Kostüme, die Accessoires. Wenn man diese ganzen Notwendigkeiten erledigt hat, und das ist eine Riesenarbeit, muß eine Synthese aller Filmelemente erreicht werden. Mehr als sieben, acht Minuten sinnvollen Filmens am Tag sind nicht möglich. Man probt natürlich, aber wenn die Dreharbeiten erstmal begonnen haben, wird es einfacher.

Bei Ihren letzten Filmen, denen für das Fernsehen, war zu bemerken, daß Sie sämtliche Szenen auf die gleiche Art aufnehmen. Unabhängig vom Thema benutzen Sie immer die gleichen Panorama-Kamerabewegungen und Travellings. Es ist eigentlich eine Art, sich selbst nicht einzubeziehen.

Ich zeige die Dinge, ich erkläre sie nicht. Ich mache die Arbeit einer Rekonstitution. Das ist alles. Was heißt das: erklären? Das heißt, die Dinge zu bedenken, sie auf bestimmte Weise zu sehen und dann zu versuchen, Emotionen zu wekken, zu überzeugen und den anderen zu benutzen. Ich lehne ein solches Vorgehen ab. Wenn es Emotion geben soll, muß sie aus den Dingen, so wie sie sind, entstehen.

Sie lehnen also eine künstliche Dramatisierung ab ...

Ich lehne die Verführung ab.

Das merkt man in IL MESSIA, Sie haben auf die Verfilmung des Kreuzweges verzichtet, der an bestimmte dramatische, ikonografische Traditionen hätte erinnern können ...

Wenn man das Metier halbwegs beherrscht, ist es nicht schwierig, einen spektakulären Film zu machen. Aber wozu nützt es? Wenn man die Dinge pathetisch-gewaltig zeigt – und damit meine ich auch die Gewalt der Gewohnheit –, dann manipuliert man den Zuschauer, der aber im Gegenteil völlig frei sein muß.

Wenn Sie die Verführung ablehnen, wie lösen Sie das Problem der Arbeit mit professionellen Schauspielern? Zum Beispiel Caprioli, Ucci in IL MESSIA ...

Für diese zwei Figuren, die die Macht repräsentieren, habe ich Komiker ausgesucht, auch wenn ihre Rolle absolut keine komische ist. Allerdings ist jemand mit einer Krone auf dem Haupt und einem Zepter in der Hand meiner Meinung nach immer lächerlich. Ansonsten finde ich, daß man auf Spontaneität, auf Ursprünglichkeit, auf Nicht-Geschriebenes, auf Improvisiertes, Ungenaues setzen muß ...

Didaktischer Film kann also einfach sein. Doch woraus zieht Ihre Sprache die Fähigkeit, Sprache des Objekts, des Wirklichen zu sein?

Das menschliche Auge ist sehr mobil und empfängt eine Vielzahl von Botschaften. Das ist die Grundlage meiner Ablehnung der Verführung. Sich vom Gewohnten zu befreien erfordert eine sehr große Anstrengung. Man sagt ja auch *die Macht der Gewohnheit.* Da ferner unsere Art, die Dinge wahrzunehmen, immer verbal ist, macht man nicht tatsächlich Bilder, sondern Illustrationen. Die Illustration *illustriert* das Verbale und neigt folglich dazu, demonstrativ zu sein. Wir müssen zu einer Art grundsätzlicher und unschuldiger Betrachtung zurückkommen. Als der Mensch auf der Erde erschien, besaß er noch keine Sprache. Er konnte aber sehen, also bemerkte er vieles. Er hat den Tag und die Nacht, das Mondjahr, das Sonnenjahr, den Wechsel der Jahreszeiten, Früchte, Pflanzen gesehen ... Der Mensch sah all diese Dinge, aber die Sprache benötigte er, damit er sie festhalten, damit er sich erinnern konnte. Und die Sprache hat uns erobert. Darum kämpfte Sokrates gegen die Sophisten und die Rhetoriker, das heißt gegen die Kunst der Verführung. Wenn man die Dinge so beobachtet, wie sie sind, kann dem Bild seine Jungfräulichkeit zurückgegeben werden.

Würden Sie den Begriff »Grammatik der Dinge« zur Definition Ihrer Methode akzeptieren?

Ich würde eher von einer Fibel, einem ABC-Buch sprechen. Ich will nichts anderes tun als das. Ein Punkt scheint mir aber von grundsätzlicher Bedeutung zu sein. Heute sieht es so aus, als ob unser Ideal darin bestünde, die Menschen bienen- oder ameisenähnlich zu machen. Ich aber glaube, daß das, was uns von den übrigen Spezies unterscheidet, das einzigartige Wesen von jedem von uns ist. Diese Einzigartigkeit bedeutet, daß unsere Gattung, die eine Addition von mehreren Milliarden Gehirnen ist, extrem intelligent ist. Unsere dermaßen reiche Gattung ist sehr verarmt. Was mich betrifft, will ich diesen Reichtum wiederfinden, indem ich die Dinge so zeige, daß eine individuelle Interpretation stets möglich bleibt.

Glauben Sie denn, daß dieses Unternehmen, die Dinge zu zei-
gen, wirklich neutral ist? Ist Neutralität möglich?

Sie ist möglich. Ein Stein ist ein Stein. Wasser ist Wasser. Ein
Mensch ist ein Mensch. Natürlich ist das, was man tut, immer unvollständig. Vielleicht müßte man immer mehr wissen,
damit immer mehr gezeigt werden kann ...

Kommen wir auf den Film IL MESSIA *zurück. Das Massaker an
Unschuldigen sprechen Sie kaum an, Sie bringen nur die wenigen vorhandenen historischen Informationen.*

Natürlich. Mit dem Massaker an Unschuldigen kann man
heute ein Bravourstück inszenieren, eventuell auf der Linie
des neuen sadomasochistischen Films. Und dadurch wäre
der ganze Film geprägt ...

*Zum Stichwort sadomasochistischer Film ... In Ihren Filmen
zeigen Sie nie Sexuelles. Und das kommt uns seltsam vor, da
Ihre Filme immer den Bereich des Privaten betreffen.*

Es gibt daran nichts Seltsames. Ich kann es Ihnen ganz offen
sagen: ich habe ein völlig normales Leben gelebt und nie
darüber gesprochen. Wozu auch? Die »boutade« [franzö-
sisch im Originaltext, dt.: Laune; Anm. d. Übers.] beiseite:
sämtliche Kulturen haben sich auf der Grundlage des Bewußten, der Transzendenz und des Unbewußten entwickelt.
Jahrhundertelang wurde das Unbewußte außer acht gelassen, es wurde als etwas Diabolisches angesehen, es wurde
verurteilt, exorziert. Marx hat als erster von der großen Bedeutung des *unmenschlichen* Anteils gesprochen, der genauso
zur Realität der Dinge gehört wie der *menschliche* Anteil.
Später hat Freud daraus eine wissenschaftliche Analyse gemacht. Heute beschäftigt sich die *Kultur* nur noch mit dem
Unbewußten. Man redet nicht mehr vom Bewußten und von
der Transzendenz. Ich glaube, daß das Dämonische, das *Un-
menschliche* oder Unbewußte mit den anderen Anteilen zusammen behandelt werden muß. Es darf nicht zum einzigen
Bezugspunkt werden ... Man stößt immer wieder auf diesen
Satz von Marx: »Das Konkrete ist die Synthese vielfältiger
Bedingungen; die Einheit der Vielfalt.«

Il messia

Die explizite Sexualität in Klammern zu setzen, verhindert allerdings nicht, daß eine implizite, geheimere, metaphorische Sexualität in Ihren letzten Filmen auftaucht. Sie entsteht aus jeder Szene, aus dem Kontext selber ...

Es muß klar unterschieden werden zwischen der Forderung nach Freiheit und dem Wahn. Es ist wohlbekannt, daß in uns etwas Animalisches steckt, es wird ständig gesagt, und es ist nicht nötig, daß ich das auch noch selber wiederhole. Ich entsinne mich, daß ROMA, CITTÀ APERTA Skandal machte, weil man dort ein Kind in der Toilette sah ...

Und in L'ETÀ DEL FERRO verdankt man einem urinierenden Kind die Entdeckung des Salpeters. Das Problem der impliziten oder expliziten Sexualität in Ihren Filmen läßt uns an das Buch von Truffaut über Hitchcock denken. Truffaut wundert sich, daß Hitchcock persönlich jede offene sexuelle Thematik ablehnt, während Filme wie Vertigo oder Psycho wahre sexuelle Metaphern sind ...

Nehmen wir das Beispiel von Marx. Er bekam sechs Kinder mit Jenny, und als sie krank wurde, schlief er mit dem Hausmädchen. Das ging so weit, daß sowohl seine Frau als auch das Hausmädchen in seinem Grab in London liegen. Aber wäre es wichtig, Marx zu zeigen, wie er mit dem Hausmädchen schläft? Das ist völlig unerheblich ... Was wichtig ist, ist, daß Marx gesagt hat, daß das Proletariat sich seiner selbst bewußt werden muß, sich sein eigenes Denken, seine Intellektuellen, seine Werte schaffen muß, und sie den kulturellen Klischees der Bourgeoisie entgegenzusetzen hat. Was zählt, ist die Ausarbeitung jener neuen kulturellen Modelle ...

Sie sind also auch Gegner des traditionellen Hollywood-Films, der standardisierten Modelle, die das kollektive Imaginäre beherrschen?

Ja, aber der Film ist nichts Besonderes. Für mich ist er nur ein Transportmittel von vielen. Seine Bedeutung liegt in der Möglichkeit, eine große Zahl von Menschen zu erreichen. Ich glaube nicht, daß er eine besondere Verführungsmacht hat.

Die stark surrealistischen Effekte, die Sie in IL MESSIA benutzen, haben uns sehr beeindruckt. Man wird mit dem Alltagsleben auf direkte Weise konfrontiert, mit der Arbeit, dem Werkzeug, während Jesus zur gleichen Zeit die bekannten großen Phrasen spricht ...

Jesus' Wörter erscheinen uns nur deswegen seltsam, weil man ihren Ursprung nicht mehr wahrnimmt. Die Geschichte von Jesus ist nur eine 08/15-Geschichte, die an einem ganz verstaubten Ort der Welt passierte. Jesus hat mit größter Schlichtheit revolutionäre Dinge gesagt, etwa daß die Menschen gleichberechtigt und Gleiche sind, denn sie sind nach dem Ebenbild Gottes geschaffen. Und das stimmt, auch wenn wir glauben, daß Gott nicht existiert und daß es der Mensch gewesen ist, der Gott nach seinem Ebenbild erfunden hat. Oder auch: der Mensch ist nicht für den Sabbat, sondern der Sabbat für den Menschen gemacht.

Il messia

In Ihrem Film ist die Gruppe, die Pilatus um die Freiheit für Barabbas anstelle von Jesus bittet, nicht größer als zwanzig, dreißig Leute. Ist auch das eine Art, gegen die Verfälschung der Geschichte zu kämpfen?

Gewiß. Bei Pilatus waren nur direkt betroffene Menschen. Ein Pharisäer zum Beispiel wie Joseph von Arimathaia zeigte, obwohl er kein Jesusjünger war, ein ganz anderes Verhalten. Die Pharisäer waren nicht alle gleich.

Glauben Sie also, daß man sich von den Allgemeinplätzen, von den Verkrustungen der Jahrhunderte und der Tradition befreien muß, damit die Realität der Dinge wiedergefunden werden kann? Man muß sich also gegen alle kodifizierten Gewohnheiten auflehnen. Das hat mit dem »esperanto«-Film nichts Gemeinsames. Die Haltung, die scheinbar auf eine Wahl verzichtet, wird im Gegenteil zur politischen Wahl.

In seiner Polemik gegen Weitling sagt Marx, daß Ignoranz zu gar nichts führt und daß ein aufgeklärter Prophet, der zu einer staunenden Hammelherde spricht, völlig nutzlos ist. Worauf es ankommt ist, den Menschen Elemente anzubieten, damit sie verstehen können. Das ist es, was ich zu tun versuche.

Interview für Filmcritica, 264-265, Mai-Juni 1976. Übersetzung: Eva Groepler.

1 Film über Vinzens von Paul. R: Maurice Cloche. Frankreich 1947. D: Pierre Fresnais, Jean Carmet, Michel Bouquet
2 R: Yves Allégret. Frankreich/Mexiko 1953. D: Gérard Philipe, Michèle Morgan
3 Le petit monde de Don Camillo. R: Julien Duvivier. Frankreich/Italien 1952. D: Fernandel, Gino Cervi, Franco Interlinghi
4 Poema o morje. R: Alexander Dowshenko und J. Solnzewa. UdSSR 1959
5 Jean Rouch, Ethnologe und Filmemacher mit etwa 120 Filmen

Kommentierte Filmografie

Von Rudolf Thome

La nave bianca. 1941

Rossellinis erster Spielfilm ist ein Kriegsfilm. Kein Film *gegen* den Krieg, sondern ein Film *über* den Krieg, genauer über den Seekrieg. Er beginnt mit Einstellungen von sich drehenden Kanonenrohren eines italienischen Schlachtschiffes, die Macht und Kraft suggerieren. Sie erinnern vage an Eisensteins *Bronenosez Potjomkin*. Im Kontext des Filmes freilich bekommen diese auf den ersten Blick »propagandistisch« wirkenden Aufnahmen eine geradezu ironische Bedeutung. Denn zwischen der Technik, die dieses Schiff repräsentiert, und den Menschen, die in ihm leben und die gigantische Maschine bedienen, herrscht ein grobes Mißverhältnis. Eine Aufschrift im Schiff – »uomini e macchine un sol palpito« (Menschen und Maschinen im gleichen Herzschlag) – ist eher Wunschvorstellung als Realität.

In der nächsten Sequenz zeigt Rossellini eine Gruppe von Matrosen. Im Aufenthalts- und Schlafraum des an der Mole liegenden Schlachtschiffs vertreiben sie sich die Zeit. Sie lesen Bücher, spielen Schach oder sehen sich Fotos an. Beim Postempfang bekommt einer viele Briefe, andere nur einen Brief, und einige gehen leer aus. Der viele Briefe erhalten hat, gibt denen, die keine bekommen haben, von seinen ab. Es sind Briefe von Mädchen, die die Soldaten gar nicht kennen (eine Art Soldatenbetreuung). Nur einer, der an einem Tisch sitzt und in einem Buch liest, kriegt nichts ab: der Außenseiter der Gruppe, ein bißchen schüchtern, vielleicht ein Intellektueller. Er ist der Held der Liebesgeschichte, die LA NAVE BIANCA auch erzählt. Etwas später als die anderen erhält er von seiner Brieffreundin einen Eilbrief. Er legt pedantisch Buch und Schreibheft auf die Seite und öffnet den Brief. Behutsam reißt er zuerst den Rand ab, damit der Inhalt nicht beschädigt wird. Die anderen beobachten ihn und machen sich über ihn lustig. Später sehen wir, wie er – er heißt Augusto Basso – mit einer improvisierten Angel aus der Offiziersmesse sich eine Nelke aneignet. Ganz offensichtlich will er sie seinem Mädchen schenken, mit dem er am gleichen Tag noch eine Verabredung hat. Doch kaum hat er die Nelke, kommt ein Vorgesetzter, nimmt sie ihm aus der Hand und wirft sie achtlos ins Meer. Aus dem Treffen wird ohnehin nichts; das Schiff hat Befehl zum Auslaufen bekommen.

Die folgenden, sehr dokumentarischen Sequenzen zeigen, wie das Schiff in Kampfbereitschaft versetzt wird: eine auch für heutige Augen noch beeindruckende Maschinerie kommt da in Gang. Für jeden einzelnen Arbeitsvorgang gibt es Maschinen, und für jede Maschine Kontrollknöpfe und Kontrolleuchten. Dann kommt das Signal zum Angriff. Es wird – was für ein Anachronismus! – mit einer Trompete, so wie in den Reiterschlachten vergangener Jahrhunderte, gegeben. Als die Schiffskanonen zu schießen beginnen, greift Augusto Basso zu einem Hufeisen. In den Gesichtern seiner Kameraden, die im Bauch des riesigen Schiffes eingesperrt sind (und nicht sehen können, was draußen vorgeht), spiegelt sich die Angst.

Doch Rossellini geht in seiner Darstellung der Seeschlacht, in die das Schiff verwickelt ist, noch einen Schritt weiter. Die kommandierenden Offiziere auf der Brücke sehen auch nicht wirklich genau, was sie mit ihren Granaten und Torpedos bewirken. Wir nehmen den Abschnitt des Meeres, in dem sich die feindlichen Schiffe bewegen, mit ihren Augen durchs Fernglas wahr – und sehen im Grunde nicht viel. Die Schiffe des Gegners sind viel zu weit entfernt. Die Reichweite der Kanonen übersteigt das menschliche Maß der Wahrnehmung.

Das stolze Schlachtschiff wird von einem Torpedo getroffen. Wie viele andere ist auch Basso verletzt. Er liegt blutend auf einem Metallrost. Das tropfende Blut in dieser Umgebung aus Blech und Stahl wirkt wie ein Relikt aus einer anderen Epoche. Augusto wird von seinen Kameraden, die nicht vergessen, ihm sein Amulett wiederzugeben, das sich in dem Rost verfangen hatte, in die Sanitätsabteilung gebracht. Doch der Arzt wagt nicht, ihn zu operieren, denn mit jeder Salve schaukelt das Schiff heftig.

Im zweiten Teil des Films kommt Augusto Basso mit einigen anderen Verletzten auf das Sanitätsschiff »Arno«, das »weiße Schiff«, wo er liebevoll von Ärzten und Schwestern versorgt wird. Kurze Zeit darauf wird die Schwesternbesatzung ausgetauscht. Unter den neuen Schwestern ist auch seine Brieffreundin. Sie erkennt ihn an seinem Amulett, gibt sich ihm aber nicht zu erkennen. Er bittet sie, nach seiner Brieffreundin zu suchen und ihr eine Nachricht zu übermitteln. Sie fordert ihn auf, an seine Eltern zu schreiben, er müsse es eigenhändig tun, sonst würden die Eltern glauben, es sei ihm etwas zugestoßen. Sie führt ihm beim Schreiben die Hand - so wie sie das als Lehrerin getan hat, wenn sie ihren Schülern das Schreiben beigebracht hat. Rossellini zeigt daraufhin in einer sehr kurzen, für ihn ganz ungewöhnlichen Rückblende, wie sie in einem Klassenzimmer einem der Schüler die Hand führt, um jede zweideutige Interpretation dieser Geste auszuschließen.

Die verwundeten Soldaten auf dem Sanitätsschiff machen sich allmählich Sorgen, weil »ihr« Schiff noch immer nicht in den Hafen zurückgekommen ist. Als es dann endlich einläuft, rennen alle, die rennen können, hinaus an die Reling und salutieren. Auch Augusto Basso kann mit Hilfe »seiner« Schwester »sein« Schiff durch ein Bullauge sehen.

In vielen Filmgeschichten, Büchern und Artikeln über Rossellini heißt es, LA NAVE BIANCA sei ein »faschistischer Propagandafilm«. Rossellini habe sich mit diesem Film kompromittiert: »Rossellini hat seinen Beruf erlernt, indem er seine Seele verkauft hat.«[1] Ich kann diese Auffassung nicht teilen. Der Film entwirft ein derart deprimierendes Bild vom Krieg, daß es verwunderlich ist, daß er von der Filmabteilung des Marineministeriums produziert worden ist. Die ausführliche Darstellung der technischen Perfektion, mit der dieses Kriegsschiff funktioniert, macht die darauffolgende Seeschlacht, bei der ein einziger, mehr oder weniger zufälliger Treffer das Schiff außer Gefecht setzt, zu einem absurden Unternehmen. Die ironische Grundhaltung, mit der Rossellini LA NAVE BIANCA gemacht hat - getragen von der Überzeugung, die Dinge so zu zeigen, wie sie sind -, wird danach zu seiner spezifischen Art, Filme zu machen, zu seinem Filmstil werden.

Un pilota ritorna. 1941

Die Idee zu UN PILOTA RITORNA stammte von Mussolinis Sohn Vittorio. Er war auch der Produzent. Am Drehbuch hat Michelangelo Antonioni mitgearbeitet. Die erste Einstellung zeigt eine Klavierlehrerin, die ein Kind unterrichtet. Auf dem Klavier steht ein Bild: ihr Sohn in Luftwaffenuniform. Die nächste Sequenz führt auf einen italienischen Militärflughafen, zu der dort stationierten Bomberstaffel. Ein neuer Pilot kommt, der Sohn der Klavierlehrerin. Es ist Leutnant Rossati (Massimo Girotti). Er wird in seinen Dienst eingeführt. Am Abend vergnügen sich die Piloten in einem Kasino, das wegen des entgegenkommenden Verhaltens einiger Luftwaffenhelferinnen für ein paar Augenblicke die Erinnerung an ein Bordell aufkommen läßt. Am nächsten Tag ist Feindeinsatz. Das Bild der ruhig dahinfliegenden Bomber und das tiefe, gleichmäßige Brummen der Motoren, die knappe, professionelle Kommunikation der Besatzungen miteinander: das erinnert an Fliegerfilme von Howard Hawks (*Ceiling Zero, Only Angels Have Wings*). Der Kommandant erklärt dem Neuankömmling das gegnerische Land und, als sie unter Flakbeschuß geraten, beruhigt er ihn: »In einer Stunde sind wir wieder zuhause.«
Beim zweiten Angriffsflug wird der Kommandant getötet, und Leutnant Rossati muß die Maschine allein zurückbringen. Er hat damit einige Schwierigkeiten. Der nächste Angriff ist jedoch sein letzter. Leutnant Rossatis Maschine wird getroffen und fängt an zu brennen. Die Besatzung kann sich mit Fallschirmen retten. Sie wird von griechischen Bauern gefangen und kommt in ein englisches Gefangenenlager. Dort treffen die Flieger auf andere italienische Kriegsgefangene. Einem wird das schon brandige Bein amputiert. Rossellini zeigt die Vorbereitungen zur Operation in aller Ausführlichkeit. Der Arzt ist auch Italiener und hat eine siebzehnjährige Tochter (Michaela Belmonte). Zwischen Leutnant Rossati und ihr entwickelt sich eine zarte Liebesgeschichte. Das Lager wird weiter nach Süden verlegt. Die Front rückt näher, und die italienischen Kriegsgefangenen geraten in das eigene Geschützfeuer. Wie in LA NAVE BIANCA wissen die Kriegführenden nicht, was sie mit ihren Waffen anrichten, da sie das Zielgebiet nicht sehen können.

Während eines Angriffs gelingt es Rossati zu fliehen. Verfolgt von englischen Soldaten und unter dem Feuer seiner Landsleute gelangt er zu einem griechischen Flugplatz, springt dort in eine abflugbereite feindliche Maschine und startet sie in allerletzter Sekunde. Um ihn herum brennen die feindlichen Flugzeuge. Er steuert Italien an. Rossellini zeigt die Heimat aus der Perspektive des Feindes, so wie ein feindlicher Pilot sie sieht, wenn er über Felder und von Menschen bewohnte Dörfer und Städte fliegt. Die Sequenz dauert sehr lange. Leutnant Rossati weiß, daß er ein feindliches Flugzeug fliegt, und daß die Menschen auf dem Boden sich langsam wundern müssen, warum er keine Bomben abwirft. Und dann beginnt auch schon das Abwehrfeuer der Italiener. Es ist eine Sequenz von höchster Dialektik. Wie ein Brennglas zeigt sie die Absurdität des Krieges, in der Soldaten immer wieder in die Situation kommen, zwischen den Fronten zu stehen (auch in L'UOMO DELLA CROCE taucht dieses Motiv wieder auf). Leutnant Rossati kann auf seinem Heimatflugplatz landen und sich seinen Kameraden zu erkennen geben. Das erste, was er von ihnen erfährt, ist die Nachricht, daß Griechenland soeben kapituliert hat. Seine Heldentat ist damit zugleich absurd geworden.

L'uomo della croce. 1942

Rossellinis dritter Kriegsfilm »hat die Heldentaten eines italienischen Armeekaplans an der russischen Front zum Gegenstand, der sein Kreuz mit dem Gewehr vertauscht und mit den ›Schwarzhemden‹ gegen die ›Roten‹ kämpft«, schreibt Georges Sadoul 1954[2], und man weiß, daß er den Film nicht gesehen hat. In so mancher Darstellung über Rossellinis erste Filme wird diese »Inhaltsangabe« leicht modifiziert wiederholt. Aber auch dreißig Jahre später, 1977, anläßlich seines Todes, schrieb ein Kritiker der französischen Filmzeitschrift *Positif*: »L'UOMO DELLA CROCE ist die unfaßbarste und schändlichste Verherrlichung des Kreuzzuges gegen den Bolschewismus, die man sich vorstellen kann.«[3] Dieser Kritiker geht sehr ausführlich auf L'UOMO DELLA CROCE ein. Nur: sein Verdammungsurteil stützt sich einzig auf den Abspann. In ihm heißt es, daß »dieser Film der Erinnerung

L'uomo della croce

an jene Militärkaplane gewidmet ist, die in dem Kreuzzug
gegen die ›Gottlosen‹ bei der Verteidigung ihrer Heimat gefallen sind, und die das Licht der Wahrheit und Gerechtigkeit auch in das Land des barbarischen Feindes zurückge-
bracht haben.«

L'UOMO DELLA CROCE beginnt mit Bildern einer idyllischen
Landschaft. Wir sehen in Nahaufnahme ein paar Vögel, die
auf den Ästen eines Busches sitzen (fast die gleiche Einstellung kehrt in FRANCESCO GIULLARE DI DIO wieder). Dann
schwenkt die Kamera und zeigt Soldaten mit entblößtem
Oberkörper, die sich die Zeit am Ufer eines kleinen Flusses
in Rußland vertreiben. Sie reden von der Heimat und davon,
was sie tun wollen, wenn der Krieg vorbei ist. Dann tauchen
italienische Panzer auf und zerstören die friedliche Etappen-
Idylle.

Rossellini interessiert sich, wieder in Nahaufnahmen, für die
technische Funktionsweise der Panzer: Bilder, die an die Dokumentaraufnahmen des Kriegsschiffes in LA NAVE BIANCA
erinnern. Er zeigt sie so, als sähe er sie zum erstenmal: absolut unemotional, nicht als bedrohliche, monströse Waffen –
wie wir sie aus unzähligen Kriegsfilmen kennen –, sondern

108

L'uomo della croce

als bewundernswert für einen bestimmten Zweck konstruierte Maschinen. Der Befehlshaber der Einheit erläutert seinen Männern, wie er mit Artillerie- und Luftwaffenunterstützung ein kleines russisches Dorf erobern will. Ein verwundeter Soldat wird auf einer Trage aus einem der Panzer gezogen. Der Sanitäter (Alberto Tavazzi), der auch Priester ist und den wir zu Beginn an einem Tisch lesend gesehen hatten, diagnostiziert einen Schädelbasisbruch. Der Verletzte ist transportunfähig. Der Offizier befiehlt dem Priester, mit dem Verletzten zurückzubleiben. Man stellt ihnen ein kleines Zelt auf. Als es Nacht wird, möchte der Verwundete noch einmal die Sterne sehen.

Kurz danach fallen die beiden einer vorbeikommenden Truppe russischer Soldaten in die Hände, werden in ein Dorf verschleppt, das von den Italienern angegriffen werden soll. Ein Kommissar verhört sie. Im Hintergrund des Raumes hängt ein Stalinbild und daneben eine Schultafel, auf der mit Kreide eine nackte Frau gezeichnet ist. Ist das schon antikommunistische Propaganda? In dieser Einstellung fällt auf, daß das Stalinbild im Vergleich zur Schultafel relativ klein ist. (Einer ähnlichen Konstellation von Bildern begegnen wir

L'uomo della croce

später im Büro des SS-Standartenführers Müller in IL GENE-
RALE DELLA ROVERE: fast die gesamte Wandfläche hinter seinem Schreibtisch einnehmend, hängt dort das Gemälde einer
italienischen Stadt. Es ist Ausdruck der Italophilie des SS-
Mannes. Links daneben ist das obligatorische Bild von Adolf
Hitler zu sehen: ziemlich klein, wie das Stalinbild in L'UOMO
DELLA CROCE. Es sieht so aus, als interessiere sich der russische Kommissar mehr für Frauen und der deutsche SS-
Mann mehr für Italien und seine Kunst als für die jeweils
herrschende Ideologie, die durch das Portrait des Regie-
rungschefs symbolisiert wird.)
Während des Angriffs, der die Gefangenen vor der Exekution rettet, gelingt es ihnen zu flüchten. Sie verstecken sich in
einem Bauernhaus, in dem viele russische Frauen, ein Kind
und ein Hund Zuflucht gesucht haben.
Wie in LA NAVE BIANCA die Seeschlacht, so sehen wir jetzt
den Angriff der italienischen Truppen auf das russische
Dorf: nämlich aus der Ferne. Weit im Hintergrund liegen
winzig klein die weißen Häuser des Dorfes. Das Angriffsziel:

110

L'uomo della croce

Punkte in einer Totalen, so wie es sich den angreifenden italienischen Truppen darbietet. Wir sehen, daß sie nicht wissen, was sie mit ihren weittragenden Waffen anrichten können, weil wir wissen, wer alles in diesem Dorf Zuflucht
gesucht hat. Das hier wiederaufgegriffene Motiv von Soldaten, die zwischen die Fronten geraten, ist nicht nur ein erzäh-
lerischer Kunstgriff, sondern ein wesentliches Moment des
modernen Krieges, in dem der Kampf nicht zwischen feindlichen Armeen und auf einem klar definierten Terrain stattfindet; ein moderner Krieg, zeigt Rossellini, ist eine unüber-
sichtliche Angelegenheit.
Im krassen Gegensatz zur »wissenschaftlichen« Kühle der
Kampfszenen, die den Eindruck erwecken, als seien sie für
angehende Offiziere einer Militärakademie inszeniert, stehen
die in der Tat melodramatischen Sequenzen, die sich innerhalb des Hauses abspielen. Mitten im Kampf bekommt eine
der Frauen ein Baby. Der Militärkaplan, der es taufen soll,
wagt sich trotz der um ihn herum einschlagenden Granaten
ins Freie, um aus einem Brunnen das für die Taufe benötigte

Wasser zu holen. Schließlich gerät auch der russische Kommissar, der sich vor den angreifenden Italienern zurückziehen muß, in das Haus. An seiner Seite kämpft ganz besonders wild und verbissen eine Frau. Sie heißt Irina (Roswita Schmidt). Ein Russe mit halbverbranntem Gesicht taucht ebenfalls auf. Er ist, wie wir erfahren, Irinas Ehemann, und sie jetzt die Geliebte des Kommissars. Bei einer heftigen Auseinandersetzung erschießt der Ehemann den Kommissar. Der Militärkaplan tritt aus dem Haus und versucht, sich seinen Leuten zu erkennen zu geben. Irinas Ehemann folgt ihm. Er wird getroffen. Der Kaplan kehrt, statt weiter auf seine Leute zuzugehen, zurück zu dem Sterbenden, um mit ihm ein Vaterunser zu beten. In diesem Augenblick wird er selbst tödlich verletzt: von einer italienischen Kugel. Das ist kein heldenhafter, sondern ein ganz und gar absurder Tod.

Als Rossellini anfing, Filme zu machen, herrschte Krieg. Was lag für ihn näher, als diesen Krieg zu zeigen? Das hat er getan: mit der gleichen Haltung, mit der er später seine Filme gedreht hat. Er hat versucht, objektiv zu sein und den Krieg so zu zeigen, wie er ist. In LA NAVE BIANCA zeigte er den Seekrieg und dessen Waffen: die Kriegsschiffe; in UN PILOTA RITORNA den Luftkrieg und die Flugzeuge; in L'UOMO DELLA CROCE den Landkrieg und dessen wichtigste Waffe: den Panzer.

Die in alle drei Filme eingeflochtenen individuellen Geschichten – zweimal sind es Liebesgeschichten – bleiben jedoch sehr vage. Sie vermögen keine Anteilnahme hervorzurufen, denn die Menschen, die sie erleben, werden aus der alles andere nivellierenden Distanz des Krieges gesehen.

Desiderio. 1943–45

Paola Previtali (Elli Parvo), ein etwa zwanzigjähriges Mädchen vom Land, lebt seit zwei Jahren in Rom als »leichtes Mädchen«. Eines Tages – damit beginnt DESIDERIO – passiert etwas, das ihr bisheriges Leben in Frage stellt. Eine Freundin hat sich aus dem Fenster gestürzt und liegt tot auf der Straße. Paola steht mit anderen Passanten vor dem Leichnam, und ihr wird schwindlig. Ein neben ihr stehender älterer Herr,

Giovanni Mirelli (Carlo Ninchi), kümmert sich um die Ohnmächtige, führt sie in ein Café und bestellt ihr einen Cognac. Dann nimmt er sie mit zu sich. Er züchtet am Stadtrand Pflanzen und Blumen in einem Gewächshaus. Paola setzt sich auf einen ihr angebotenen Sessel und beobachtet Giovanni bei seiner Arbeit. Hier, in dieser völlig anderen, vom hektischen Leben der Großstadt verschiedenen Welt fühlt sie sich so wohl, daß sie im Sitzen einschläft.

Doch zunächst geht sie weiterhin auf die gewohnten Parties, auf denen ältere Herren um sie herumscharwenzeln. Wenn sie Giovanni besucht, zieht sie sich ein einfaches Kleid an. Als ihr Giovanni gesteht, daß er sie liebt und heiraten möchte, befürchtet Paola, er könnte erfahren, was für einen Lebenswandel sie führt. Sie geht zurück in ihr Pensionszimmer und wirft sich verzweifelt auf ihr Bett. Ein Zimmermädchen kommt und übergibt ihr einen Brief ihrer Schwester Anna (Roswita Schmidt), die ihre bevorstehende Hochzeit ankündigt.

Paola entschließt sich, zu ihren Eltern und ihrer Schwester aufs Land zu fahren. Niemand holt sie am Bahnhof ab. Der Fahrer eines Leichenwagens drängt sich auf, sie ein Stück mitzunehmen. Zuhause weigert sich ihr Vater, mit ihr zu sprechen. Nur ihre Schwester bewundert ihre wunderschönen Kleider und ihre seidene Unterwäsche. Auch Annas Ehemann, Nando (Massimo Girotti), interessiert sich sofort sehr lebhaft für seine Schwägerin. Als er sie einmal nackt im Badezimmer antrifft, versucht er sie auf der Stelle zu verführen. Bei jeder sich bietenden Gelegenheit wird sie darüber hinaus auch von Riccardo (Francesco Grandjacquet), ihrem früheren Liebhaber, bedrängt. Sie verweigert sich ihm; doch Riccardo, ein extrem unsympathischer Mensch, schreckt vor nichts zurück. Er kommt hinter ihre (unschuldige) Liebesgeschichte mit Giovanni. Von Riccardo erpreßt, gibt sie sich ihm hin, Nando wird Zeuge. In einer Sequenz mit ihrer Schwester, die von Rossellini in einer langen Einstellung gezeigt wird, offenbart sie sich: »Irgend etwas steht mir ins Gesicht geschrieben, das alle Männer sofort erkennen.« Im fatalistischen Bewußtsein, ihr Leben nicht mehr ändern zu können, bringt sie sich, wie die Freundin am Anfang des Films, schließlich um.

Rossellini hatte mit den Dreharbeiten 1943 begonnen, mußte

sie wegen des Kriegs unterbrechen, und Marcello Pagliero –
der in ROMA, CITTÀ APERTA den Ingenieur Manfredi spielt –
drehte 1945 den Film zu Ende.

Es ist nicht bekannt, welche Sequenzen Rossellini und welche Pagliero gedreht hat. Adriano Aprà schreibt in einem
bisher unveröffentlichten Manuskript, daß die Szenen auf
dem Land von Rossellini und die in der Stadt von Pagliero
sind. Mir scheint die Szene in Paolas Pension, wenn sie den
Brief von ihrer Schwester bekommt, von der Art und Länge
der Einstellung – wie sie in den späteren Filmen dann immer
häufiger werden – auf Rossellini als Regisseur hinzuwei-
sen.

Eines unterscheidet DESIDERIO deutlich von den vorangegangenen drei Kriegsfilmen: die Entfernung der Kamera von
den Personen (direkt wie auch im übertragenen Sinn). Rossellini beginnt, sich für individuelle Personen zu interessieren. Es geht ihm vor allem um ein sehr genaues Zusehen, um
ein liebevolles, geduldiges Beobachten.

Roma, città aperta. 1945

Drei Tage im März 1944: die Gestapo in Rom sucht Giorgio
Manfredi (Marcello Pagliero), ein führendes Mitglied des
»Nationalen Befreiungskomitees«. Er wohnt in einer Pension, flüchtet, als die Deutschen gegen die Tür hämmern, im
Morgengrauen über die Dächer. Er sucht Zuflucht im Haus
seines Freundes Francesco (Francesco Grandjacquet). Der
ist, als er vor der Wohnungstür steht, nicht da. Er bittet Pina
(Anna Magnani), Francescos Verlobte, ihren Sohn Marcello
zu dem Priester Don Pietro Pellegrini (Aldo Fabrizi) zu
schicken. Don Pietro überbringt im Auftrag Manfredis einem
anderen Mitglied des »Nationalen Befreiungskomitees« eine
Million Lire. Pina will am nächsten Tag Francesco heiraten.
Am Morgen des Hochzeitstages ist jedoch der Wohnblock, in
dem sie wohnen, von Deutschen und Faschisten umstellt.
Manfredi kann fliehen. Francesco wird verhaftet, später jedoch wieder freigelassen. Als die Deutschen ihn mit einem
Lastwagen abtransportieren, durchbricht Pina wie eine Furie
alle Sperren und läuft hinter dem Wagen her. Die SS-Männer
erschießen sie von hinten. Marina Mari (Maria Michi), ein

Roma, città aperta

schönes, junges Filmsternchen, ist Manfredis Geliebte. Sie ist
kokainsüchtig und verrät seinen Aufenthaltsort an Ingrid
(Giovanna Galetti), die ihr das Rauschgift liefert und die Geliebte des Gestapochefs Major Bergmann (Harry Feist) ist.
Don Pietro ist mit Giorgio Manfredi und einem desertierten
österreichischen Soldaten (Akos Tolnay) – Francesco hat
nicht mehr zu ihnen stoßen können, was ihm das Leben rettet – unterwegs, um beide in einem Kloster in Sicherheit zu
bringen, als die drei von den Deutschen auf offener Straße
verhaftet werden. Man steckt sie in eine Zelle. Zuerst wird
Manfredi, dann Don Pietro verhört. Da beide nicht bereit
sind, auszusagen, wird Manfredi gefoltert. Don Pietro ist
Zeuge der Folter, die sich in einem Nebenzimmer abspielt.
Manfredi stirbt vor Don Pietros Augen. Er hat nicht gesprochen. Don Pietro verflucht dessen Peiniger. Im Morgengrau-
en des nächsten Tages wird er erschossen.

Am 17.1. 1945 begann Rossellini mit Dreharbeiten zu ROMA,
CITTÀ APERTA. Es sollte zuerst nur ein Dokumentarfilm über

Roma, città aperta

das Leben des Priesters Don Morosini werden, der während der deutschen Besatzungszeit (10. 9. 1943–4. 6. 1944) von den Deutschen erschossen worden war. Unter schwierigsten finanziellen und technischen Bedingungen kam der Film schließlich zustande. Da es so gut wie kein professionelles Negativmaterial gab, kaufte Rossellini 35 mm Filmreste von Straßenfotografen, die dieses Material für ihre Leicas verwendeten[4]; und da er kein Geld für das Kopierwerk hatte, konnte er während der Drehzeit keine Muster sehen[5], war also hinterher auf das angewiesen, was gelungen war. Die fast an die Stummfilmzeit erinnernde, primitive Ausleuchtung, die extrem schnelle Montage, der häufige Einsatz von Wischblenden und das, was Bosley Crowther in der *New York Times* »das zerzauste Aussehen eines auf Tatsachen basierenden Films«[6] nannte, also die unterschiedliche technische Qualität des Negativmaterials, sind auf diese Umstände während der Drehzeit zurückzuführen.

Als der Film fertig geschnitten und synchronisiert war (auch für einen Originalton war weder genug Geld noch Material

Roma, città aperta

vorhanden), zeigte Rossellini ihn zunächst noch unter dem
Titel »Storie di ieri« (Geschichten von gestern) »einigen
Filmleuten, Kritikern und Freunden. Für die meisten von ihnen war das eine große Enttäuschung. ROMA, CITTÀ APERTA
wurde im September 1945 in Italien auf einem kleinen Festival gezeigt, und im Kino gab es Leute, die ihn ausgepfiffen
haben. Die Reaktion der Kritik war, kann man sagen, offen
und einstimmig negativ.«[7] Das Kinopublikum allerdings, das
ihn vom 8.10. 1945 an in Rom unter dem bekannten Titel zu
sehen bekam, kümmerte sich nicht um die Kritik der Fach-
leute. ROMA, CITTÀ APERTA wurde – er lief in Rom 28 Wochen
– ein Erfolg. Durch einen Zufall – ein amerikanischer GI
hatte für wenig Geld eine Kopie gekauft – kam der Film bereits am 25.2. 1946 in New York heraus und lief dort über ein
Jahr. Dann wurde er mehr oder weniger unbemerkt auf den
Filmfestspielen von Cannes gezeigt: »von einer italienischen
Delegation präsentiert, die ihn zutiefst verachtete«.[8] Als er
am 13.11. 1946 in Paris herauskam, begrüßte ihn die Kritik
als »Meisterwerk«. Der Film, der den Produzenten zeigte,

117

daß man mit billigen Filmen viel Geld verdienen konnte, be-
wirkte den Durchbruch des italienischen Neorealismus. In
Deutschland freilich war ROMA, CITTÀ APERTA erst 1960, fünfzehn Jahre nach seiner Entstehung, öffentlich zu sehen: gekürzt und in verfälschender Synchronisation. Dabei »wurde
eine der Hauptgestalten aus einem Kommunisten in einen
›Sozialisten‹ verwandelt, und die Folterer werden niemals als
Deutsche, sondern immer nur als ›Nazis‹ apostrophiert«[9]. Es
ist interessant, daß auch in der englischen Übersetzung der
Filmprotokolle von ROMA, CITTÀ APERTA, PAISÀ und GERMA-
NIA ANNO ZERO in der einzigen Dialogstelle des Films, in der
die Zugehörigkeit Manfredis zur kommunistischen Partei erwähnt wird, das Wort weggelassen worden ist. In der Verhör-
und Foltersequenz hält Major Bergmann Don Pietro vor,
daß Manfredi ein Kommunist und damit auch Feind der
Kirche sei.[10] Mir liegt eine Videokopie der italienischen Fassung mit deutscher Untertitelung vor, aus der eindeutig her-
vorgeht, daß im italienischen Original das Wort »Kommunist« fällt.
In seiner »Verteidigung von Rossellini«, einem öffentlichen
Brief, den der französische Kritiker André Bazin an seinen
italienischen Kollegen Guido Aristarco geschrieben hat, versucht er den Neorealismus Rossellinis zu bestimmen: »Der
Neo-Realismus ist eine Beschreibung der Realität, die als ein
Ganzes begriffen wird, über ein Bewußtsein, das die Dinge
in ihrer Gesamtheit aufnimmt. (...) Der Neo-Realismus verweigert sich per definitionem der Analyse von Personen, sei
diese Analyse politisch, moralisch, psychologisch, logisch,
sozial oder was immer Sie wollen. Er betrachtet die Realität
als einen Block, als Gesamtheit, sicher nicht unverständlich,
aber untrennbar.«[11]
Das Ganze, um das es in ROMA, CITTÀ APERTA geht, ist – die
Titel, die Rossellini seinen Filmen gibt, müssen immer wörtlich genommen werden – die von den Deutschen besetzte
Stadt Rom. Es ist ganz und gar kein realistisches Rom, das
Rossellini zeigt. Es ist eher, wie Bazin das von Neapel in
VIAGGIO IN ITALIA sagt, »eine geistige Landschaft«[12]. Es ist
vom Raum, von der Geografie her im wesentlichen reduziert
auf drei Orte: der Wohnblock in einem Arbeiterviertel, in
dem Pina und Francesco wohnen; die zu diesem Viertel ge-
hörende Kirche von Don Pietro mit dem Spielplatz, auf dem

die Kinder Fußball spielen; und das Büro des Gestapochefs Major Bergmann, der von einem Durchgangszimmer aus mit drei Türen die Stadt Rom beherrscht. Durch die rechte Tür, die nicht ausgepolstert ist, geht es in das Zimmer, in dem gefoltert wird – seine Besucher sind gezwungen, die Schreie der Gefolterten zu hören –, und die linke schalldichte Doppeltür führt in eine Art Salon, in dem sich höhere Offiziere und ihre Mädchen bei Musik und Alkohol die Zeit vertreiben. Wir hören die Musik aus dem Salon immer nur, wenn die Tür geöffnet wird. Die Sequenz, in der Manfredi gefoltert wird, ist vor allem wegen der Lage dieser drei Räume, die dem nervösen Major Bergmann die Möglichkeit geben, ständig zwischen ihnen hin- und herzuwandern, so unerträglich.

Es ist auffällig, daß Pina, Don Pietro, Francesco und Manfredi immer wieder »wir« und »unser« sagen, wenn sie anderen begegnen. Die Stadt und die Menschen überzieht ein unsichtbares Netz, das für eine – fast instinktive – Klassifizierung sorgt: wenn sie »wir« sagen, meinen sie eigentlich alle Römer, nicht nur die, die aktiv in der Widerstandsbewegung arbeiten; die anderen, das sind die Faschisten, die mit den Deutschen zusammenarbeiten. Der für das Viertel zuständige Brigadiere zum Beispiel gehört, obwohl er als Polizist eigentlich im Auftrag der Regierung arbeitet, zu Pina. Sie redet mit ihm über alltägliche Sorgen, wenn sie ihn trifft. Sie schenkt ihm sogar Brot, obwohl sie selber kaum etwas hat. Als die Deutschen den Wohnblock umstellen, versucht er, so gut er kann, zu helfen. Aber die Erkennung funktioniert auch in der Gegenrichtung. Der deutsche Feldwebel, der die Razzia leitet, behandelt ihn mißtrauisch wie die anderen im Hause wohnenden Italiener.

Auch Major Bergmann hat die Stadt – Rossellini zeigt in Großaufnahme den Stadtplan von Rom – mit einem Netz, das in der Einstellung wie ein Spinnwebnetz aussieht, überzogen. Er erklärt es stolz und eitel dem römischen Polizeichef: »Die Stadt ist in vierzehn Zonen eingeteilt. Diese Methode, die wir schon in verschiedenen Städten Europas angewandt haben, ermöglicht uns, auf eine fast wissenschaftliche Weise vorzugehen, nämlich bei minimalem Soldateneinsatz eine maximale Anzahl von Personen zu kontrollieren.« Zwischen beiden, dem römischen Polizeichef und Major Bergmann, setzt von diesem Augenblick an ein regel-

Roma, città aperta

rechter Wettbewerb darüber ein, wer mehr Informationen über Manfredi herausfinden kann. Major Bergmann besitzt Unterlagen des Gestapo-Hauptquartiers in Berlin, wonach Manfredi früher in Marseille und Paris polizeilich gemeldet war und am spanischen Bürgerkrieg teilgenommen hat. Der römische Polizeichef findet Dokumente, die beweisen, daß Manfredi Luigi Ferraris hieß, bereits 1928 verhaftet und wegen Teilnahme an einer Verschwörung gegen den Staat zu zwölf Jahren Gefängnis verurteilt worden war. Es war ihm jedoch gelungen, während des Transports zum Gefängnis zu fliehen.

Major Bergmanns Netz ist ein Fahndungsnetz. Es funktioniert – das ist der plot des Films – ausgezeichnet. Schon vor der Verhaftung Manfredis – er, Francesco und Marina Mari gehen nach Pinas Tod essen –, flüstert ihm der Besitzer des Restaurants den Namen eines Widerstandskämpfers zu, der von den Deutschen verhaftet worden ist. Aber es funktioniert, wie diese Nachrichtenübermittlung beweist, auch in der Gegenrichtung. Das ist der einzige Grund, warum Man-

Roma, città aperta

fredi zu Tode gefoltert wird. Major Bergmann will von ihm
alle Informationen über die Organisation des »Nationalen
Befreiungskomitees«, bevor dessen Mitglieder von Manfredis Verhaftung erfahren. Wir haben jedoch gesehen, daß der
zu spät gekommene Francesco Zeuge der Verhaftung geworden war (ein wesentlicher Aspekt der Filmhandlung, der in
der gesamten Rossellini-Literatur nicht erwähnt wird), und
daß also, während Manfredi gefoltert wird, Francesco die
Widerstandsbewegung mit allergrößter Wahrscheinlichkeit
von dessen Verhaftung informiert hat.
Zum »Ganzen« Roms gehören nicht nur die Orte, an denen
sich die Geschichte abspielt, sondern auch die individuellen
Menschen. Bei ihrer Darstellung erreicht Rossellini in ROMA,
CITTÀ APERTA eine überragende Meisterschaft. Das liegt einmal an den hervorragenden, damals unbekannten Schauspielern (vor allem Anna Magnani und Aldo Fabrizi), aber auch
daran, daß jedes Detail der Inszenierung von Bedeutung ist:
ROMA, CITTÀ APERTA erzählt nicht nur *eine* Geschichte, die
die Handlung trägt (die Suche nach Manfredi und dessen

Festnahme), sondern zugleich ein Dutzend anderer Geschichten. Am wichtigsten ist die Liebesgeschichte zwischen
Manfredi und Marina Mari, die sich während eines Luftan-
griffs in einem Restaurant – weil sie beide sitzengeblieben
sind – kennengelernt haben. Jetzt, zwei Monate danach, erkennt Manfredi, daß sie nicht zu ihm paßt. Er sagt es zuerst
Pina. Als Pina tot ist und er in der Wohnung Marinas unter-
kommen will, entdeckt er, daß sie Kokain nimmt. Er macht
ihr Vorwürfe. Sie beantwortet sie, indem sie ihm offen sagt,
daß er sie nur benutzt habe, daß er sie nie geliebt habe. Deshalb nehme sie auch Kokain. Im Grunde sei das seine
Schuld. Der Streit wird durch die Ankunft von Lauretta, Pinas Schwester, unterbrochen. Sie ist für ein paar Tage zu Marina gezogen. Lauretta ist betrunken und weiß noch nichts
von Pinas Tod. Sie flirtet mit Manfredi. Niemand hält es für
nötig, sie aufzuklären. Marina sagt ihr auf ihre Frage, ob sie
Manfredi liebe: »Ich liebe niemand.« So, wie Marina ihn
ausspricht – mit weißem Gesicht –, ist das ein schrecklicher
Satz. Als Lauretta eingeschlafen ist, ruft Marina Ingrid an
und verrät ihr, wo die Gestapo Manfredi finden kann. Das
können wir freilich nur aus dem, was danach geschieht,
schließen. Der Augenblick des Verrats wird nicht gezeigt.
Rossellini macht solche »Löcher« in der Erzählung zu seinem Stilprinzip. Viele Teile der Handlung muß der Zuschauer im nachhinein durch Rückschlüsse rekonstruieren. Auch
das trägt, wie die schnelle Montage und die Wischblenden,
zum eigentümlichen Tempo des Films bei. ROMA, CITTÀ APER-
TA hinterläßt im Zuschauer ein Gefühl verwischter Eindrük-
ke, sich überlagernder, ineinander verzahnter Handlungsmo-
mente.
Rossellini erzählt noch ausführlicher die Liebesgeschichte
zwischen Pina und Francesco. Pina ist Witwe und hat von ihrem früheren Mann einen etwa zehn Jahre alten Sohn, Marcello. Vor zwei Jahren hat sie, weil sie im gleichen Haus (und
dort im gleichen Stockwerk) wohnen, Francesco kennengelernt. Sie ist nun schwanger von ihm. Sie haben die Heirat
wegen des Kriegs immer wieder verschieben müssen. Als
Francesco zu Beginn des Films nach Hause kommt und seinen Freund Manfredi begrüßt hat, setzen sich die beiden Liebenden wie früher auf die Treppenstufen vor ihrer und seiner
Wohnung und erinnern sich, einen Tag vor ihrer nun geplan-

ten Hochzeit, daran, wie es war, als sie sich kennenlernten. Das ist eine der schönsten Sequenzen des Films. Francesco spricht von der Zukunft, in der einmal alles anders und besser sein wird. Es ist ein langer Monolog. Er sieht sie dabei nicht an. Er ist, während er spricht, mit seinem Bewußtsein bereits in dieser Zukunft. Sie hört ihm zu, sieht ihn minutenlang an. Sie liebt ihn, das kann jeder sehen, ganz und gar. Sie ist bei ihm. Sie ist, fast möchte ich sagen, in seinem Innern, in seiner Seele. In ihren Augen ist eine Zärtlichkeit, wie ich sie noch nie im Kino gesehen habe.

Eine große Rolle spielen auch die Kinder in ROMA, CITTÀ APERTA. Sie spielen Widerstand, und ein Krüppel mit nur einem Bein ist der Anführer der Bande. Er besorgt Munition und bastelt eine Bombe. Es gelingt ihnen in der Nacht während der Ausgangssperre, sie zur Explosion zu bringen. Als sie nach Hause kommen – sie wohnen alle im selben Haus –, gehen sie die Treppen hoch. Und auf jedem Stockwerk, hinter jeder Wohnungstür spielt sich das gleiche Drama ab. Denn hinter jeder Tür steht ein Vater, der den jeweiligen Sohn verprügelt. Auch Pina macht mit Marcello keine Ausnahme. Francesco versucht sie zu besänftigen und geht hinterher zu Marcello und fragt ihn, wo er so lange war. Marcello sagt: »Das ist ein Geheimnis.« Francesco sieht ein, daß Jungen Geheimnisse haben und fragt nicht weiter. Dann Marcello: »Du bist also ab morgen mein Vater?« Als sich Francesco, bevor er von Don Pietro in ein Kloster gebracht werden soll, von Marcello verabschiedet, gibt dieser ihm einen Schal, den seine Mutter gestrickt hatte. Francesco, davon aufgehalten, biegt um die Straßenecke, als Don Pietro von der Gestapo verhaftet wird. Die Liebe des Kindes hat ihm das Leben gerettet.

ROMA, CITTÀ APERTA erzählt noch weitere Geschichten aus dem Wohnblock: von Pinas Schwester, die wie Marina in einem Kabarett arbeitet und sich als Künstlerin für etwas Besseres hält. Vor allem jedoch von Don Pietro und dessen kleinen Streitereien mit dem Küster Agostino, dem die Kinder den Spitznamen »Fegefeuer« gegeben haben.

Rossellini hat in Interviews von der chorartigen Struktur des Films gesprochen. Das muß die Vorstellung gewesen sein, die er beim Drehen und Schneiden im Kopf hatte. Aus diesem Chor heraus entwickelt Rossellini schließlich die

Schlußsequenz, die Folterung Manfredis, in der es dann nur noch um drei Personen geht: um Manfredi und Major Bergmann, die miteinander kämpfen – denn die Folter ist ein Kampf um die menschliche Integrität, die Bergmann, indem er hofft, Manfredi zum Sprechen, also zum Verrat zu bringen, zerstören möchte –, und um Don Pietro, der die Folterung mitansehen muß, weil er zum Sprechen verführt werden soll. Die Sequenz erhält ihre Kraft nicht durch irgendeine Art von suspense. Es steht fest, daß Manfredi nicht sprechen, daß der immer nervöser werdende Major Bergmann den Kampf verlieren wird. Auch die Brutalität der deutschen Folterer ist es nicht, die uns schockiert. Rossellini zeigt sie meistens aus der Distanz. Die Kamera nimmt die Details der Folterung immer aus der Perspektive Don Pietros auf. Denn zuletzt geht es nur noch um ihn: ROMA, CITTÀ APERTA ist am Ende zu der ursprünglichen Idee Rossellinis zurückgekehrt, einen Film über Don Morosini zu machen.

Als Don Pietro von Major Bergmann in das Folterzimmer geholt wird und er direkt vor Manfredi steht, sieht dieser Don Pietro ein letztes Mal an, dann fällt sein Kopf auf die Brust. Manfredi ist tot. Aus dem Priester, der sich bisher immer gefaßt und voll innerer Ruhe gezeigt hatte, bricht Zorn, der Haß heraus. Er verflucht die Deutschen mit einer sol-

Roma, città aperta

chen Gewalt, daß diese hilflos dastehen und den Ausbruch stumm über sich ergehen lassen. Diese Sequenz ist für mich die ergreifendste des Films. Die Kraft, die dieser Haßausbruch zum Vorschein bringt, ist nicht Stärke, sondern Schwäche. Als Don Pietro seine Flüche bereut, rinnen ihm – wie Francesco in FRANCESCO GIULLARE DI DIO, als er den Leprakranken umarmt hat – Tränen über die Wangen. Am nächsten Morgen läßt er sich widerstandslos und gefaßt zur Hinrichtung führen. Doch das Erschießungskommando, italienische Soldaten, schießen in die Erde. Ein deutscher Offizier muß ihn mit seiner Pistole exekutieren. Hinter einem Drahtzaun stehen die Kinder aus Don Pietros Gemeinde, pfeifen ihr Geheimzeichen und gehen, als Don Pietro tot ist, zurück in die Stadt. Die Kamera schwenkt ein kurzes Stück mit ihnen, bis wir im Hintergrund die Kuppel des Petersdoms sehen.

Paisà. 1946

Rossellini filmt nicht Gedanken, sondern Menschen. Das macht seine Filme für Menschen, die mehr denken als sehen, so schwierig. Denn diese haben die Welt geordnet. Sie wissen, was richtig und falsch, gut und böse, faschistisch und demokratisch, rechts und links ist. Nur: die Wirklichkeit hält sich nicht an die Regeln des Denkens und die von ihnen erzeugte, künstliche, Ordnung. Da geht vieles wie Kraut und Rüben durcheinander.
Jeder Mensch ist eine Welt für sich und mit allen seinen Sinnen, mit seinen Gedanken und Träumen in diese verstrickt. Und letzten Endes ist jeder Mensch allein. PAISÀ zeigt solche Menschen. Es ist ein Film über eine ganz bestimmte Zeit und ein bestimmtes Land. Er zeigt die Befreiung der Italiener durch die Alliierten, durch die Amerikaner und Engländer. PAISÀ beginnt am 10. Juli 1943, als die Alliierten in Sizilien landeten. Rossellini erzählt sechs Geschichten, die sich während dieser Befreiung Italiens ereignet haben.
PAISÀ ist kein zusammengeleimter Episodenfilm; es gibt einen tiefen, verborgenen Zusammenhang zwischen seinen episodischen Geschichten. Das Bewußtsein des Zuschauers füllt die Leerstellen zwischen ihnen aus, stellt, auf einer

kaum bewußten Ebene (fast instinktiv), Verbindungen her, die sich schließlich zu einem einheitlichen Bild zusammenfügen. In der Malerei gibt es das Triptychon. Es besteht aus drei zueinander in Beziehung stehenden Bildern. Damit ist die innere Struktur von PAISÀ zu vergleichen. Die Mitarbeit des Zuschauers, sein Nachdenken, ist hier zum erstenmal bei Rossellini ein wesentlicher Bestandteil des Films: PAISÀ ist eine filmische Meditation. Eine Meditation über die Einsamkeit des Menschen. Um diese sichtbar zu machen, erzählt PAISÀ – auch wenn das paradox erscheint – ausschließlich von Begegnungen.

PAISÀ ist Rossellinis zweiter Versuch, eine Totalität darzustellen. Der erste war ROMA, CITTÀ APERTA. Da ging es um eine Stadt. In PAISÀ geht es um ein ganzes Land: um ein Land, das sich im Krieg befindet, in das die Bewohner von zwei anderen Ländern eingedrungen sind (Rossellini benutzt das Wort »eindringen« auch für die Landung der Amerikaner!) und in dem sie nun alle drei, bis der Krieg – und in diesem Fall der Film – zu Ende ist, zerstören und töten.

PAISÀ ist, auch heute noch[13], der Kriegsfilm par excellence. Rossellini verschwendet keinen Gedanken daran, einen Film »gegen den Krieg« zu machen. Er zeigt Menschen im Krieg: Soldaten, Frauen, Kinder, Mönche, Bauern, Fischer. Er zeigt, was sie machen und was der Krieg mit ihnen gemacht hat. Es ist einer der trostlosesten Filme, die ich je gesehen habe, und zugleich der vielleicht hoffnungsvollste. Denn wenn einer wie Rossellini den Mut hat, die Wirklichkeit zu zeigen, so wie sie ist, und darauf verzichtet, ein wie auch immer gefärbtes Mäntelchen darüberzuhängen, dann macht dieser Mut, die Schwäche des Menschen zu zeigen und einzugestehen, wieder Hoffnung.

In der ersten Geschichte landen die Amerikaner in Sizilien. Es ist Nacht. Eine Gruppe von sechs Soldaten kommt in ein Dorf. Die Soldaten wissen nicht, ob Deutsche da sind oder nicht. Sie haben Angst und sind übervorsichtig. Auf dem Dorfplatz werden sie von der italienischen Bevölkerung bemerkt. Die Italiener wissen nicht, wer das nun wieder ist. Die Amerikaner werden zunächst für Deutsche gehalten. Da die Eltern von einem der Soldaten Italiener waren und er ein bißchen Italienisch spricht, kommt wenigstens eine ungefähre Verständigung zustande. Die Amerikaner erfahren, daß

Paisà

die deutschen Soldaten am Morgen in Richtung Palermo abgezogen und die Wege an der Küste von ihnen vermint worden sind. Der einzig sichere Weg nach Norden ist ein nur für Einheimische erkennbarer Pfad, der über die Lavafelder führt. Die Amerikaner finden schließlich ein Mädchen, Carmela (Carmela Sazio), die ohnehin Vater und Bruder in dieser Gegend suchen will und die sich deshalb bereit erklärt, sie zu führen. Sie kommen zu einer halbverfallenen, mittelalterlichen Burg (die einen der Amerikaner sofort an Frankenstein-Filme denken läßt). Sie sagen Carmela, daß sie hier auf ihre Rückkehr warten solle. Der Soldat Joe aus New Jersey (Robert Van Loon) muß zu ihrem Schutz bei ihr bleiben. Joe fühlt sich gar nicht wohl in dieser Situation. Er spricht kein Wort Italienisch, Carmela kein Wort Englisch. Er bietet ihr eine Zigarette an, sie lehnt ab. Sie warnt ihn, sein Feuerzeug vor einer Fensteröffnung anzuzünden. Er versucht ein Gespräch anzufangen: »Du Faschist?« Dabei faßt er sie an, was sie als Zudringlichkeit mißversteht. Wütend entzieht sie sich ihm. Joe redet und redet; er redet, um sich verständlich zu machen, auch mit Händen und Füßen. Er redet von zuhause, wo er jetzt viel lieber wäre. Carmela mißversteht das englische Wort »home«, hält es für das italienische »come« (wie). Er sieht am Himmel eine Sternschnuppe und versucht ihr zu erklären, daß man in seiner Heimat jetzt einen Wunsch aussprechen muß, der dann, wenn innerhalb von zwei Minuten noch mal eine Sternschnuppe kommt, in Erfüllung geht. »Wenn ihr daran glauben würdet«, meint er, »müßtet ihr das glücklichste Volk der Welt sein. Denn bei euch gibt es so viele Sternschnuppen.« Als ob die Erfüllung aller Wünsche das Glück bedeutete! Dann zieht er seine Brieftasche heraus und zeigt ihr ein Foto seiner Familie mit seiner Schwester und einem Kind. Um Carmela das ganz deutlich zu machen, was eine Schwester ist, macht er Licht mit seinem Feuerzeug. In dem Augenblick, in dem sie ihn verstanden hat (sie sagt »sorella«), hören wir einen Schuß, und Joe sinkt getroffen zu Boden.

Die Sequenz ist zu lang. Aber weil sie so lang ist, bekommt das, was wir sehen – das komplizierte Gespräch von Joe und Carmela – eine Art von Über-Wirklichkeit, in der es nicht mehr nur um Joe und Carmela geht, sondern auch um uns selbst: um die Situation des Menschen in der Welt. Immer

Paisà

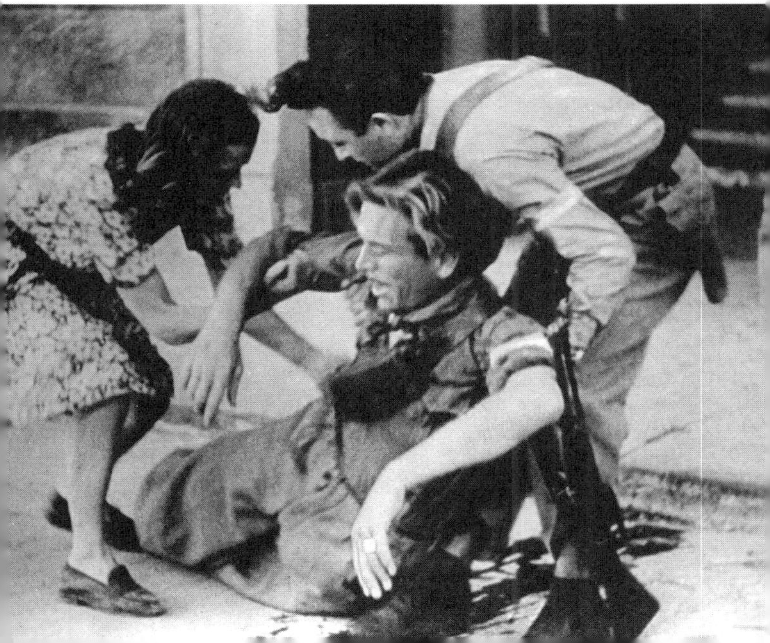

wieder gibt es in den Filmen Rossellinis solche Momente, die den Zuschauer wie ein Blitzschlag treffen. Es sind Momente äußerster Konzentration. Ich übertreibe nicht, wenn ich sage, es sind Momente der Erleuchtung.

Die Deutschen kommen in die Burgruine, um nachzusehen, auf was sie geschossen haben. Sie entdecken Carmela, die vorher noch die Falltür zu dem Raum, in dem der sterbende Joe liegt, mit Stroh zugedeckt hatte. Die Deutschen schicken sie zum Wasserholen und freuen sich schon auf ihren Körper. Carmela holt aber kein Wasser, sondern geht zurück zu Joe; als sie sieht, daß er tot ist, nimmt sie seinen Karabiner und schießt auf die Deutschen. Joes Kameraden vermuten einen Warnschuß und kommen zurück. Sie finden den Toten und verfluchen Carmela, weil sie glauben, sie habe Joe getötet. In der letzten Einstellung liegt die Leiche Carmelas in den Felsen; das Mädchen wurde von den Deutschen getötet. Damit sind die beiden einzigen Menschen, denen es gelungen war, sich eine Sekunde lang zu verständigen: tot.

Alles was nach dem Schuß auf Joe geschieht, läßt sich im Grunde nur aus den wenigen Sprachfetzen, die zu hören sind, rekonstruieren. Denn im Dunkeln sind deutsche und amerikanische Soldaten kaum zu unterscheiden. Aber alle reden sie in ihren Sprachen. Es ist eine babylonische Sprachenverwirrung, die in dem (größtenteils mit Originalton gedrehten) Film bis zu seinem Ende vorherrscht.

Die nächste Episode spielt in dem von den Amerikanern eingenommenen Neapel. Eine Kinderschar umdrängt einen total betrunkenen schwarzen GI (Dots M. Johnson) und versucht ihn zu »verkaufen«. Selbstverständlich ist die Kleidung gemeint; aber da sie ein Mensch trägt, wird aus dieser Sequenz eine bittere Anspielung auf den früheren Sklavenhandel mit Negern. Ein Erwachsener zahlt 3000 Lire für den Schwarzen. Als eine Militärpatrouille vorbeikommt, gelingt es einem der Jungen, Pasquale (Alfonsino Pasca), den betrunkenen Neger fortzuschleppen. Sie gehen in ein Puppentheater, wo ein Weißer gegen die Mohren kämpft. Der betrunkene GI springt schließlich auf die kleine Puppenbühne und kämpft mit den Mohren gegen den weißen Ritter, was in einem allgemeinen Chaos endet. Pasquale und »sein« GI irren weiter durch die Straßen. Auf einem Trümmerhaufen vor einer Ruine lassen sie sich nieder. Der GI beginnt einen

Blues zu singen, er stellt sich vor, wie er als heimkehrender Sieger in New York mit einer Konfettiparade empfangen wird. Dann fällt ihm ein, daß er nur ein Neger ist, der in einer ärmlichen Blechbude wohnt, und daß sein Traum nie in Erfüllung gehen wird. Er will nun endlich schlafen. Pasquale warnt ihn: wenn du einschläfst, klaue ich dir deine Schuhe.

Drei Tage später sitzt der GI – als Militärpolizist auf Streife – in seinem Jeep, und vor ihm fährt ein Militärlastwagen, auf dem Pasquale hockt, der alles, was er brauchen kann, zu stehlen versucht. Der Schwarze stoppt den Lkw, stellt Pasquale zur Rede und entdeckt, daß er den Jungen vor sich hat, der ihm vor drei Tagen die Schuhe gestohlen hatte. Er will mit den Eltern des kleinen Diebs sprechen. Pasquale nimmt ihn mit in einen der Randbezirke Neapels, wo er mit Tausenden von Obdachlosen in einer riesigen Höhle lebt. Der schwarze GI, bestürzt über die grauenhafte Armut, die er sieht, verzichtet auf die Rückgabe seiner Schuhe, als er erfährt, daß Pasquales Eltern von amerikanischen Bomben (Pasquale demonstriert es mit den Worten »Bumbum«) getötet wurden, und flieht.

Die dritte Episode spielt in Rom. Die Deutschen marschieren aus der Stadt, die Amerikaner rücken nach. Es ist der 4. Juni 1944 (Ausschnitte aus Wochenschauen). Sechs Monate später liest die schöne, schwarzhaarige Francesca (Maria Michi, die in ROMA, CITTÀ APERTA die drogensüchtige Marina gespielt hat) den betrunkenen amerikanischen Soldaten Fred (Gar Moore) auf und nimmt ihn mit auf ihr Zimmer. Doch Fred macht sich nichts aus Mädchen wie Francesca. Er erzählt ihr von dem Mädchen, das er kennengelernt hat, als sie vor einem halben Jahr in Rom einmarschierten. Sie hieß Francesca und war wunderbar. In einer Rückblende sieht man, daß Francesca, von der Fred schwärmt, und die Prostituierte, mit der er jetzt zusammen ist, identisch sind. Die Prostituierte läßt ihm durch die Besitzerin des Stundenhotels Francescas Adresse (also ihre eigene) übergeben – mit der Bitte, sie noch einmal aufzusuchen. Am nächsten Tag wartet sie auf ihn, angezogen wie früher, im strömenden Regen, doch Fred kommt nicht. Er findet den Zettel mit der Adresse in seiner Tasche, knüllt ihn zusammen und sagt zu einem Kameraden: »Die Adresse einer Nutte.« Er wirft ihn weg.

Ein amerikanischer Soldat und ein sizilianisches Mädchen, ein neapolitanischer Straßenjunge und ein schwarzer Militärpolizist, eine römische Prostituierte und ein amerikanischer Soldat – die drei ersten Episoden zeigen Paare, denen wir durch die Art, wie Rossellini erzählt, sehr nahe kommen. Die zweite Hälfte des Films wird anders erzählt. Es geht nun nicht mehr um Paare, sondern immer um eine größere Gruppe von Menschen. Die Kamera ist weiter von ihnen entfernt. Die Umgebung, die Landschaft spielt eine größere Rolle. Am wichtigsten ist sie in der letzten Geschichte, die im Po-Delta spielt.

Die vierte Episode handelt von der amerikanischen Krankenschwester Harriet (Harriet White), die vor dem Krieg ein paar Jahre in Florenz gelebt hatte. Sie sucht einen früheren Freund, den Maler Guido Lombardi, der jetzt Lupo (der Wolf) heißt und Anführer der Partisanen ist. Die Alliierten haben die Südhälfte von Florenz erobert, in der nördlichen, jenseits des Arno, halten sich die Deutschen. Dort werden sie und die Faschisten von den italienischen Partisanen bekämpft. Begleitet von einem Italiener, macht sich Harriet auf die Suche. Sie überqueren den Arno durch die Uffizien und geraten in einen heftig umkämpften Stadtteil. Nahrungsmittel und Wasser werden mit Hilfe von Karren, die an Seilen hin- und hergezogen werden, von einem Häuserblock zum anderen transportiert. Auf der Terrasse eines Hauses sitzt ein pensionierter italienischer Offizier und verfolgt mit dem Fernglas fachmännisch den Kampf. Bei jedem Schuß kann er den Kanonen- oder Gewehrtyp identifizieren. Von einem tödlich getroffenen Partisanen erfährt Harriet, daß ihr Freund an diesem Tag gestorben ist. »Aber der Satz, der ihr das sagt, hat sie nicht direkt erreicht, er traf sie wie eine abgeirrte Kugel.«[14]

Die fünfte Episode spielt in einem Franziskanerkloster in der Romagna. Drei amerikanische Militärkaplane bitten die Mönche um Unterkunft. Die Mönche nehmen sie freundlich auf und sind bereit, die wenigen Lebensmittel, die sie besitzen, mit den Amerikanern zu teilen. Captain Bill Martin (Bill Tubbs) hat jedoch einen Rucksack voller Konserven mitgebracht. Die Mönche stürzen sich mit fast kindlicher Begeisterung auf die Konserven und bereiten ein großes Festmahl vor. Als sie jedoch erfahren, daß einer der Armeegeistlichen

Paisà

Jude und der andere Protestant ist, fassen sie den – angesichts der wunderbaren Speisen – schweren Entschluß, für die beiden verlorenen Seelen zu fasten, damit Gott sie wieder auf den rechten Weg des Glaubens zurückführe. Auf die Frage des Abtes, warum der katholische Kaplan nicht schon früher versucht habe, auf seine beiden Kollegen einzuwirken, antwortet Bill Martin: »Der Protestant und der Jude sind genauso überzeugt wie ich, auf dem rechten Weg zu sein. Sie sind gute Freunde von mir geworden.«

Während der von Rossellini mit wunderbarer Ironie erzählten Geschichte, deren Haltung zu Religion und Religiosität schon viel von FRANCESCO GIULLARE DI DIO vorwegnimmt, wird einem klar, daß diese ironische Erzählhaltung auch schon die vorhergegangenen Geschichten von PAISÀ bestimmt hat. Die GIs sind im Grunde genauso naiv wie die Franziskanermönche. Die totale Abgeschnittenheit der Mönche von der Außenwelt, die scheinbare Nicht-Existenz des Krieges auf dieser Insel des Friedens, dem Kloster: auch das gehört, so, wie es gezeigt wird, zum Krieg. Der religiöse Konflikt der Mönche, der von Rossellini mit einem Schmunzeln dargestellt wird, läßt uns vergessen, daß über die Probleme des rechten Glaubens in der bisherigen Geschichte zahllose, grausame Kriege geführt worden sind.

Auf die scheinbare Mönchsidylle folgt die schockierendste Episode, die PAISÀ erzählt. Soldaten einer amerikanischen Spezialeinheit und italienische Partisanen in den Sümpfen des Po-Deltas, umgeben von deutschen Soldaten. Hier gibt es keine Front. Hier weiß keiner mehr, was passiert. Wir sehen nur die weite Ebene, das Wasser und darüber den Himmel. Ein Bauer besorgt für die Partisanen aus einem in der Nähe gelegenen Haus etwas zu essen. Das Haus ist voller Menschen. Wenige Einstellungen später sind alle tot. Ein kleines Kind läuft schreiend zwischen den Leichen umher. Es gibt kaum noch einen Zusammenhang zwischen den Einstellungen. Wir müssen, was geschehen ist, aus dem Sichtbaren im nachhinein rekonstruieren. Ein deutsches Kanonenboot taucht aus dem Nebel auf. Die amerikanischen Soldaten und die Partisanen werden gefangengenommen. Die Deutschen fesseln die Partisanen und werfen sie in den Fluß. Ein dagegen protestierender Amerikaner wird erschossen, nachdem ihm ein deutscher Offizier erklärt hat, daß

»kein internationales Recht Partisanen schützt«. Selbst in dieser Endzeit-Situation herrscht bei den Deutschen noch immer Recht und Ordnung. Danach sagt ein Sprecher: »Das geschah im Winter 1944. Als der Frühling kam, war der Krieg zu Ende.«

Germania, anno zero. 1947–48

Berlin, im Sommer 1945, unmittelbar nach der deutschen Kapitulation: die Familie Köhler muß sich mit vier anderen Mietparteien eine viel zu kleine Wohnung teilen. Vater Köhler (Ernst Pittschau) liegt krank im Bett. Seine Frau ist gestorben. Von seinen drei Kindern ist Eva (Ingetraut Hintze) die älteste. Sie besorgt tagsüber den Haushalt und geht nachts in Bars. Ihr Bruder Karl-Heinz (Franz Krüger) war Soldat. In Afrika »halbverdurstet«, in Sibirien »halberfroren«, hat er in Berlin bis zur letzten Sekunde gekämpft. Nun hat er Angst, dafür ins Gefängnis zu kommen, und hält sich in der Wohnung versteckt. Sein Bruder Edmund (Edmund Meschke) ist gerade zwölf Jahre alt: alt genug, um das Elend seiner Familie zu begreifen. Da die beiden anderen Männer in der Familie als Ernährer ausfallen, versucht er, so gut er kann, ihre Stelle einzunehmen.

In der ersten Sequenz von GERMANIA, ANNO ZERO arbeitet er auf einem Friedhof. Er schaufelt ein Grab aus, wird aber verjagt, weil die anderen herausbekommen, daß er noch keine fünfzehn Jahre alt ist. Edmund ist der tragische Held von Rossellinis Film: zu alt, um in diesen Tagen noch wie ein Kind zu spielen, und doch noch zu jung, um bei den großen Schiebereien der Älteren mitmachen zu können. Edmund ist ein blonder, schmächtiger Junge mit kurzen Hosen und mit einem viel zu großen Kopf. Was er auch immer tut, er wird ständig zurückgewiesen und gemaßregelt. Wir wissen nicht, was in ihm vorgeht.

»Wenn wir also etwas über das Denken und Fühlen dieses Kindes wissen, so nie durch unmittelbar auf seinem Gesicht zu lesende Zeichen, auch nicht aus seinem Verhalten; wir erfahren es nur durch Rückschlüsse. (...) Rossellini hätte uns eine Interpretation nur um den Preis eines Tricks bieten können, indem er seine eigene Erklärung auf das Kind projizierte und erreichte, daß es sie für uns zurückstrahlt«, schreibt André Bazin.[15]

Wir erleben mit Edmund, wie ein Pferd, das auf der Straße gestorben ist, von einer Menschenmenge in Teile geschnitten wird. Auch hier wird er, als er näher herankommen will, verscheucht. Als er heimkommt, gibt es gerade Ärger mit der Bewag. Der Stromableser stellt fest, daß zuviel Strom verbraucht worden ist. Nachdem die Mieter ihm ein paar Zigaretten zugesteckt haben, ist er bereit, ein Auge zuzudrücken. Der Hauptmieter der Wohnung, dem diese vor dem Krieg allein gehört hat, Herr Rademacher, schimpft über Edmunds Vater: es wäre gut, wenn er endlich tot wäre. Er schickt Edmund mit einer Personenwaage auf den Schwarzmarkt. Doch Edmund bekommt statt der erwarteten 300 Mark nur zwei Dosen amerikanisches Büchsenfleisch. Auf dem Heimweg trifft Edmund seinen früheren Lehrer, Herrn Henning (Erich Gühne). Er war Nazi und ist offensichtlich homosexuell. Er ist vom Schuldienst suspendiert und lebt von allerlei dunklen Geschäften, die nicht näher erläutert werden. Er wohnt in einer prächtigen Villa mit einem gepflegt aussehenden, ebenfalls homosexuellen ehemaligen General und schickt Edmund mit einem Grammophon und einer Hitler-Schallplatte zur Reichskanzlei. Dort gebe es genug dumme Amerikaner, die dafür viel Geld ausgäben.

Das führt zur gespenstischsten Sequenz von GERMANIA, ANNO ZERO, wenn nämlich Edmund und ein etwas älterer Junge, der ihn im Auftrag des Lehrers begleitet, zwei Amerikanern die Platte vorspielen. Da ertönt an dem Ort, an dem er vor wenigen Monaten noch gelebt hat, die Stimme Adolf Hitlers, als sei er wie Jesus von den Toten wiederauferstanden. Ein zufällig vorbeikommender Mann mit einem Kind hört die Stimme Hitlers, bleibt einen Moment lang stehen – sein Gesicht zeigt keine Reaktion – und geht weiter.

Edmund sammelt durch einen älteren Jungen seine ersten Erfahrungen im Leben auf der Straße. Er sieht, wie dieser eine ältere, gutgekleidete Dame mit einem Trick bestiehlt; von einem mit Kartoffeln beladenen Güterzug nehmen sie mit, was sie tragen können; und am Abend, als es dunkel wird, lernt Edmund durch die Vermittlung seines neuen Freundes die dreizehnjährige Christel kennen. Der Freund bittet Christel, nett zu Edmund zu sein. Die beiden verbringen die

Germania, anno zero

Nacht in irgendeinem Keller und schlafen miteinander (was von Rossellini nicht gezeigt wird). Zum erstenmal in seinem Leben war Edmund nachts nicht zuhause. Als er am nächsten Morgen heimkommt, bekommt er dafür von seinem todkranken Vater Prügel. Seiner Schwester Eva sagt er: »Ich habe nichts Böses gemacht.« Edmunds Vater bekommt einen Herzanfall. Edmund holt den Arzt. Er ist froh, daß er etwas für die anderen tun kann, und stolz, weil er weiß, wo der Arzt zu finden ist. Der gutmütige Arzt sorgt dafür, daß Edmunds Vater wenigstens ein paar Tage lang ein Krankenbett bekommt, damit er sich satt essen kann. Doch was soll geschehen, wenn er wieder entlassen wird? Edmund fragt seinen Lehrer Henning um Rat. Der ist mit anderen Dingen beschäftigt, läßt sich aber doch einen Augenblick lang auf Edmund ein. Der ehemalige Nazi spricht von einem Naturgesetz, aufgrund ˈdessen nur die Starken überleben – die Schwachen aber sterben müssen. Edmund, der seinen Vater im Krankenhaus besucht hat, findet dort ein Fläschchen mit »Gift«, das er zu sich steckt. Als sein Vater, aus dem Krankenhaus entlassen, zuhause wieder jammert (»wenn ich nur endlich tot wäre, dann würde ich euch nicht mehr zur Last fallen«), schüttet Edmund das Gift in den Tee des Vaters. Das Gift wirkt sofort. Edmund teilt Henning mit, daß er getan habe, was dieser ihm geraten habe. Der Lehrer ist entsetzt. Er nennt Edmund ein Monster und schärft ihm ein, gegenüber niemandem etwas von ihm zu erzählen. Edmund läuft ziellos durch die Straßen des zerstörten Berlins, und es sieht so aus, als ob alle ihm auswichen, weil sie instinktiv spürten, daß er seinen Vater getötet hat. Der Mord, der von Edmund als eine außerordentliche Heldentat konzipiert worden war – die Tat erforderte schließlich ungeheuren Mut –, hat den Jungen von allen entfremdet und ihn vollständig isoliert.

In den letzten Minuten von GERMANIA, ANNO ZERO verfolgt Rossellini minuziös jede Bewegung, die Edmund macht. Er geht die Straßen entlang – die Kamera fährt nah vor ihm her –, verfällt unbewußt in das Himmel-und-Hölle-Hüpfspiel, hört aber gleich wieder auf. Er kann nicht mehr, was alle Kinder können: sich auf ein Spiel konzentrieren und alles andere vergessen. Edmund ist kein Kind mehr. Er kommt an einer halbzerstörten Kirche vorbei, aus der plötzlich Orgelmusik

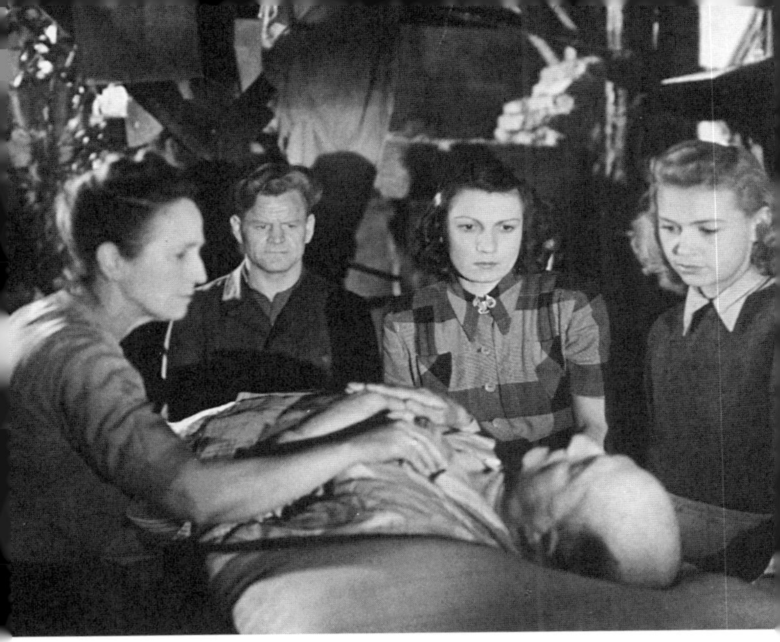

Germania, anno zero

ertönt. Wir sehen den Organisten an der Orgel. Auch hier verharrt Edmund nur einen Moment. Dann klettert er in die Ruine gegenüber dem Haus, in dem er wohnt. Er findet ein Stück Eisen, nimmt es in die Hand, als wäre es eine Pistole, hält es sich schließlich an die Schläfe und wirft es wieder weg. Auf der Straße fährt ein Lastwagen vor. Der Sarg mit seinem toten Vater wird aufgeladen. Seine Schwester ruft nach Edmund; der reagiert nicht. Er findet einen schräg nach unten in ein anderes Stockwerk führenden Eisenträger, zieht wie ein wohlerzogener Junge seine Jacke aus, damit sie nicht schmutzig wird, und rutscht auf dem Eisenträger nach unten ins andere Stockwerk. Er sieht durch eine zerstörte Fensteröffnung hinunter auf die Straße und – springt hinaus. Eine Hausbewohnerin sieht ihn stürzen. Sie läuft zu dem tot auf dem Pflaster liegenden Edmund.

»Der ›Realismus‹ Rossellinis hat nichts gemein mit alldem, was das Kino bisher – von Renoir abgesehen – an Realistischem hervorgebracht hat. Es ist ein Realismus nicht des Themas, sondern des Stils. Rossellini ist vielleicht der einzige Regisseur der Welt, der uns für eine Handlung interessieren kann, indem er sie objektiv auf derselben Ebene der Inszenierung läßt wie ihre Umgebung. Unsere Emotion ist dabei frei von aller Sentimentalität, weil gezwungen, von unserem Verstand reflektiert zu werden. Nicht Darsteller und Ereignisse rühren uns, sondern der Sinn, den wir aus ihnen lesen. In dieser Inszenierung erscheint der moralische oder dramatische Sinn nie an der Oberfläche der Realität; dennoch können wir nicht umhin, ihn zu wissen, wenn wir ein Bewußtsein haben. Ist das nicht eine solide Definition des Realismus in der Kunst: den Geist zur Teilnahme zwingen, ohne mit Menschen und Dingen zu mogeln?«[16]

L'amore. 1947–48

L'AMORE besteht aus zwei Teilen. Der erste, UNA VOCE UMANA, nach einem Theaterstück von Jean Cocteau, ist 1947 – noch vor GERMANIA ANNO ZERO – gedreht worden; der zweite, IL MIRÁCOLO, im April 1948. In beiden Teilen spielt Anna Magnani eine Frau, die liebt, aber nicht wiedergeliebt wird. Der zweite Teil ist ausdrücklich (in einem Anfangstitel) »der schauspielerischen Kunst Anna Magnanis gewidmet«, was wie ein Abschiednehmen klingt (und, wie bekannt, auch ein Abschiednehmen war).

Mir scheint UNA VOCE UMANA von allen Filmen Rossellinis sein persönlichster und privatester zu sein, der die Trennung von seiner damaligen Lebensgefährtin Anna Magnani, die in seinem Leben erst später erfolgte, schon im Film vorwegnahm. Paradoxerweise ist UNA VOCE UMANA die textgetreue, wortwörtliche Inszenierung des Theaterstücks: das Fremde wird durch die Art der Inszenierung zum Allerpersönlichsten. Es ist die Weiterführung der Erfahrung, die Rossellini bei PAISÀ in der sizilianischen und neapolitanischen Episode gemacht hatte. Er hat die Möglichkeiten, welche das Drehen mit langen Einstellungen ihm geboten hat, weiter ausgebaut. Die Kamera wird hier zum Mikroskop. Sie öffnet für unsere Augen eine neue Welt. Wir sehen nicht mehr nur das, was eine Person tut, sondern auch das Unsichtbare: was eine Person denkt und fühlt.

Wer UNA VOCE UMANA für eine exhibitionistische Zurschaustellung hält, mißversteht den Film gründlich. Er macht das, was Anna Magnani sagt und tut, transparent. Wir sehen durch sie hindurch. Wir sehen nicht nur sie und ihre offen vor uns liegenden Gefühle, sondern wir sehen auch den Mann, den sie liebt. Wir sehen mit ihr die gemeinsame Vergangenheit des Liebespaares. Das ist nicht nur schön, sondern zugleich unendlich schmerzlich. Rossellini benutzt die Kamera hier als chirurgisches Instrument – auf der Suche nach der Seele, so wie die beiden Ärzte des 16. Jahrhunderts in LA LOTTA DELL' UOMO PER LA SUA SOPRAVVIVENZA, die auf dem Friedhof eine Leiche ausgraben und sie sezieren, um das Herz zu finden.

Wenn wir UNA VOCE UMANA sehen und anfangen, über das, was wir sehen, nachzudenken, so kommen wir nicht darum herum zu fragen, was das in Wahrheit ist, was wir gewohnt sind, Liebe zu nennen. Unversehens wird UNA VOCE UMANA zu einer Meditation über die Liebe, die uns zu Gedanken und weiteren Fragen führt, die uns so abgründig erscheinen, daß wir zurückschrecken und aufhören weiterzudenken. Liebe ist etwas Flüchtiges: das ist es, was Rossellini voller Geduld und niemals zynisch vorführt.

Anna Magnani spielt eine Frau, die zwischen 35 und 40 Jahre alt ist, und schlampig, abgeschlossen von der Außenwelt in einem Zimmer mit einem großen Bett und zugezogenen Gardinen lebt. Ein Hund ist da. Ihr Geliebter hat ihn ihr geschenkt. Und – ein schwarzes Telefon. Am Tag vor der Hochzeit mit einer anderen, jüngeren Frau wird sie von ihm dreimal angerufen. UNA VOCE UMANA ist die minuziöse Aufzeichnung dieser drei Telefongespräche.

In UN MIRÁCOLO (Drehbuch: Federico Fellini) erzählt Rossellini die Geschichte einer Frau, die von der Dorfbevölkerung für schwachsinnig gehalten wird und deshalb ihr Leben außerhalb der Gesellschaft der Normalen verbringt. Sie hütet die Ziegen und manchmal auch die Kinder der anderen Dorfbewohner. An einem schönen, sonnigen Tag begegnet der Ziegenhirtin ein stattlicher, bärtiger Mann (Federico Fellini). Sie weiß sofort, daß es der heilige Joseph ist. Sie ist überglücklich und kann kaum fassen, daß er auf die Erde gekommen ist, um sie zu besuchen. Sie sagt ihm klar und direkt, daß er ein wunderschöner Mann ist. Das sagt sie immer wieder. Sie redet und redet (wie in UNA VOCE UMANA am Telefon). Er sagt kein Wort. Sie erzählt von den anderen Dorfbewohnern, daß diese alle verrückt seien und von diesen Dingen, von Heiligen und von Jesus, nichts verstünden. Sie bittet ihn, ihren »Körper wegzuwerfen« und ihre Seele mitzunehmen. Er bietet ihr Rotwein aus einer Korbflasche an. Sie trinkt. Er gibt ihr, statt zu antworten, immer mehr zu trinken. Ihr wird immer heißer. Sie sagt, daß sie ihn nicht mehr sehen könne. Sie sehe nur noch Licht. Sie legt sich auf den Boden. Sie öffnet ein paar Knöpfe ihres Kleids. Dann schläft sie ein. Sie wacht auf, weil eine der Ziegen ihr Gesicht abschleckt. Der heilige Joseph ist weg. Sie bringt die Ziegen ins Dorf zurück und erzählt jedem, den sie trifft, daß ihr der heilige Joseph begegnet sei. Im Dorf glaubt ihr keiner. Einige Zeit später, beim Kinderhüten, fällt sie in Ohnmacht. Die herbeigelaufenen Frauen stellen erstaunt fest, daß sie schwanger ist. Für sie ist sofort klar, da sie sich an die Zeugung nicht erinnert, daß sie eine neue Mutter Maria ist und daß sie auserwählt ist, einen neuen Jesus zu gebären. Der Spott, mit dem die Dorfbevölkerung sie überzieht, wird von Tag zu Tag größer. Aber sie läßt sich durch nichts und niemanden beirren, erträgt alle Demütigungen mit Gelassenheit. Sie nimmt die Geburt ihres »heiligen Kindes« ernst, arbeitet

L'amore

nicht mehr, um ihm ja nicht zu schaden. Als die Wehen einsetzen, ist sie allein. Sie geht einen unendlich langen, steilen Weg zu der auf dem Berg liegenden Kapelle hinauf. Dort bringt sie ihr Kind allein zur Welt, und als es geboren ist, gibt sie ihm die Brust.

UN MIRÁCOLO ist vorgeworfen worden, eine Persiflage auf die unbefleckte Empfängnis zu sein. Das ist undenkbar für Rossellini. Der Ernst, mit dem er die Geschichte erzählt, ist derselbe wie in FRANCESCO GIULLARE DI DIO. Eher ließe sich sagen, Rossellini nehme die Geschichte ernster als die katholische Kirche ihr Dogma. Und darin liegt allerdings eine Provokation. Könnte es nicht sein, daß diese Frau, die wegen der Naivität ihres Glaubens für verrückt gehalten wird, gar nicht verrückt ist?

La macchina ammazzacattivi. 1948

Wieder taucht, wie in IL MIRÁCOLO, ein Heiliger auf. Diesmal ist es der heilige Andreas. Am Ende von LA MACCHINA AMMAZZACATTIVI freilich erfahren wir, daß der Heilige gar kein Heiliger ist, sondern der Teufel. Genauer, ein kleiner Teufel in der Hierarchie, die auch in der Hölle existiert. Es ist nicht immer alles so, wie es auf den ersten Blick zu sein scheint.

143

LA MACCHINA AMMAZZACATTIVI (die Maschine, die die Bösen tötet) ist Rossellinis erster Versuch einer Komödie. Zwei Amerikaner, die Italien als Soldaten im Krieg kennengelernt haben, sind zurückgekehrt, um auf einem Felsen, der dem Städtchen Amalfi als Friedhof dient, einen Hotelkomplex für Touristen zu errichten (es ist die dritte Invasion Italiens, zuerst kamen die Deutschen, dann die Amerikaner und nun die Touristen). Auf dem Weg dahin taucht vor ihrem Wagen plötzlich ein alter Mann auf. Sie überfahren ihn. Als sie aussteigen, ist er verschwunden.

In Amalfi können die Amerikaner mit dem Wohlwollen des örtlichen Polizeichefs rechnen. Denn dieser ist einer der reichsten Männer des Ortes, und das Bauvorhaben wird, da er an allen Unternehmen beteiligt ist, seinen Reichtum auf einen Schlag gewaltig vermehren. Daß auf dem Felsen ein Friedhof ist, beunruhigt ihn nicht weiter. Der alte Mann, den die Amerikaner mit ihrem Wagen überfahren haben, taucht nun bei dem Fotografen Celestino Esposito (Gennaro Pisano) auf und belehrt ihn, als dieser sich über die schlechten Zeiten beklagt, daß Wunder nicht von selbst passieren, daß die Guten die Bösen *vernichten* müßten. Er bittet ihn, von der Fotografie des Polizeichefs eine Reproduktion zu machen, also sein Foto noch einmal zu fotografieren. Celestino wundert sich, tut aber, was der geheimnisvolle Alte ihm aufträgt. Im selben Augenblick, in dem er das Foto fotografiert, stirbt der Polizeichef. Der Alte ist verschwunden.

Celestino ist daraufhin fest davon überzeugt, daß sein nächtlicher Besucher niemand anderer als der heilige Andreas gewesen sei, der Schutzheilige der Stadt, zu dessen Ehren am nächsten Tag ein Fest stattfinden wird, zumal auch die angekündigten Wunder passieren: zuerst kehren die Fischer von ihrem morgendlichen Fang mit Booten voller Fische zurück; dann erhält die Stadt von einem Ministerium in Rom völlig unverhofft eine Zahlung von elf Millionen Lire.

Die elf Millionen Lire erweisen sich in der Folge jedoch mehr als ein Fluch denn als Wohltat. Was soll damit geschehen? Der Pfarrer will eine neue Kirche bauen, ein Bauunternehmer eine neue Straße. Die Frau des verstorbenen Polizeichefs will für ihren Mann ein Denkmal errichten lassen. Da

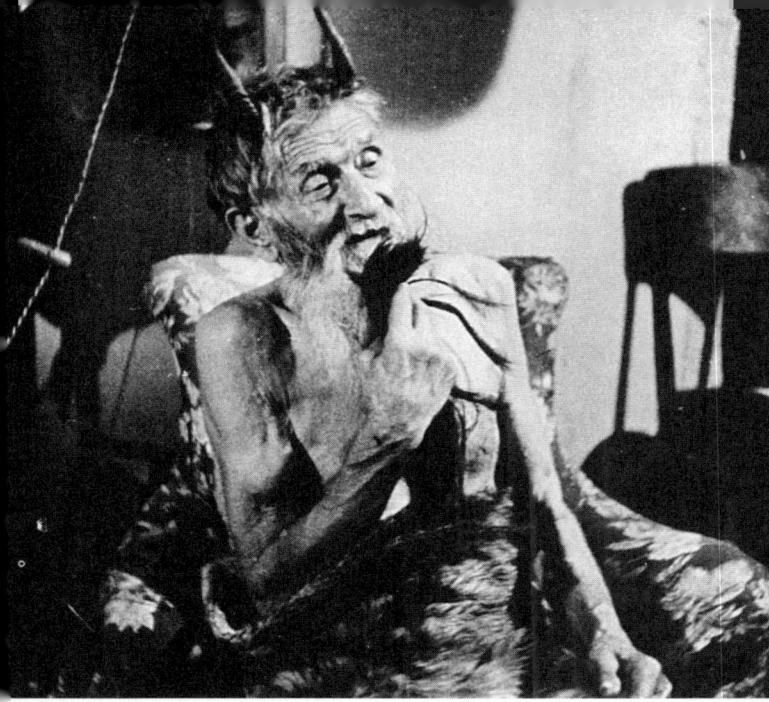

La macchina ammazzacattivi

sie von vielen einflußreichen Leuten Schuldscheine hat, ist sie in der Lage, Druck auf diese auszuüben. Celestino erwischt sie jedoch einmal mit seiner Kamera unabsichtlich und tötet sie. Zwei Schuldner dringen sofort in ihr Haus ein, um die Schuldscheine an sich zu bringen. Die finden sie nicht, statt dessen aber ihr Testament. Darin vermacht sie ihr gesamtes Vermögen den drei ärmsten Bürgern der Stadt.

Celestino, der sich immer mehr als Vollstrecker eines göttlichen Willens fühlt – er will dem Guten zum Sieg verhelfen –, sieht sich gezwungen, seinen Fotoapparat, dem der heilige Andreas eine so große Macht verliehen hat, immer häufiger einzusetzen. Da in der ganzen Stadt niemand ist, der das Gute will – jeder denkt nur an sich selbst –, ist Celestino schließlich entschlossen, alle zu töten. Er hat gerade den Arzt vor der Kamera, da bekommt er Gewissensbisse. Als jetzt der

Stromboli

»heilige Andreas« wiederauftaucht, fotografiert ihn Celestino, um dem Spuk ein Ende zu bereiten, und enthüllt die wahre »Identität« des Heiligen: als kleiner Teufel. Celestino zwingt ihn, das Kreuzzeichen zu machen. Eine gewaltige Explosion stellt die ursprünglichen Zustände wieder her, und alle Opfer der »Maschine, die die Bösen tötet«, sind wieder lebendig.

Wie DESIDERIO ist auch LA MACCHINA AMMAZZACATTIVI nicht von Rossellini fertiggestellt worden. Die Geschichte wirkt wie ein moralisierendes Märchen. Dazu passen auch Anfang und Ende des Films. Dort sehen wir ein Puppentheater, und ein Puppenspieler stellt die handelnden Figuren vor. »Damit wird die Handlung zugleich in einen typisch italienischen Kontext gebracht, den der commedia dell'arte«[17], schreibt José Luis Guarner. Am Ende nimmt der Puppenspieler seine Figuren weg und erzählt die Moral der Geschichte: »Tue Gutes, aber gehe dabei nicht zu weit. Weise das Böse von dir, wenn deine Seele gerettet werden soll. Urteile nicht zu schnell und denke zweimal nach, bevor du bestrafst.«

Rossellini verwendet die Amerikaner (Bill Tubbs und Helen Tubbs), die während des Films ununterbrochen von einem Quartier ins nächste ziehen, als eine Art running gag; doch Komik ist nicht Rossellinis Stärke. Der Gag funktioniert nur gelegentlich. Die Beschreibung der selbstsüchtigen Stadtbewohner freilich ist voll witziger Detailbeobachtungen. Als Celestino das Testament dem Bürgermeister (Giovanni Amato) übergibt, will der es sofort vernichten. Er belehrt Celestino: »Wenn du anfängst, Kapital zu teilen, wird es immer weniger, und am Ende ist gar nichts mehr da.« Oder als die Tochter der Amerikaner (Marilyn Buferd) in ihrem Bikini an den Strand geht und sich in die Sonne legt, ist das für die Frauen ein Skandal, jedoch die Männer werden von dem Bikini-Mädchen wie die Fliegen angezogen.

Ein Liebespaar, das Romeo (Giacomo Furia) und Giullieta heißt, und das sich immer durch die Vermittlung Celestinos nachts treffen kann, wird, als die tödlich verfeindeten Eltern mit Hilfe von Celestinos Kamera gestorben sind, keineswegs, wie man annehmen sollte, ein glückliches Paar. Im Gegenteil: sie bekämpfen sich mit den gleichen Argumenten wie diese. Die Ökonomie ist stärker als die Liebe.

Stromboli, terra di dio. 1949

STROMBOLI, TERRA DI DIO beginnt mit einem Zitat aus dem Alten Testament: »Ich werde gesucht von denen, die nicht nach mir fragten: ich werde gefunden von denen, die mich nicht suchten.« (Jesaja 64,1) Der Film entwirft das Portrait einer Frau. Sie heißt Karin Bjorsen (Ingrid Bergman) und lebt, wenn der Film beginnt, in einem italienischen Flüchtlingslager in der Nähe von Rom. In Litauen geboren, ist sie vor den Deutschen nach Jugoslawien und von dort nach Italien geflohen. Während der deutschen Besetzung Roms hat sie mit einem gefälschten Paß gelebt; deshalb haben die italienischen Behörden sie nach der Befreiung in dieses Lager gesteckt. Ihr Antrag, nach Argentinien auswandern zu dürfen, wurde vom argentinischen Konsul abgelehnt. Karin hat am Stacheldrahtzaun ihres Lagers einen jungen italienischen Soldaten kennengelernt: Antonio (Mario Vitale), er ist Fischer und kommt von der Insel Stromboli. Antonio will Karin heiraten. Sie fragt ihn: warum? Er antwortet, weil sie ihm gefalle. Aber er kenne sie doch gar nicht: »Vielleicht bin ich ganz anders, als du denkst.« Das mache ihm nichts aus, er werde sie dann eben verprügeln. Karin findet diese Vorstellung so komisch, daß sie darüber herzlich lachen muß. Einer Freundin im Lager sagt sie, wenn ihr Ausreiseantrag nach Argentinien endgültig abgelehnt werde, werde sie Antonio heiraten – (um aus dem Lager zu kommen).

In kurzen Einstellungen zeigt Rossellini die Trauung, den Abschied vom Lager und die Überfahrt nach Stromboli. Auf dem Schiffsdeck liegen beide dicht beieinander. Die Sonne scheint, doch Karin friert. Antonio, ganz liebevoller Ehemann, findet für sie ein vom Wind geschütztes Plätzchen. Sie treffen noch einen anderen Ex-Soldaten aus Stromboli, der während des Krieges in Südafrika und Australien war: den Leuchtturmwärter der Insel (Mario Sponza).

Das Motiv der Heimat spielt eine entscheidende Rolle im Film. Karin wird viele Bewohner Strombolis kennenlernen, die in der Welt herumgekommen sind, aber nie den Bezug zu dem Stück Erde, auf dem sie geboren wurden, verloren haben. Sie dagegen ist ein Flüchtling, eine Heimatlose. Sie ist ganz und gar aus dem Gleichgewicht geraten. Sie hat Antonio benutzt, um aus dem Lager herauszukommen (Antonios Motive für diese Heirat sind nicht weniger fragwürdig), und sich irgendeine Art von Trauminsel vorgestellt. Als das Schiff vor der Küste Strombolis vor Anker geht, sieht sie, worauf sie sich eingelassen hat: eine düstere Vulkaninsel fast ohne Vegetation. Sie betritt die Insel zögernd. Von dem Augenblick an, in dem Stromboli auftaucht, werden die Einstellungen länger, die Bilder bekommen eine Art von Durchsichtigkeit, die ihnen manchmal einen fast halluzinatorischen Charakter verleiht. Rossellini verfolgt mit äußerster Genauigkeit – wie ein Wissenschaftler den Verlauf eines Experiments – jede Bewegung, die Karin auf der Insel macht. Sie haßt die Insel von der ersten Sekunde an und sagt das auch Antonio; das Haus, in dem sie mit ihm wohnen soll, findet sie so schrecklich, daß sie es gleich wieder verläßt, als er es ihr zeigt. Sie schaut aufs Meer und begreift, daß sie eine Gefangene auf der Insel sein wird. Sie begegnet anderen Bewohnern, spricht und versteht aber kein Italienisch, obwohl sie doch schon länger in Italien lebt. Mit Antonio verständigt sie sich not-

Stromboli

dürftig mit ein paar Brocken Englisch; als sie es damit bei einer alten Frau versucht, erlebt sie eine Riesenüberraschung: die runzlige alte Oma spricht fließend Englisch, weil sie ein paar Jahre bei ihrem Sohn in Amerika gelebt hat. Karin glaubte zu Unrecht, die Menschen auf dieser »gottverlasse-

149

nen« Insel hätten von dem, was in der Welt draußen geschieht, keine Ahnung. »Und warum sind Sie wieder zurückgekommen?« fragt Karin die alte Frau fassungslos. »Weil ich hier geboren bin«, antwortet die Alte.

Antonio arbeitet als Fischer. Sein eigenes Boot, das er vor dem Krieg besessen hatte, ist verrottet. »Er mußte sich sehr demütigen«, erklärt der Pfarrer (Renzo Cesana) Karin, »um sofort Arbeit zu bekommen. Er hat das für Sie getan.« Karin meint, der Pfarrer verstehe sie – nicht nur, weil er die englische Sprache beherrscht –, und klagt ihm ihr Leid. Der Pfarrer bittet sie um Geduld. Doch alles, was Karin unternimmt, scheitert oder ist falsch: sie versucht ein Kind, das laut weint, zu trösten; aber das Kind versteht sie nicht, und sie resigniert. Sie geht in das Haus einer Frau, die im Dorf einen schlechten Ruf hat, um dort ein Kleid ändern zu lassen, für Karin ist das die selbstverständlichste Sache der Welt – denn die Frau hat eine Nähmaschine –, im Dorf ist das aber ein Skandal. Sie »verschönert« das Haus, nimmt ein paar alte Bilder Antonios von den Wänden, stellt Dinge um und Pflanzen auf, schmückt die Räume mit Blumen und Palmwedeln, malt auf eine der Wände ein schönes Blumenmuster.[18] Als sie Antonio, der gerade von einem Fischzug zurückkommt, stolz das neue Heim zeigt, ist er entsetzt: sie hat ihm das Zuhause zur Fremde gemacht.

In der einzigen Sequenz von STROMBOLI, TERRA DI DIO, in der Karin fröhlich und ausgelassen erscheint, sieht man sie mit Kindern am Meer spielen, den Rock geschürzt. Der Leuchtturmwärter fährt mit seinem Boot vorbei, sie winkt ihm zu, er kommt zu ihr. Als sie auf einem Stein ausrutscht, hält sie der Mann fest, damit sie nicht ins Wasser fällt. Karin genießt die Geste der Zärtlichkeit, sieht aber, daß sie von anderen Männern des Dorfes beobachtet werden. Abends auf dem Heimweg hört Antonio überall Spottlieder, in denen er immer wieder als »cornuto« (Gehörnter) lächerlich gemacht wird. Zuhause angekommen, verprügelt er Karin, die ihm daraufhin erklärt, daß sie es nicht mehr auf der Insel aushalte.

Der Pfarrer, dem sie ihr Leid klagt, erzählt ihr, er habe von einer in Amerika gestorbenen Inselbewohnerin dreitausend Dollar vermacht bekommen, um den Armen zu helfen und die Gräber zu pflegen. In ihrer Verzweiflung versucht Karin, den Pfarrer zu verführen, um an das Geld zu kommen, mit dem sie, von Antonio in Mittellosigkeit gehalten, von der Insel fliehen könnte. Der Pfarrer wirft sie aus seinem Haus.

Etwas später gesteht sie Antonio, daß sie im dritten Monat schwanger ist. Antonio ist überglücklich, und Karin macht einen neuen Versuch, mit ihm auszukommen. Sie besucht ihn sogar, als die Fischer des Dorfes gerade Hunderte von riesigen Thunfischen gefangen haben. Doch Karin findet das Abschlachten der Tiere ekelhaft und grausam.

Dann bricht der Vulkan aus. Karin stürzt ins Freie und läuft, wie alle anderen Dorfbewohner, zwischen herunterfallenden Gesteinsbrocken zum Meer und in die Boote, die sofort aufs Meer hinausfahren. Am nächsten Morgen, als sich der Vulkan wieder beruhigt hat, beten die Leute stehend auf ihren Booten, bevor sie auf die Insel zurückfahren.

Karins Entschluß steht nun endgültig fest: sie will Stromboli verlassen. In einer abgelegenen Grotte schläft sie mit dem Leuchtturmwärter (was wir nicht sehen). Mit dem Geld, das sie von ihm bekommt, macht sie sich - mit einem kleinen Koffer und einer Handtasche, die ihre Habseligkeiten enthalten - auf den Weg über den Vulkan hinweg zu einem Dorf auf der anderen Seite der Insel. Von dort fahren Boote zum Festland.

Während ihres Aufstiegs machen ihr Gase des Vulkans zu schaffen. Kaum kann sie noch atmen, aber sie will nicht aufgeben: zuerst läßt sie den Koffer stehen, dann verliert sie auch die Handtasche (mit dem Geld). Sie steigt immer höher hinauf, bis sie ohnmächtig umfällt. Es ist Nacht geworden. Wir sehen den Sternenhimmel über ihr. Am nächsten Morgen wacht sie auf. Die Sonne scheint. Der Vulkanrauch hat sich verzogen. Da ruft sie: »Gott!« und hält einen Moment inne.

Diese Sequenz, die Rossellini Tadel und Hohn von vielen Kritikern eingetragen hat, ist vielleicht die kühnste, die er je gemacht hat. Sie zeigt nämlich nicht, wie diese Frau von einer Sekunde auf die andere gläubig wird, sondern Karin in einem Zustand absoluter Verzweiflung: am Ende. Nur deshalb, und nicht etwa, weil sie jetzt an Gott glaubt, ruft sie ihn. Es ist ein Augenblick existentieller Verzweiflung, ein Moment äußerster Bewußtheit, des Innehaltens - vergleichbar dem Todessprung Edmunds in GERMANIA ANNO ZERO. Karin ist zu weit gegangen. Sie ruft: »Was wird aus uns? Aus meinem Kind?« Sie dreht sich um, sieht in die Richtung, aus der sie gekommen ist. Unten am Fuße des Vulkans liegen winzig klein die weißen Häuser des Dorfes. Sie sagt sich selbst: »Ich gehe zurück.« – Aber: sie tut es nicht.

Die amerikanische Version von STROMBOLI endet mit der Gewißheit ihrer Rückkehr; die italienische, um eine halbe Stunde längere Version hält das Ende offen. Dort ruft Karin noch einmal: »Gott, mein Gott – hilf mir!« – Und nach einer Pause: »Gib mir Stärke, Vertrauen und Mut!« Dann schwenkt die Kamera weg von ihrem Gesicht auf die Vulkanlandschaft und vorbeifliegende Möwen.

Wer sich auf Symbolsuche macht, findet überall welche. In Karins Situation sind die Möwen ein Zeichen der Hoffnung dafür, daß die Welt noch nicht untergegangen ist.

STROMBOLI, TERRA DI DIO ist, mehr als jeder andere Film Rossellinis, mit einer instinktiven, traumwandlerischen Sicherheit gedreht. Rossellini verfolgt mit seiner Kamera Ingrid Bergman wie ein Tiger im Dschungel seine (künftige) Beute: ohne zu zögern; ohne Mitleid.

Francesco, giullare di dio. 1950

FRANCESCO, GIULLARE DI DIO, Rossellinis Film über Franz von Assisi (1182-1226), den Gründer des Franziskanerordens, wirkt auf den, der ihn zum erstenmal sieht, wie ein Film von einem anderen Planeten. Auch heute noch. Wie muß der Eindruck damals gewesen sein, als es noch keine Filme von Jean-Marie Straub und Danièle Huillet gegeben hat (die wesentlich von FRANCESCO, GIULLARE DI DIO beeinflußt worden sind)?

Was Rossellinis Franziskus-Film so außergewöhnlich macht, ist die absolute Einfachheit, mit der er erzählt wird. Elf Geschichten (eigentlich sind es gar keine Geschichten, denn es passiert in ihnen – mit einer Ausnahme – nichts Ungewöhnliches) werden hintereinandergestellt: alltägliche Begebenheiten; und wenn einmal etwas Besonderes passiert (wie in der zehnten, die mit einem Mord beginnt), dann zeigt Rossellini dies beiläufig: Es geschieht weit weg, im Hintergrund des Bildes. Die Person Francescos steht, obwohl der Titel das nahelegt, nicht im Vordergrund des Films. Andere, mit Fran-

Francesco, giullare di dio

cesco lebende Mönche, sind für Rossellini ebenso wichtig, insbesondere Bruder Ginepro. In manchen Geschichten kommt Francesco als Person überhaupt nicht vor, wenn-
gleich die Perspektive, aus der sie erzählt werden, immer die
Francescos ist. Seine Mönchsbrüder können die verrückte-
sten Sachen anstellen, der Ordensgründer lacht nicht über
sie, er lächelt nicht einmal. Er bleibt ernst, geduldig und demütig.
Mit derselben Haltung hat Rossellini FRANCESCO, GIULLARE
DI DIO gedreht. Nicht nur das Thema, sondern auch der Stil
ist: franziskanisch. Rossellini ist Francescos Bruder. STROM-
BOLI, TERRA DI DIO war ein Film über den Hochmut. FRAN-
CESCO, GIULLARE DI DIO ist ein Film über die Demut, und im
Mittelpunkt von EUROPA 51 steht eine Frau (wieder gespielt
von Ingrid Bergman), die den Weg vom Hochmut zur Demut
findet. In mancher Hinsicht nimmt FRANCESCO, GIULLARE DI
DIO auch die späteren »didaktischen« Fernsehfilme vorweg.
Der Zusammenhang mit PAISÀ ist ohnehin offensichtlich:
beide Filme haben die gleiche Erzählstruktur, die Wirklichkeit wird in ihnen in Blöcken dargestellt – wobei das, was
nicht zu sehen und ausgelassen ist, genauso wichtig ist, wie

Francesco, giullare di dio

das, was gezeigt wird. Erst im Kopf des Zuschauers verbindet sich beides.

Zu Beginn von FRANCESCO, GIULLARE DI DIO kommen Francesco und seine Mönchsbrüder von einer Reise nach Rom zurück. Es regnet in Strömen. Sie waten durch tiefen Schlamm, und die Hütte, die sie finden, ist schon besetzt von einem Bauern mit seinem Esel. Es ist Nacht, und die Mönche singen, um sich warm zu halten, bis der Morgen graut. In hügeligem Gelände beginnen sie, ein Haus zu bauen. Immer sind diese Mönche tätig: sie basteln und bauen, stetig in (hüpfender) Bewegung: naiv wie Kinder (und manchmal noch naiver als diese); und immer fröhlich. Sie leben in einer archaisch anmutenden Verbindung mit allen Dingen, die sie umgeben, reden mit den Vögeln und den Pflanzen, mit der Erde und dem Wasser.

Ein alter Bauer kommt zu ihnen, als ihr Häuschen fertig ist. Er möchte in die Gemeinschaft aufgenommen werden. Es ist Giovanni, der Einfältige. Wie er von den Mönchen aufgenommen wird, das ist wunderbar zu sehen. Sie fassen ihn alle an, berühren ihn, umarmen ihn. Dieser physische Kontakt macht ihn sofort mit allen vertraut.

Francesco, giullare di dio

Diese Mönche (übrigens alle von realen Mönchen gespielt)
verhalten sich völlig instinktiv (so wie eine Mutter mit ihrem
Kind). Als Giovannis Kleider einmal Feuer fangen, unternimmt er nichts, um es zu löschen, denn auch das Feuer ist
für ihn kein Feind, und er erkennt somit nicht die Gefahr, die
es darstellt. In dem Übereifer, den die Mönche an den Tag
legen, begehen sie manche Dummheit oder auch Grausamkeit. So schneidet Bruder Ginepro einem lebenden Schwein
– er sagt zu ihm dabei: »nicht wahr, auch das Schwein dankt
unserem Herrn« – ein Bein ab, um dem kranken Bruder Giovanni zu helfen.

In der Geschichte, die mich am tiefsten berührt hat (die sieb-
te), trifft Francesco in der Nacht einen Leprakranken. Es ist
eine außerordentlich kurze Szene. Zuerst hört man in der
Ferne ein leises Klingeln, das langsam näher kommt. Francesco – allein im Meditieren begriffen – geht auf das Geräusch zu, und Rossellini folgt ihm mit einer kurzen, ganz
unerhörten Kamerafahrt. Im Zwielicht der Nacht trifft Francesco auf den mißtrauischen Leprakranken. Auch Francesco
zögert, sich ihm zu nähern. Dann umarmt er ihn. Der Lepra-
kranke geht schnell weg, das Geräusch der läutenden Glöck-

chen entfernt sich. Francesco sinkt auf die Erde und weint laut und hemmungslos.

Die nächste Geschichte erzählt, »wie Bruder Ginepro für 15 Tage im voraus kochte, und Francesco – durch diesen Eifer gerührt – ihm erlaubt, fortzugehen und zu predigen« (Text des Zwischentitels). Zuerst sehen wir Ginepro, der einen Hügel hinabrennt. Hinter ihm her rollt ein riesiges Faß. Es folgt ihm wie ein Hund. Komisch daran ist, daß unklar bleibt, ob er dem Faß voraus- oder ob er vor ihm wegläuft, um nicht überrollt zu werden. Aber das spielt auch gar keine Rolle. Er und Giovanni hängen das Faß über ein Feuer und werfen alles Eßbare hinein. Giovanni wirft auch das Holz, anstatt ins Feuer, in das Faß. Warum sollte es nicht auch eßbar sein?

In einem Artikel über Rossellini schrieb Marcel Oms (in der Zeitschrift *Positif*): »Die andere Weise, Frauen zu verachten, war, sie zu ignorieren. Was war also logischer im Werk Rossellinis, als dieses Monument der Dummheit auf die Leinwand zu bringen, das FRANCESCO, GIULLARE DI DIO darstellt.«[19] An solche Szenen muß Oms dabei wohl gedacht haben. Aber auch mit seinem ersten Satz hat er nicht recht: es gibt nämlich Frauen in diesem Film. Ihnen hat Rossellini sogar eine ganze Geschichte gewidmet. Sie heißt »Von der wundersamen Begegnung zwischen der heiligen Klara und dem heiligen Franziskus«. Man sieht die ausführlichen Vorbereitungen, welche die Mönche anläßlich des Besuches treffen: sie schneiden riesige Mengen von blühenden Zweigen ab, mit denen sie die Wege und die Gebäude schmücken; dann rasieren sie sich. Sie »zivilisieren« sich zum Besuch der heiligen Klara, die sie mit kindlichem Entzücken, tanzend und hüpfend, empfangen.

Nach Ginepros Versuch, zwei Wochen im voraus zu kochen, um Zeit zum Predigen zu haben, erlaubt ihm Francesco wegzugehen. Die Autorität, die Francesco besitzt, wenn er seinen Brüdern Befehle gibt, wenn er erlaubt oder verbietet, ist ohne jede Anmaßung, sondern auf eine verblüffende Weise selbstverständlich. Bruder Ginepros erste Predigt mißlingt: zum einen sind die, zu denen er spricht, zu weit weg – Kinder, die auf einem Baumstamm schaukeln –; zum anderen können sie ihn gar nicht hören, weil hinter ihm ein Wasserfall rauscht. Bruder Ginepro beendet seine Predigt und schaukelt lieber mit den Kindern. Diese erzählen ihm von dem schrecklichen Tyrannen Nikolaus, der die Stadt Viterbo belagert. Ginepro beschließt, dorthin zu gehen. Nikolaus (gespielt von Aldo Fabrizi, dem Don Pietro in ROMA, CITTÀ APERTA), dem Ginepro angekündigt worden ist, befiehlt seinen Leuten, den mutmaßlichen Spion ein paarmal über den Boden zu schleifen und ihm dann den Kopf abzuhauen. Nikolaus steckt komischerweise in einer schweren Ritter-Rüstung, in der er sich nicht bewegen kann. Ein herbeigerufener Pfarrer, der Ginepro den letzten Segen geben soll, hat von ihm und Francesco gehört und bittet Nikolaus, das Leben dieses Mannes zu schonen, der alle Peinigungen über sich hatte ergehen lassen. Nikolaus steigt aus seiner Rüstung und läßt Ginepro in sein Zelt schaffen. Dort versucht er mit allen ihm zur Verfügung stehenden Mitteln, Ginepro Angst einzujagen. Doch der lächelt nur und sieht den immer fassungsloser werdenden Nikolaus unentwegt an. Es ist ein Zweikampf zwischen der Macht und der Unschuld, die sich nicht einschüchtern läßt: wer keine Angst hat, ist (für Nikolaus) unbesiegbar. Also gewinnt Ginepro den Zweikampf. Nikolaus beendet die Belagerung der Stadt Viterbo und zieht mit seinen wilden Kriegern davon.

In der nächsten Geschichte wird erzählt, »wie Francesco gemeinsam mit Bruder Leone den Weg findet, der zur vollkommenen Freude führt«. Sie beginnt mit dem erwähnten Mord. Wieder regnet es in Strömen. Sie reden darüber, im Schlamm und Matsch, wie man die »vollkommene Freude« finden könne. Auch Francesco weiß es nicht. Dann kommen sie zu einem Haus und versuchen Unterkunft zu finden. Der Eigentümer beschimpft sie und wirft sie hinaus. Er prügelt sie und verhöhnt sie dabei: »Ihr sollt nicht sagen können, daß ich euch nichts gegeben habe.« Als er weggegangen ist, steht Francesco wieder auf, von oben bis unten naß und voller Schlamm, und sagt zu Leone, daß das, was sie soeben erlebt hätten, die vollkommene Freude ausmache, nämlich alles in Geduld und Fröhlichkeit über sich ergehen zu lassen – aus Liebe zu Gott.

In der elften Geschichte nehmen die Brüder bewegend Abschied von ihrem Haus und voneinander. Sie sollen nun in alle Länder ausschwärmen und predigen. Aber sie wissen nicht, wohin sie gehen sollen. Francesco befiehlt ihnen, sich so lange im Kreise zu drehen, bis ihnen schwindlig werde. Alle drehen sich, allen wird schwindlig, und sie fallen zu Boden. Nur Giovanni, der Einfältige, dreht sich immer weiter. Francesco fragt, ob ihm denn nicht schwindlig werde. Er verneint die Frage und dreht sich weiter. Nach einiger Zeit wird auch ihm schwindlig, und auch er fällt auf den Boden. Dann sagt Francesco zu ihnen, daß jeder in die Richtung gehen solle, in die sein auf dem Boden liegender Körper zeige. So gehen sie für immer auseinander.

L'invidia. 1951

Orfeo (Orfeo Tamburi) ist Maler. Er hat eine schöne, junge, schwarzhaarige Frau, Camille (Andrée Debar), und eine Katze. Er liebt die Katze sehr. Er ist immer, wenn er Zeit hat, zärtlich mit ihr, streichelt sie. Mit Camille ist das schon schwieriger. Sie sind offensichtlich schon eine Weile verheiratet. Von seiner Seite gibt es eine Art höflicher Distanz zu ihr. Tagsüber sitzt er in seinem Atelier – er ist schließlich Maler – und malt. Und da Maler Modelle haben, hat er auch welche: andere schöne, junge Frauen. Camille ist in jeder Hinsicht frustriert. Eines Tages packt sie die Katze – vielleicht um etwas in Bewegung zu bringen – und wirft sie von dem Balkon ihrer Wohnung. Etwas später kommt Orfeo nach Hause, im Arm die Katze. Sie hat den Sturz wider Erwarten überlebt. Er kennt seine Katze genau. Er kann nicht verstehen, wie es möglich ist, daß sie vom Balkon gefallen ist. Er versorgt die Katze liebevoll. Als Camille in ihre Nähe kommt, fängt die Katze an zu fauchen, gerät völlig außer sich. Er entdeckt, daß ihre Pfoten naß sind und weiß, daß sie aus Angst vor Camille schwitzt. Er sagt Camille, daß sie versucht habe, seine Katze umzubringen.

L'INVIDIA – Rossellinis Episode des Films *I sette peccati capitali* – ist nach einem 160-Seiten-Roman von Colette gedreht. Der Roman heißt *La chatte* (deutscher Titel: Eifersucht). Rossellini hat von dem gesamten Roman außer der Szene, in der Camille versucht, die Katze zu töten, so gut wie nichts übernommen. Der Mann bei Colette ist ein verwöhntes Mut-

158

L'invidia

tersöhnchen aus gutem Hause, bei Rossellini ein Künstler, der alles hat, was er will. Ein Mann, der die Arbeit, die er macht, liebt. Es ist in der Tat nicht Eifersucht, die Camille dazu bewegt, die Katze zu töten. Es ist vielmehr: Neid. Sie beneidet ihn um alles, was er hat – anstatt es mit ihm zu teilen.

Die Veränderungen, die Rossellini an der Vorlage vorgenommen hat, scheinen mir autobiografische Gründe zu haben. Denn zwischen dem Leben eines Malers und dem eines Filmregisseurs gibt es natürlich einige Gemeinsamkeiten. Die eindrucksvollste Sequenz von L'INVIDIA ist jene, in der die Katze Camille am Ende anfaucht. Ihr Fauchen geht durch Mark und Bein. Was muß Rossellini mit ihr angestellt haben, damit sie das gemacht hat! Sie sieht jedenfalls reichlich zerzaust aus.

Europa 51

Europa 51. 1951-52

EUROPA 51 ist »die Tragödie einer Frau, die sich nach dem
Tod ihres Kindes zur Heiligen berufen fühlt und deshalb für
irrsinnig erklärt wird« (Gregor/Patalas)[20]. An dieser Inhalts-
Beschreibung von EUROPA 51 ist alles falsch. Worum geht es
also? Ein reiches ausländisches Ehepaar mit einem zwölfjäh-
rigen Sohn lebt in Rom. Die Frau, Irene Gerard (Ingrid
Bergman), kommt nach Hause, zieht sich um, schminkt sich,
gibt dem Dienstmädchen Anweisungen, redet kurz mit ihrem
Sohn Michael (Sandro Franchina), der möchte, daß sie sich
mit ihm beschäftigt, weil sie den ganzen Tag weg war. Aber
die Mutter hat keine Zeit, denn am Abend geben sie und ihr
Mann George (Alexander Knox) ein Essen. Während des Essens – wir sehen, daß sie sich souverän in den Regeln ihrer
Gesellschaftsschicht bewegt – passiert etwas, das Irenes Leben schlagartig verändert: ihr Sohn bringt sich um. Alle kümmern sich um Irene, doch niemand kann ihr helfen. Sie fühlt
sich schuldig. Sie weiß nicht mehr weiter, weiß nur, daß es
so, wie sie bisher gelebt hat, nicht weitergeht. Sie zieht sich
vor ihrem Mann zurück, schließt sich vor der Welt ab. Ihr
Cousin Andrea (Ettore Giannini), ein kommunistischer Jour-

nalist, kümmert sich um sie. Er gibt ihr den Rat, etwas für die zu tun, die nichts haben: für die Armen. Bei einem Spaziergang in den Wohnquartieren der Armen wird sie Zeuge, wie ein Junge im Tiber ertrinkt. Dabei lernt sie Passerotto (Giuletta Masina) kennen, eine Arbeiterfrau, die, obwohl sie selbst nicht viel hat, immer für andere da ist, die »ganz einfach das Herz auf dem rechten Fleck« hat, die eine Irene unbekannte Fröhlichkeit und innere Heiterkeit ausstrahlt.

Irene entdeckt eine andere, unbekannte Welt, von deren Existenz sie keine Ahnung gehabt hatte. Sie fühlt sich von diesen proletarischen Menschen angezogen. Sie möchte von ihnen lernen, vielleicht sogar ein bißchen werden wie sie. Es geht für sie gar nicht darum, Almosen an die Armen zu geben und Gutes zu tun; es geht ihr vielmehr um ihr eigenes Leben. Sie versucht vor allem, sich selbst zu retten. Die Armen, die sie trifft, sehen in ihr natürlich nur die reiche Frau, die alles hat, was sie nicht haben, und nehmen sie als ein Geschenk des Himmels.

Einmal arbeitet Irene einen Tag lang in einer Fabrik am Fließband. Sie ist für eine Frau eingesprungen, damit diese ihren Arbeitsplatz nicht verliert. Irene hatte von einer derart mechanischen Arbeit nichts gewußt. In einem Café lernt sie die Prostituierte Ines (Teresa Pellati) kennen, die sich damit abgefunden hat, daß sie Blut hustet und nicht mehr lange zu leben hat. Trotzdem raucht sie eine Zigarette nach der anderen und geht ihrer Arbeit nach. Als sie wieder einmal zusam-

Europa 51

menbricht, bringt Irene sie nach Hause und besorgt einen
Arzt. Der sagt ihr, daß es für jede ärztliche Hilfe bereits zu
spät ist. Irene bleibt bei Ines und versorgt sie. Sie hilft einem
kriminellen Jungen, hinter dem die Polizei her ist, zu entkommen und wird daraufhin verhaftet. In dieser kompromit-
tierenden Situation kommt ihre Familie zu dem Entschluß,
für das Wohl aller Irene in einer Heilanstalt unterzubringen.
Denn Irene weigert sich, ihr früheres Leben wiederaufzuneh-
men. Obgleich ärztliche Untersuchungen, psychologische
Tests ergeben, daß sie »normal« ist, ist ein Gericht bereit, die
Unterbringung in der Heilanstalt, die ihre Familie beantragt
hat, zu verfügen. Die Sequenz, in der sie von ihrer Familie im
Irrenhaus abgeliefert, vom Priester allein gelassen wird und
die Pfleger sie routinemäßig wie eine Irre in Verwahrung
nehmen, wird von Rossellini als Offenbarung einer gefühllo-
sen und brutalen Unmenschlichkeit inszeniert: ein Schock,
der uns empört. Wir wissen nicht, was in Irene vorgeht und
was sie fühlt; wir können nicht verstehen, warum sie sich
nicht wehrt und alles akzeptiert, was ihr angetan wird. In der

Europa 51

letzten Einstellung des Films, von außen, sehen wir sie hinter dem vergitterten Fenster stehen und weinen. Die Armen, denen sie geholfen hatte, haben sich unten, im Garten der Anstalt, versammelt und sagen einander: »Sie ist eine Heilige.«

Es sind die anderen, die sie sakralisieren; nicht sie; sie denkt oder fühlt das auch nicht. Dafür gibt es keinerlei Anhaltspunkte. Und selbst wenn es so wäre, dann könnten wir es nicht wissen. Denn »Rossellini läßt seine Darsteller nicht spielen, er läßt sie nicht dieses oder jenes Gefühl ausdrücken, er veranlaßt sie nur, auf eine bestimmte Weise vor der Kamera zu sein. In einer solchen Inszenierung haben der jeweilige Standort der Personen, ihre Art zu gehen, ihre Bewegungen im Dekor, ihre Gesten viel mehr Bedeutung als die Gefühle, die sich auf ihren Gesichtern abzeichnen, ja als das, was sie sagen. Schließlich, welche ›Gefühle‹ könnte Ingrid Bergman ›ausdrücken‹? Ihr Drama ist ganz jenseits aller psychologischen Bestimmungen. Ihr Gesicht ist nur die Spur einer bestimmten Art von Leiden« (Bazin)[21].

163

In EUROPA 51 gibt es, geht man von einer konventionellen Dramaturgie, von der Idee eines perfekt gemachten Films aus, dramaturgische Schwächen, die besonders auffallen, weil die Exposition bis zum Selbstmord des Kindes so ungewöhnlich elegant und schnell ist. Rossellini verliert dann ein wenig das dramaturgische Gleichgewicht, wenn er seine Heldin auf ihre Entdeckungsreise in die Welt der Armen schickt. Aber ist das nicht viel besser und »richtiger«, da eine ebensolche Gleichgewichtsstörung seiner Heldin Irene widerfährt?

Dov'è la libertà? 1952/53

Der Mann, um den es hier geht, ist Friseur. Er heißt Salvatore Lojacono (Totò). Er ist etwa fünfzig Jahre alt und war, weil er aus Eifersucht den Liebhaber seiner Frau umgebracht hat, 22 Jahre lang im Gefängnis – von 1930 bis 1952. Er hat die großen Ereignisse in der Welt draußen – den Aufstieg und Untergang des Faschismus, den Zweiten Weltkrieg, die Befreiung Italiens durch die Amerikaner – nicht miterlebt. Nun hat man ihn vorzeitig in die Freiheit entlassen. Aber alles, was da nun auf ihn zukommt, ist wenig erfreulich. Das Haus, in dem er früher gewohnt hat, existiert nicht mehr. Er muß innerhalb von drei Tagen eine Wohnung finden und sich dann bei der Polizei melden. Zunächst weiß er nicht, wo er schlafen soll. Er muß die Welt ganz neu für sich entdecken (wie Irene in EUROPA 51). Er trifft ein Mädchen (Nyta Dover), das bei einem Tanz-Marathon mitmacht. Er erzählt ihr seine Lebensgeschichte und geht mit ihr. In dem Lokal, in dem der Tanz-Marathon stattfindet, ergeben sich jedoch bald Probleme. Der Veranstalter hat sich mit dem eingenommenen Geld davongemacht. Die Musiker streiken. Der Lokalbesitzer will alle rausschmeißen. Salvatore, ein herzensguter Mann, versucht zu helfen, so gut er kann. Er pfeift und summt, damit die tanzenden jungen Leute weitertanzen können, und gibt dem Lokalbesitzer Geld. Wir sehen, daß er von dem jungen Mädchen sehr beeindruckt ist. Doch schließlich landen alle bei der Polizei. Der Kommissar gibt ihm eine Adresse, wo er eine Unterkunft finden kann. Auf dem Weg dahin trifft Salvatore einen früheren Mithäftling. Der bittet ihn um einen

Europa 51

Gefallen. Salvatore soll für ihn in einem Geschäft Milchpulver kaufen. Salvatore versteht nicht, warum er das nicht selber tut, aber er macht's. Als er aus dem Geschäft zurückkommt und das Wechselgeld zurückgibt, erfährt er, daß er soeben Falschgeld in Umlauf gebracht hat. Signora Teresa (Augusta Mancini), die Zimmervermieterin, gibt ihm ein Zimmer. Um Geld für die Miete zu bekommen, rasiert er die anderen Mieter. Er freundet sich mit Maria (Franca Faldini), der Tochter Signora Teresas, an. Doch als herauskommt, daß er ein Zuchthäusler und Mörder ist, wird er hinausgeworfen.

Zufällig läuft ihm sein Schwager Torquati (Giacomo Gabrielli) über den Weg, der bereit ist, ihn aufzunehmen. Er erfährt, daß seine Frau inzwischen gestorben ist. Torquati möchte, daß Salvatore bei ihm im Geschäft mitarbeitet und daß er Agnesina (Vera Molnar), seine Nichte, heiratet. Salvatore ist dabei, sich in Agnesina zu verlieben und ist auch bereit, sie zu heiraten. Da taucht ein Fremder, Abramo Piperno (Leopoldo Trieste), auf. Er ist Jude und will sich an den Torquatis rächen. Denn sie haben während des Krieges die Mitglieder seiner Familie, um an ihr Geld zu kommen, an die Deutschen verraten. Er ist der einzige Überlebende. Die Torquatis verdanken ihren jetzigen Wohlstand diesem Verrat. Als Salvatore dann auch noch herausfindet, daß Agnesina schwanger ist – und zwar von Torquati –, beschließt er, die Welt der Freiheit, die ihm ganz und gar nicht gefällt, wieder zu verlas-

Dov'è la libertà?

sen. In einem Restaurant, in dem er zufällig seinen Gefäng-
nisdirektor sitzen sieht, klaut er dessen Hut und Mantel, und
es gelingt ihm in dieser Verkleidung, in seine Zelle zurückzukommen. Das ist der Platz, an dem er sich wohlfühlt und wo
er zuhause ist.

DOV'E LA LIBERTÀ? beginnt mit dem Ende der Geschichte, im
Gerichtssaal. Salvatore ist angeklagt, widerrechtlich in ein öf-
fentliches Gebäude eingedrungen zu sein. Die Geschichte
wird also in Rückblenden erzählt. Das ist für Rossellini ungewöhnlich. Wie Adriano Aprà in einem unveröffentlichten
Manuskript mitteilt, hat Rossellini die Szenen im Gerichtssaal gar nicht gedreht. Sie entstanden 1953, ein Jahr später,
unter der Regie Mario Monicellis.
Eine der Rückblenden – Salvatore erzählt dem Richter, warum es ihm im Gefängnis so gefallen hat – zeigt ihn beim Rasieren eines Mitgefangenen (Giacomo Rondinella). Er hat
ihm geholfen, einen Liebesbrief abzufassen, und jetzt singt
der Mitgefangene ein Liebeslied. Salvatore hört ihm zu, un-
terbricht ihn nach einer Weile. Er ist mit dem Gesang noch
nicht zufrieden. Es ist gut, aber es fehlt der letzte Schmelz. Er

Ingrid Bergman (Siamo donne)

macht ihm vor, wie er es machen soll. Man sieht, Salvatore ist ein Fachmann. Er könnte glatt auch als Gesangslehrer sein Geld verdienen. Der Mitgefangene hat verstanden, was Salvatore meint, und beginnt noch einmal mit seinem Lied. Diesmal macht er es richtig. Salvatore hört andächtig zu, und eine Träne läuft ihm über das Gesicht. Rossellini hat diese Sequenz in einer einzigen Einstellung aufgenommen. Sie sagt mehr über die Person Salvatores als der ganze übrige Film. Pierre Kasts Urteil in den *Cahiers du Cinéma* kann ich nicht teilen. Für ihn ist »die Grausamkeit und Bitterkeit«, die der Film ausdrückt, »bestürzend; mitleidlos, fast unerträglich – wie eine Swiftsche Parabel; meiner Ansicht nach Rossellinis schönster Film, einer der wenigen, den ich ganz und gar liebe«[22].

Ingrid Bergman. 1952

Die Idee stammt von Cesare Zavattini. Ingrid Bergman spielt keine Rolle, sondern sich selbst. Sie ist die Schauspielerin Ingrid Bergman, die mit dem Regisseur Roberto Rossellini ver-

167

Viaggio in Italia

heiratet ist. Die Geschichte spielt in ihrem Haus. Die Kinder,
die im Film auftauchen, sind die, die sie mit Rossellini hat:
Robertino (der Steine ins Wasser wirft), Isabella und Isotta.
Sie erzählt den Anfang der Geschichte und blickt in die Ka-
mera, hinter der ihr Mann, der Regisseur, steht. Sie ist wun-
derbar entspannt und fröhlich. Das Ganze ist ein private
joke; und dann, wie wir sehen, doch mehr.
Ingrid Bergman hat Probleme mit einer Nachbarin, Signora
Annovazzi (Albamaria Settaccioli). Deren Huhn hat eine
Vorliebe für die Rosen in ihrem Garten, auf die sie ganz be-

sonders stolz ist. Immer wieder jagt sie das Huhn davon, und immer wieder kommt es zurück. Es gibt zwischen beiden Frauen eine erregte Auseinandersetzung. Aber das Huhn läßt sich nicht beirren. Ingrid Bergman macht einen verzweifelten Versuch, das Huhn von ihrem Hund auffressen zu lassen. Doch dann bekommt sie Besuch von Freunden. Sie packt das Huhn und sperrt das gackernde Biest in einen Schrank. Während sie mit ihren Freunden einen Drink nimmt, kommt Signora Annovazzi. Sie vermißt ihr Huhn. Ingrid Bergman sagt, sie habe keine Ahnung, wo das Huhn sei. Ihre Freunde sind ein bißchen verwundert über das Problem, in das Ingrid Bergman da verwickelt ist. Sie haben schon vorher das Huhn im Nebenzimmer gackern gehört. Jetzt hört es auch Signora Annovazzi. Ingrid Bergman kann nicht länger verbergen, daß sie gelogen hat. Sie ist gezwungen, das Huhn aus dem Schrank zu holen und es der Nachbarin zurückzugeben. Diese zieht erhobenen Hauptes als moralische Siegerin wieder ab. Für Ingrid Bergmans Freunde ist die Situation so peinlich, daß sie sich schleunigst unter einem Vorwand verabschieden.

Der Film ist fraglos Rossellinis einzige wirklich gelungene Komödie. Er benutzt die relativ dumme Idee, eine berühmte Schauspielerin sich selbst spielen zu lassen, um eine alltägliche Geschichte auf die Spitze zu treiben. Wäre die Geschichte mit irgendeiner unbekannten Schauspielerin gedreht worden, wäre daran nichts Besonderes. Dadurch daß es Ingrid Bergman ist, der das passiert, bekommt der Streit um das Huhn der Nachbarin die Dimension eines Mordes, der nicht ausgeführt wurde. – Der kleine Film ist eine Episode von *Siamo donne*.

Viaggio in Italia. 1953

Die zentrale Bedeutung, welche ROMA, CITTÀ APERTA für den italienischen Neorealismus gehabt hat, sollte VIAGGIO IN ITALIA für die Regisseure der französischen Nouvelle Vague gewinnen. Sie, die damals alle noch Kritiker waren, haben in diesem Film etwas gesehen, was die Kritiker in der gesamten restlichen Welt nicht sehen konnten. Für sie war es einer der zehn besten Filme aller Zeiten. »Mit dem Erscheinen von

VIAGGIO IN ITALIA sind alle Filme plötzlich um zehn Jahre gealtert«, schreibt Jacques Rivette in seinem berühmtgeworde-
nen »Brief über Rossellini«, der auch ein Manifest der Nouvelle Vague ist. »Das ist unser Kino, jetzt sind wir dran, die
wir uns nun anschicken, Filme zu drehen ... Es scheint mir
unmöglich, daß man VIAGGIO IN ITALIA sieht und nicht
schlagartig erkennt, daß dieser Film eine Bresche öffnet,
durch die das ganze Kino hindurch muß.«[23]
Was also ist das für ein Film, heute, 33 Jahre nach seiner
Entstehung? »Eine Religionsstunde, die den Zuschauer er-
bauen soll«[24], wie Freddy Buache schreibt? Kaum. Denn mit
Religion hat der Film überhaupt nichts zu tun (es sei denn,
man versteht das Wort in seinem ursprünglichen Sinne als re-
ligio = Rückbindung). An diesem religiösen Mißverständnis
ist Eric Rohmer schuld, der seine Interpretation vor allem
auf das Wunder, das am Schluß des Filmes geschieht, ge-
stützt hat.[25]
Zuerst und vor allem ist VIAGGIO IN ITALIA eine »Beziehungskiste« (ich benutze diesen Begriff hier in der Absicht, demjenigen, der ihn erfunden hat, die Schamesröte ins Gesicht zu
treiben). Es geht um ein reiches englisches Ehepaar. Er heißt
Alexander Joyce (George Sanders) und ist Rechtsanwalt. Sie
heißt Katherine (Ingrid Bergman). Sie fahren mit ihrem
Bentleykabriolett nach Neapel, um das Haus, das Katherine
von ihrem Onkel Michael geerbt hat, zu verkaufen. Onkel
Michael, den wir, weil er tot ist, nicht zu sehen bekommen,
spielt eine beträchtliche Rolle im Film. Er ist neunzig Jahre
alt geworden und hat die letzten vierzig Jahre seines Lebens
in diesem Haus verbracht. Er hat die Italiener und die italienische Atmosphäre geliebt. Er hat das Leben geliebt (wie
Rossellini). Er hat ein offenes Haus geführt. Er war ein
Kunstkenner und -sammler. Das Haus ist in gewisser Weise
auch sein Lebenswerk. Alexander Joyce - der Name ist nicht
ganz zufällig - hat für Katherines Onkel, der mit Nachna-
men Homer hieß, nicht viel übrig: »Er war ein Romantiker ... er war der Außenseiter der Familie.«
VIAGGIO IN ITALIA beginnt mit einer wackligen Kamerafahrt,
die durch die Windschutzscheibe eines fahrenden Autos aufgenommen worden ist. Jeder Amateurfilmer würde über die
technischen Mängel dieser Einstellung die Nase rümpfen. Es
ist in der Tat eine Frechheit, einen Film mit zwei Hollywood-

stars so anfangen zu lassen. Aber die Einstellung vermittelt ein Gefühl des Hineingezogenwerdens in etwas, das wir noch nicht kennen. Die nächste Einstellung, aus dem Seitenfenster des Wagens, zeigt die gleiche flache italienische Landschaft und im Hintergrund die Wagen eines in die Gegenrichtung fahrenden Güterzugs. Dann sehen wir zum erstenmal die Personen, die im Auto fahren, Alexander und Katherine. Alexander schläft und schnarcht. Katherine, im Leopardenmantel, sitzt am Steuer. Das Steuer ist rechts. Wir wissen also, ohne daß ein Wort gefallen ist, daß die beiden aus England kommen. Und wir wissen, daß, obwohl zwei der berühmtesten Hollywoodstars auf der Leinwand zu sehen sind, dieser Film eine dem Hollywoodkino entgegengesetzte Ästhetik haben wird. Es geht in ihm nicht um Perfektion, sondern um das Gegenteil davon. Rivette hat dieser Film an Matisse erinnert (»von den ersten Minuten der Vorführung von VIAGGIO IN ITALIA an ging mir ein Name nicht aus dem Kopf, der da scheinbar nichts zu suchen hatte: Matisse. Jedes Bild, jede Bewegung bestätigte mir die geheime Verwandtschaft zwischen dem Maler und dem Cineasten«)[26].

Eine Ästhetik des Unperfekten heißt nun nicht, daß es darum geht, eine Sache schlecht zu machen, sondern einfach, daß es wichtigere Dinge gibt als das Streben nach Perfektion. So wie in der klassischen japanischen Keramik die im Material enthaltenen Fehler in die Form integriert werden oder in der Lehre des Zen der Weg wichtiger ist als das Ziel, so versucht Rossellini in diesem Film etwas zu finden; etwas, was er noch nicht weiß.

Rossellini hat nicht eine Vorstellung im Kopf gehabt, die er, wenn er dreht, in Bilder, in Filmszenen umsetzt. (Wir wissen, wie verrückt und unglücklich er dadurch seinen Star George Sanders gemacht hat.) Das, was Rossellini sucht, ist etwas Flüchtiges. Nennen wir es Glück, nennen wir es Wahrheit. Das sind große Worte, die gar nicht so wichtig sind. Es geht auf jeden Fall darum, worum es in jeder Kunst geht: um den Versuch, die Wirklichkeit zu sehen und darzustellen.

Ich sagte, der Film sei eine »Beziehungskiste«. In der nächsten Einstellung wacht Alexander auf und fragt Katherine, ob er nicht lieber fahren solle. Sie hält den Wagen an. Er steigt aus. Sie rutscht rüber, und er fährt weiter. Sie sagt sehr ironisch: »Niemand fährt so gut Auto wie du.« Und später: »Weißt du eigentlich, daß wir zum erstenmal seit unserer Hochzeitsreise allein sind.« Sie sind seit acht Jahren verheiratet. Wir sehen, daß es nicht sehr gut steht um ihre »Beziehung«. Doch der letzte Satz ist nicht ganz richtig. Wir sehen das nicht, wir hören es. Sie sagen es, sie sprechen es aus. Wenn wir hinsehen und nicht auf das hören, was sie sagen, sehen wir, daß sich noch ein ganz anderer Dialog zwischen ihnen abspielt. Sie sind aufeinander wachsam wie Tiere, die sich belauern. Sie nehmen am anderen auch die kleinste Bewegung wahr. Das, was sie sagen und das, was sie tun, hat beinahe nichts miteinander zu tun. Sie spielen sich gegenseitig – und natürlich auch sich selbst – Rollen vor.

VIAGGIO IN ITALIA ist auch ein Film über die Täuschung. Ganz am Ende, als Katherine mit Natalia (Natalia Ray) in die Stadt fährt, erzählt diese ihr eine Geschichte von einem Schauspieler, der auf der Straße steht und sich darüber wundert, daß alle Passanten ihn grüßen. Er denkt zunächst, daß sie ihn erkennen und fühlt sich geschmeichelt, bis er merkt, daß er vor einem Bild der Maria steht und daß der Gruß nicht ihm, sondern dem Marienbild gilt.

Doch zunächst kommt unser Ehepaar nach Neapel. Sie steigen in einem großen, luxuriösen Hotel ab, gehen gleich, um ja nicht allein miteinander zu sein, in die Bar. Dort trifft Alexander eine alte Bekannte, Judy (Jackie Frost), und deren Freundinnen. Sie essen zusammen, und Alexander flirtet mit Judy. Als sie wieder allein sind, stellt Katherine fest, daß er schon lange nicht mehr soviel Charme entwickelt hat. Am nächsten Morgen werden sie von Tony Burton (Leslie Daniels) abgeholt, der mit seiner Frau Natalia in dem Haus wohnt, das sie geerbt haben. Tony ist Archäologe, und Katherines Onkel war für ihn ein väterlicher Freund. Er hat ihm seine Ausbildung finanziert. Er hängt sehr an dem Haus, und er hofft darauf, daß es Katherine und Alexander so gut gefällt, daß sie ihren Entschluß, es zu verkaufen, rückgängig machen. Es ist eine wunderschöne Villa am Fuße des Vesuvs. Tony und Natalia haben ein Essen vorbereitet. Nach dem Essen sitzen Katherine und Alexander auf der Terrasse – im Hintergrund der Vesuv – und machen Siesta. Alexander, der schon eine Flasche Wein getrunken hat, versucht eine weitere zu organisieren. Was schwierig ist, da er sich mit dem Hausmeisterpaar nicht verständigen kann. Katherine versinkt in Erinnerungen an den jungen Dichter Charles Lewington, den sie vor ihrer Ehe gekannt hat und der als Soldat in Neapel war. Alexander ist eifersüchtig und versucht seine Eifersucht zu verbergen, indem er zynische Bemerkungen macht.

Am nächsten Morgen bittet Katherine ihren Mann um den Wagen. Sie will nach Neapel und das Museum besichtigen, in dem Charles Lewington war. Alexander bleibt zurück, weil zwei Kaufinteressenten das Haus besichtigen wollen. Im Capodimonte-Museum drängt sich Katherine ein Führer auf – ein dicker, älterer Herr –, der ununterbrochen bemüht ist, witzige Bemerkungen und Anspielungen zu machen. Katherine fühlt sich sehr unbehaglich zwischen den Statuen, die allesamt nackte Männer darstellen. Zuhause bemerkt sie gegenüber Alexander, ihr Dichter habe die Dinge wohl nicht richtig gesehen; denn was sie gesehen habe, käme ihr gar nicht so geistig, sondern im Gegenteil äußerst fleischlich vor. Dieses Eingeständnis stimmt Alexander zum erstenmal versöhnlich: »Wenn du willst, kannst du sehr charmant sein.« Auch Katherine öffnet sich ihm gegenüber: »Aber du bist so arrogant und verletzend, daß einem die Lust dazu vergeht.« Vor dem Haus hören sie plötzlich lautes Geschrei. Vor dem Haus stehen ein paar Leute, die schnell weggehen. Natalia erklärt ihnen, daß es ein Liebespaar war, das den Lärm machte: »Dauernd zanken sie sich. Dabei sind sie so verliebt ineinander.«

Am nächsten Abend sind Katherine und Alexander beim Herzog von Lipoli, einem Freund von Onkel Michael, eingeladen. Dort treffen sie lauter Grafen und Fürsten. Katherine ist bald der Mittelpunkt der Gesellschaft. Diesmal ist Alexander eifersüchtig. »Was haben dir die feurigen Italiener denn alles ins Ohr geflüstert?« fragt er sie, als sie wieder zuhause sind. Wieder machen sie sich gegenseitig Vorwürfe. Er behauptet, daß *er* sich die größte Mühe gebe, *sie* jedoch nichts tue, um ihre Ehe zu retten. Es sei für beide das beste, wenn sie sich für ein paar Tage trennten. Am nächsten Morgen ist er, als sie aufsteht, schon auf dem Weg nach Capri zu Judy und ihren Freundinnen. Sie fährt allein nach Neapel und besucht die Höhlen der Sibylle. Ein Führer, ein runzliger alter Mann, erklärt ihr, daß alle Liebenden hergekommen seien, »um etwas über das Schicksal ihrer Liebe zu erfahren«. Katherine hat, nachdem sie das gehört hat, keine Lust mehr, die Räume der Sibylle anzusehen. Sie steigt eine Treppe hinauf und steht in den Ruinen des Apollotempels. Von dort aus sieht sie hinüber nach Capri, wohin Alexander gegangen ist. Am Abend sitzt sie allein im Dunkeln auf der Terrasse und redet zu Alexander, der nicht da ist: »Idiot, Egoist, Dummkopf!«

Auf Capri sehen wir Alexander im Gespräch mit Judy. Sie sagt ihm, daß er noch viel zu verliebt sei, um sich von seiner Frau scheiden lassen zu können. Später begleitet er eine schöne, dunkelhaarige Frau nach Hause. Es ist Marie (Maria Mauban). Sie hat sich das Bein gebrochen, und er fragt sie, als sie vor ihrer Haustür stehen, ob er sie morgen wiedersehen könne. Sie sagt ja. Aber am nächsten Tag, als sie zusammen spazieren gehen, hat sie von ihrem Mann einen wunderschönen Brief bekommen. Er will noch am Abend nach Capri zurückkommen, und sie wollen noch einmal von vorne anfangen. Auch Marie sagt: »Mein Mann war immer so ironisch und verletzend, daß ich mich immer mehr in mich selbst zurückzog.« Alexander freilich zieht ein schiefes Gesicht, denn die Hoffnung auf eine neue Liebesgeschichte, die er hatte, ist nun dahin.

Katherine ist inzwischen auf den Vesuv gestiegen und bekommt dort von einem Führer den Ionisationseffekt vorgeführt. Wenn man an einer Stelle den Rauch einer Zigarette in eines der vulkanischen Löcher bläst, dann steigt überall – so weit man sehen kann – dichter Rauch auf. Alles, wie wir anschaulich sehen können, hängt mit allem zusammen.

Die nächste Sequenz zeigt folgerichtig das, was Katherine tut: sie redet mit Natalia über Männer, legt Patiencen im Bett und wartet auf ihren Mann; und dann das, was Alexander tut. Nachdem die Geschichte mit Marie ein frühes Ende gefunden hat, fährt er mit dem Schiff nach Neapel zurück, besucht Bars und trifft schließlich eine Prostituierte (Anna Proclemer). Sie hat an diesem Tag ihr Kind begraben müssen und ist nicht in der Lage, Alexander in eine Stimmung zu versetzen, die er sich jetzt wünscht. Er fährt nach Hause. Katherine legt, als sie ihn kommen hört, schnell die Karten weg und löscht das Licht. Da er jedoch keine Anstalten macht, in ihr Zimmer zu kommen, ruft sie ihn (»Ich wollte nur wissen,

Viaggio in Italia

ob du's bist«) und lügt ihn an (»Ich hatte schon geschlafen«). Genau darüber hatte sie vorher mit Natalia gesprochen, daß es wichtig sei, daß jeder seine Gefühle zeige. Alexander verletzt sie bewußt, als er sie bittet, dafür zu sorgen,
daß er nicht vor elf geweckt werde; er sei nämlich auf Capri
sehr wenig zum Schlafen gekommen.
Am nächsten, dem siebten Tag ihrer Italienreise, fährt Katherine mit Natalia zu den Katakomben der Fontanellakirche.
Unterwegs begegnen ihnen ununterbrochen schwangere
Frauen – und Männer, die Kinderwagen schieben. Natalia
fragt Katherine, ob sie nie ein Kind gewollt habe. Katherine
muß ihr gestehen, daß Alexander sehr gerne Kinder mit ihr
gehabt hätte, daß sie es aber nicht gewollt habe. In den Katakomben sehen sie Hunderte von aneinandergereihten Totenschädeln. Natalia kniet vor einem Heiligenbild nieder und
betet. Sie erklärt Katherine, daß sie für ihren Bruder gebetet
habe, der als Soldat in Afrika gefallen und dort begraben sei.
Katherine hat genug vom Tod und all den Totenschädeln. Sie
will wieder nach Hause. Alexander macht ihr heftige Vorwürfe, daß sie, ohne ihn zu fragen, das Auto genommen ha

be. Er will sich daraufhin scheiden lassen. Sie ist einverstanden. In diesem Augenblick taucht Tony auf. Er will die beiden nach Pompeji mitnehmen. Es sei eine einmalige Gelegenheit, die sich ihnen heute biete. Er erklärt ihnen, wie die Archäologen mit Hilfe von Gips, der in Hohlräume gespritzt wird, Abdrücke von unter der Lava begrabenen menschlichen Körpern herstellen könnten. Die beiden gehen schließlich mit, und als sie am Ausgrabungsort angekommen sind, werden sie Zeuge, wie die Arbeiter zwei sich umarmende menschliche Gestalten freilegen. Vielleicht ein Ehepaar, sagt einer der Arbeiter, als er fertig ist. Diese in Gips verewigte Umarmung irritiert Katherine vollends. Sie will schleunigst weg von diesem Ort. Im Auto besprechen die beiden die Details ihrer Scheidung »ruhig und vernünftig«. Danach geraten sie in eine Prozession und müssen anhalten. Sie steigen aus, und plötzlich gerät die Menschenmenge in Bewegung. Katherine wird mitgerissen. Alexander versucht zu ihr zu kommen. Als ihm das endlich gelingt, fallen sie sich in die Arme. Sie merken, daß sie sich immer lieben, daß sie beide im Grunde die Scheidung gar nicht wollen. Sie wünscht, daß er ausspricht, daß er sie liebt. Er tut es – unter der Bedingung, daß sie es nicht gegen ihn verwendet. Es ist nicht das Wunder, das die beiden wieder zusammenbringt (das Wunder – ein Gelähmter kann wieder gehen – wird gar nicht gezeigt, es setzt nur die Menge in Bewegung), und es ist »auch nicht das Erlebnis einer katholischen Prozession, das die entfremdeten Ehegatten wieder miteinander versöhnt« (Gregor/Patalas)[27]. Und schließlich: Alexanders letzter Satz deutet das schon an: der Krieg zwischen den beiden ist selbstverständlich nicht beendet. Es herrscht nur eine Art Waffenstillstand am Ende des Films. Es gibt überhaupt nichts Endgültiges zwischen ihnen, solange sie leben. Endgültig ist nur der Tod, und den haben beide in diesem seltsamen Land, in dem Kinder und der Tod eine solche Rolle spielen, zur Genüge kennengelernt.

VIAGGIO IN ITALIA ist auch ein Film über Italien, das mit den Augen kühler Engländer gesehen wird. Während des gesamten Films hören wir italienische Musik. Das beginnt bereits unter den Vorspanntiteln. Da singt der singende Häftling aus DOV'È LA LIBERTÀ? (Giacomo Rondinella) ein neapolitanisches Volkslied.

Giovanna d'arco al rogo

Napoli 43. 1953

In NAPOLI 43, Rossellinis erstem Farbfilm, einer Episode aus
Amori di mezzo secolo, begegnen sich während der englischen
Bombardierung von Neapel ein Revuemädchen und ein italienischer Soldat. Sie trägt einen langen spitzen Hut, der sie
aussehen läßt wie eine Märchenfee. Carla (Antonella Lualdi)
kommt mit einem anderen Mädchen, das sich am Knie verletzt hat, die Straße entlanggerannt. Ununterbrochen heulen
die Sirenen. Der italienische Soldat Renato (Franco Pastorino) kümmert sich sofort um das verletzte Revuemädchen.
Das ist die beste Strategie, um Carla kennenzulernen. Sie
fliehen mit vielen anderen Menschen in einen Keller. Sobald
die Verletzte versorgt ist, hat Renato nur noch Augen für
Carla. Bomben fallen. Putz und Steine stürzen von der Dek-
ke. Bei jeder Explosion nähert sich Carla Renato. Wir - und
Renato - wissen nicht, ob aus Angst oder aus Liebe (auf den
ersten Blick). Die Gesichter der beiden sind ganz nah. Ihr
Gesicht ist stark geschminkt und wirkt starr und maskenhaft.

Doch ihre Augen scheinen Renato förmlich zu verschlingen. Sie steht wie unter Hypnose. Sie folgt jeder kleinsten Bewegung, die er macht. Alles andere, die Umwelt, die Freundin, die Bomben, ist vergessen. Nach der Entwarnung gehen die beiden hinaus auf die Straße, über eine Brücke, verabreden und küssen sich. Da heulen wieder die Sirenen auf. Es kommt ein weiterer Angriff. Diesmal sehen wir die Flugzeuge. Renato und Carla beachten sie nicht. Beide schwören, daß sie sich ewig lieben wollen. Kaum haben sie das Wort »sempre« ausgesprochen, tötet sie eine in ihrer unmittelbaren Nähe niedergehende Bombe. Sie sterben in einer Umarmung – wie das von der Lava begrabene Paar in VIAGGIO IN ITALIA.

Giovanna d'Arco al rogo. 1954

Das Negativ von GIOVANNA D'ARCO AL ROGO ist verlorengegangen. Daher war es nicht möglich, eine vorführbare Kopie des Films zu bekommen. GIOVANNA D'ARCO AL ROGO ist die Aufzeichnung einer Theaterinszenierung Rossellinis am Teatro San Carlo in Neapel mit Ingrid Bergman in der Titelrolle. Es handelt sich um Paul Claudels Oratorium *Jeanne au bûcher* (1939) mit der Musik von Arthur Honegger.
»Ich habe mit *Giovanna d'Arco al rogo* eine Theatererfahrung festhalten wollen, die mich leidenschaftlich begeistert hat. Auf diesem Gebiet habe ich keine Erfahrungen gehabt, keine Vergangenheit, alles war neu. Ich hatte mich mit Dingen auseinanderzusetzen, die ich jeden Tag erst entdecken mußte. Sie werden den Film in Farbe, den ich über *Giovanna d'Arco al rogo* gemacht habe, bald sehen. Diejenigen, die ihn in Italien gesehen haben, haben ihn geliebt. Darüber zumindest bin ich mir sicher. Da das Drehbuch nicht von mir ist, sondern von Claudel, wünsche ich mir, daß dieser Film eine Versöhnung der Kritiker mit meiner Arbeit auslöst. Ich bin ein einfacher Mensch, ich möchte kein einsamer Mensch sein.«[28]
Truffaut schreibt darüber: »Um diesen Film von Roberto Rossellini lieben zu können, muß man die Unschuld eines Zuschauers wiederfinden, der zum erstenmal einen Film sieht. Zwanzig Jahre Kino voller Anspielungen und Ellipsen,

Giovanna d'Arco al rogo

etliche tausend Filme, die alle nur durch ihre Beziehungen
zueinander existieren, bewirken, daß ein so elementarer Film
wie GIOVANNA D'ARCO AL ROGO uns wie ein gefährliches und
abstraktes Unternehmen der Avantgarde vorkommt.«[29]
Später antwortet Rossellini den Kritikern – seine Hoffnungen haben sich offensichtlich nicht erfüllt –, die ihm den Vorwurf des verfilmten Theaters machen: »Das ist ein sehr
fremdartiger Film. Ich weiß, daß man sagen wird, mein Niedergang habe jetzt seinen Tiefpunkt erreicht, und daß ich unter die Erde zurückgekehrt sei. Das ist ganz und gar kein verfilmtes Theater, es ist Kino, und ich behaupte sogar, daß das
Neorealismus ist, in dem Sinn, wie ich ihn immer verstanden
habe.«[30]

Angst. 1954

»Als Frau Irene die Treppe von der Wohnung ihres Geliebten hinabstieg, packte sie mit einem Male wieder jene sinnlose Angst. Ein schwarzer Kreisel surrte plötzlich vor ihren Augen, die Knie froren zu entsetzlicher Starre, und hastig mußte sie sich am Geländer festhalten, um nicht jählings nach vorne zu fallen.«[31] Mit diesen beiden Sätzen beginnt Stefan Zweigs 1910 entstandene (gleichnamige) Novelle, nach der Rossellini seinen Film gemacht hat. Zweigs Novelle ist die psychologische Studie einer leichtfertigen, verwöhnten Ehefrau. Der Leser weiß in jeder Phase, was in dieser Frau vorgeht, was sie denkt und was sie fühlt, denn ihm werden die Motive aller ihrer Handlungen subtil erklärt. Für Stefan Zweig ist alles erklärbar. Das unterscheidet ihn grundsätzlich von Rossellini.

Rossellini ist der direkte Gegenpol zu Zweig. Er hält überhaupt nichts von Psychologie. Er zeigt in ANGST nur das, was man sehen kann. Und damit man auch etwas sieht – ganz besonders in diesem Film –, zeigt er seine Hauptfigur in unendlich langen, ruhigen Einstellungen, taucht sie in ein Licht, das die Personen deutlich von den jeweiligen Hintergründen abhebt. Ein Licht, das sie ganz plastisch macht – ein wissenschaftliches Licht –, in dem man auch die kleinste Bewegung der Körper erkennen kann. ANGST ist vom Stil her völlig anders als VIAGGIO IN ITALIA. Der eine war leicht und schnell – südländisch –; der andere ist langsam und schwer, ein »deutscher« Film – und doch wieder nicht. Es gibt zwar Anklänge an Fritz Lang und auch an den deutschen Expressionismus (wenn Irene am Ende des Films ins Labor kommt, der riesige Schatten, den ihr Körper an die Decke projiziert.) Aber insgesamt ist der Film von einer sehr undeutschen, präzisen, durchsichtigen Klarheit. Die mit starken grafischen Wirkungen arbeitenden Bilder (in keinem anderen Film Rossellinis ist das so ausgeprägt) machen aus Stefan Zweigs Geschichte eine wissenschaftliche Versuchsanordnung, der – wenn man nicht bereit ist, sich auf den Film einzulassen – dann das Leben fehlt.

Es ist etwas Eigenartiges mit diesem Film. Man kann ihn sehen und ihn mögen und später wiedersehen und schrecklich finden (und so fort). Die Kälte, die er ausstrahlt, ist auf die

Angst

Wärme, die ihm vom Zuschauer entgegenkommen muß, angewiesen, damit der Film als Film funktioniert. Er leistet dem, der entschlossen ist, ihn nicht zu mögen, keinen Widerstand. In einem übertragenen Sinne kann man sagen, Rossellini entblößt sich vor uns mit diesem Film. Er verzichtet auf jeden artistischen Trick. Er zeigt nur das, was ist.

Zu den wesentlichen Veränderungen, die Rossellini an der Novelle Stefan Zweigs vorgenommen hat, gehört die Tatsache, daß der Mann, Albert Wagner (Mathias Wieman) nicht mehr Rechtsanwalt, sondern Wissenschaftler ist. Er betreibt pharmazeutische Forschungen und arbeitet in einem Labor voller Versuchstiere. Die Fabrik wird nicht von ihm, sondern von seiner Frau Irene (Ingrid Bergman) geleitet. Irene Wagner ist eine selbstsichere, erfolgreiche Geschäftsfrau, also ganz das Gegenteil von Stefan Zweigs Irene.

ANGST beginnt mit einer Serie von Einstellungen des nächtlichen München. Wir sehen den Turm des Münchner Rathauses, den Marienplatz, den Stachus, die Kaufingerstraße. Überall sind Leuchtreklamen. Wir bekommen den Eindruck einer modernen, wirtschaftlich florierenden Stadt (im Gegensatz zu den Bildern aus GERMANIA ANNO ZERO). Die erste Spielsequenz beginnt anders als die Novelle: Irene Wagner fährt mit ihrem Mercedes-Kabriolett auf einen Platz und hält an. Ihr Freund, der Komponist Heinz Baumann (Kurt Kreuger), steigt aus und will davonlaufen. Sie ruft ihn zurück, geht zu ihm. Er beklagt sich, daß sie keine Zeit mehr habe für ihn. Sie sagt, er habe immer gewußt, daß sie verheiratet sei. Er fragt sie schließlich in einem unangenehmen Kommandoton: Liebst du mich? Ja oder nein? Sie sagt, daß sie es nicht weiß. Damit ist bereits alles klar. Natürlich liebt sie ihn nicht. Sie sagt ihm noch, daß sie ihn in den nächsten Tagen nicht sehen kann. Dann fährt sie nach Hause zu ihrem Mann. Doch kaum hat sie den Wagen in die Garage gefahren, löst sich aus dem Schatten eines Baumes auf der gegenüberliegenden Straßenseite die Gestalt einer attraktiven jungen Frau. Sie geht auf Irene zu, stellt sich als Johanna Schulze (Renate Mannhardt) vor und macht Irene den Vorwurf, ihr den Mann weggenommen zu haben. Sie bekommt einen hysterischen Anfall, lacht laut und weint, so daß Irene, um sie loszuwerden, ihr einen – vermutlich größeren – Geldschein in die Hände drückt.

Angst

Irene geht ins Haus, begrüßt liebevoll ihren Mann. Auf seine Fragen gibt sie ausweichende Antworten und geht schließlich zu Bett. Die Ähnlichkeit, die dieses Ehepaar mit dem Ehepaar in VIAGGIO IN ITALIA hat, liegt offen zutage. Doch das wird sich noch ändern. In ANGST geht es nicht um metaphysische Wahrheiten (um das Leben im Angesicht des Todes), sondern um Fragen der Moral, um Schuld und Reue und das Eingeständnis von Schuld.

Am nächsten Tag geht Irene, wie gewöhnlich, in ihr Büro. Sie besucht ihren Mann im Labor. Der ist mit seinen Mitarbeitern gerade dabei, einen Tierversuch mit Curare und einem von ihnen entwickelten Gegengift zu machen. Der Versuch gelingt, und Albert sagt zu Irene: »Ein Gift verdrängt mitunter das andere.«

Irene versteht nicht die Doppeldeutigkeit des Satzes und geht zurück in ihr Büro. Dort wartet bereits Johanna Schulze auf sie und will 5000 Mark. Es gibt eine erregte Debatte zwischen ihnen, die jedoch von dem hereinkommenden Albert unterbrochen wird. Er will mit Irene in ihr Landhaus fahren, wo ihre beiden Kinder unter der Obhut einer Gouvernante

183

leben. Bevor sie losfahren, leiht sich Irene von ihren Dienstboten und auch von ihrem Mann soviel Geld, wie sie bekommen kann, und gibt es der vor dem Haus wartenden Johanna. Dann brechen sie schließlich auf.

Irene sitzt am Steuer des Mercedes, und Albert redet auf sie ein (eine lange, mit Rückprojektion aufgenommene Einstellung). Er möchte, daß sie ein paar Wochen ausspannt und bei den Kindern bleibt. Als sie in ihrem idyllischen bayerischen Landhaus ankommen, stürzen sich die beiden Kinder auf sie und wollen sofort ihre Geschenke haben. Der Junge bekommt ein Luftgewehr, das Mädchen eine Puppe. Das gibt auf der Stelle Ärger, weil sich das Mädchen auch ein Luftgewehr gewünscht hatte.

Am nächsten Morgen, es ist Sonntag, scheint die Sonne. Sie wollen am Fluß angeln gehen. Irene hat sich ein Dirndl angezogen und freut sich auf den Tag. Doch das neue Gewehr des Jungen ist verschwunden. Der Verdacht fällt natürlich sofort auf die kleine Schwester. Der Vater befragt das hartnäckig leugnende kleine Mädchen so lange, bis sie sagt, wo sie das Gewehr versteckt hat. Zur Strafe darf sie nicht mit zum Angeln. Der Junge lacht sich ins Fäustchen und darf (»Auch Schadenfreude ist etwas Schlechtes«, sagt der Vater) ebenfalls nicht mit. Irene findet das zu hart geurteilt und gibt Albert zu bedenken, daß seine Tochter vielleicht nur deshalb ihre Tat nicht eingestanden habe, weil sie sich schämte. »Vielleicht schämt sie sich vor Menschen, die ihr am nächsten stehen, die sie liebt.« Albert hat, ganz und gar in seinem Erziehungsfanatismus befangen, daran nicht gedacht und sieht das ein. Also werden die Kinder wieder zurückgerufen, und es wird ihnen verziehen.

In einer Sequenz, die viel über Irenes Herkunft und ihre tiefe Sehnsucht nach Geborgenheit aussagt, sehen wir, wie die alte Gouvernante, Fräulein Martha (Elise Aulinger), Irene zärtlich den Kopf streichelt – so wie sie das mit ihr schon als Kind getan hat, denn sie arbeitet schon seit 45 Jahren für die Familie. Am nächsten Tag, in München, geht das Ehepaar in die Oper. Wieder taucht Johanna Schulze auf, und als Albert, um eine Zigarette zu rauchen, einen Moment weggegangen ist, stiehlt sie Irenes kostbaren Verlobungsring. Auf der Heimfahrt im Auto bemerkt Albert den fehlenden Ring und zwingt Irene zu neuen Lügen und Ausflüchten.

Angst

Irenes Situation wird immer bedrohlicher. Sie sucht ihren Freund Heinz in dessen Wohnung auf (der nicht, wie bei Zweig, schon wieder eine neue Geliebte hat) und stellt ihn zur Rede. Er sagt ihr, daß er Johanna gekannt und wo sie damals gewohnt habe. Es regnet in Strömen. Irene erfährt von einer Mitbewohnerin des Hotels, in dem Johanna sich aufgehalten hat, daß Johanna in einer Bar als Tänzerin gearbeitet und immer in Geldschwierigkeiten gesteckt habe. Ihr richtiger Name sei Luisa Vidor.

Albert trifft sich unterdessen mit Johanna und gibt ihr den Auftrag, Irene ein letztes Mal zu treffen und diesmal 20 000 Mark von ihr zu verlangen. Johanna ist stolz auf ihre bisherige schauspielerische Leistung (»Ich weiß, daß ich mehr kann«).

Am nächsten Abend treffen sich Irene und Johanna an dem von Albert vorgeschlagenen Ort, einer Bar. Irene bestellt einen Cognac, Johanna einen Steinhäger und verlangt die 20 000 Mark. Da macht Irene nicht mehr mit. Sie will zur Polizei und sagt in scharfem Ton: »Sie sind zu weit gegangen, Luisa Vidor!« Johanna gibt ihr Spiel auf und gesteht, daß es

185

Irenes eigener Mann war, der ihr den Auftrag zu dieser Erpressung gegeben habe. Für Irene bricht eine Welt zusammen.

Sie fährt in die Fabrik, telefoniert mit der Gouvernante, bittet diese, immer bei den Kindern zu bleiben, schreibt vermutlich einen Abschiedsbrief und geht dann ins Labor, um sich auf die Suche nach dem Curare zu machen. Sie kommt an zahllosen Käfigen mit Versuchstieren vorbei, sie muß sich in diesem Augenblick selbst wie ein Versuchstier vorkommen, stößt ein Reagenzglas um und findet schließlich das gesuchte Gift. Sie zieht eine Spritze auf, und als sie damit fertig ist, kommt ihr Mann. Er geht auf, sie zu, er umarmt sie und sie ihn.

Wie von VIAGGIO IN ITALIA gibt es auch von ANGST zwei Versionen des Filmschlusses. Guarner schreibt und irrt sich dabei, daß in Rossellinis Version (es gibt eine davon abweichende Version des italienischen Verleihs) keine Versöhnung stattfinde[32], und in der Inhaltsangabe der englischen Filmzeitschrift *Monthly Film Bulletin* heißt es: »Sie fährt aufs Land und erzählt alles der Gouvernante, die ihre Kinder hütet, und entschließt sich, sich ganz ihrer eigentlichen Aufgabe, ihre Kinder zu erziehen, zu widmen.«[33]

Die englische Version ist also identisch mit jener, die Guarner für die Version Rossellinis hält. In Adriano Apràs Filmografie heißt es aber ausdrücklich, daß dieser von Guarner und dem *Monthly Film Bulletin* beschriebene Schluß die vom italienischen Verleih vorgenommene Änderung ist: »Man sieht nicht den versuchten Selbstmord Irenes am Ende; sondern eine Kommentarstimme über den wiedereingeschnittenen Landszenen sagt, daß Irene zu ihren Kindern zurückgegangen ist und ihren Mann verlassen hat.«

Es fällt übrigens auf, daß Irene in diesem Film öfters in einen dunklen Raum kommt und das Licht anmacht. Sie will heraus aus dem Dunkel, das sie umgibt. Sie will wieder glücklich sein.

Mir scheint, von der Logik der Erzählung her, der Schluß der deutschen Fassung mit der Versöhnung des Paares am Ende der ursprüngliche zu sein.

L'India vista da Rossellini. 1957/58

Die zehnteilige Fernsehserie, die Rossellini zur Vorbereitung seines Indienfilms für das Kino in Schwarzweiß und 16 mm gedreht hat, wurde im italienischen Fernsehen zwischen dem 7.1. 1959 und dem 11.3. 1959 und im französischen Fernsehen zwischen dem 11.1. 1959 und dem 6.8. 1959 – dort unter dem Titel J'AI FAIT UN BEAU VOYAGE – ausgestrahlt.

In der italienischen Version sehen wir vor dem Beginn jeder Sendung Roberto Rossellini, der von dem Journalisten Marco Cesarini Sforza interviewt wird. Die Fragen des Interviewers bleiben allgemeiner Art.

1. »India senza miti« (Indien ohne Mythen) zeigt Bombay: Pferderennen, Kricket, einen Schlangenbeschwörer.

2. »Bombay, la porta dell'India« (Bombay, das Tor Indiens) setzt diese Beschreibung fort. Wir sehen Menschen auf der Straße (aus dem fahrenden Auto aufgenommen), werden in das Kastensystem eingeführt. Rossellini weist in der Menschenmenge auf einzelne Vertreter dieser und jener Kaste hin, erklärt, woran man sie erkennt. Das Interview wird fortgesetzt, während der Film läuft. Aus der Reihenfolge der Beobachtungen ergibt sich keine ersichtliche Struktur.

3. »Architettura e costume di Bombay« (Architektur und Gebräuche in Bombay) zeigt, wie Frauen ihre Wäsche waschen, betont das gleichzeitige Vorhandensein alter und neuer Verkehrsmittel. Rossellinis besonderes Interesse erregt die Verpflegung von Fabrikarbeitern. Das Essen ist bei jedem von ihnen zuhause zubereitet worden, von den Angehörigen wird es zu Sammelstellen gebracht, von wo es zur Fabrik transportiert und dort an die jeweiligen Arbeiter ausgeteilt wird. Daß bei diesem Verfahren keine Verwechslungen vorkommen, ist in der Tat erstaunlich. Dann sehen wir, was von den Menschen alles auf dem Kopf transportiert wird, darunter auch ein Klavier. Rossellini erklärt, wie das Leben der Inder verläuft; es sei ein »Leben der Meditation und Konzentration«, er vergleicht es mit den Haltungen der in Stein gehauenen Figuren auf den Straßen von Neapel.

4. »Varsova« ist ein Fischerdorf im Norden Bombays. Die gefangenen Fische werden auf zweierlei Art verwertet: als Nahrung und getrocknet zur Düngung der Erde. Rossellini erwähnt, daß es Katholiken nur in den Fischerdörfern gebe.

5. »Verso il sud« (Nach Süden). Rossellini und Sforza rauchen. Rossellini liest von einem Zettel ein indisches Kochrezept vor. Das fesselt ihn so sehr, daß ihm dabei die Zigarette ausgeht und er sie noch einmal anzünden muß. Wir sehen eine heilige Stadt, Tempel, Reisfelder, Kühe und Menschen, die im Wasser eines Flusses gehen, weil es außerhalb des Wassers zu heiß ist.

6. »La lagune di Malabar« (Die Lagune von Malabar) ist eine tropische Traumwelt; zwischen Kokospalmen erstrecken sich endlose Wasserkanäle. Rossellini interessiert sich besonders für die Herstellung von Seilen aus Kokosfasern.

7. »Kerala«. Hier geht es um ein indisch-norwegisches Entwicklungsprojekt. Wir sehen drei weiße Kinder am Strand. Es sind die Kinder der Norweger. Am Strand sind Röhren gestapelt, über deren Bedeutung Rossellini nichts weiß.

8. »Hirakud, la diga sul fiume Mahadi« (Hirakud, der Staudamm des Mahadi-Flusses) zeigt den Bau dieses Staudamms, der auch in INDIA, MATRI BHUMI eine wichtige Rolle spielt. Wir sehen wieder die Mischung von traditioneller und moderner Technik: auf der einen Seite wird mit riesigen Maschinen und Baggern gearbeitet und auf der anderen transportieren unzählige Menschen; Frauen und Männer Steine in Körben auf dem Kopf oder mit Hilfe von Bambusstangen.

9. »Il Pandit Nehru« zeigt Rossellini zusammen mit Nehru im Flugzeug (Rossellini ist sichtlich stolz). Nehru besucht den Staudamm, später trifft er mit dem Dalai-Lama zusammen. Die Episode endet mit der Ausgabe von Diplomen an Absolventen der Universität Tagore.

10. »Gli animali in India« (Die Tiere Indiens) zeigt Affen, vergißt auch nicht, den Affengott Hanuman zu erwähnen. Dann sieht man zwei verliebte Tiger im Dschungel. Am ausführlichsten widmet Rossellini sich den Elefanten: sie arbeiten drei Stunden, von 7 bis 10 Uhr, dann baden sie drei Stunden im Fluß, dann wälzen sie sich im Staub, dann werden sie abgeklopft und schließlich gefüttert.

Diese episodischen Fernsehsendungen bestehen in der Tat nur aus Notizen. Die Zwischenszenen mit dem italienischen Interviewer wirken oft intensiver und lebendiger als die dann folgenden Dokumentarfilmaufnahmen.

India, matri bhumi. 1957

Godard hat 1959, nach der ersten Aufführung von INDIA, MA-
TRI BHUMI in Cannes, geschrieben, daß dieser Film »der Gegenpol zum normalen Kino ist: das Bild hier ist die Ergän-
zung des Gedankens, der es hervorruft. INDIA ist ein Film
von absoluter Logik, sokratischer noch als Sokrates. INDIA
umfaßt das Weltkino, wie die Theorien von Riemann und
Planck die klassische Geometrie und die Physik umfassen.«[35]
Und François Truffaut behauptet: »In sechs Monaten hat er
in Indien alles gesehen und INDIA mitgebracht, einen in seiner Einfachheit und Intelligenz außerordentlichen Film, der
keine ausgewählten Landschaften und Ereignisse zeigt, sondern eine globale Sicht der Welt gibt und eine Meditation
über das Leben, über die Natur und die Tiere bildet. INDIA ist
weder zeitlich noch örtlich festgelegt; außerhalb von Zeit
und Raum stellt er ein freies Poem dar, nur zu vergleichen
mit der Meditation über die vollkommene Freude, den ›Fioretti‹ des heiligen Franz von Assisi.«[36]
Rossellini, der zwei Jahre lang keinen Film mehr gemacht
hatte, war am 10.12. 1956 in Bombay angekommen. Zehn
Monate später, am 22.10. 1957, war er nach Paris zurückgekommen, wo er den Film geschnitten und fertiggestellt hat.
Er hat zuerst den Fernsehfilm L'INDIA VISTA DA ROSSELLINI
auf 16 mm-Material gedreht, »um sich Indien zu nähern, um
diesen Film vorzubereiten«[37]. INDIA, MATRI BHUMI ist in
35 mm gedreht (obwohl er aufgeblasene 16 mm-Szenen enthält wie z.B. die Bilder von dem Tiger). »Was ich versucht
habe auszudrücken, ist das Gefühl, das Indien in mir ausgelöst hat, die innere Glut, die die Menschen in Indien haben.«[38]
INDIA, MATRI BHUMI (Indien, Mutter Erde) ist völlig anders
als alles, was Rossellini bisher gemacht hat. Es ist kein Dokumentarfilm und kein Spielfilm. Es ist auch kein Film-Essay.
Es geht darin nicht um die Darstellung von Wirklichkeit.
Rossellini erzählt, obwohl er zu Geschichten greift, keine Geschichte. So wie in einem Gedicht der Gegenstand des Ge-
dichts (das, wovon das Gedicht handelt) nie etwas Äußer-
liches ist, sondern immer das lyrische Ich, so ist dieser Film
ein Gedicht. Es geht nicht um Indien, sondern um Rossellinis Gefühl von Indien. Man kann dem Film also nicht vor-

India, matri bhumi

werfen, daß er diesen und jenen Aspekt des Landes nicht zeigt, so wie das Mario Verdone tut, der Rossellinis Film mit seiner eigenen Erfahrung des Landes vergleicht.[39]
Es fällt von den ersten Einstellungen an auf, daß Rossellinis Kamera fast ununterbrochen in Bewegung ist (es gibt eine kurze Zoomfahrt in Bombay); sie schwenkt über Gebäude und Straßen, Landschaften, Skulpturen, sie folgt Menschen und ganz besonders auch – Tieren. Da diese Bewegungen nicht völlig planlos sind, sondern einem inneren Rhythmus folgen, bzw. diesen Rhythmus erst erschaffen, entsteht im Zuschauer ein schwebendes Gefühl, so als fliege man schwerelos durch eine wunderbare Welt, in der alles, Menschen, Tiere und Pflanzen, aber auch die vom Menschen erschaffene Technik, eine nicht trennbare Einheit bilden.
So ist es auch nicht weiter verwunderlich, daß die Menschen – in den vier Geschichten, die innerhalb des Films erzählt werden – gar nicht aus ihrer Umgebung hervortreten und daß der Held der letzten Geschichte gar kein Mensch, sondern ein Affe ist.

India, matri bhumi

INDIA, MATRI BHUMI beginnt in Bombay, zeigt die Straßen, Gebäude, Menschen – vielleicht weil Rossellini hier seine Reise begonnen hat. Doch er verläßt die Stadt sehr schnell und zeigt das Land: das »wahre Indien«, das sind die Dörfer. Er zeigt das Leben der Arbeitselefanten. Es geht auch um eine Liebesgeschichte zwischen einem Mahout, einem Elefantenführer, und der Tochter eines Schattenfigurenspielers, aber die Elefanten sind Rossellini im Grunde wichtiger. Das Klingeln der Glocken, die die Mahouts ihnen umgehängt haben, liegt über der gesamten Episode und gibt ihr etwas ganz und gar Unwirkliches (ich bin versucht zu sagen: etwas Außerirdisches). Es wird gezeigt, was und wieviel die Elefanten fressen – etwa 800 kg Blätter täglich. Und dann sehen wir unseren Mahout an einem Baum die Zweige mit dem Buschmesser abhacken, von dem aus er das Mädchen sehen kann. Ein paar Tage später ist der riesige Baum kahl geschlagen. Kein Wunder, daß bei soviel Liebe die beiden schließlich heiraten. Die Arbeit der Elefanten darf immer nur wenige Stunden dauern, dann müssen sie im Fluß von ihrem Mahout gebadet, massiert und geschrubbt werden. Auch das dauert Stunden.

In der zweiten Episode zeigt Rossellini einen Mann mit Frau und Kind, der fünf Jahre lang mitgeholfen hat, den Staudamm von Hirakud zu bauen, und der jetzt, nachdem sein Bruder bei der Arbeit den Tod gefunden hat (165 Arbeiter sind während des Baus umgekommen), zurück in seine Heimat geht. Die Leiche des Bruders wird verbrannt. Er kratzt eine Inschrift in einen Stein, badet in dem See, der durch den Damm entstanden ist, und nimmt Abschied.

Die dritte Episode wird durch Affen, die von Baum zu Baum springen, eingeleitet. Sie spielt im Dschungel. Sie zeigt einen achtzigjährigen Mann, der jeden Tag die beiden Kühe seiner Familie in den Dschungel treibt, damit sie dort fressen können. Wir sehen seinen Alltag, wir sehen ihn beim Essen mit seiner Frau, mit seinen Kindern. Dieser Alltag wird unterbrochen durch die Ankunft zweier Lastwagen. Ihnen entsteigen Prospektoren mit allerlei Geräten, die nach Erzen suchen. Sie verscheuchen die Tiere, so daß der Tiger, der im Dschungel lebt, weil er nichts mehr zu fressen findet, plötzlich Menschen tötet. Die Prospektoren jagen den Tiger. Aber der alte Mann zündet ein Feuer an, um den Tiger zu vertreiben und zu retten.

Die letzte Geschichte handelt von einem Affen. Sein Herr, ein Gaukler, der von Dorf zu Dorf zieht und mit den Kunststücken, die er seinem Affen beigebracht hat, seinen Lebensunterhalt (und den des Affen) bestreitet, ist in einer verdorrten Steppenlandschaft vor Durst ohnmächtig geworden und zu Boden gesunken. Der Affe, der Kleider und eine Kette trägt, versucht ihn wieder aufzuwecken. Die ersten Geier kommen und warten in einiger Entfernung. Doch der Mann wacht nicht mehr auf. Er ist tot. Es finden sich immer mehr Geier ein, sie werden aufgeregter, fliegen hin und her. (Das Geräusch ihres Flügelschlags liegt über dieser Episode wie in der ersten das Geläute der Elefantenglocken.) Der Affe scheucht die Geier mit Drohgesten davon. Aber er merkt, daß sein Herr tot ist, und er geht. Er kommt in ein größeres Dorf. Auf den Straßen gibt es Schlangenbeschwörer, ein kleines Mädchen tanzt vor Zuschauern, sein Vater macht Musik dazu. Der Affe setzt sich auf einen Tempel und übernachtet dort. Andere, wild lebende Affen tauchen auf. Sie wollen nichts mit ihm zu tun haben. Sie jagen ihn davon. Auf der Straße tut er das, was ihm sein toter Herr beigebracht hat: er macht Kunststücke und Faxen. Die Menschen werfen ihm Geldstücke hin. Er sammelt sie ein, aber er weiß nicht, was er damit anfangen soll. Zuletzt wird er von Menschen, die bereits einen dressierten Affen haben, aufgenommen.

Ganz ungewöhnlich ist die Musik des Films. Sie stammt nicht von Rossellinis Bruder Renzo (wie sonst immer), sondern von Philippe Arthuys: eine extrem moderne Musik, die mit der ebenfalls im Film verwendeten indischen Musik und den Geräuschen (der Film ist mit Originalton gedreht) sehr viel zu dem Gefühl des Außergewöhnlichen beiträgt, das der Film vermittelt.

Il Generale Della Rovere. 1959

Das ist einer von den beiden Filmen, von denen Rossellini sagt, daß er bedauert, sie gemacht zu haben (der andere ist ANIMA NERA). Dabei ist es einer seiner besten. Rossellini führt hier etwas konsequent zu Ende, was er in PAISÀ, in der sizilianischen und in der neapolitanischen Episode, und in L'AMORE (in UNA VOCE UMANA) begonnen hat. Er zeigt in langen Einstellungen das, was man nicht zeigen kann, das Innere eines Menschen: die Kraft, die Energie, die ihn am Leben hält und die ihn bewegt. Der Film ist ein Wunder. Er macht einen absolut fassungslos.

Auch IL GENERALE DELLA ROVERE ist ein Reise-Film. Diesmal nicht in der Außenwelt (die hier nicht die geringste Rolle spielt), sondern in der Innenwelt eines Menschen. Es ist die Reise einer Seele bis zu dem Punkt, an dem sie ihr Ende findet. Das ist nicht der Tod, obwohl hier beides fast zusammenfällt, sondern jener Mittelpunkt im Menschen, der seine Person im letzten und tiefsten Grund ausmacht, der harte Kern, der durch nichts zu erschüttern ist: das, was einer meint, wenn er wirklich »ich« sagt. Zu diesem Punkt führt Rossellini über zwei Stunden lang seinen Helden, der sich (selbstverständlich) wie ein Löwe wehrt, nicht dorthin zu kommen. Rossellini läßt nichts aus. Er zeigt geduldig und unparteiisch - nein, unparteiisch ist er diesmal nicht, er ist schonungslos, aber voller Sympathie - jede Phase dieses Weges.

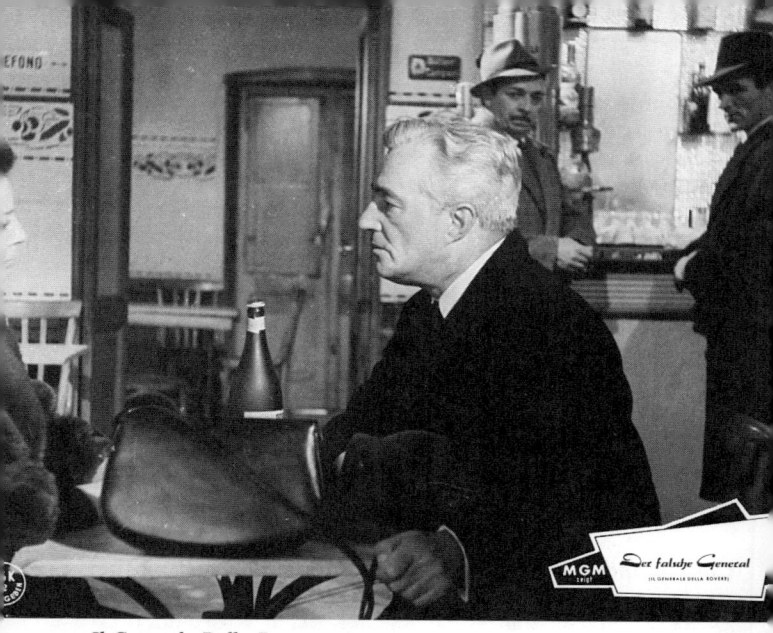

Il Generale Della Rovere

So wie Rossellini von STROMOBOLI, TERRA DI DIO bis ANGST
Ingrid Bergman gefilmt hatte, filmt er nun zum erstenmal einen Mann. Es ist ein Mann, über den man nur Schlechtes sagen kann. Er heißt Emanuele Bardone, nennt sich im Film
mal Ingenieur, mal Oberst Grimaldi. Und dieser Mann wird
gespielt von Vittorio de Sica.
Wieso hat Rossellini einen Kollegen, einen sehr viel erfolgreicheren Regisseur, für diese Rolle genommen? War die
Todsünde des Neides für diese Wahl verantwortlich? Ich
denke, daß man diese Frage guten Gewissens bejahen
kann.
Luc Moullet, der den Film für künstlerisch mißlungen hält,
schreibt in den *Cahiers du Cinéma:* »De Sica ist wirklich der
Bardone des italienischen Kinos. Ein Gauner, der sein Glück
auf der Ausbeutung des Elends armer Leute aufbaut; einer,
der blendet, der sie zu verteidigen glaubt und sich dabei mit
einer derart schönen Überzeugung für eine großartige Person
hält, daß ihm alle Welt glaubt.«[40]

194

Il Generale Della Rovere

Auch Enno Patalas denkt ähnlich: »Vielleicht ist de Sica in
dieser Rolle deshalb so gut, weil auch in ihm ein ›Bardone‹
steckt. Seine Filme, mit übertriebenem Mißtrauen betrachtet,
könnten vielleicht auch dafür zeugen.«[41]
Ich halte die von de Sica gespielte Rolle des Bardone – ebenso wie die von Vittorio Gassman in ANIMA NERA gespielte
Rolle – auch für ein (vielleicht unbewußtes) Selbstporträt
Rossellinis, das er hinter dem Neid auf den erfolgreicheren
Regisseur hat vor sich selbst verstecken können. Und da der
Neid bereits in einer sehr unterschwelligen Schicht seines Bewußtseins verborgen war, war das – unterstellen wir einmal,
daß etwas von einem Bardone in ihm war – ein vergleichs-
weise kleines Kunststück. Während ich versuche, Rossellini
zu beschreiben, wird mir klar, daß ich bereits Bardone beschreibe.
Im Winter 1943 in Genua trifft der Ingenieur Grimaldi, so
stellt sich Bardone in der ersten Sequenz vor, auf den SS-
Standartenführer Müller (Hannes Messemer). Ein Autoreifen

ist kaputt. Grimaldi ist behilflich. Der Deutsche bietet dem Italiener eine Zigarette an, erzählt ihm, wie gut es ihm in Neapel gefallen habe. Schnell wirft Bardone ein, daß er da geboren sei. Dann sagt der Deutsche: »Als wir abzogen, haben die Neapolitaner allerdings auf uns geschossen.« Bardone bedauert das und behauptet, er sei eigentlich kein richtiger Neapolitaner, weil er aus einem kleinen Dorf zwischen Neapel und Rom stamme, er fühle sich mehr als Römer. So wissen wir bereits alles über Bardone. Er ist amorph wie eine Amöbe, und er paßt sich an die ihm begegnende Umwelt an wie ein Chamäleon. Wenn er zu sprechen beginnt, lösen sich die Umrisse der Wirklichkeit auf, vermischen sich Wahrheit und Lüge, leeres Pathos und echtes Gefühl zu einem Knäuel, das weder er noch die anderen entwirren können. Er ist ohne Zweifel auf seine Art ein echter Künstler. Standartenführer Müller, ein kluger und gebildeter Mann, durchschaut Bardone vermutlich vom ersten Moment an. Er ist trotzdem fasziniert von ihm. Ein derartiges Lebewesen hat er noch nie kennengelernt.

Bardone besucht das Hauptquartier der Deutschen. Hier sprechen ihn alle als Oberst Grimaldi an. Er läßt sich von den Angehörigen italienischer Widerstandskämpfer Geld geben, damit er die Deutschen bestechen kann. Manchmal gelingt seine »Fürsprache«, meistens aber nicht. Das Geld, das er erhält, verspielt er. Den Angehörigen lügt er Hoffnungen wie das Blaue vom Himmel: es sei jedoch alles sehr schwierig, und er benötige eben viel Zeit (und Geld). Nach einem solchen Tag kommt er nach Hause. Im Bett liegt eine platinblonde Geliebte, die Schauspielerin Valeria (Giovanna Ralli). Er will ihren Schmuck versetzen, weil er in der Nacht alles verspielt hat. Doch Valeria läßt sich darauf nicht ein, sie gibt ihm nur einen »sehr wertvollen« Saphirring, den er ihr geschenkt hat. Beide wissen, daß er nicht echt ist. Bardone verbringt den ganzen Tag damit, ihn allen möglichen Leuten erfolglos zum Kauf anzubieten. Als letzten Ausweg betritt er das Bordell von Madame Vera (Mary Greco). Dort arbeitet die von ihm verlassene Geliebte Olga (Sandra Milo). Sie will nichts von ihm wissen. Aber als Madame Vera ihn sieht, lädt sie ihn – er ist offensichtlich ein guter Freund des Hauses – zum Essen ein. Während des Essens versucht er wieder sein Glück mit dem Saphirring. Alle Damen bewundern den

Il Generale Della Rovere

Ring. Madame Vera ist bereit, ihn zu kaufen. Aber jetzt will ihn Olga haben. Sie gibt ihm einen Scheck. Doch er zerreißt ihn und verläßt den Raum. Olga läuft ihm nach, nimmt ihn mit auf ihr Zimmer und fragt, warum er den Scheck von ihr nicht genommen habe: »Weil wir beide wissen, daß der Saphir nicht echt ist«, sagt er. Olga nimmt alles Bargeld, das sie hat, und gibt es ihm: die Zeit, die sie mit ihm lebte, sei die glücklichste ihres Lebens gewesen, gesteht sie ihm weinend. Nach einer Wischblende sehen wir Bardone im Spielkasino beim Baccarat. Er setzt alles auf einmal und – verliert.

Bei seinem nächsten Besuch im deutschen Hauptquartier trifft er zufällig wieder auf Standartenführer Müller, der ihm – kostenlos – eine Gefälligkeit erweist, und schon hat Bardone wieder Oberwasser. Er ist zu neuen, größeren Hilfeleistungen bereit. Doch diesmal fliegt die Sache auf. Er wird entlarvt. Es scheint keinen Ausweg mehr für ihn zu geben. Bardone bleibt jedoch kühl, er kennt die für ihn geltenden Paragraphen des Gesetzes. Standartenführer Müller gesteht, daß er ihm sympathisch sei. Bardone gibt das Kompliment zurück.

Das ist die Schlüsselszene von IL GENERALE DELLA ROVERE. Denn Rossellini als Regisseur nimmt gegenüber de Sica-Bardone die gleiche Haltung ein wie Müller. Müller bewundert im Innern diesen windigen kleinen Gauner, dieses Stehaufmännchen, das einfach nicht mundtot zu kriegen ist. Er, ein korrekter preußischer Soldat, scheint das exakte Gegenteil Bardones zu sein. Doch in einer späteren Szene, als die Gräfin della Rovere zu Müller ins Büro kommt, um ihren Mann zu besuchen, verhält er sich genauso, wie Bardone sich verhalten hätte. Im Grunde ist auch er (und somit Rossellini) ein Bardone.

Die Deutschen haben versehentlich den italienischen General della Rovere erschossen, der zu Recht in Verdacht stand, mit der Widerstandsbewegung zu sympathisieren. So ging den Deutschen ein Lockvogel verloren. Müller hat – als er von Bardone erfährt, daß er als Offizier unehrenhaft aus der Armee verstoßen worden war – die Idee, Bardone die Rolle des Generals della Rovere weiterspielen zu lassen. Bardone wird von Müller in die politische Abteilung des Mailänder Gefängnisses San Vittorio gebracht. Dort soll er Kontakt mit italienischen Widerstandskämpfern aufnehmen.

Der Gang in die Gefängniszelle ist für Bardone ein kleiner Triumphzug. Jeder grüßt ihn respektvoll, die Deutschen wie die Italiener. Und seine Mitgefangenen wissen sofort, daß sie jetzt einen italienischen General unter sich haben. Er bekommt alles, was er will: sein Gepäck, seine Toilettensachen, das Bett wird von zwei anderen Gefangenen für ihn aufgebaut. Einer der Gefangenen, der Barbier Banchelli (Vittorio Caprioli), ist zum Tode verurteilt und wartet seit vier Monaten auf seine Hinrichtung. Er übergibt, beim Rasieren, dem falschen General eine Nachricht des soeben inhaftierten Widerstandsführers Fabrizio (Giuseppe Rossetti). Bardone informiert Müller, und auf dessen Rat hin schickt er, Mißtrauen vortäuschend, eine vage formulierte Nachricht zurück. Doch bei der Übergabe an Banchelli stellt er sich so ungeschickt an, daß beide erwischt werden. Zuerst wird Banchelli gefoltert, aber er gibt die Identität Fabrizios nicht preis. Er stirbt in Bardones Zelle. Bardone hat jetzt Angst, die Mitgefangenen könnten ahnen, daß er nicht der General della Rovere ist. Standartenführer Müller beruhigt ihn und versichert ihm, daß er, wenn er in seine Zelle zurückkomme, als Held gefeiert werde. Er hat die Folterung Bardones bereits befohlen. Als der blutende Bardone in seine Zelle gebracht wird, gibt es einen Aufruhr unter den anderen Gefangenen. Am nächsten Tag, Bardone liegt mit verbundenem Gesicht auf seinem Bett, bringt ihm der Aufseher einen Brief von der Gräfin della Rovere. Er läßt ihn sich vorlesen und ist trotz seiner Verletzungen tief berührt. Die Folter durch die Deutschen hat ihn noch stärker in die Rolle des Generals getrieben.

In Turin haben die Widerstandskämpfer einen Faschistenführer erschossen, und die Faschisten verlangen jetzt von den Deutschen einen Racheakt. Müller will nichts tun, bekommt aber aus Deutschland den Befehl, dem Wunsch der italienischen Faschisten zu entsprechen. Also läßt er eine Liste mit zwanzig Gefangenen aufstellen. Darunter sind Bardone und auch Fabrizio, dessen Identität den Deutschen allerdings unbekannt ist. Alle werden für eine Nacht in einen Raum zusammen eingesperrt. Fabrizio gibt sich tatsächlich, wie Müller vermutet, gegenüber dem General zu erkennen. Am Morgen will Müller von Bardone wissen, wer Fabrizio ist. Bardone weigert sich. Er schreibt eine Nachricht für die Grä-

fin Della Rovere, und anstelle einer Unterschrift schreibt er
»Viva l'Italia!« Bardone verlangt, zu den zehn Männern zu
gehören, die für die Erschießung ausgesucht worden sind.
Ohne daß er es wollte, ist dieser kleine Gauner ein Held geworden.

Einer der Gründe, warum Rossellini in IL GENERALE DELLA
ROVERE mit derart langen Einstellungen arbeitet, könnte eine
ganz banale Ursache haben. Sein Sohn Renzo jr. sagt: »Moris Ergas, der Produzent, hatte eine Bedingung gestellt: daß
der Film Ende August in Venedig gezeigt werden könne, und
es war schon Mai. Wir haben das geschafft, weil wir tagsüber
gedreht und in der Nacht synchronisiert und geschnitten haben.«[42] Lange Einstellungen brauchen beim Schneiden natürlich weniger Zeit. Von einer winzigen Einstellung in INDIA
abgesehen, macht Rossellini hier zum erstenmal Gebrauch
von der Gummilinse. Während eines Bombenangriffs im Gefängnis von Mailand zoomt er ein paarmal vor und zurück,
als wolle er dem Zuschauer damit einen Schock versetzen. Es
wirkt ein bißchen so, als habe man einem Kind ein Spielzeug
geschenkt, und es probiert jetzt, was man alles damit machen
kann. So wird er auf jeden Fall den Zoom später nicht wieder einsetzen.

Era notte a Roma. 1960

»Die schlichte Chronik, auf der Rossellini beharrt, ist ein
Anachronismus, weil sie Naivität gegenüber dem Historischen voraussetzt«[43], schreibt Enno Patalas über diesen Film
nach seiner Uraufführung in Cannes. Wer von ERA NOTTE A
ROMA eine »historische Relevanz« (Patalas) erwartet, was
auch immer das genau heißen mag, ist kaum in der Lage,
den Film wirklich zu sehen. Mich hat der Film – ich gebe zu,
ich war selbst darüber verblüfft – an Howard Hawks' *Rio
Bravo* erinnert. Das hieße, daß die Feststellung von Enno Patalas, ins Positive gewendet, tatsächlich den Kern der Sache
trifft. Denn das ist es ja gerade, was den amerikanischen Western (sieht man einmal von den durch das europäische Kino
beeinflußten Spätwestern ab) auszeichnet: die Naivität gegenüber der amerikanischen Geschichte.

Il Generale Della Rovere

Die Parallele zu *Rio Bravo* ergibt sich zunächst einmal aus
der Situation. Wir sehen drei Soldaten, die mehr oder weniger in einem Raum eingeschlossen sind. Bei ihnen sind
Freunde. Draußen ist es für sie gefährlich. Was machen sie
also? Sie feiern und singen Lieder. Und schließlich ist bei ihnen noch eine Frau, die direkt aus einem Hawks-Film kommen könnte. Die Art, wie sie mit ihrem Verlobten umgeht,
wie sie ihn kommandiert und dann doch ihre Gefühle ihm
direkt und ohne Umwege zeigt –: das wird von Rossellini mit
einer wunderbaren, fast zärtlichen Ironie erzählt. Geht man
von Äußerlichkeiten, von Thema, Stoff, Geschichte aus, gibt
es natürlich kaum Gemeinsamkeiten zwischen diesen beiden
Regisseuren. Denn Hawks hat immer nur Genrefilme gemacht: Western, Komödien, Abenteuer- und Gangsterfilme.
Betrachtet man jedoch die Art, wie diese beiden Regisseure ihre Personen zeigen, welche Haltung sie ihnen gegenüber einnehmen – diese eigentümliche Mischung von Nähe
und Distanz, die das Wesen jeder erzählerischen Ironie ausmacht –, dann sehen wir, daß sie sehr wohl Geistesver-
wandte sind.

Era notte a Roma

ERA NOTTE A ROMA spielt zwischen den ersten Dezember-
tagen 1943 und dem Juni 1944. Die Italiener haben am
8. September 1943 Waffenstillstand mit den Alliierten geschlossen, und aus den in Italien stationierten deutschen Soldaten, die vorher Verbündete waren, wurde eine Besatzungs-
macht. An eben diesem Tag sind drei Soldaten, ein Engländer, ein Amerikaner und ein Russe, aus einem Kriegsgefan-
genenlager geflohen, um zu ihren Einheiten zurückzukehren.
Ein Bauer in der Nähe von Rom hielt sie bereits seit drei
Monaten in einer Scheune versteckt. Denn einer von ihnen,
der Amerikaner, ist schwer verwundet. Jedem Italiener, der
Kriegsgefangenen hilft, droht die Todesstrafe. Hier beginnt
der Film.
Drei Nonnen kommen mit einem Lastwagen zu dem Bauern
und wollen Lebensmittel kaufen. Der Bauer verlangt zuviel
Geld. Wenn sie jedoch die drei versteckten Soldaten mitnäh-
men, sei er bereit, das von ihnen Gewünschte (einen großen
Schinken, Wein und Salz) umsonst dazuzugeben. Die Nonnen sind einverstanden. Als sie in Rom angekommen sind,
machen sich zwei von ihnen schnell aus dem Staub, und der

Era notte a Roma

dritten, Esperia (Giovanna Ralli), bleibt nicht viel anderes übrig, als die drei Soldaten mit sich nachhause zu nehmen. Keiner der drei Männer spricht Italienisch, Esperia kein Englisch (und erst recht nicht Russisch). Wir begegnen wieder einmal Rossellinis Lieblingssituation: Menschen, die sich sprachlich nicht verständigen können, treffen aufeinander und müssen auf irgendeine Art damit zurechtkommen. Es gibt Mißverständnisse, und sie reden mit Händen und Füßen. Am schlimmsten ist der Russe dran. (Als ihn der Bauer den drei Nonnen vorgestellt hat, haben sie sich alle sofort bekreuzigt.) Dabei waren es gar keine richtigen Nonnen, wie sich jetzt herausstellt, als sie in Esperias Wohnung kommen, wo diese als erstes ihre Haube ablegt. Die drei Soldaten wundern sich und sind mißtrauisch; doch Esperia ist resolut und praktisch, sie kocht für ihre Gäste Spaghetti. Die Soldaten wollen wissen, in welcher Stadt sie sind. Aber sie können sich nicht verständlich machen. Nach dem Essen führt Esperia die drei in einen Speicher, dessen Zugang durch einen Kleiderschrank verborgen ist. Auf dem Speicher stehen eine Menge Figuren, Engel, Heilige. Sie gibt ihnen eine Kerze und bietet ihnen Zigaretten an. Ganz offensichtlich fehlt es ihr an nichts. Als sie wieder verschwunden ist und die drei sich für die Nacht eingerichtet haben, bekommen sie Durst. Der Engländer, Major Pemberton (Leo Glenn) geht hinunter und bittet Esperia um Tee. Sie mißversteht ihn; fast ausgezogen, mutmaßt sie, er wolle sie vergewaltigen – das englische »tea« (Tee) und das italienische »ti« (du) klingen gleich; ehe er noch ein weiteres Wort sagen kann, hält ihm Esperia ein langes Brotmesser vor die Nase. Danach klappt die Verständigung gezwungenermaßen besser. Er bekommt seinen Tee. Doch wenn Esperia sich ins Bett legt, versäumt sie nicht, das Messer neben sich auf den Nachttisch zu legen. Sie denkt ganz offensichtlich wie ihre Mutter, als diese den Geheimgang zum Speicher hat bauen lassen: man weiß nie, wozu es gut ist.

Am nächsten Tag kommt der Doktor, der sich um den verletzten amerikanischen Piloten, Leutnant Bradley (Peter Baldwin), kümmert. Er ist der Anführer einer Gruppe von Widerstandskämpfern, die in einem Keller Bomben bauen. In seiner Begleitung ist Renato (Renato Salvatori), Esperias Verlobter. Er ist Kommunist und arbeitet ebenfalls in der Widerstandsgruppe des Doktors. Als er dem russischen Soldaten Fiodor (gespielt von dem Regisseur Sergej Bondartschuk) vorgestellt wird, schreit er begeistert: »Towarischtsch!« Es ist das einzige russische Wort, das er kann. Beide umarmen und küssen sich. Esperia erfährt jetzt, daß die Deutschen jeden, der Kriegsgefangenen hilft, erschießen, und will die drei so schnell wie möglich wieder loswerden. Doch der Doktor und Renato lassen das nicht zu. Die Verletzung des Amerikaners müsse behandelt werden. Der Doktor gibt Esperia den Auftrag, Sulfonamide zu besorgen. Im Laufe der nächsten Tage legt sich Esperias Angst. Das Verhältnis zu den drei Soldaten wird immer herzlicher. Der Hausverwalter, der ihre Anwesenheit bemerkt hat, verlangt von Esperia, daß sie die drei noch am selben Tag wegschickt. Doch Esperia besticht ihn mit Wein und Schokolade, damit ihre Gäste noch die wenigen Tage bis Weihnachten bei ihr bleiben dürfen.

Das Weihnachtsfest, das Esperia, Renato und die drei fremden Soldaten auf dem Speicher feiern, ist der Höhepunkt von ERA NOTTE A ROMA. Der Speicher wird zu einem geheimnisvollen, magischen Ort, wo die Menschen alles das finden,

Era notte a Roma

wovon sie träumen: Sicherheit, Geborgenheit, Friede und Wärme. Im Licht eines geschmückten Weihnachtsbaums mit seinen brennenden Kerzen machen sie sich kleine Geschenke und singen Lieder. Der Russe will eine kleine Rede halten, er hat ein paar italienische Brocken aufgeschnappt, aber der Druck dessen, was er sagen will, wird so stark, daß er vergißt, daß die anderen ihn nicht verstehen, wenn er in seiner Sprache spricht: er redet und redet, und es spielt plötzlich auch keine Rolle mehr, ob die anderen seine Worte verstehen, denn sie hören seine Stimme, sehen sein Mienenspiel und blicken ihm direkt in die Seele. Als er geendet hat, ist er über sich selbst erschrocken, er schämt sich.

Rossellini hat in diesem Film das adäquate Mittel gefunden, seine Personen bei allen inneren und äußeren Bewegungen minuziös zu verfolgen: ein von ihm konstruiertes Zoom-Objektiv, das sich, im Unterschied zu den handelsüblichen, von ihm selbst bedienen und steuern läßt.

Später steigt Fjodor aus dem Dachbodenfenster und klettert auf das benachbarte Dach. Es ist Nacht. Die Kamera zoomt auf ihn zu, und wir sehen nur noch seine dunkle Gestalt und im Hintergrund die Kuppel des Petersdoms. Er ist ein Fremder in einer fremden Stadt, und seine Heimat scheint Lichtjahre entfernt. In diesem Augenblick fängt er an, ein russisches Lied zu singen. Wenige Tage später wird er von einer deutschen Patrouille auf der Straße erschossen. Es scheint, als habe er das schon gewußt.

Nach diesem Ereignis finden der Engländer und der Amerikaner Unterschlupf bei dem römischen Fürsten Antoniani (Paolo Stoppa). Zu seinem Haus gehört auch der Dachboden, der von Esperia als Versteck benutzt wird (das erklärt die dort herumstehenden Figuren). Der Sekretär des Fürsten kommt, als sei das die normalste Sache der Welt, über das Dach spaziert, um die Einladung des Fürsten zu übermitteln. Später sorgt der Fürst dafür, daß Esperia, die mit Renato den Deutschen in die Hände gefallen ist, freigelassen wird. Renato wird erschossen. Im Hause des Fürsten geht ein deutscher Offizier, Baron von Kleist (Hans Messemer), ein und aus. Als er einmal unangemeldet hereinkommt, ist auch Major Pemberton anwesend. Um den Fürsten nicht in die Verlegenheit zu bringen, ihn vorstellen zu müssen, ergreift der englische Major sofort ein Tablett mit Gläsern und spielt einen Dienstboten. Er bietet dem Deutschen, der gerade einige Gedichtzeilen von (wie er sagt) Shelley zitiert, ein Glas an und kann es sich nicht verkneifen, den Deutschen mit dem kurzen Einwurf »Byron«zu korrigieren. Der Deutsche überhört es zunächst, fragt aber etwas später irritiert, wer das gesagt habe.

Vom Haus des Fürsten Antoniani aus werden die beiden Soldaten in das Kloster San Salvatore gebracht. Der Amerikaner erfährt, daß seine Landsleute bei Anzio gelandet sind, und er beschließt, sich zu ihnen durchzuschlagen. Major Pemberton kehrt zurück zu Esperia und kommt gerade zur rechten Zeit, um sie vor Tarcisio (Georges Petrarca), einem ehemaligen Priester, der für die Deutschen spioniert, zu bewahren. Dieser hat den Tod Renatos auf dem Gewissen und wagt es, Esperia vorzuschlagen, mit ihm zu fliehen. Denn »in Rom wird kein Stein auf dem anderen bleiben«. Esperia geht zum Herd, nimmt einen Topf voll kochenden Wassers und schüttet ihn Tarcisio ins Gesicht. Der will sich auf sie stürzen. Doch Major Pemberton packt ihn von hinten und erwürgt ihn. Esperia sieht den Engländer völlig fassungslos an und weicht seinem Blick aus. Vom Balkon der Wohnung aus erleben sie den Einmarsch der Alliierten und den Beginn eines neuen Tages. Esperia fängt an zu weinen, während die Bevölkerung auf den Straßen die Befreiung feiert.

Viva l'Italia. 1960

Die Einfachheit, mit der Rossellini die Geschichte Garibaldis, seiner »Expedition der 1000«, erzählt, ist so verblüffend, daß man in der Tat auf den Gedanken kommen kann, der Film »erinnere an eine Serie populärer Postkartenbilder« (Liehm).[44] Doch die Einfachheit der Erzählung ist hier das direkte Gegenteil von Naivität. Sie ist das Resultat einer extremen Anstrengung in Richtung auf eine Filmform, die es bis jetzt nicht gegeben hat. VIVA L'ITALIA ist eine Chronik. Die Ereignisse einer vergangenen Zeit werden in ihrer zeitlichen Abfolge rekonstruiert. Sachlich und ohne Emotionen. Nahezu unparteiisch.
Aber mehr noch als eine Chronik ist der Film ein Gedicht. Diesmal geht es nicht um ein Gefühl wie in INDIA, MATRI BHUMI, sondern um eine Idee, die Idee von der Einigung Italiens. Der Träger dieser Idee ist Giuseppe Garibaldi. Er und seine Männer tragen während ihres Kampfes rote Hemden. Das ist ihre Uniform und das äußere Zeichen der Idee (denn Ideen sind nicht sichtbar). Wie jeder Italienurlauber weiß, scheint in Italien ziemlich häufig die Sonne und sorgt für strahlendblauen Himmel. Auch das Meer, das Italien überall umgibt, hat dieselbe blaue Farbe. So ist es Rossellini möglich, die Siege Garibaldis als eine Eroberung des blauen Raums durch die Farbe Rot darzustellen. Und das ist auf eine unmittelbar einleuchtende Weise schön. So wie ein Roman von Stendhal *Le rouge et le noir* (Rot und Schwarz) heißt, könnte Rossellinis Film auch »Rot und Blau« heißen.
Nach einer kurzen Exposition, in der der mißlungene Aufstand der Sizilianer in Palermo gezeigt wird, stellt Rossellini Garibaldi (Renzo Ricci) vor. Er wohnt in einer Villa in der Nähe von Genua bei Freunden. Er ist vornehm und korrekt gekleidet und trägt noch nicht das rote Hemd. Aber wenn

wir ihn zum erstenmal sehen, sitzt er auf einem auffällig roten Ledersofa. Er wird von Giuseppe Bandi (Franco Interlenghi), einem Offizier der Armee Vittorio Emmanueles, aufgesucht, der später nicht mehr von der Seite Garibaldis weicht. Bandi will noch in derselben Nacht zurück in seine Kaserne. Garibaldi lädt ihn ein, bei ihm zu übernachten, und entschuldigt sich dafür, daß er ihm nur das rote Ledersofa anbieten könne. Als sich Bandi zum Schlafen auf das Sofa legt, hören wir Musik, ein sehr poetisches Motiv, das den gesamten Feldzug Garibaldis begleiten wird.

Am nächsten Tag kommt ein Bote des Premierministers Cavour. Er bietet ihnen die Waffen eines Schützenvereins für die geplante Expedition nach Sizilien an. Ein chiffriertes Telegramm aus Palermo von Fabrizio (Giovanni Petrucci) informiert Garibaldi vom mißlungenen Aufstand. Garibaldis engster Freund Bixio (Paolo Stoppa) verlangt erregt den Aufstand. Doch Garibaldi bittet alle, die ihn aufgeregt bedrängen, um Ruhe und teilt ihnen mit, daß sie sich bereits am nächsten Tag nach Sizilien einschiffen werden. Er gibt die dazu erforderlichen Anweisungen und hält seine erste Rede. Während er den Text von einem Blatt Papier abliest und dazu immer wieder seine Brille aufsetzen muß, fährt die Kamera langsam zurück und schwenkt dabei gleichzeitig über die Zuhörer – bis ein Offizier hinzutritt. Nun schwenkt die Kamera mit dieser Person in die Gegenrichtung, bis Garibaldi wieder ins Bild kommt. Der Offizier stellt sich neben ihn und legt sich als Zeichen, daß auch er bereit ist, mit Garibaldi in den Kampf zu ziehen, ein rotes Tuch um den Hals.

Die Szene ist mit einem atemberaubenden Rhythmus gefilmt und geschnitten. Als ich den Film zum erstenmal sah, dachte ich: das ist Kino: eine genaue Übereinstimmung von Bewegungen. Die scheinbare Rückwärtsbewegung der Kamera durch den Zoom entspricht jedoch einer Interpretation: Garibaldi ist ein Mensch wie jeder andere. So hätte jeder andere Regisseur den Rückwärtszoom motiviert. Doch Rossellini schneidet auf den Offizier, und mit ihm beginnt eine neue Bewegung. Wir sehen das, wovon Garibaldi redet – daß es immer dieselben Männer seien, die bereit sind, sich für eine Sache einzusetzen, und er ruft die Zögernden auf, mitzumachen –, buchstäblich vor unseren Augen geschehen, indem der Offizier sich das rote Tuch umlegt. Diese Folge von Bewegungen und Schnitten sieht ganz einfach und selbstverständlich aus, und doch gehört gerade diese fließende Bewegung zum Allerschwersten.

Garibaldi landet mit seinen 1000 Freiwilligen in Sizilien. Der dort kommandierende General der Bourbonen, Landi (Amedeo Gerard), nimmt Garibaldis zusammengewürfelten, schlecht bewaffneten Haufen nicht ernst; mit dem werde man schnell fertig sein. General Landi, ein kluger, erfahrener Soldat, trägt dafür Sorge, daß die strategischen Vorteile seiner Stellungen ausgenutzt werden; er ist nicht an einer Angriffsschlacht interessiert, die ihm seine jungen Offiziere vorschlagen.

Es kommt zur berühmten ersten Schlacht bei Calatafimi zwischen den Soldaten der Bourbonen und den Leuten Garibaldis. Rossellini zeigt die Kampfhandlungen – wie den Angriff der Italiener auf das russische Dorf in L'UOMO DELLA CROCE – mit extremer Ausführlichkeit. »Die Bewegungen der Truppen auf dem Schlachtfeld werden mit topografischer Präzision dargestellt«[45], schreibt Guarner. Garibaldi ist General Landi gewachsen. Mitten unter seinen Leuten befiehlt er, sie sollten, bevor der Kampf beginnt, erst einmal essen, und er fängt gleich damit an. Die bourbonischen Offiziere sehen es durch ihre Ferngläser und machen sich über diesen Haufen lustig, der wohl glaube, für ein Picknick aufgebrochen zu sein. Nach dem Essen beginnt Garibaldi mit dem Angriff. Er erkennt, daß seine auf den ersten Blick ungünstige Stellung am Fuß des Bergs für ihn doch günstig ist, weil sie den Gegner daran hindert, seine überlegene Artillerie einzusetzen. Die etwa zehnminütige Kampf-Sequenz gehört zu Rossellinis inszenatorischen Glanzleistungen. Rossellini schwenkt und zoomt mit seiner Kamera quer über das Schlachtfeld und montiert seine Einstellungen derart dynamisch, daß der Eindruck von Gleichzeitigkeit entsteht. Das, was gezeigt wird, steht immer in Verbindung mit dem, was nicht gezeigt wird. Scheinbar nebensächliche Dinge werden wichtig. Die weißen Rauchwolken, die die Explosionen des gegnerischen Artilleriefeuers auslösen, ziehen davon – in die Richtung des Gegners. Der offensichtlich kräftige Wind weht also den Bourbonen ins Gesicht. Garibaldis Leute kämpfen mit dem Wind im Rücken. Als die Bourbonen geschlagen abziehen, sehen wir, wie Garibaldi einen seiner Soldaten beerdigen läßt. Danach trinkt er Wasser, redet mit seinen Leuten. Es sind ganz einfache Dinge, die er tut. Nichts drückt Triumph über den Sieg aus, den er errungen hat. General Landi, der den Kampf aus der Ferne beobachtet hat, läßt sich von einer mit Gold besetzten Kutsche zurück in sein Hauptquartier fahren. Garibaldis nächste Station ist Palermo. Doch nach seinem Sieg wird seine Truppe jeden Tag größer. Der Bourbonengeneral läßt durch zwei Unterhändler einen Waffenstillstand anbieten. Garibaldi akzeptiert unter der Bedingung, daß Palermo geräumt werde. Er kann kampflos in die Stadt einziehen. Überall jubeln ihm die Massen zu, wollen ihn küssen, fallen vor ihm auf die Knie. Er ruft ihnen zu: »Was hat man aus euch gemacht? Warum seid ihr so unterwürfig? Ich bin auch nur ein Mensch aus Fleisch und Blut.«

Obwohl er und seine Leute das Land mit den Füßen erobern – wir sehen ihn immer wieder marschieren –, wird er bereits zu Lebzeiten zur Legende. Je größer sein Erfolg wird, desto nachdenklicher wird er. König Vittorio Emmanueles Bitte, die Straße von Messina nicht zu überschreiten, stellt ihn vor eine schwere Entscheidung. Aber er weiß, daß er es tun muß, wenn die Idee von der Einigung Italiens nicht scheitern soll. Fabrizio, ein junger Offizier, bekommt den Auftrag, die Verbündeten auf dem Festland zu informieren. Er gerät mit seinem kleinen Boot in einen Sturm, mit letzter Kraft gelingt es ihm, an Land zu schwimmen. Dort entdeckt ihn die einzige Frau, die in VIVA L'ITALIA vorkommt. Rosa (Giovanna Ralli) ist mißtrauisch und wagt es nicht, den Gestrandeten anzufassen, sondern berührt ihn nur mit einem Stock. Als Fabrizio aufsteht, merken wir, daß die beiden sich kennen. Aus ihrem Gespräch kann man sogar schließen, daß zwischen ihnen eine Liebesgeschichte im Gange ist. Das einzige, was Rosa wichtig zu sein scheint, ist, daß er sich etwas anzieht. Um besser schwimmen zu können, hatte er sein Hemd ausgezogen. Doch Fabrizio verlangt von ihr, daß sie seinen Vater (der auf der Seite Garibaldis steht), von seiner Ankunft informiert. Sie tut es, doch in der Gruppe von Rosas Vater befindet sich ein Spion der Bourbonen, der sie verrät. Um Garibaldi zu warnen, läuft Rosa im Morgengrauen zum Strand und wird dabei erschossen; die Schüsse haben aber Garibaldi gewarnt. Der Bourbonenkönig Franz II. (Raimondo Cro-

Viva l'Italia

ce) beschließt, seine Residenz in Neapel zu verlassen, um einen Kampf um die Stadt zu vermeiden. Garibaldi nimmt sie kampflos ein. Bevor er jedoch nach Rom ziehen kann, kommt ihm König Vittorio Emmanuele entgegen und in die Quere. Er will den Triumphzug des Republikaners Garibaldi im eigenen dynastischen Interesse stoppen. Garibaldi verhält sich seinem König gegenüber loyal. Er übergibt ihm die eroberten Gebiete und seine Macht. Der König schickt ihn und seine Truppen in die Reserve. Garibaldi zieht sich nach Caprera zurück.

Rossellini zeigt Garibaldi als einen sehr menschlichen Helden: er klagt über Rheuma; von der Macht, die er erringt, macht er keinen Gebrauch. Er behandelt seine Gegner menschlich, kümmert sich um ihre Verletzten und läßt ihnen immer die volle Entscheidungsfreiheit, denn er will keine Gefangenen, weil sie alle Italiener sind. Der Garibaldi Rossellinis ist ein Verwandter Franz von Assisis (FRANCESCO GIULLARE DI DIO), Alcide De Gasperis (L'ANNO UNO), aber auch von Jesus (IL MESSIA). Rossellini hat VIVA L'ITALIA im Auftrag der italienischen Regierung zur Hundertjahrfeier der Einigung Italiens gedreht: kein Propagandafilm, sondern eine tief berührende Meditation über eine bestimmte geschichtliche Epoche.

Vanina Vanini. 1961

Vanina Vanini (Sandra Milo) ist die Tochter des römischen Fürsten Don Asdrubale Vanini (Paolo Stoppa). Sie verliebt sich in den jungen Freiheitskämpfer Pietro Missirilli (Laurent Terzieff), in einen Mann, der gegen die Gesellschaft kämpft, die sie verkörpert. Beide geben sich ihrer Leidenschaft total und bedingungslos hin: als wären sie allein auf der Welt. Das ist einfach schön, verlangt aber vom Zuschauer, daß er in der Lage ist, direkt ausgedrückte Gefühle im Kino ertragen zu können, und das wiederum ist ganz und gar nicht selbstverständlich.

Martin Ripkens berichtet in der *Filmkritik,* was Rossellini mit VANINA VANINI widerfahren ist: »Auf dem letztjährigen Festival in Venedig, so lasen wir seinerzeit, soll man gelacht haben über diesen Film. Der deutsche Kinonormalverbraucher, so

Vanina Vanini

jedenfalls erlebten wir es, verläßt hingegen demonstrativ den Saal.«[46] Ich erinnere mich noch an die Premiere des Films in München. Er lief nur vier Tage im damals heruntergekommenen Schwabinger Leopold-Kino. Es saßen immer nur ein paar Leute mit mir im Kinosaal. Ich kam jeden Tag, die Kassiererin konnte mich nicht verstehen, denn es sei doch »ein ganz fürchterlicher Film«.

Rossellini hat Vieles in VANINA VANINI, der Adaption der gleichnamigen Novelle Stendhals, geändert, vor allem aber den Schluß. Bei Stendhal heiratet Fürstin Vanina den Neffen des Kardinals Savelli, sie verrät damit ihre Liebe und kehrt in die Gesellschaft zurück, die sie langweilt und verachtet. In Rossellinis Film geht sie in ein Kloster. Damit steht sie zu ihrer Liebe und auch zu sich selbst. Dieser Schluß ist nicht nur moralischer, sondern für Rossellini konsequenter.

Denn in *einem* Aspekt ist der Film völlig anders als die Novelle. Stendhal erzählt die Geschichte mit umwerfender Ironie. Ein Beispiel: »Sie machte Missirilli lange Besuche, und er sprach mit ihr, wie er es hätte tun können, wenn zwanzig Personen zugegen gewesen wären. Einmal, nachdem sie den Tag damit verbracht hatte, ihn zu verabscheuen und sich fest zu versprechen, noch kälter und strenger mit ihm zu sein als gewöhnlich, sagte sie ihm am Abend, daß sie ihn liebte. Bald hatte sie ihm nichts mehr zu verweigern.«[47] Rossellini dagegen, dessen Erzählweise in fast allen Filmen der Stendhals verwandt ist, verzichtet ausgerechnet hier auf dessen Ironie. Er nimmt diese Liebesgeschichte zwischen der jungen Fürstin und dem Revolutionär, der gegen die Fürsten kämpft, sehr ernst. Vielleicht hatte er dafür persönliche Motive, vielleicht verbergen sich in seiner VANINA VANINI sogar autobiografische Momente. Die Liebesgeschichte zwischen Vanina und Pietro überlebt die Zeit der ersten großen Leidenschaft. Nachdem der erste Liebesrausch vorbei ist, will Pietro weiter an der Seite seiner Kameraden für die Freiheit Italiens kämpfen. So etwas wie ein jugendlicher Garibaldi (VANINA VANINI spielt um 1825 in der Zeit der Carbonari-Aufstände), hat Pietro sein Leben dem Kampf für eine große Idee geweiht und ist nicht bereit, diese aus Liebe zu einer Frau aufzugeben. Fürstin Vanina ist noch sehr jung, sie kann Pietros politischen Idealismus nur als Zurückweisung und Geringschätzung ihrer Person betrachten. »Vanina kann nicht ver-

Vanina Vanini

stehen, daß eine Frau nicht im gleichen Maße das Zentrum der Welt eines Mannes sein kann, wie das bei Frauen der Fall ist, wo der Mann das Zentrum im Leben der Frau darstellt« (Paul Mayersberg)[48].

Das führt zu tragischen Konsequenzen. Um Pietro ein für allemal in ihrem Besitz zu behalten, verrät sie die Namen aller seiner Freunde und Mitkämpfer an die Regierung – mit Ausnahme seines Namens natürlich. In einer Nacht, die er bei Vanina verbringt, werden alle seine Freunde verhaftet. Pietro, den seine Geliebte daran gehindert hatte, zum vereinbarten Treffpunkt zu kommen, macht sich bittere Vorwürfe und fürchtet, daß auf ihn der Verdacht des Verrats fallen könnte.

Er kann nicht bei Vanina bleiben, sondern stellt sich freiwillig. Tief in ihm steckt, wie Stendhal schreibt, ein Satz Napoleons über die Freiheitsliebe der Italiener: »Ja, sie lieben es, zu ihren Liebchen davon zu sprechen.«
Vanina hat das Gegenteil von dem erreicht, was sie wollte: Ihr Geliebter sitzt im Gefängnis und wird als der Anführer seiner Carbonari-Truppe zum Tode verurteilt. Vanina, die Tochter eines einflußreichen römischen Fürsten, besucht den Kardinal Savelli (Nerio Bernardi), dessen Neffen sie gemäß den Wünschen ihres Vaters heiraten soll, und bittet ihn, Pietro zu begnadigen. Diesen Bittgang hat Rossellini zu einer der schönsten Sequenzen des Films gemacht. Paul Mayersberg analysiert die Farbdramaturgie: »Die Farbe Rot symbolisiert traditionsgemäß das Fleisch und die Farbe Schwarz die Geistlichkeit ... Als Vanina Kardinal Savelli aufsucht, um für Pietros Freilassung aus dem Gefängnis zu bitten, trägt sie Schwarz und der Kardinal Rot. Ihre schwarze Kleidung hat eine doppelte Bedeutung; sie symbolisiert ihre geistige Verzweiflung und ihre Sehnsucht zu beichten, aber ebenso ihre sexuelle Sehnsucht nach Pietro.«[49] Die zweite Bedeutung der Farbe Schwarz glaubt Mayersberg aus der Szene ableiten zu können, in der Vanina einem jungen Priester beichtet, der wie alle Priester eine schwarze Robe trägt und der eine starke sexuelle Leidenschaft für sie entwickelt (die Szene, in der er sich dafür vor einem Bild der Jungfrau Maria geißelt, ist vom Produzenten herausgeschnitten worden). Das erscheint mir wenig plausibel, weil Priester eben immer Schwarz tragen. Das Rot – ist es nicht einfach nur ein Symbol der Macht? – fällt freilich ganz besonders auf, weil Vanina schwarz gekleidet ist und Kardinal Savelli noch einen weiteren Kardinal zu der Unterredung bittet. Beide Rotröcke rahmen Vanina regelrecht ein, voller Verständnis für die schöne junge Fürstin und durchaus auch voller Bewunderung. Alt und weise, kennen sie das Leben und die Welt – freilich nur aus ihrer Perspektive. Sie sind bereit, der Frau und Fürstin ihren Wunsch zu erfüllen, wenn der Gefangene bereit sei, seinem bisherigen Leben abzuschwören. Hier und in allen Szenen, in denen die hohe Geistlichkeit eine Rolle spielt, ist Rossellini allerdings wieder ironisch (nicht satirisch, wie Mayersberg schreibt).
Neben der Liebesgeschichte enthält VANINA VANINI auch ei-

ne genaue Beschreibung der politischen Situation Italiens zu jener Zeit. (Ursprünglich wollte Rossellini den Film »Italienische Chronik« nennen.)

Papst Pius VII. liegt im Sterben, einer der aussichtsreichsten Nachfolger-Kandidaten ist Kardinal Savelli. Der Fürst Vanini hat bei dieser Entscheidung mitzureden, und gleich zu Beginn des Films deutet er gegenüber dem Neffen Savellis an, daß die Hand seiner Tochter nicht ohne Einfluß auf die Wahl des künftigen Papstes sein werde. Die enge Verbindung von Politik und Geschäft, von privaten und öffentlichen Angelegenheiten – wogegen die Freiheitsbewegung zu kämpfen versucht – wird von Rossellini, abweichend von der Novelle, vor Augen geführt.

Es gab viele Streitereien um VANINA VANINI. Die beiden Drehbuchautoren, Antonello Trombadori und Franco Solinas, verteidigten öffentlich ihre ursprüngliche Adaption gegen die Änderungen, die Rossellini beim Drehen vorgenommen hatte. Der Produzent Moris Ergas hat Rossellini die Schauspielerin Sandra Milo als Titeldarstellerin aufgezwungen und später Rosselinis Synchronisation mit einer anderen Sprecherin wieder rückgängig gemacht. Er hat außer der Sequenz, in der sich der junge Priester geißelt, eine weitere Sequenz geschnitten. In ihr zeigt die Gräfin Vitelleschi (Martine Carol), die Geliebte von Fürst Vanini, als sie den jungen Carbonaro rettet, durchaus erotische Gefühle für den schönen jungen Mann.

Selbst in dem was von VANINA VANINI übriggeblieben ist, wird sichtbar, daß Rossellinis Kunst, der souveräne Umgang mit allen Mitteln, die Sicherheit seines Erzählens und nicht zuletzt die formale Schönheit, auf einem Höhepunkt angelangt ist. Er wird sich nur noch einmal, und zwar in seinem letzten – und schönsten – Film übertreffen: in IL MESSIA.

Anima nera. 1962

Adriano Zucchelli (Vittorio Gassman) und Marcella (Annette Stroyberg) fahren auf ihrer Hochzeitsreise nach Pisa. Doch da gefällt es ihnen nicht, und so fahren sie noch in der gleichen Nacht wieder zurück nach Rom, in ihre kleine Neubauwohnung, in der bis auf ein Doppelbett noch keine Möbel stehen. Adriano, Mitte Dreißig, lebt vom Handel mit Autos; Marcella, knapp Zwanzig, kommt aus einer bürgerlichen Familie und soll jetzt seine Ehefrau spielen. Obwohl sie vergnügt im Bett herumtoben, sieht man, daß er nicht so recht weiß, was er mit ihr anfangen soll.

Am nächsten Morgen fährt Adriano in sein Geschäft, gibt seinem Mitarbeiter Sergio (Giuliano Cocuzzoli) Anweisungen, die darauf schließen lassen, daß sein Geschäftsgebaren alles andere als seriös ist, und versucht schließlich von Olga (Yvonne Sanson), seiner früheren Geliebten, die ihm das Geld für den Laden gegeben hatte, erneut Geld zu leihen. Er versichert ihr, er habe in Turin von einem reichen Freund ein großes Haus geerbt. Olga ist auf seine junge Ehefrau eifersüchtig und will ihm kein Geld geben. Während seiner Abwesenheit taucht zuhause eine fremde, vornehm gekleidete Frau auf. Alessandra (Eleonora Rossi Drago), die Schwester des verstorbenen Freundes, klärt Marcella über die dubiose Vergangenheit ihres Ehemanns auf. Ihr Bruder habe mit Adriano eine homosexuelle Beziehung gehabt, und Adriano habe ihn unter Einfluß von Drogen dazu gebracht, ihm das Haus, einen ehrwürdigen Familienbesitz, zu vermachen. Sie werde das Testament anfechten. Ihre Familie werde niemals dulden, daß Adriano das Haus bekomme.

Marcella, die zunächst überhaupt nicht bereit war, Alessandra zuzuhören, ist schließlich doch neugierig geworden. Als Adriano nachhause kommt, stellt sie ihn zur Rede. Er versucht, sie zu beschwichtigen. Doch Marcella hat ein Eheideal im Kopf: sie verlangt absolute gegenseitige Aufrichtigkeit. So kommt es zu einem heftigen Streit, wütend und verletzt verläßt sie die Wohnung.

Adriano ist verwirrt. Er verabredet sich mit seiner ehemaligen Freundin Mimosa (Nadja Tiller), einer Prostituierten. Sie ziehen durch ein paar Lokale, frischen Erinnerungen an ihre gemeinsame Zeit auf und entdecken, daß sie eigentlich immer ganz wunderbar zusammengepaßt haben. Am nächtlichen Hafen begegnet ihnen ein junges Liebespaar, das in einem kleinen Fiat davonfährt. Augenblicke später hören sie das Geräusch eines Verkehrsunfalls, und als sie später an der Unfallstelle vorbeifahren, sehen sie das getötete Liebespaar. Diese direkte Konfrontation mit dem Tod veranlaßt Mimosa, mit Adriano die Nacht zu verbringen.

Anima nera

Anima nera

Am nächsten Tag kommt, wie Mimosa Adriano vorausgesagt
hat, Marcella zurück. Sie hat sich entschlossen, Adriano weiter zu lieben und ihn zu ändern. Sie will aus ihm einen guten
Menschen und Ehemann machen. Als sie die Wohnung betritt, entdeckt sie Mimosa in ihrem Ehebett. Mimosa, die
Adriano liebt und weiß, daß er sie nicht liebt, ergreift die In-
itiative. Sie hält der Kleinbürgerin einen Vortrag über die
Männer – unter besonderer Berücksichtigung Adrianos, der
dumm und verlegen am Fenster steht. Mimosa beendet ihre
Aufklärung damit, daß sie Marcella ihren Adriano überläßt.
Er sei es wert, daß man bei ihm bleibe; falls jedoch Marcella
nicht dieser Ansicht sei: noch einmal gebe Mimosa ihn nicht
mehr frei.
Mimosa geht. Marcella, nach einem Moment des Innehal-
tens und Überlegens, beginnt damit, Adriano zu sagen, was
er zu tun habe.
Für Rossellini war ANIMA NERA neben IL GENERALE DELLA
ROVERE einer der Filme, deren er sich schämte. Ich habe den
Film bei seiner deutschen Uraufführung im Herbst 1963 ge-

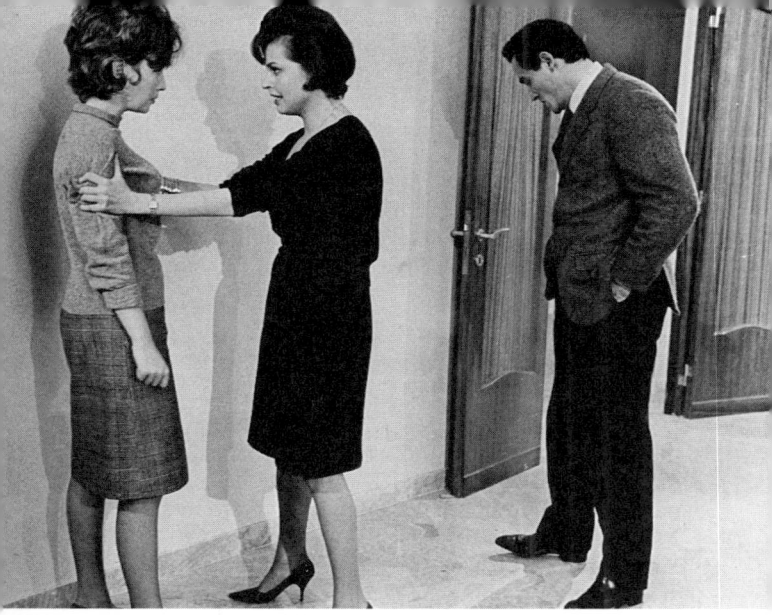

Anima nera

sehen und hatte damals auch gewisse Schwierigkeiten, ihn
für ein Meisterwerk zu halten. Beim Wiedersehen jetzt, nach
über zwanzig Jahren, waren alle Bedenken, alle Vorbehalte
von damals verschwunden. ANIMA NERA wirkte auf mich wie
ein Faustschlag. Zwar einer mit der linken Hand (»die entscheidenden Schläge werden mit der linken Hand geführt; in
der Improvisation liegt die Stärke«, schrieb Walter Benjamin), doch ANIMA NERA trifft ins Schwarze. Mir wurde aus
der historischen Entfernung plötzlich klar, daß ANIMA NERA
Rossellinis Antwort auf die Filme der Nouvelle Vague und
ganz besonders auf Godard war. Irgend etwas muß ihn an
den Filmen der jungen Franzosen gestört haben. Denn in gewisser Weise ist ANIMA NERA, dessen Stil dem der Godard-
Filme aus dieser Zeit so ähnlich ist – die Schnelligkeit und
Flüchtigkeit, mit der die Sequenzen aufeinanderfolgen und
vor allem die Fotografie –, auch eine Ironisierung dieser
Filme. Denn was in ANIMA NERA geschieht, ist nicht leicht
und poetisch, sondern bitterer Ernst. Der Film heißt nicht
ohne Grund »schwarze Seele«. Oberflächlich betrachtet, ist

Adriano genau die gleiche Figur wie Bardone in IL GENERALE DELLA ROVERE. Beide sind im Sinne der bürgerlichen Moral kleine Schwindler, Tagediebe und Nichtsnutze. Sie halten schöne Reden, bis sie schließlich selbst an das glauben, was sie mit Worten ausgemalt haben. Nur Bardone gelangt an einen Punkt in sich, der integer ist. Adriano nicht. Adriano ist die einzige wirklich negative Hauptfigur in einem Rossellini-Film.

Illibatezza. 1962

Hat Rossellini, meine ich, sich auch schon in ANIMA NERA (negativ) porträtiert, trifft das in dieser halbstündigen Episode, die sein Abschied vom Kino (sagte er) sein sollte, noch mehr zu. Ein böser kleiner Film. Wie verzweifelt muß dieser Mann darüber gewesen sein, daß er aufhören mußte (aus Stolz?), das zu machen, was er liebte, und das, wie er wußte, er auch besser konnte als fast alle anderen.

ILLIBATEZZA (die Reinheit) – eine Episode aus *Rogopag* – ist Rossellinis Testament. Der Film ist auf den ersten Blick unscheinbar, nichts Besonderes, steckt aber voller Abgründe, wenn wir anfangen, uns genauer auf ihn einzulassen. Das fängt schon an mit dem Titel, der zu hochgestochen erscheint für diese einfache Geschichte. Auf mich wirkt er wie eine Überschrift. Reinheit (und nicht Freiheit, wie die meisten Rossellini-Interpreten, vom Titel des Nebenwerks DOV'È LA LIBERTÀ? ausgehend, meinen) ist das, worum es Rossellini im Grunde gegangen ist. Er hat sie in allen seinen Filmen seit ROMA, CITTÀ APERTA zu zeigen versucht, und hier, in ILLIBATEZZA, versucht er darüber wie ein Clown in der Manege einen bitteren Witz zu machen.

Anna Maria (Rossanna Schiaffino), eine schöne, schwarzhaarige Stewardess der Alitalia lernt auf dem Flug nach Bangkok Joe (Bruce Balaban), einen etwa fünfzigjährigen amerikanischen Werbemanager für die Biermarke »Rainbow«, kennen. Er schaut im *Playboy* nackte Mädchen an und macht Anna Maria damit an, daß er ihr sagt, sie sei das ideale Rainbow-Girl. Das klingt wie Supergirl, und das meint Joe auch tatsächlich. Anna Maria ist die Verkörperung seines Frauenideals. Doch ihr ist das gleichgültig. Sie begegnet ihm

Illibatezza

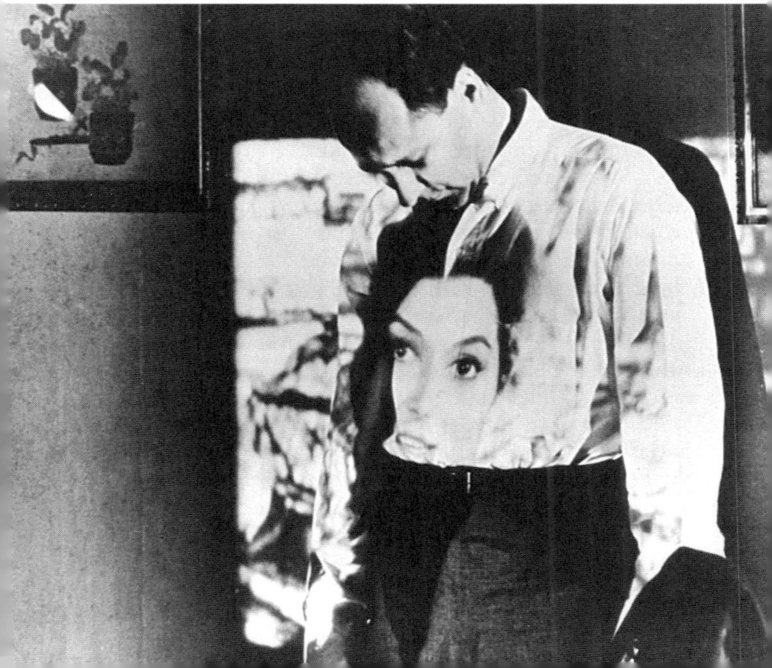

mit der professionellen Nachsicht einer guten Stewardess. Sie ist ein durch und durch modernes Mädchen, die glücklich alle Errungenschaften der modernen Welt genießt und weiß, wer sie ist und was sie will. Sie hat außerdem in Rom einen Verlobten (Carlo Zappavigna), mit dem sie auf ihren Reisen telefoniert, und sie schickt ihm, so oft sie kann, Super-8-Filme von allem, was sie unterwegs sieht. Ab und zu, das fordert ihre Eitelkeit, bittet sie andere, ein paar Aufnahmen von ihr selbst zu machen.

Joe, der im gleichen Hotel wohnt, verfolgt sie. Als sie gerade eine Pagode filmt und Joe bemerkt, läßt sie sich von ihm filmen. Filmen bedeutet immer auch In-Besitz-Nehmen; so bietet sie ihm auf diese spielerische Art an, sie zu besitzen. Damit hat Joe erst recht Feuer gefangen; während sie unter der Dusche steht, bricht er durch das Fenster ihres Hotelzimmers und versucht, sie zu küssen. Als ihn Anna Maria wegstößt, verletzt er sich und wird ohnmächtig. Er weint wie ein Kind, als ihn Anna Maria berührt.

Sie bekommt Hilfe aus Rom. Ihr Verlobter, der Joe inzwischen auf den Super-8-Filmen kennengelernt hat, hat von einem Psychiater (Gianrico Tedeschi) nach Besichtigung der Filme erfahren, daß Joe ein Psychopath sein müsse und an einem Ödipuskomplex leide. Er rät Anna Maria, sich anders zu kleiden und zu frisieren, damit ihre mütterliche Ausstrahlung verschwinde. Anna Maria befolgt den fachmännischen Rat, färbt sich die Haare platinblond und zieht sich an wie ein Vamp. Joe erkennt sie nicht.

Im Zimmer von Anna Maria findet der unglückliche Joe einen Film, auf dem noch das Abbild seiner Liebe, die schwarzhaarige Anna Maria zu sehen ist. Er führt ihn sich vor und gerät in eine Liebesekstase. Er geht zu dem auf die Zimmerwand projizierten Bild und versucht verzweifelt, es zu küssen. Doch er findet nichts, keinen Körper, den er küssen kann. Und selbst das Bild ist weg, wenn er sich davor stellt. Er sieht nur seinen Schatten. Mit der Einstellung des verzweifelt mit der Filmillusion kämpfenden alten Mannes endet Rossellinis Film.

José Luis Guarner, der Regieassistent bei SOCRATE war, muß wohl recht haben, wenn er schreibt: »Und es ist wert, festgehalten zu werden, daß er (Joe) in einigen Einstellungen wie das exakte Double Rossellinis aussieht.«[50]

L'età del ferro. 1964

Das ist ein fünfteiliger Fernsehfilm über die Geschichte des Menschen. Er beginnt mit der Entdeckung der Möglichkeiten des Eisens und reicht bis in die Gegenwart der Produktion von Autos am Fließband. Die einzelnen Teile sind aus sehr unterschiedlichen Materialien zusammengesetzt. Am Anfang sehen wir immer, wie schon in L'INDIA VISTA DA ROSSELLINI, den Autor als Erzähler und Kommentator. Dann folgen Ausschnitte aus Filmen (darunter *Scipione l'Africano* von Carmine Gallone, *Austerlitz* von Abel Gance, *Luciano Serra, pilota* von Goffredo Alessandrini und aus PAISÀ und GERMANIA ANNO ZERO), aus Wochenschaumaterial und aus Dokumentar- und Werbefilmen. Der Großteil freilich ist inszeniert, nicht von Rossellini selbst, sondern von seinem Sohn Renzo Rossellini jr., der seit IL GENERALE DELLA ROVERE bei seinen Filmen als Regieassistent mitgearbeitet hat.

Die Idee und das Drehbuch stammen von Roberto Rossellini, im Titelvorspann ist seine künstlerische Oberleitung für die Fernsehserie ausgewiesen. Er selbst sagt dazu in einem Interview mit der italienischen Zeitschrift *Filmcritica*: »Man kann nicht sagen, daß L'ETÀ DEL FERRO genau das ist, was ich machen wollte. Ich hatte das Gefühl, daß für mich die Notwendigkeit bestand, etwas anderes zu machen. Zu einem bestimmten Zeitpunkt kam ich mir überflüssig vor. Mir scheint, daß da der Fehler aller modernen Kunst liegt. Es ist eine Kunst, die aus dem Jammern entstanden ist, ohne jemals auch nur einen Hauch der wirklichen Probleme zu erfassen. Mir scheint es ganz offensichtlich zu sein, daß dieses Gejammere aus einem Nichtkennen der Welt herkommt. Die Wahrheit ist, wir beklagen uns, weil wir die Architektur der Welt, die um uns herum existiert, nicht mehr begreifen können: das scheint mir das fundamentale Problem zu sein. Also ist es zu einem bestimmten Zeitpunkt notwendig geworden, das, was uns umgibt, neu zu bestimmen und eine neue Übersicht zu geben, so genau wie es nur möglich ist. Deshalb habe ich mich darangesetzt, nach und nach das, was existiert, zu studieren, Forschungen anzustellen, es zu verstehen zu versuchen. (...) Warum also die Eisenzeit? Weil unsere geschichtliche Epoche Eisenzeit heißt. Ist das nicht eine der ersten Sachen, um die wir uns kümmern müssen? Wenn man also damit anfangen muß, das Alphabet zu schreiben, dann muß man zuerst einmal Buchstaben festlegen. L'ETÀ DEL FERRO ist die Festlegung dieses Anfangs; danach kann man weitergehen. Es geht dabei um Programme, die nach einer ganz strengen Methode entwickelt werden müßten, um eine pädagogische Wirkung, einen erzieherischen Wert zu erzielen. Ich habe für mich einen bestimmten Plan gemacht, der mit dem Gang meiner eigenen Forschungen korrespondiert. Und so wie mir das Einschlagen dieses Wegs geholfen hat, einen Teil meiner Gedanken zu ordnen, so kann er auch den anderen von Nutzen sein. Das ist mein pädagogisches System. Ich begebe mich nicht an einen Standpunkt außerhalb davon, um darüber in einer abstrakten Weise nachzudenken. Nein, ich wiederhole die Erfahrungen, die ich selbst erlebt habe.«[51]

Die fünfstündige Serie ist in sich wenig strukturiert, das Material nur wenig geformt. Und wo es geformt ist, wie am Anfang, in den ersten Szenen, wo wir ausführlich eine Wildschweinjagd zur Zeit der Etrusker miterleben, ist es effekthascherisch und »elegant« gefilmt und geschnitten, so wie das niemals bisher bei Rossellini zu sehen war. Nur einmal in dieser Serie kam es mir so vor, als sei Rossellini selbst beim Drehen dabeigewesen. Die Szenen über den Architekten, Maler, Bildhauer, Dichter und Mathematiker Leon Battista Alberti sind von einer Präzision und Sicherheit in der Kameraführung, daß sie aus dem Stil des Übrigen herausfallen. Der gesamte vierte Teil der Sendung, der die Geschichte eines italienischen Metallarbeiters aus der Stadt Piombino während des Zweiten Weltkriegs erzählt, ist überdehnt. In diesem großen Zusammenhang, den der Film herstellt, ist es nun wirklich nicht von Bedeutung, daß dieser Arbeiter Mühe hat, mit seinem Fahrrad eine längere Bergstrecke zurückzulegen. Er versucht den Weg einzelner Maschinenteile seiner Fabrik, die die Deutschen demontiert und auf Güterzüge verladen haben, zu verfolgen. Auch die Information, daß genau an der Stelle, an der diese eisenverarbeitende Fabrik steht, bereits seit dreitausend Jahren, seit der Zeit der Etrusker, Eisen verarbeitet wird, vermag mich nicht mit den Längen und Unwichtigkeiten der Episode zu versöhnen. Und der Schlußteil, der die Gegenwart behandelt, zeigt Maschinen an der Arbeit, wie man das aus Werbefilmen gewohnt ist. Das, was diese Bilder sagen (das kommt vor allem durch den elegan-

ten Schnitt), ist genau das Gegenteil dessen, was Rossellini in
LA NAVE BIANCA dargestellt hat. Hier plötzlich beherrscht der
Mensch die Maschinen, und der Film ist sich nicht zu scha-
de, diese als Wunderwerke menschlicher Technik – naiv – zu
feiern. Ich kann Adriano Apràs Erfahrung beim Sehen dieses
Films nicht im geringsten teilen: »Während der fünf Stunden, die der Film dauert, hat man fast den Eindruck, einen
Film von Griffith zu sehen, so stark ist von den ersten Kamerabewegungen an das Gefühl des Entdeckens, des Experi-
mentierens. (. . .) Die klassische Vorstellung des Inszenierens
wird hier in Frage gestellt. Die Kraftlinien einer moralischen
Haltung sind es, die hier wesentlich sind, und eine bestimmte
Art, die Geschichte von vorne an darzustellen, eine bestimmte Klarheit des Blicks. Das fremde Material, das der Film benutzt, ist also von untergeordneter Bedeutung. Daher ist
L'ETÀ DEL FERRO ganz uneingeschränkt ein Film von Roberto
Rossellini.«[52]

La prise de pouvoir par Louis XIV. 1966

Rossellini gelingt mit diesem für das französische Fernsehen
gedrehten Film das Kunststück, in komprimierter Form eine
ganze historische Epoche und die Entstehung des modernen
zentralisierten Staatswesens darzustellen. Das allerschönste
daran ist, daß dies sozusagen als Nebenprodukt abfällt, wie-
wohl der Film eigentlich etwas ganz anderes zum Thema hat.
Es geht, wie der Titel es sagt – und man muß ihn wieder
ganz wörtlich nehmen – nicht um ein Porträt Ludwig XIV.,
sondern um dessen Machtergreifung. Darum, wie er sich in
Szene setzt, vor allem aber, und das ist der eigentliche Kern
der Geschichte, um den Zeitpunkt der Machtergreifung. Es
muß nämlich der richtige Zeitpunkt sein, und dabei scheint
es auf Sekunden, mindestens aber auf Minuten anzukom-
men.
Zu Beginn des Films liegt der Mann, der Frankreich seit
achtzehn Jahren regiert, Kardinal Mazarin (Giulio Cesare
Silvani), im Sterben. Er ist, sagt er selbst, der reichste Mann
Europas. Ärzte kommen, berühren ihn an seiner Stirn, seiner
Brust, seiner Hand und riechen an seinem Schweiß und
schließlich auch an seinem Urin, indem sich der die Untersu-

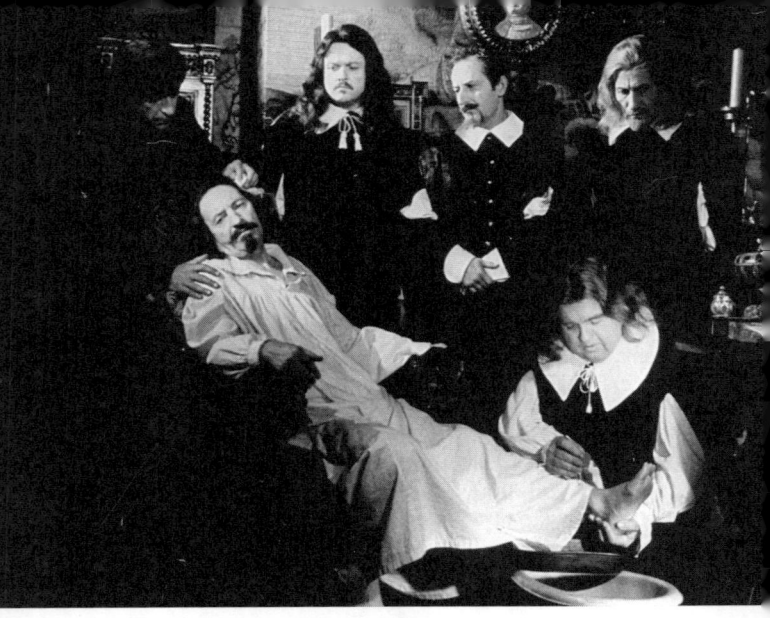

La prise de pouvoir par Louis XIV.

chung leitende Arzt den Nachttopf des Kardinals geben läßt.
Das Wort »Urin« wagt er nicht auszusprechen. Dann treffen
die Ärzte ihre Entscheidung. Der Kardinal wird zur Ader gelassen. Nachdem die Ärzte wieder gegangen sind, kommt ein
Mönch, Pater Joly (André Dumas). Er soll dem Kardinal die
Beichte abnehmen, aber er kommt sofort zu der Sache, die
die Kirche mehr interessiert, nämlich was Kardinal Mazarin
mit seinem Geld zu machen gedenke. Der Kardinal, der sich
anscheinend zum erstenmal bewußt wird, daß er bald sterben
muß (»Ich muß also diese Welt verlassen«), will es dem König geben. Nach dem Pater spricht er mit Colbert (Raymond
Jourdan). Diesen beauftragt er, den König nach dem Aufste-
hen seine Bitte zu übermitteln, ihn aufzusuchen. Dann sehen
wir im Vorzimmer des Königs eine Hundemeute, die die Zofe, die sich dort auf Decken zum Schlafen gelegt hatte, wekken. Sie räumt schnell ihr Nachtlager beiseite und öffnet die
Flügel der Eingangstür. Davor steht bereits der gesamte Hofstaat, der darauf wartet, eingelassen zu werden. Einer der
Männer geht an der Zofe vorbei auf das königliche Bett zu
und zieht die Vorhänge auf.

La prise de pouvoir par Louis XIV.

In dem Bett liegen der dreiundzwanzigjährige König Ludwig (Jean-Marie Patte) und die Königin. Zuerst betet der König laut ein Vaterunser, dann wäscht er sich mit Weingeist die Hände und tupft sich ein bißchen das Gesicht. Die Königin klatscht in die Hände, was, wie ein Mann des Hofstaates einem offensichtlichen Neuling erklärt, bedeutet, daß der König in der Nacht seine ehelichen Pflichten erfüllt hat. Dann steht der König auf. Man übermittelt ihm Mazarins Bitte, und er sucht diesen auf. Mazarin teilt dem König, ohne viel Umschweife zu machen, mit, daß er ihm sein gesamtes Vermögen vermachen wolle. Ludwig lehnt das Angebot ab. Diese Ablehnung mache er nicht als Mazarins Patensohn, aber als Repräsentant des Staates und der Krone, als König. Mazarin ist von Ludwigs Entscheidung tief beeindruckt und sagt dem König, daß er ganz offensichtlich in der Lage sei, allein zu regieren. Er gibt ihm seinen letzten Rat, sich Colberts als Finanzminister zu bedienen. Der König verabschiedet sich und sucht seine Mutter auf. Sie fragt ihn, warum er so bedrückt sei. Er antwortet ihr, daß er Kardinal Mazarin aufgesucht habe, der im Sterben liege. Er liebe diesen Mann, und dieser Mann liebe ihn. Er hält ihr einen Vortrag über die politische Situation, wie er sie sieht. Doch die Königinmutter nimmt ihn nicht ernst. Als er gegangen ist, sagt sie zu Le Tellier (Fernand Fabre), daß sie sich nicht vorstellen könne, daß der König selbst die Regierungsgeschäfte führen wolle: »Ihr kennt den König ebensogut wie ich. Die Jagd, der Tanz, der Ball und die Karten. Die werden immer sein liebster Zeitvertreib sein. Er will eben auch für fähig gehalten werden.«

In der nächsten Einstellung sehen wir den König zu Bett gehen. Er sagt seiner Zofe, als diese die Vorhänge des Betts zuzieht, sie möge die Nacht im Vorzimmer des Kardinals verbringen und ihn, wann auch immer das sei, sofort benachrichtigen, wenn der Kardinal sterbe. Diese Anordnung macht deutlich, daß der Dreiundzwanzigjährige genau weiß, daß der Tod des Kardinals der richtige Zeitpunkt seiner Machtergreifung ist. Will er Frankreich regieren, dann muß er in dem kurzen Augenblick, in dem nach dem Tod des Kardinals ein Machtvakuum entsteht, dieses, bevor die anderen das tun können, ausfüllen.

Der Kardinal stirbt am 9. März 1661 zwischen zwei und drei Uhr morgens. Als jemand auf die Idee kommt, den König rufen zu lassen, ist er schon da. Seine Zofe hat ihn informiert. Sofort gibt er seinen ersten Befehl. Er ordnet an, daß der gesamte Hof Trauer tragen müsse. Der Einwand, daß dies bisher nur Mitgliedern der königlichen Familie vorbehalten gewesen sei, beachtet er nicht. Als nächstes läßt er den Rat zusammentreten, an dessen Sitzung, wie unter Mazarin, die Königinmutter nicht teilnehmen darf, und teilt seine Entscheidung mit, daß er ab sofort selbst die Regierungsgeschäfte übernehme, daß niemand etwas ohne seine Einwilligung entscheiden dürfe. Sein politischer Gegner, Fouquet (Pierre Berat), hält diesen Entschluß für eine vorübergehende Laune des Königs: »Er wird der Pflichten, die er sich auferlegt hat, bald überdrüssig sein. Ich schätze, in einem Monat werden die Dinge wieder ins Lot kommen.«

Es kommt aber nicht so. Dem König ist es ernst gewesen, als er zu seiner Mutter gesagt hat: »Dieser Staat muß Wirklichkeit werden.« Und er bleibt dabei. Er spielt zwar immer noch Karten, vergnügt sich mit Mätressen und veranstaltet Jagden. Aber er regiert gleichzeitig. Weil Fouquet den Versuch gemacht hat, eine seiner Mätressen zu bestechen, läßt er ihn

La prise de pouvoir par Louis XIV.

verhaften. Damit der Adel in Zukunft gar nicht einmal mehr auf den Gedanken kommen kann, etwas gegen ihn zu unternehmen, beschließt er, ihn an den Hof zu holen und finanziell von sich abhängig zu machen. Er will die Schulden des Adels bezahlen, will alle bedeutenden Künstler an den Hof binden, indem er das Schloß seines Vaters in Versailles ausbauen läßt. Er ist entschlossen, den Hof zum Mittelpunkt von ganz Frankreich zu machen.

Im letzten Teil des Films, der zwanzig Jahre später spielt, hat Ludwig alles, was er sich vorgenommen hat, realisiert. Wir sehen ihn beim Abendessen. Ganze Heerscharen von Bediensteten sind damit befaßt, ihm sein Essen zuzubereiten. Es besteht aus einer schier unendlichen Zahl von Gängen. Der vierzehnte Gang ist ein Schweinebraten. Er kommt in einer silbernen Kasserolle auf den Tisch. Die Kasserolle ist mit einem Schloß versehen, das, bevor der Braten dem König gereicht wird, aufgeschlossen wird. Ein Arzt steht auf der rechten Seite des Königs und rät ihm ab, den Schweinebraten zu essen. Der König befolgt den Rat und läßt den Schweinebraten, dessen Zubereitung gut hundert Leute beschäftigt hat, wieder zurückgehen. Denn außer ihm ißt niemand. Er sitzt umgeben von seinem Hofstaat und ißt allein.

Seine Inszenierung der Macht, die Idee, wie die Sonne der Mittelpunkt der Welt zu sein, ist erfolgreich gewesen. Er ist der Sonnenkönig. Aber zu welchem Preis! Er ist ein Opfer seiner eigenen Inszenierung geworden.

Nach dem Essen zieht er sich zurück in einen privaten Raum und befiehlt, daß man ihn allein lasse. Zum erstenmal während des gesamten Films sehen wir ihn allein, und er ist allein. In einem Buch von La Rochefoucauld liest er laut folgende Sätze: »Es gibt eine Erhabenheit, die wir nicht dem Schicksal verdanken. Eine gewisse Aura der Überlegenheit, die uns auszeichnet und zu Großem bestimmt. Sie ist ein Preis, den wir uns insgeheim selbst geben. Durch diese Eigenschaft eignen wir uns die Ehrerbietung anderer Menschen widerrechtlich an, und sie ist es, die immer da ist und die mehr für uns ist als Geburt, als Würden und selbst die Verdienste. Weder die Sonne noch der Tod sind als beständig zu betrachten.« In tiefes Nachdenken versunken, wiederholt er die letzten beiden Sätze, und damit endet der Film.

Das Rätsel dieses Films ist: Wie kommt ein derart junger

Mann, der wirkliche Gefühle hat und sie auch ausdrückt, dazu, sich so zynisch zu verhalten? Denn anders läßt sich die totale Manipulation, die er mit einem ganzen Staat betreibt, nicht beschreiben. Die Wirklichkeit seines Staates ist inszeniert. Die Nähe, die Ludwig XIV. zu einem Filmregisseur hat, springt einem in die Augen.

Idea di un' isola. 1967

Der knapp einstündige Dokumentarfilm über die Insel Sizilien wurde von Renzo Rossellini jr., Rossellinis Sohn, für das amerikanische Fernsehen gedreht. Diese Beschreibung einer Insel hat keinerlei formale Qualitäten. Man erfährt, nicht viel mehr als aus einem Reiseführer, ein bißchen über Land und Leute. Das einzige, was mir in Erinnerung geblieben ist, sind die zahlreichen Kirchen, die von innen und außen gefilmt werden; und die beim Reden heftig gestikulierenden Menschen.

La lotta dell'uomo per la sua sopravvivenza. 1967/69

»Der Kampf des Menschen um sein Überleben« ist eine zwölfteilige Fernsehserie, die bei den Menschen der Vorzeit beginnt und bei der Weltraumfahrt endet. Idee und Drehbuch sind von Roberto Rossellini. Regie führte wieder sein Sohn Renzo Rossellini jr. (unter Mitarbeit von Pitt Popesco). Jede der jetzt ungefähr fünfzig Minuten langen Sendungen (ursprünglich hatte jede Sendung neunzig Minuten) beginnt mit einem Titel und Shirley Basseys Song »The Fight For the Survival«. Dann sehen wir Roberto Rossellini in seinem Arbeitszimmer, der ein paar einführende Worte spricht. Von der achten Sendung an sitzt er in einem anderen Sessel und hat seinen Hund bei sich. In der dritten Sendung benutzt Rossellini Ausschnitte aus ATTI DEGLI APOSTOLI. Die Serie ist eine italienisch-französisch-rumänisch-ägyptische Koproduktion. Als ich anfangen wollte, über diese Serie, deren Besichtigung einen ganzen Tag in Anspruch nimmt (wenn man sie hintereinander sieht, wird man ihr kaum gerecht, allein das Shirley-Bassey-Lied beginnt einen spätestens bei der dritten Folge zu nerven), zu schreiben, sah ich zufällig im deutschen Fernsehen den Beginn einer Schulfunksendung über die Biedermeierzeit. Da stand ein als Schriftsetzer verkleideter Lehrer und dozierte in wohlgeformten Sätzen über diese Zeit. Als er Beethoven erwähnte, erklang die zu diesem Stichwort passende Musik (von Beethoven).

Da ist Rossellinis Serie, die sich für den Schulfunk hier eignen würde, schon etwas anderes. Rossellini rekonstruiert Fakten, denen man dann als Zuschauer ausgesetzt ist, und über die jeder, der will, sich seine eigenen Gedanken machen kann. Rossellini liefert nicht das, was er zeigt, geordnet, mit Etiketten versehen ab. Da jeder Zuschauer, während er zusieht, gezwungen ist, über das, was er sieht, nachzudenken (was soll er schon anderes tun!), drängt sich bei dieser Art von Film der Vergleich mit einer Meditation auf.

Rossellinis Fernsehfilme sind Meditationen über verschiedene, ihn interessierende Themen, und ihre Machart erlaubt es dem Zuschauer, diese nachzuvollziehen. In ihren besten Augenblicken führen sie in Bereiche, sind sie so sehr Kino, wie vorher seine Kinofilme.

1. PRIMA DELLA STORIA, L'UOMO (Der Mensch, vor dem Beginn der Geschichte) zeigt die Menschen der Steinzeit. Sie jagen Bären, sammeln Beeren. Das Weben entsteht aus dem Flechten. Sie bestellen Felder, pflügen und säen. Es herrscht das Matriarchat. Die Menschen glauben, daß die Frauen durch Wind, Mond und Fluß schwanger werden. Sie kennen noch nicht das Sonnenjahr, sondern das Mondjahr. Der Mann, der ihr König ist, wird nach einem Jahr getötet. Dann kommen die Arier nach Griechenland und bringen das Patriarchat mit sich.

2. LA CIVILTÀ CHE NACQUE DA UN FIUME (Die Zivilisation, die durch einen Fluß entstand) beschreibt die Zeit der Pharaonen in Ägypten. Wir sehen die Entstehung der Landvermessung, damit ein Maß für die Höhe der Abgabe von Getreide festgelegt ist, die Anfänge der Heilkunst und den Bau einer Pyramide. Am Ende stirbt der Pharao.

3. DALL'ANGOSCIA DEI MITI AL DIO CHE È SALVEZZA (Von der Angst der Mythen bis zum Gott der Erlösung): der neue Pharao empfängt Geschenke von Abgeordneten vieler Länder. Die Basis der Pharaonenmacht ist die Landwirtschaft, und

diese ist möglich durch ausgeklügelte Bewässerungstechniken. Es gibt bereits den Webstuhl. Die Kunst der Glasbläserei und der Herstellung von Bronze wird beherrscht. Es gibt 18 Arten Bier und 35 Arten Brot und Fladen. Wir sehen, wie Papyrus kreuzweise übereinandergelegt und geklopft wird, so daß darauf geschrieben werden kann. In der Schule lernen die Kinder nicht nur schreiben, sondern auch Lebensweisheit und die Heilkunst. Der Sohn des Pharao wird nicht in der Schule, sondern vom Pharao selbst unterrichtet. Die griechische Welt erscheint als eine Welt der Statuen. Im Tempel des Aeskulap hängen überall kleine Holztäfelchen, auf denen die Menschen ihre Krankheitssymptome beschrieben haben. So ist die medizinische Diagnostik des Hippokrates entstanden. Von Jerusalem aus wird durch die Apostel das Christentum verbreitet. In Rom diskutieren zwei Römer darüber, ob das Römische Reich durch die Christen zu Fall gebracht wird.

4. UN'ARCA NEL DILUVIO: IL MONACHESIMO (Eine Arche in der Sintflut: das Mönchtum). Die »Sintflut« ist die Völkerwanderung. Goten und Langobarden - Barbaren - fallen in das Römische Reich ein. Die Mönche, deren einzige Waffe der Glaube ist, beschimpfen die Barbaren wegen deren Brutalität und werden einen Berg hinuntergerollt; anschließend bieten die Mönche den Barbaren Brot und Wein an. Sie beherrschen die Kunst der Lederherstellung, bemühen sich um eine Systematik der Wissenschaften. Ihre Klöster sind gleichzeitig Kliniken, in ihnen finden Arme und Kranke Zuflucht. Sie finden das Stibium, eine goldfarbene Substanz. Einige von ihnen nehmen es ein und - sterben. Seitdem heißt die Substanz Antimonium, das heißt Anti-Monaco, gegen die Mönche.

5. IL MEDIOEVO, ETÀ DI PIETRA E DI FERRO (Das Mittelalter, die Stein- und Eisenzeit): eine mit Hilfe des von Rossellini abgewandelten Schüfftanverfahrens gezeigte Festung wird belagert, Ritter kämpfen miteinander, auf dem Jahrmarkt werden Salben angeboten, die Gesundheit und Jugend wiederherstellen sollen. Ein Kreuzritter verabschiedet sich von seiner Geliebten. Die auf der Burg zurückbleibenden Frauen weben, spinnen und singen Liebeslieder. Draußen, vor der Burg, tauchen Artisten, Jongleure, Musiker und Troubadoure auf. In der Nacht wagt es eine der Frauen, das Lied eines Trouba-

dours zu beantworten. Es entsteht ein Dialog in Form von Liebesliedern.

6. VERSO LA SCIENZA, PATRIA DELL'UOMO (Zur Wissenschaft, dem Vaterland des Menschen) zeigt Windmühlen und Wassermühlen, die Herstellung von Teppichen. Pferde werden mit Hufeisen beschlagen. Die Kreuzzüge bewirken die Entstehung eines regelmäßigen Orienthandels. Bei einem Trinkgelage wird die Gründung der Universität von Bologna ausgerufen.

7. IN CERCA DELLE INDIE OLTRE L'OCEANO IGNOTO (Die Suche nach Indien auf der anderen Seite des unbekannten Ozeans) zeigt die Wachs- und Kerzenherstellung, Metallgefäße werden mit automatischen, durch Wasserkraft angetriebenen Hämmern bearbeitet: die Entstehung der Metallindustrie. Der Buchdruck wird erfunden (in dieser Szene tritt Rossellini selbst auf). In Spanien erzählt Christoph Kolumbus seinem Sohn von einem Wal. Er übernachtet mit ihm, auf der Reise zur Königin Isabella, in einem Kloster und redet wie ein Wasserfall von seinem Projekt, den Seeweg nach Indien zu finden. Er muß achtzehn Monate lang warten, bis sein Vorhaben genehmigt wird. Die wissenschaftlichen Berater der Königin versuchen seine geografischen Berechnungen – es geht um die Länge eines Breitengrades – zu widerlegen.

8. DALL'ETÀ DELLA MAGIA ALL'ETÀ DELLA SCIENZA (Vom Zeitalter der Magie zum Zeitalter der Wissenschaft): Ein Alchimist sucht in seinem Labor den Stein der Weisen und definiert gegenüber einem Schüler das Ziel der Alchimie, das Werk der Natur zu vollenden. Zwei Ärzte graben nachts auf dem Friedhof eine Leiche aus, um sie zu sezieren. Die Inquisition bedroht das, was sie tun, mit der Todesstrafe. Der Blutkreislauf und die Funktion des Herzens als Pumpe werden entdeckt. Aus der Diskussion darüber entwickelt sich ein Duell. Galilei baut ein Fernrohr. Als er es anderen Gelehrten vorführen will, weigern diese sich, durchzuschauen. Sie wollen nicht sehen.

9. LO SPIRITO SCIENTIFICO CONQUISTA IL MONDO (Der wissenschaftliche Geist erobert die Welt): Benjamin Franklin erfindet den Blitzableiter, Watt baut eine Dampfmaschine, Galvani führt seine Froschschenkelexperimente vor, Volta erfindet die Batterie, Stevenson baut eine Lokomotive. Ein Wettkampf zwischen Mensch und Maschine wird veranstaltet.

Atti degli Apostoli

Viele kräftige Männer ziehen an einem Seil, mit aller Kraft, aber die Maschine gewinnt. Mit dem Morsetelegraf, der schneller ist als die Eisenbahn, kann vor einem Mörder gewarnt werden. Louis Pasteur beweist mit der Impfung von zwanzig Schafen seine Theorien über die Natur der Mikroben. Marconi übermittelt per Funk über einen Hügel hinweg eine Botschaft. Das Zeichen, daß sie angekommen ist, ist ein Gewehrschuß.

10. QUESTA NOSTRA GRANDIOSA CIVILTÀ DELLA FRETTA (Unsere großartige Zivilisation der Geschwindigkeit): eine Pferdedroschke begegnet einem Automobil, die Szene eines Mannes mit seinem Auto gefriert zur Fotografie und wird wieder zurückverwandelt in eine bewegte Filmszene. Zeitgenössische Filmszenen werden einmontiert. Ein Jumbo (in Farbe), die Concorde. Der Panamakanal, die Wolkenkratzer New Yorks, die Oper von Sydney. Die Entdeckung der Atomenergie. Die aerodynamische Konstruktion von Flugzeugen wird von Computern analysiert. In der Dritten Welt herrscht Hunger. Wir sehen eine Wetterforschungsstation am Pol. In einer

237

Wüste wird nach Erdöl gebohrt. Der Assuan-Staudamm wird gebaut. Mit Hilfe der Meerwasserentsalzung soll eine Wüste fruchtbar gemacht werden. Es ist eine Welt voller Zukunftsgläubigkeit.

11. UN'ARTE NUOVA IN UN MONDO DI MACCHINE (Eine neue Kunst in einer Welt der Maschinen) zeigt wieder die Metallindustrie, die fortschreitende Automation, die Datenverarbeitung und ein volles Fußballstadion. Daguerre erfindet die Fotografie. Impressionistische Maler verkünden ein Manifest gegen die Fotografie. Das Kino entsteht. Die Malerei entwickelt immer neue Richtungen: Dadaismus, Futurismus, Surrealismus und als letztes Pop-Art.

12. NONOSTANTE TUTTO, ANCORA PIÙ LONTANO (Trotz allem, noch weiter) zeigt die Revolution der 68er-Generation in Japan, Deutschland, Frankreich, Italien. Die Hippies und Flower Children suchen, sagt Rossellini, das Ideal der Demut und Armut. Gleichzeitig beginnt die Weltraumfahrt. Astronauten landen auf dem Mond. Mit dem Riesenteleskop auf dem Mount Palomar kann der Mensch weiter als jemals zuvor in das Universum sehen.

Atti degli Apostoli. 1968

Über FRANCESCO GIULLARE DI DIO habe ich geschrieben, er wirke, beim ersten Sehen, wie ein Film von einem anderen Planeten. Der Verzicht auf inhaltliche Aktualität, auf jede Art von Dramaturgie, die extreme Reduktion auf ein paar wenige beiläufige Begebenheiten bewirken einen ästhetischen Schock. Das wiederum heißt, in ästhetischer Hinsicht, in dem Bezug, den FRANCESCO GIULLARE DI DIO zu allen anderen Filmen seiner Zeit hat, ist er von äußerster Aktualität, ist er seiner Zeit weit voraus. Für die mit ATTI DEGLI APOSTOLI beginnende Serie didaktischer Fernsehfilme trifft dieses Moment nicht mehr zu.

Roberto Rossellini hat sich aus der Gegenwart, der Gemeinsamkeit, die alle gleichzeitig entstehenden Filme haben, und die immer ein ästhetischer (und manchmal auch kommerzieller) Wettbewerb ist, zurückgezogen. Er ist emigriert. Er lebt jetzt wirklich auf einem anderen Planeten und braucht keine Zustimmung der anderen mehr für das, was er tut. Das ist, denke ich, die Dimension, die allen Filmen nach LA PRISE DE POUVOIR PAR LOUIS XIV. fehlt.

In ATTI DEGLI APOSTOLI erzählt Rossellini die Ereignisse, die das fünfte Buch des Neuen Testaments, die Apostelgeschichte des Lukas, wiedergibt. »Jerusalem und Rom sind die beiden Orte, zwischen denen sich räumlich diese Geschichte entfaltet. Die ersten dreißig Jahre nach der Himmelfahrt Jesu geben den zeitlichen Rahmen. Nicht eine laufend erzählende Chronik ist es, nicht eine lückenlose Mitteilung dessen, was geschah. Einzelbilder werden uns vor Augen geführt, bedeutsame Geschehnisse, die richtungweisend sind für das Verstehen der Kirche.«

Das ist, obwohl die Beschreibung für Rossellinis Film verblüffend genau zutrifft, ein Zitat aus einem Kommentar zum Text der Bibel. Rossellinis Ziel ist nicht eine umfassende Rekonstruktion der geschichtlichen Epoche, von der die Apostelgeschichte handelt. Er erzählt bescheiden das, was in der Bibel steht.

Ich kann Guarners Einschätzung, so schön das auch wäre, nicht teilen: »Der Film dokumentiert die Dekadenz von Israel, Griechenland und Rom, indem er das frühe Wachsen einer neuen Gesellschaft beschreibt und analysiert. Paulus ist, indem er die vergehende Welt repräsentiert und die kommende ankündigt, das sichtbare Zeichen beider. ATTI DEGLI APOSTOLI unternimmt den Versuch der vollständigen Synthese einer Welt, vielleicht anders als alles, was jemals zuvor ein Filmemacher gewagt hat.«[53]

Die Apostelgeschichte des Neuen Testaments und ATTI DEGLI APOSTOLI erzählen die Taten der Zwölf Apostel. Der Bibeltext beginnt mit der Auferstehung von Jesus und der Pfingstpredigt des Petrus. Rossellinis Film beginnt mit einer Totalen von Jerusalem, die wieder im modifizierten Schüfftanverfahren aufgenommen ist, und einer Einführung in die Welt, die er zeigen will. Ein Grieche erklärt einem neu in Jerusalem angekommenen römischen Regierungsbeamten, wie das Leben in dieser Stadt abläuft. Die Auferstehung läßt Rossellini weg. Statt der vielen Wunder zeigt er den Alltag. Vor dem Abendmahl der Apostel waschen sich diese gegenseitig Hände und Füße. Dann folgt die Wahl eines neuen zwölften Apostels. Matthäus ersetzt Judas, der Jesus verraten hat. Sieben Diakone werden gewählt, darunter Stephanus und Philippus. Stephanus wird von den Hohenpriestern verhaftet und vom Volk gesteinigt. Philippus tauft einen hohen Würdenträger der Königin von Abessinien. Immer wieder werden Petrus (Jacques Dumur) und Johannes (Mohamed Kouka) verhaftet und vor dem Hohen Rat verhört. Die Juden wehren sich vehement gegen die Verkünder des neuen Glaubens. Einer der eifrigsten Verfolger, Saulus (Edoardo Torricella), wird auf dem Weg nach Damaskus von Gott mit Blindheit geschlagen und kommt, bekehrt, zurück nach Jerusalem. Mit dem gleichen Eifer, mit dem er vorher die Christen verfolgt hat, beginnt Saulus, der sich jetzt Paulus nennt, die Missionierung der Bewohner anderer Länder. Es gibt heftige Diskussionen darüber, ob auch Heiden den neuen Glauben annehmen dürfen, da diese nicht beschnitten sind. Auf dem Apostelkonzil in Jerusalem wird von allen gemeinsam beschlossen, daß dies geschehen dürfe. Paulus reist nach Syrien, nach Kleinasien, nach Griechenland und schließlich am Ende, als Gefangener, nach Rom. Diese letzte seiner Reisen, bei der, in der Bibel, das römische Schiff in einen Orkan gerät und bei Malta Schiffbruch erleidet - eine Geschichte, die sich kein Film entgehen ließe -, wird von Rossellini übersprungen. Paulus ist nach der Verhaftung in Jerusalem - man erkennt ihn beim Haareschneiden auf der Straße - sofort in Rom.

Socrate. 1970

Die Athener in SOCRATE reden - im Gegensatz zu den Juden in ATTI DEGLI APOSTOLI, die immer mit einer handwerklichen Tätigkeit beschäftigt sind - nahezu pausenlos. Es gibt keine Sequenz, nicht eine einzige Einstellung in Rossellinis SOCRATE, in der außer Reden und Abstimmen (was auch eine Form der Mitteilung ist), auch nur irgend etwas, was auf ein produktives Handwerk schließen ließe, getan wird.
SOCRATE beginnt mit dem Ende des Peloponnesischen Krieges, der fast dreißig Jahre gedauert hat. Im Jahre 404 v. Chr. hat der Spartaner Lysandros die Flotte der Athener besiegt. Athen muß zu den Bedingungen der Spartaner kapitulieren. Die Stadtmauer wird geschleift. Die Oligarchie der dreißig Tyrannen wird unter spartanischer Besatzung eingerichtet,

Socrate

um die Stadt zu regieren. Einer der Tyrannen, Critias (Juan Francisco Margallo), ist ein Schüler von Sokrates (Jean Sylvère). Er, der es besser wissen müßte, läßt Sokrates vorladen und wirft ihm vor, mit seinen rhetorischen Spitzfindigkeiten die Gesetze des Staates nicht zu befolgen. Er beauftragt ihn mit vier anderen, einen Mann in Salamis zu verhaften. Damit beweise er dann, daß er bereit sei, dem Staat zu dienen. Sokrates erklärt den vieren – einer ist Meletos (Emilio Miguel Hernández), der ihn später anklagen wird –, als sie das Regierungsgebäude verlassen, daß er nachhause gehe. Diese sagen, er sei töricht und spucken vor ihm aus. Sokrates entgegnet ihnen: »Manchmal muß man auch töricht sein können«, und geht allein davon.

Der Sturz der dreißig Tyrannen und die Wiedereinführung der Demokratie rettet Sokrates zunächst das Leben, denn Critias hätte ihn für seinen Ungehorsam töten lassen. Er kann also seine bisherige Tätigkeit fortsetzen. Er läuft mit seinen Anhängern durch die Straßen und redet mit jedem, der dazu bereit ist. Die meisten seiner Gespräche enden freilich damit, daß der andere sich in Widersprüche verwickelt

241

sieht und mit den Worten »darüber reden wir ein andermal« wegläuft.

Der gesamte zweite Teil von Rossellinis SOCRATE, nach der Wiedereinführung der Demokratie, wird von einem Thema bestimmt: dem Tod. Immer wieder redet Sokrates über ihn. Als er einen Mann trifft, der dem Aeskulap ein Huhn opfert, spricht er mit seinen Anhängern zum erstenmal darüber: »Es kann auch sein, daß der Tod süß ist und eine Befreiung bedeutet.«

Dann wird er von Meletos öffentlich angeklagt: er glaube nicht an die Götter Athens, er erfinde neue Götter und verderbe die Jugend. Sokrates verzichtet darauf, sich durch den berühmten Redner Lysias (Francisco Catalá) vor Gericht verteidigen zu lassen, nachdem er sich eine Kostprobe von dessen Kunst angehört hat. Er will der Wahrheit nicht mit Lügen und rhetorischen Kunstgriffen zum Sieg verhelfen. Er entschließt sich, sich selbst zu verteidigen, und wird von den fünfhundert durch Los bestimmten Richtern schuldig gesprochen und zum Tod verurteilt. Man gibt ihm das letzte Wort: »Denn was den Tod angeht, entweder ist er wirklich ein ewiger Schlaf, oder er ist die Auswanderung der Seele von hier an einen Ort, wo man glückselig ist ... jedoch es ist nun Zeit zu gehen. Ich: um zu sterben; ihr: um zu leben. Welches das bessere Schicksal ist, das ist allen verborgen, außer den Göttern. Ich grüße euch!«

Die Vollstreckung der Urteils, die normalerweise innerhalb von vierundzwanzig Stunden erfolgt, wird um einen Monat aufgeschoben, weil das heilige Schiff aus Delos noch nicht eingetroffen ist. Sokrates sitzt bis dahin im Gefängnis, einer Höhle, die in der Nähe des Meeres liegt, und bereitet sich ruhig und gelassen auf seinen Tod vor. Seinem engsten Anhänger Criton (Ricardo Palacios) beweist er, als dieser ihn im Gefängnis besucht, die Unsterblichkeit der Seele: »Und wenn es so ist, sollte man ihr das ganze Leben lang Pflege angedeihen lassen.« Critons Vorschlag, aus dem Gefängnis zu fliehen, lehnt Sokrates ab.

Als das heilige Schiff aus Delos da ist, nimmt er Abschied von seiner Frau Xanthippe (Anne Caprile) und seinen Söhnen und tröstet sie. Er wäscht sich, damit Xanthippe ihn hinterher nicht waschen muß, und läßt sich den Schierlingsbecher geben. Der Vollstrecker des Urteils erklärt ihm, daß er, wenn er den Becher getrunken habe, gehen möge, bis er die Wirkung des Gifts in seinen Beinen spüre. Dann solle er sich hinlegen und das Gift ruhig wirken lassen. Sokrates hört zu, ergreift den silbernen Becher und trinkt ihn langsam ohne abzusetzen aus. Er fordert seine Anhänger auf, stark zu sein. Dann geht er auf und ab, jetzt etwas nervös. Einer kann es nicht mehr aushalten. Er fragt, ob Sokrates etwas spüre. Sokrates verneint, geht weiter auf und ab. Sein Gang ist wie der Pendelschlag einer Uhr. Dann nach einer endlos langen Zeit sagt er: »Ich spüre es.« Er legt sich auf das vorbereitete Lager und zieht sich, im Hinlegen, ein weißes Tuch über das Gesicht. Doch er zieht das Tuch noch einmal weg und sagt: »Mein guter Criton, wir schulden dem Aeskulap noch ein Opfer.«

SOCRATE, eine Meditation über den Tod, wird in den letzten Sequenzen zum Dokumentarfilm über das Sterben.

»SOCRATE war ein Projekt, das Rossellini zwanzig Jahre lang im Kopf hatte; es ist der erste Fernsehfilm, den er ohne Mithilfe seines Sohns Renzo gedreht hat. Im traditionellen Sinne ist es sein persönlichster Film seit ILLIBATEZZA, dem letzten Film, den er für das Kino gemacht hat. (...) Wieder können verwirrende Parallelen zwischen dem Regisseur und dem Philosophen gezogen werden: sie teilen ihre Liebe zur Logik, ihren Unabhängigkeitswillen und ihren Starrsinn; beide haben im großen Maße Einfluß auf junge Leute gehabt, und beide haben vergleichbare religiöse und politische Feindschaften ausgelöst. Man könnte das Spiel weitertreiben und es wagen zu sagen, daß der Beitrag des einen zur Philosophie von dem anderen eingeholt worden ist, durch seinen Beitrag zum Kino.«[54]

Blaise Pascal. 1971

Die Annahme, BLAISE PASCAL sei ein ähnlicher Film wie SOCRATE liegt nahe, erweist sich aber bei näherem Hinsehen als nicht richtig. Beide Filme rekonstruieren das Leben großer Philosophen. Das und die Tatsache, daß Philosophen philosophieren (also das, was sie denken, sagen), ist bereits die einzige Gemeinsamkeit beider Arbeiten.

Aus dem Lexikon können wir erfahren, daß Blaise Pascal von 1623 bis 1682 gelebt hat. Rossellinis Film beginnt mit der

Ankunft von Pascals Vater (Giuseppe Addobbati), der ein höherer Steuerbeamter war, in Rouen im Jahre 1639. Blaise Pascal (Pierre Arditi) war also gerade sechzehn Jahre alt. Er muß seine Studien manchmal unterbrechen und seinem Vater bei der Buchführung helfen. Dabei macht sein Vater die Erfahrung, daß sein Sohn ein außergewöhnliches Rechentalent besitzt. Pascal liest ein Buch über Kegelschnitte, das, weil es nahezu unmöglich ist, es zu verstehen, »Lektion der Finsternis« genannt wird. Er versteht es nicht nur, sondern vermag Probleme, die der Verfasser des Buches nicht lösen konnte, in einer eigenen Abhandlung zu lösen. Diese erregt bei Fachleuten, Priestern in Paris, großes Aufsehen und wird veröffentlicht. Er erfindet, um seinem Vater die Rechenarbeit zu erleichtern, eine Rechenmaschine. Er weist die Abhängigkeit des Luftdrucks von der Höhe in öffentlichen Experimenten nach und ist, ehe er sich dessen so recht bewußt ist, ein berühmter Gelehrter.

Blaise Pascal ist schon in jungen Jahren ständig krank. Er leidet an einer Schwäche des Blutkreislaufes (an dessen Existenz die Ärzte seiner Zeit nicht einmal glauben) und beklagt sich immer über kalte Beine und Füße. Spätestens jetzt merken wir, daß Jahre vergangen sein müssen, und stellen verblüfft fest, daß die Zeit in diesem Film so gut wie gar nicht existiert. Ein weiterer Blick ins Lexikon sagt uns, daß seine Bekehrung, seine mystische Erleuchtung, 1654 stattfand. In Rossellinis Film ist sie fast schon das Ende. Danach erzählt er in drei, vier Sequenzen, wie Blaise Pascal stirbt. Zuerst kommen die Notare, die sein Testament aufgesetzt haben, und lassen es von ihm unterschreiben; dann die Ärzte, die ihn durch Riechen, wie in LA PRISE DE POUVOIR PAR LOUIS XIV., untersuchen und diagnostizieren, daß seine Krankheit nicht weiter schlimm sei. (Rossellini macht sich nicht im geringsten über diese Ärzte lustig, nur durch den weiteren Verlauf der Handlung wird ihre Diagnose ad absurdum geführt.) Dann kommt ein Priester, der sich weigert, ihm den letzten Segen zu geben, weil er kein Sterbender sei. Blaise Pascal muß darum kämpfen, damit er die Sterbesakramente erhält. (Den Priester spielt der Autor der Dialoge: Jean-Dominique de la Rochefoucauld.) Zwischen seiner Bekehrung und seinem Tod liegen achtundzwanzig Jahre, von denen Rossellini nicht das geringste zeigt.

Worauf kam es Rossellini also an? Im Zentrum des Films stehen zwei Sequenzen, die sich von allen anderen unterscheiden. In der ersten sehen wir Pascal in einer Kirche knien. In der vorausgegangenen Sequenz war er in einem Salon beim Würfelspiel und erklärte seinen Mitspielern, daß es für Menschen, die eine endliche Vernunft besitzen, nicht möglich ist, Gott, dessen Existenz unendlich ist, zu erkennen und zu verstehen. Um die Frage »Gibt es Gott oder nicht?« zu entscheiden, könne man genausogut eine Münze werfen. Er sagt aber auch, sich nicht zu entscheiden bedeutet, daß es Gott nicht gibt.

In der Kirchensequenz, die in einer Einstellung gedreht ist, sehen wir zunächst Blaise Pascal in einer Totalen schräg von hinten. Dann bewegt sich die Kamera - ihre Bewegung erzeugt bei mir das Gefühl, sie »fliege« (IL MESSIA ist völlig in diesem Stil gedreht) - langsam parallel zu dem knienden Pascal und beginnt, wenn sie auf seiner Höhe ist, auf sein Gesicht mit Hilfe des Zooms zuzufahren. Blaise Pascal hat die Augen gesenkt. Seine Haltung ist konzentriert, fast starr. Vom Beginn der Einstellung an hören wir die elektronische Musik von Mario Nascimbene, die von Rossellini vorher

Blaise Pascal

meist eingesetzt wurde, wenn Pascal philosophierte, also sprach. Das, war wir Pascal vorher haben sagen hören, ist uns noch im Ohr. Es geht ihm um Gott. Das ist klar. Aber was zeigt uns Rossellini?

Es ist nicht einfach nur eine besonders gelungene Kamerabewegung. Die Kamera zeigt etwas, was man nicht sehen kann. Sie umkreist ein Geheimnis, mit dem dieser Mann, den wir sehen können, beschäftigt ist, das ihn – das zeigt seine Haltung – ganz und gar erfüllt. Am Ende der Kamerabewegung macht Rossellini einen harten Schnitt auf das Gesicht Pascals. Aber jetzt sind wir in einem anderen Raum, den wir erkennen, wenn die Kamera, wieder mit Hilfe des Zooms, zurückfährt. Es ist das Arbeitszimmer Pascals, in dem auch sein Bett steht. Er sitzt an seinem Schreibtisch, hat offensichtlich gerade etwas geschrieben. Er steht auf und setzt sich in einen Sessel, der vor dem Kamin steht. Im Kamin brennt Feuer. Wir wissen, daß er immer friert. Das Feuer hat also nichts Symbolisches, sondern sein Gang hat eine ganz einfache Bedeutung. Ihm ist kalt. Er will sich wärmen. Dann liest er das, was er geschrieben hat, noch einmal laut. Er hat den genauen Zeitpunkt seiner Bekehrung notiert. »In der Art der Aufzeichnung deutet sich der Protokollant physikalischer Untersuchungen an«[55], bemerkt Rainer Gansera. Danach geht er zum Bett und macht etwas, was so aussieht, als nähe er. Die Einstellung ist so total, daß wir nicht genau erkennen können, was er tut. Ich dachte zuerst, er nähe sich einen Knopf an, und wunderte mich, denn er ist wieder unendlich konzentriert. Außerdem sehen wir im Hintergrund, direkt über der Stelle, an der er näht, das Feuer des Kamins brennen. Es ist, durch die Art, wie es gefilmt ist, durch die Entfernung, die die Kamera einnimmt, eine merkwürdig berührende Sequenz. Das Feuer scheint – denn durch die lange Brennweite des Objektivs wird die Entfernung verkürzt – direkt aus dem Gegenstand, mit dem seine Hände beschäftigt sind, zu kommen, und einen Moment wundern wir uns, daß er nicht verbrennt. Dann kommt die Erinnerung an eine Sequenz vom Anfang des Films. Dort liest Pascals Vater laut einen Text aus der Bibel. Es ist eine Stelle aus dem Alten Testament, Moses' Erlebnis mit dem brennenden Dornbusch. Auch dieser brennt, ohne daß, Moses wundert sich darüber, der Dornbusch verbrennt.

Bei Rainer Gansera finde ich dann die Erklärung, daß Pascal das Blatt Papier in das Futter seines Rocks eingenäht hat.[56] Wer Derartiges filmt, risikiert alles. Das Religiöse ist ein tabuisierter Bereich, und Rossellini – auch wenn er sagt, es handele sich nur um einen didaktischen Fernsehfilm – entblößt sich total. Denn das, was er zeigt, muß eine Entsprechung in ihm selbst haben. Andernfalls könnte er es nicht filmen. In einer soeben erschienenen französischen Rossellini-Monografie ist ein kurzes Interview des Autors mit Jean-Dominique de la Rochefoucauld – der von ATTI DEGLI APOSTOLI bis DESCARTES an den Drehbüchern mitgearbeitet hat – veröffentlicht. Er sagt, und ich meine, daß diese Aussage ernst zu nehmen ist: »In Wahrheit sind das überhaupt keine pädagogischen Filme. Rossellini wollte alles, nur kein Lehrer sein.«[57]

»BLAISE PASCAL ist keineswegs ein schlechter Film, er ist nur einfach ein bißchen dumm im Vergleich zu Rossellinis anderen Projekten im gleichen Genre«[58]: mit diesem bemerkenswerten Fazit beendet die englische Kritikerin Jill Forbes ihre Kritik.

Agostino d'Ippona. 1972

Der Bischof von Hippo Regius (Nordafrika) bestimmt den Rhetoriker und Kirchenlehrer Augustinus zu seinem Nachfolger. Der muß sich bald mit den Anhängern des Donatus, des Bischofs von Karthago, auseinandersetzen, deren Häresie vorläufig noch durch den Spruch des Gerichts von Ravenna von Verfolgung freigestellt ist; der Donaterglaube sei zu respektieren. Unabhängig davon nimmt Augustinus (der einst in Karthago zum Rhetor ausgebildet wurde und dann dortselbst Lehrer der Rhetorik war) jeden theologischen Disput mit den Donatern an, ob über die Taufe oder den Kult der Sinnlichkeit. – Zum Schlichter eines Erbstreits bestellt, in dem ein Christ seinem heidnischen Bruder dessen Erbteil absprechen und es der Kirche übereignen will, entscheidet Augustinus, das Erbe sei zu dritteln: je ein Drittel für jeden der Brüder, das dritte für die Kirche; als der streitsüchtige christliche Bruder vor dem weltlichen Gericht gegen den Spruch des Bischofs recht behält, schenkt Augustinus dem Heiden

den Anteil der Kirche. – Alarich hat Rom erobert, dessen Niedergang den Christen zur Last gelegt wird, weil sie die Feindesliebe zur Ideologie gemacht und Rom geschwächt hätten. Inmitten der Christenverfolgung predigt Augustinus, die Märtyrer hätten Rom nicht vor Alarich schützen können, weil sie nicht für das Imperium, sondern für den Herrn gelebt hätten und gestorben seien. Flüchtende Donater finden Unterschlupf bei Augustinus, der in einer langen Disputation mit dem Statthalter Marcellinus über christliche Politik die Einheit des Widerspruchs zwischen christlicher Demut und politischem Handeln behauptet. Als Marcellinus von Marinus abgelöst und wegen Verschwörung gegen den Staat zum Tode verurteilt wird, besucht Augustinus den Verhafteten in seiner Zelle und interveniert für ihn bei Marinus, der sich dadurch allerdings nur zur Eile angehalten fühlt: während Augustinus in seinem Kloster betet, wird Marcellinus in seiner Zelle erstochen.

Die optische Gestaltung des Farbfilms folgt den inhaltlichen Vorgaben der Szenen. Die Kamera schwenkt Straßen und Plätze ab, begleitet wandernde Mönche, läßt sich mit schilderndem Duktus auf Ambiente ein, wenn sie etwa ausführlich die Arbeit in einer klösterlichen Weberei und Färberei darstellt. Bei Disputationen verändert sie durch Fahrten lieber den Bildausschnitt, vor und zurück, als daß sie den Standort wechselte; bei Predigten ist Zoom eingesetzt. Römische Politiker debattieren im Dampfbad den Untergang Roms und die Schuld der Christen: sie sprechen frontal in die Kamera, die sie – einer Dokumentation ähnlich – abschwenkt, immer auf der Suche nach dem jeweils Sprechenden.
Auffälliger ist der akustische Diskurs, sind Geräusche aus dem Off, die optisch nicht verifiziert werden. So hört man den Lärm einer Arena oder/und das Schreien von Kindern (was Assoziationen an den bethlehemitischen Kindermord nahelegt), oder auch das Getümmel der Arena, verbunden mit Klavier(!)spiel. Einmal schlichtet Augustinus einen mörderischen Steinkampf heidnischer Jugendlicher. Als er in der darauffolgenden Szene einen jungen Bischof verabschiedet, ist wieder der Lärm einer Arena zu hören; in der nächsten Einstellung ist zu sehen, wie der eben von Augustinus verab-

Agostino d'Ippona

schiedete Bischof unterwegs überfallen und fast zutode gesteinigt wird. Es ist die einzige Stelle des Films, an der das
akustische (Voraus-)Signal eine optische Erfüllung findet –
und selbst in dieser »Auflösung« bleibt die Assoziation an
die Märtyrertode der Christen in römischen Arenen viru-
lent.

So arbeitet der Film mit gleichsam unterirdischen Konnota-
tionen, die sein scheinbar realistisches Outfit verunsichern.
Dazu gehört ein zweimaliger Auftritt exzentrisch gekleideter
Figuren, die man als Transvestiten wahrnehmen kann. Beim
erstenmal erscheinen sie unvermittelt auf der Straße (während aus dem Off die Arena und das Klavier tönen), beim
zweitenmal verkünden sie den Sieg Alarichs und die Niederlage Roms.

Die großen theologischen Werke des hervorragendsten lateinischen Kirchenlehrers, dessen Bedeutung für die Entwick-

lung des christlichen Glaubens allenfalls von (dem Augusti-
nermönch) Luther übertroffen wird, sind nicht Gegenstand
des Films; sie werden nicht einmal erwähnt; nur einmal erlebt man Augustinus beim Diktieren einer Abhandlung –
und gleich wird er abgerufen zur Schlichtung des Erbstreits.
Die Theorie des Lehrers ist Rossellinis Sache nicht, sondern
die Praxis der Lehre, die er zeigt. Obwohl die Dramaturgie
von AGOSTINO D'IPPONA nur in der Behandlung des Tons An-
laß zu geben vermag zu dem Querverweis: die augustinische
Lehre, zu deren Grundgedanken die Gnadenlehre, die
Menschheitsgeschichte als einmaliger teleologischer Ablauf
bis zum Weltgericht, die Selbstgewißheit des Bewußtseins,
die Eigenständigkeit der Seele gegenüber dem Körper gehören – diese augustinische Lehre wird später nicht nur von
Luther, sondern zumal vom Jansenismus wiederaufgenom-
men, dem das Denken und die Dramaturgie Robert Bressons
verpflichtet sind.

L'età di Cosimo de' Medici. 1972

1. Teil. Florenz 1429, Giovanni di Bicci liegt auf dem Toten-
bett. In seinem Testament hat er verfügt, daß die Söhne in
seinem Sinne weiterzumachen hätten. Sein ältester Sohn Cosimo verlangt gleich nach der Beerdigung eine Konferenz der
Bankiers. – London. Ein Händler aus York bricht auf nach
Florenz. Auf der Reise durch Frankreich erzählen Soldaten
von Jeanne d'Arc. In Florenz angekommen, wird der Mann
aus York von einem Florentiner durch die Stadt geführt;
man zeigt ihm die Sehenswürdigkeiten. – Cosimo bei Geschäften in seiner Bank. – Die Gilde der Seidenhändler prüft
Seide, wie sie nur in Florenz hergestellt werden darf; das Angebot aber kommt aus Avignon. Ein gedungener Mörder tötet in Avignon einen Händler und setzt sein Haus in Brand. –
Cosimo verurteilt Grausamkeiten im Krieg gegen Lucca; er
läßt Entschädigungen zahlen. Das Volk auf dem Markt kritisiert die Kriegsobligationen. – Der Bankier Baldi besucht
Cosimo in dessen Landhaus, warnt ihn vor der Stimmung in
Florenz. Cosimo ordnet Zins- und Schuldennachlaß an. In
Florenz fürchtet man, daß Cosimo bald die Stadt aufgekauft
haben werde und nach dem Fürstentitel strebe. Obwohl von

L'età di Cosimo de' Medici

Baldi gewarnt, reist Cosimo nach Florenz und wird in der Signoria beschuldigt, die Feinde der Republik finanziell zu unterstützen. Man bringt ihn ins Gefängnis, wo er zuerst in Hungerstreik tritt, ihn aber bald wieder aufgibt. Der Gonfaloniere erhält von Cosimo einen Sack Gold; beide dinieren zusammen. Cosimo wird ins Exil geschickt. Im Dogenpalast von Venedig imponiert er durch Ratschläge für den Staatshaushalt der Lagunenrepublik.

2. Teil. Florenz bereitet sich auf den Besuch des Papstes vor; man will Geschäfte mit ihm machen. Die Prioren der Neri und der neue Gonfaloniere sind Freunde Cosimos. In der Signoria kommt es zu Auseinandersetzungen mit anderen Parteien; ein Kardinal vermittelt, und der neue Gonfaloniere muß geloben, Cosimos Exil nicht aufzuheben. Doch dann verlassen Cosimos Gegner die Stadt; als der Medicier incognito, zu Fuß und in schwarzer Kutte, die Stadt betritt, wird er schon am Tor erkannt. Auf dem Weg zur Signoria wird er überall freudig begrüßt. – Leon Battista Alberti besucht Donatello, der aus Protest gegen die Verbannung Cosimos selbst ins Exil gegangen ist, in seiner Werkstatt. – Cosimo spricht

vor der Signoria über die Gerechtigkeit und regelt in seiner Bank, assistiert von Baldi, die Geschäfte. In der Münze der Medici werden Florentiner geschlagen, acht Kilo Gold ergeben 500 Florint. Baldi läßt Schulden von Freunden stornieren, oder er begleicht sie. – Cosimo besucht Brunelleschis Werkstatt; er will, daß außer Brunelleschi noch ein anderer Künstler einen Entwurf für die Domkuppel macht. – Alberti, der über den Zusammenhang von Kunst, Geld und Architektur doziert, wird nach der Entscheidung der Signoria für Brunelleschis Entwurf von dem unterlegenen Bewerber kritisiert: er sei von Brunelleschi verhext und habe schon zwei Bücher über ihn geschrieben. – Während eines Spaziergangs diskutieren Cosimo, der Gonfaloniere, Alberti und andere über die Sprache; Alberti plädiert, indem er Dante und Petrarca hervorhebt, fürs Italienische. – Ein bezahlter Killer wird verhaftet; es werden ihm die Hände abgehackt.

3. Teil. Nach einem philosophisch-theologischen Disput über Cusanus erklärt Alberti seinen Zuhörern ein System von Perspektiven und Linsen; er läßt sie durch eine Camera obscura sehen und wickelt nebenbei ein bedeutendes Geldgeschäft ab. – Cosimo erfährt, daß in Venedig eine griechische Bibliothek zum Kauf steht; er sagt einen Scheck über 620 Florint für eine Bank in Venedig zu, damit der Kauf gleich in Venedig getätigt werden könne. Bei einem glanzvollen Empfang für den venezianischen Gesandten versichert Cosimo, daß Sforza in Mailand nicht gegen Venedig rüste; solange Sforza zur Republik Florenz stehe, habe die Lagunenstadt nichts zu befürchten. Man flüstert in seiner Umgebung, daß er alle politischen Fäden in Italien in der Hand habe. Dem Erzbischof gegenüber beteuert Cosimo, kein Interesse an der politischen Macht zu haben. Als der Kirchenfürst nach dem Schicksal der Gefangenen fragt, fällt Cosimo vor ihm auf die Knie; in den Gewölben wird ein Mann stranguliert. – Cosimo hat die Begegnung der Kirchen von Ost und West in Florenz zuwege gebracht; feierlicher Aufzug der Patriarchen, Popen, Bischöfe, Kardinäle und des Papstes, an seiner Seite: Cosimo. Einzug in die Kirche Sta. Maria. – Alberti besucht in Rom eine verfallene Kirche und das Forum Romanum. Der Papst, der in Bologna noch Albertis Professor und in Florenz sein Vorgesetzter in der Verwaltung war, beauftragt ihn mit der Erneuerung Roms. – In Rimini präsentiert Alberti seine Pläne

für die Kirche San Francesco. – In einer Werkstatt eine Reihe von Maschinen; ein Hammerwerk bei der Arbeit. – Der inzwischen ergraute Alberti vor dem fertigen Dom von Florenz; vor Schülern spricht er über Brunelleschi; in seinem Kabinett führt er seine Spiegelmaschine vor. Besucher, die kommen und gehen, ehren ihn; er wird nach Venedig eingeladen. Aber er muß nach Rom, und Lorenzo, der Enkel Cosimos, reist mit ihm. Beide wandern durch römische Ruinen, und Alberti doziert vor Lorenzo über die Familie: »Die Stadt basiert auf der Familie« und »Es gibt keinen besseren Platz in der Welt als die Familie«. Glockengeläut. Ein Jubelchor singt.

Von Cosimo zu Alberti (weniger zu Lorenzo, der nur als Zuhörer auftritt): schon vom zweiten Drittel des zweiten Teils an wendet sich das Interesse Rossellinis mit dem Besuch Albertis bei Donatello dem Gelehrten zu und von Cosimo ab, der im dritten Teil fast ausschließlich als Repräsentant seiner selbst, seines Einflusses, seiner Macht erscheint. Auf Alberti, der den *età,* das Zeitalter Cosimos, repräsentiert, läuft alles zu, auf den vielseitigen, polyglotten Polyhistor, der alle Künste und Werkstoffe beherrscht, jedes Handwerk und den Handel wie die Verwaltung kennt; der die philosophisch-theologische Debatte ebenso anführt wie die ästhetische und literarische. Wo Cosimo ein kluger Bankier und gewiefter Politiker ist, der die oligarchisch beherrschte Verfassung der Republik respektiert und sich auf sie abstützt, weil sie das Aquarium ist, in dem sich die Goldfische des Geldadels nach Belieben tummeln können, ist Alberti, wohlhabend vielleicht, aber nicht entfernt so reich wie Cosimo, das Genie, dessen Geist diese Welt durchdringt und sie gleichzeitig zu formen unternimmt. Wo Cosimo kunstsinnig ist und ein wählerischer Käufer von Kultur, wird deren Struktur von Alberti auf den Begriff gebracht. Indem er an den Maßen der Antike Maß nimmt, mißt er dem Zeitalter die Norm der Klassizität zu. Durchaus kein systematischer Denker, aber universell begabt zu einer frühen, zeitungleichen Art des wilden Denkens, entwirft er die geistigen Konturen des Humanismus; niemals Architekt, der sich auf Baumaterial und Statik verstünde, läßt er nach seinen Ideen, Vorstellungen und Studien die Form- und Raumgestalt der Renaissance bauen. Wo Cosimo der

Täter ist und die Macht, schafft er das Klima, in dem sich Alberti entfalten kann, bis er sich weit über Florenz hinauslehnt. Wo Cosimo der Friedensstifter und Patriarch ist, kann Alberti der Lehrer und Ideologe sein, der Architekt des Überbaus. Kein Wunder, daß sich Rossellini ihm näher fühlt als Cosimo, sobald Alberti auch nur einen Schimmer seines Wesens zeigt. Wenn er ihn am Schluß aus seinem Hauptwerk *Della famiglia* zitieren läßt, ist Rossellini ganz bei sich selbst: die Familie als die Basis der Stadt ist die Grundlage aller staatlichen Ordnung.

L'ETÀ DI COSIMO DE' MEDICI hebt mit einer großen Bewegung an, mit einer klassischen Introduktion, wie schon in LA PRISE DE POUVOIR vorgeführt: ein Sterbezimmer ist der Mittelpunkt eines Zeitalters, das nicht endet, sondern allererst beginnt, der Tod ist der Anfang des Neuen. Introduktionscharakter haben die weiteren Sequenzen. Nach London und Frankreich blickt der Film, um die Epoche zu definieren, in der Florenz schon dem übrigen Europa weit voraus ist: London ist eine Schutthalde aus Müll und Mist, Frankreich das vom Krieg verwüstete Gelände, das man schnell und möglichst in Begleitung anderer zu durchqueren hat. Die Silhouette von Florenz erscheint mit Schüfftan-Effekt im Tal, und dann wird der Mann aus York wie ein Tourist von heute durch die Stadt geführt, oder wie Rossellini selbst durch Indien führte (L'INDIA VISTA DA ROSSELLINI). Wie barbarisch die Idee Florenz gleichwohl ihre Vorherrschaft verteidigt, auch das noch gehört zur Introduktion, mit der relativ kurzen Mord- und Brandstiftungssszene in Avignon, einer Plansequenz, die aus einer Totalen, einem Zoom vorwärts (sobald der Killer im Haus ist, aus dem ein Schrei ertönt) und einem Zoom rückwärts (wenn der Mörder den aus dem Haus fliehenden Händler niederstößt, ins Haus zurückbringt und dann innen und außen Feuer legt) besteht.

Einfache, schlichte Erzählformen dominieren; die Erzählpartien sind in sich geschlossen, folgen einander Satz auf Satz. Ortswechsel sind – mit wenigen Ausnahmen: Cosimo, auf das Schicksal der Gefangenen angesprochen, fällt auf die Knie/man sieht, wie ein Gefangener zu Tode gebracht wird – in der Regel auch Zeitwechsel, und wenn man Cosimo zum erstenmal in seinem Bankhaus sieht, dient das vorwiegend der Ortsbestimmung und der mise-en-scène der Person:

die Zentralgestalt wird in ihr zentrales Ambiente gestellt, aus der Raumsprache der Renaissance definiert. Auf Parallelmontage, die Gleichzeitigkeit insinuiert, kann schon deshalb verzichtet werden, weil in diesem *età* das Zeitungleiche oder Unzeitgemäße nicht stattfindet; alle Zeit ist unmittelbar zur Idee Florenz, zu Cosimo (oder zu Gott). Alles was geschieht, ereignet sich jetzt und hier; alles was geschieht, ist auf der Szene zu sehen oder zu hören – wenn es keine Aktionen sind, dann mündliche Berichte (wie der von Baldi, der vor Cosimo über die Stimmungslage in Florenz referiert).

Immer wieder steht im Vordergrund das Interesse der Belehrung, der Information, des Zeigens. Vom ETÀ DEL FERRO, aber auch von den ATTI DEGLI APOSTOLI ragt Lust am Vorzeigen handwerklicher oder frühindustrieller Maschinen herüber in diesen Film, eine Lust, die sich nicht mit dem dekorativen Charakter der reinen Erscheinung zufriedengibt, sondern das Handwerk in Aktion sehen und zeigen will. Auch Alberti baut und zeigt Maschinen in ihrer Funktion; er erklärt sie und spricht gleich anschließend über Philosophie und Verwaltung, und er kann wenige Minuten später ein Geldgeschäft abwickeln: er repräsentiert wie kein anderer die Idee vom universellen Menschen der Renaissance, eine Idee, die L'ETÀ DI COSIMO DE' MEDICI in Bilder, Aktionen und wörtliche Informationen umsetzt. Freilich: Alberti als der Philosoph der »Familie«: er selbst bleibt – was das angeht – nur theoretisch wie der ganze Film. Wie Familie funktioniert, etwa die der Medici, wird nicht vorgeführt. Der Film ist gleichsam offiziell und wird niemals privat, ist eher Berichterstattung als Analyse.

Cartesius. 1973

René Descartes lebte von 1596 bis 1650. Rossellinis CARTESIUS setzt ein mit dem Ende seiner Schulzeit in dem von Jesuiten geleiteten Collège Royal in La Flèche, »eine der besten Schulen Europas. (...) Die Jesuiten sind ein unverbrauchter und fortschrittlicher Orden; sie begeistern ihre Schüler für den astronomischen Fortschritt, vor allem für die Entdeckungen des noch lange nicht verurteilten Galileo Galilei an Jupiter und Saturn, und erklären die Gründe, die für das kopernikanische Weltbild sprechen. (...) Als besondere Vergünstigung gestatten die großzügigen Patres dem aufgeweckten Jungen die Lektüre ›verbotener‹ Schriften«[59].

In der ersten Sequenz von CARTESIUS wird den Schülern ein Vortrag über die Entdeckungen Galileis gehalten. Auf dem Tisch des Vortragenden steht ein Modell des galileischen Fernrohrs. Das Gesagte – es geht um die Sterne der Milchstraße, die Plejaden, die Planetenbewegungen um die Sonne und um die Natur der Sonnenflecken – erregt unter manchen Schülern sofort heftigsten Widerspruch: so stehe es nicht in der Bibel und auch nicht bei Aristoteles. Damit ist Rossellini beim zentralen Thema im Leben von Descartes. »Cartesius gilt mit Recht für den Vater der neuern Philosophie, zunächst und im Allgemeinen, weil er die Vernunft angeleitet hat, auf eigenen Beinen zu stehn, indem er die Menschen lehrte, ihren eigenen Kopf zu gebrauchen, für welchen bis dahin die Bibel einerseits und der Aristoteles andererseits funktionierten«[60], schrieb Schopenhauer.

Bevor Descartes die Schule verläßt, erhält er die Erlaubnis, zwei verbotene Bücher, *Die Magie der Natur* von Cornelius Agrippa und ein anderes über das gleiche Thema von Porta zu lesen. Der Pater ermahnt ihn sanft, er solle es beim Stillen seiner Begierde nach Wissen nicht allzu eilig haben.

In Paris sieht Descartes, wie eine Frau, die als Hexe verbrannt werden soll, umringt von einer aufgeregten Menschenmenge auf einem Wagen durch die Straßen gefahren wird. Er wohnt bei einem Freund seines Vaters. Dort findet er Gedichte von Théophile de Viau, dessen Schriften kurze Zeit später öffentlich verbrannt werden.

Er schläft bis in die Mittagszeit. Ein Diener übermittelt ihm eine Einladung von Pater Mersennes (der auch schon in BLAISE PASCAL aufgetaucht ist). Weil der Pater ebenfalls ein Schüler von La Flèche ist, nimmt Descartes die Einladung an. Pater Mersennes beschimpft die Astrologen, die es wagen, ein Horoskop von Jesus Christus zu erstellen. Er appelliert an den Verstand und an die Erkenntnisse des Aristoteles, mit dem er zwar nicht in allem einer Meinung sei, »denn inzwischen sind fast zweitausend Jahre vergangen«, und das Wissen der Menschen habe große Fortschritte gemacht. Der junge Descartes ist Pater Mersennes vom Leiter der Schule empfohlen worden. Er ist bereit, ihn unter seine Fittiche zu

Cartesius

nehmen. Er führt ihn in sein Labor, zeigt ihm stolz seine Er-
findung, ein Gerät, mit dem man die Luftfeuchtigkeit messen
kann. Sie geraten sofort wieder in eine Diskussion über Aristoteles. Descartes will nur das als wahr zulassen, was er
selbst als wahr erkannt hat. Er ist überzeugt, in jedem Menschen gebe es »Samenkörner der Wahrheit«, eine Formulie-
rung, deren Schönheit Pater Mersennes sehr nachdenklich
macht und ihn dazu bringt, ihm den Vorschlag zu machen,
seine Gedanken niederzuschreiben.

Diesem Vorschlag wird Descartes in der Folgezeit immer
häufiger begegnen. Aber er will nicht schreiben, will sich
nicht festlegen, er will in Ruhe und Frieden nachdenken.

Er versteckt sich vor seinen Freunden und Bekannten, er hält
es an keinem Ort lange aus; er ist immer unterwegs. Mit der
Niederschrift und dem Druck seiner ersten Abhandlung *Dis-
cours de la méthode* (1637) endet Rossellinis CARTESIUS.

Am wohlsten fühlt sich der Philosoph in Holland, im Getriebe der Kauf- und Seeleute. Dort kann er in Ruhe die Menschen beobachten und ungestört über das, was ihn interes-

siert, nachdenken. Dort begegnet er der Magd Elena, die schön und zugleich ein wandelndes Lexikon von Sprichwörtern ist. Er entdeckt ihre Schönheit, und sie bekommt eine Tochter von ihm. Er nimmt das kleine Mädchen auf den Arm und stellt fest: »Sie ist eine vollkommene Maschine der Natur.«

Aber auch bei Elena hält er es nicht lange aus. Er reist immer wieder nach Paris, dann zurück nach Holland, nach Amsterdam, nach Breda, nach Utrecht. In einem Salon in Utrecht fällt sein berühmter Satz: »Ich denke, also bin ich.«

L'anno uno. 1974

Panzer, Jeeps, ein Rotkreuzzelt, Flüchtlinge; ein Bombenangriff, eine total zerstörte Stadt, Tote werden zusammengetragen. Leere Straßen in Rom, deutsche Soldaten transportieren Italiener ab. – Alcide De Gaspari empfängt in einem außerordentlich bescheidenen Zimmer Politiker, vor denen er über die Notwendigkeit der Einheit aller Parteien doziert. Seine Tochter hat für ihn eingekauft, was noch zu kaufen ist. Dann kommt ein Priester, dem De Gaspari seine Vorgeschichte erzählt. Der Katholizismus, sagt er bei der Gelegenheit, habe nicht nur Unterwerfung gelehrt, sondern auch das Stehen auf zwei Beinen. – Besuch bei Bonomi, der sich ein Zusammengehen mit den Kommunisten nicht vorstellen kann; Szene in der Druckerei des *Popolo,* wo ein Setzer dem Autor seinen Artikel vorliest; Versammlung der Parteiführer in einer illegalen Wohnung. – In der Nacht Motorengeräusch, vor der Tür ein amerikanischer Jeep. – Bonomi bildet das erste Kabinett, und De Gaspari spricht auf dem Kongreß der Democrazia Cristiana, der unter dem Motto »Libertà« steht, gegen den Kommunismus. Er wird Außenminister, später Ministerpräsident. Meetings, Verhandlungen, Reden, großer Wahlsieg für die DC. De Gaspari aber will nicht allein regieren; sein Ziel sei die Einigung Europas, mit Schuman, mit Adenauer. – Nach dem Attentat auf Togliatti fährt De Gaspari sofort ins Hauptquartier der Kommunistischen Partei; seine Intervention trägt dazu bei, daß der überall aufflackernde Aufstand rasch erlischt. – Besuch bei der Tochter Lucia in ihrem Kloster, Andeutungen von Müdigkeit nach der Wahlnie-

L'anno uno

derlage von 1953. Vor der Abreise in den Urlaub (von dem er nicht mehr zurückkehren sollte) telefoniert De Gaspari mit Scelba und schreibt dem neuen Parteivorsitzenden Fanfani einen Brief. Große Abschiedsszene auf dem Bahnhof, letzte Gelegenheit für testamentarisch klingende Grundsatzerklärungen.

Das Wort vom Personenkult drängt sich auf, zumal im Vergleich zu der Distanz, die noch zu Ludwig XIV. (LA PRISE DE POUVOIR. 1966), Sokrates (1970), Pascal (1971) und auch Cosimo de' Medici (1972) eingenommen wurde. Wenn dort die dominierenden Gestalten aus der mise-en-scène ihres Ambiente – sowohl der Räume als auch des sie umgebenden, begleitenden und kommentierenden Personals – definiert wurden, wenn sie mindestens auch die Summe der Reflexe anderer waren, so ist Alcide De Gaspari die in jeder Weise, nicht nur körperlich, überragende Figur. Szenen, in denen er nicht anwesend ist, sind beiläufig, auch wenn sie zu den inszenatorisch geglücktesten zu zählen sind, wie eine Einstellung vom Wahlkampf, in der zuerst ein Auto mit Wahlpropaganda der Volksfront, dann ein zweites mit Wahlpropaganda der DC ein Garibaldi-Denkmal umkreisen. Genau das aber geschieht dem De Gaspari von L'ANNO UNO nie: daß er umkreist und damit erst als das Zentrum ausgewiesen wird. Er ist vielmehr als der Mittelpunkt ausgegeben, von dem alle Kraft ausgeht, zumal eine zentripedale, die alle Sterne minderer Ordnung auf De Gaspari lenkt, den Menschenmagneten.

Sosehr das dem (christlich-konservativ bestimmten) Blick auf das Italien der unmittelbaren Nachkriegszeit entsprechen, sosehr De Gaspari in der Tat das Kristallisationszentrum auseinanderstrebender Kräfte gewesen sein mag: dem Film verleiht die, milde gesagt, Anpassung an die offizielle Geschichte der DC keinen Impuls. Er bleibt plakativ und ist aufs Eindimensionale, auf Historiografie von Zeitgeschichte als Personengeschichte dimensioniert. Den Atem der Geschichte läßt er allenfalls in dem Moment spüren, in dem Italien nach dem Anschlag auf Togliatti vor dem Bürgerkrieg steht. Allzu behend wird die Stunde Null zwischen Krieg und Nachkrieg überbrückt, sie wird nicht einmal wahrgenommen von der Blindheit gegenüber den blutigen, mörderischen, auch alle

Familienbande zerreißenden politischen Auseinandersetzungen. Dieser Geschichtstatsache hat sich Rossellini nie ernsthaft gestellt. Über den historischen status quo von ROMA, CITTÀ APERTA und PAISÀ führen weder IL GENERALE DELLA ROVERE noch ERA NOTTE A ROMA hinaus, und die Chance, sich mit L'ANNO UNO den gesellschaftlichen (und regionalen) Widersprüchen Italiens zu stellen, wurde offensichtlich nicht einmal als Chance wahrgenommen. Schon das Mißverhältnis von Titel und zeitlich-historischer Ausfaltung des Films ist deutlich genug: l'anno uno, das Jahr Eins, wird nicht verstanden als das erste Jahr der neuen Republik, sondern als das Jahrzehnt der Vorherrschaft der Democrazia Cristiana, als die Ära De Gasparis. Das Jahr Eins dieses Films ist das Dezennium der Restauration einer bürgerlichen Republik. Indem es als anno uno der Republik deklariert wird, werden alle Antinomien den Praktiken des politischen Ausgleichs subsumiert.

Il messia. 1975

»Ich zeige die Dinge, ich erkläre sie nicht. Ich mache die Arbeit einer Rekonstitution. Das ist alles. Was heißt: erklären? Das heißt, die Dinge zu bedenken, sie auf bestimmte Weise zu sehen, und dann zu versuchen, Emotionen zu wecken, zu überzeugen und den anderen zu benutzen. Ich lehne ein solches Vorgehen ab. Wenn es Emotion geben soll, muß sie aus den Dingen, so wie sie sind, entstehen«[61], sagt Rossellini in einem 1976 geführten Interview mit der italienischen Filmzeitschrift *Filmcritica* über IL MESSIA.
Die »Tatsachen« in Rossellinis letztem Film sind nicht in irgendwelchen beliebigen Büchern zu finden, sondern stehen in der Bibel, einem Buch, das im Laufe von zweitausend Jahren von vielen Tabus umgeben worden ist. Und auch hier erzählt er nicht irgendeine Geschichte, sondern die Geschichte von Jesus, der von sich gesagt hat, er sei der Sohn Gottes, und der durch das, was er gesagt und getan hat, eine der größten Bewegungen der Weltgeschichte ausgelöst hat, und die selbstverständlich, weil sie von so großer allgemeiner Bedeutung ist, von zahllosen Künstlern (und Filmregisseuren) nacherzählt und -gestaltet worden ist. Rossellini hat das hi-

storische und religiöse Gestrüpp, welches die Gestalt Jesu umgibt, weggeschlagen und sich wie ein nüchtern denkender Historiker (in einem Interview sagt er, er sei ganz und gar nicht religiös) ausschließlich an das gehalten, was in den historischen Quellen – das ist hier die Bibel – steht. Er benutzt wortwörtlich die Texte aus den vier Evangelien. Er selbst sagt, er habe sich hauptsächlich an das Evangelium des Johannes gehalten[62], was nicht richtig ist, denn er hat weitaus umfangreichere Texte aus dem Evangelium des Matthäus benutzt. Er stellt sie jedoch, und das ist einer der wesentlichen Unterschiede gegenüber allen vorangegangenen Bearbeitungen, in einen historischen Zusammenhang. Er erzählt nicht nur die Geschichte von Jesus, sondern auch die Vorgeschichte des jüdischen Volkes, von der im Alten Testament berichtet wird. Daher heißt sein Film auch nicht Jesus oder Jesus Christus, sondern IL MESSIA: es geht um den Juden Jesus, der der Messias, der König der Könige ist, von dem das jüdische Volk seit seinem Auszug aus Ägypten unter der Führung von Moses geträumt hat und der, als er endlich gekommen ist, von seinem eigenen Volk verfolgt und getötet worden ist.

Konsequent beginnt Rossellini IL MESSIA mit der Ankunft der Juden in Kanaan. Wir schreiben das Jahr 1100 vor unserer Zeitrechnung. Moses ist tot. Samuel (Vernon Dobtcheff), ein alter Mann, führt das Volk, das von ihm verlangt, daß ein König gewählt werde. Er ist gegen die Wahl eines Königs. Er verläßt den Kreis der Ältesten, der sich vor seinem Zelt niedergelassen hat, und bittet Gott um Rat. Als er zurückkehrt, erzählt er, was Gott ihm aufgetragen hat. Er warnt sie vor den Folgen. Ein König werde immer die ihm übertragene Macht mißbrauchen, werde sie ausbeuten. Sie würden Sklaven sein und einmal bitterlich weinen wegen des Königs, den sie jetzt wollten. Aber die anderen Männer wollen, daß das Volk Israel so ist wie die anderen Völker (Samuel 8, 1-22).

In einer Folge schnell wechselnder Einstellungen springt IL MESSIA durch 1100 Jahre jüdischer Geschichte. Der erste König ist Saul. Schon er mißbraucht seine Macht und führt das Volk in einen Krieg. Es folgen viele andere Könige. »Sie alle trachteten nach Luxus, Eroberungen und nach Macht. Das Reich wurde so groß, daß König Salomo es unter den Stämmen aufteilen mußte. Und so kam es schließlich dazu, daß Bruder gegen Bruder kämpfte ... Tod, Zerstörung, Exil, Korruption, Krieg: das war das Geschenk der Könige. Aber während dieser tausend Jahre hielt sich die von den Propheten unterstützte Hoffnung im demütigen Volk lebendig. Die Hoffnung auf einen gerechten König, einen Messias, der unvermeidlich kommen mußte, weil Gott es versprochen hatte.«

Rossellini hat diese Einleitungssequenz in weiträumigen Totalen gefilmt und benutzt den Zoom auf die gleiche Weise wie in VIVA L'ITALIA. Die Kamera ist fast ständig in Bewegung. Oft hat man das Gefühl, sie fliege. Diese »fliegende Kamera« etabliert im Bewußtsein des Zuschauers eine Zwischenwirklichkeit, die mit der Wirklichkeit des Alltags nichts, mit der Wirklichkeit von Träumen aber sehr viel zu tun hat. Alles was wir wahrnehmen, erscheint uns wirklicher als in anderen Filmen. Alles scheint möglich in diesem Film. Rossellini könnte uns in IL MESSIA einen Wunder vollbringenden Jesus vorführen. Er wäre zum erstenmale glaubwürdig. Doch gerade darauf verzichtet Rossellini. Er zeigt nichts dergleichen. Jesus (Pier Maria Rossi) ist in IL MESSIA ein junger Mann, der sich nur dadurch von anderen unterscheidet, daß er an das, was er sagt, unerschütterlich glaubt, und daß er selbst völlig konsequent auch so handelt, wie er es die anderen zu lehren versucht. Was er sagt, ist – wie Rossellinis Stil – einfach, klar und radikal. Er hat keinen Heiligenschein. Er ist nicht süßlich-sentimental.

Rossellinis Stil in IL MESSIA ist anders als in seinen bisherigen Filmen. Er bewahrt Distanz zur dargestellten Wirklichkeit. So als begnüge sich ein Fotograf mit einer Bleistiftskizze anstelle eines Fotos. Die Totale als bevorzugte Kameraentfernung, die das Erkennen von Details unmöglich macht. Die Fahrten und Zoomaufnahmen, die die Konturen der Wirklichkeit verwischen. Die zahlreichen Nachtaufnahmen, in denen man aus verständlichen Gründen nicht so viel wahrnehmen kann wie bei Licht. Und schließlich, auf der Ebene des Erzählens, die zahlreichen Ellipsen. Rossellini geht davon aus, daß jeder Zuschauer die Geschichte, die er erzählt, kennt. Er erzählt wirklich nur das Allernötigste.

IL MESSIA ist die Vereinigung von Gegensätzen. Trotz der Verwischtheit, der Skizzenhaftigkeit der Darstellungsweise ist der Film ungewöhnlich real. Der Ton spielt dabei eine große Rolle. Die Geräusche der Wüste, das Schreien der Esel und

Kamele, der Wind und vor allem auch die Musik (ein einfaches Flötenmotiv) sind wichtig. Da Jesus in IL MESSIA keine Wunder vollbringt, sondern vor allem spricht, ist die Stimme des Schauspielers von besonderer Wichtigkeit. Rossellini hat sie durch einen anderen Schauspieler (Enrico Maria Salerno) synchronisieren lassen. Ich kenne sowohl die italienische wie die französische Fassung und kann daher sagen, wer die italienische gehört hat, kann für lange Zeit keine andere mehr wahrnehmen. Die italienische Stimme von Jesus geht einem nicht mehr aus dem Kopf.

Es gibt auch ein Wunder in IL MESSIA. Maria, die Mutter von Jesus (Mita Ungaro), die am Anfang des Films, wenn Jesus zwölf Jahre alt ist und zum erstenmal mit seinem Vater zum Opfern in den Tempel darf, wie eine Zwanzigjährige aussieht, sieht auch am Ende des Films, bei der Kreuzigung, wenn Jesus 33 Jahre alt ist, nicht älter aus. Es wäre ein Leichtes gewesen, sie älter zu schminken und zurechtzumachen. Rossellini hat das nicht getan. Er erreicht dadurch auf die natürlichste Weise, daß Maria in IL MESSIA wie ein unschuldiges Mädchen wirkt. Das Dogma von der unbefleckten Empfängnis ist gar nicht mehr nötig. Rossellinis Darstellung der Maria ist natürlich von seiner katholischen Herkunft geprägt. Der amerikanische Finanzier des Films (nach einer mündlichen Mitteilung von Silvia D'Amico Bendico, der Drehbuchautorin und ausführenden Produzentin von IL MESSIA und Rossellinis letzter Ehefrau) wollte einen Film über die Jungfrau Maria, doch Rossellini weigerte sich.

In einer gewissen Weise ist IL MESSIA durchaus auch als eine Liebesgeschichte zwischen Jesus und Maria anzusehen. Obwohl sie sich, nachdem Jesus erwachsen ist, nur ganz selten begegnen, herrscht zwischen ihnen ein wortloses Einverständnis. Maria weiß, wenn sie die Auftritte von Jesus in der Öffentlichkeit beobachtet, was in ihm vorgeht. Auf eine nahezu mystische Weise scheint ihr Bewußtsein vereint zu sein. Besonders deutlich wird das bei der Kreuzigung. Die anderen Frauen, die mit ihr vor dem am Kreuz hängenden Jesus stehen, klagen und weinen. Maria steht völlig unbewegt da. Ihre Augen sind auf Jesus gerichtet. Wenn er seine Augen schließt und den Kopf sinken läßt, ist sie, obwohl räumlich weit entfernt, ganz bei ihm. Daß sie die Kraft hat, die anderen zu trösten, erscheint selbstverständlich. Die folgende Se-

Il messia

quenz, in der der Leichnam Jesu geölt und in Tücher gewik-
kelt wird, filmt Rossellini wie Michelangelos Pietà: die
Leiche Jesu liegt quer auf Marias Schoß. Die Kraft und Ein-
dringlichkeit dieser Sequenz kommt vor allem daher, daß
Rossellini bei der Mischung den Ton hat wegdrehen lassen.
Das auf diese Weise entstandene Ton-Vakuum wird auf eine
fast wunderbare Weise zum filmischen Synonym für das Ende des Lebens, den Tod.[63]

Am Ende von IL MESSIA läuft Maria allein einen Hügel hinauf zum Grab von Jesus. Sie findet die Höhle, die als Grab-
stätte gedient hat, leer, sinkt auf die Knie und blickt hinauf in
den Himmel. Rossellinis Kamera folgt ihrem Blick.

1 Raymond Borde und André Bouissy: Le néo-réalisme italien. Documents
   de cinéma publiés par la cinémathèque suisse. Lausanne: Clairfontaine
   1960, S. 26
2 Georges Sadoul: Le cinéma pendant la guerre (1939-1945). Paris 1954. zit.
   nach: Pierre Leprohon: Le cinéma italien. Paris 1966, S. 20
3 Jacques Demeure: Un débutant méconnu: Roberto Rossellini. in: Positif,
   Oktober 1977, S. 38
4 Roberto Rossellini. in: France-Observateur, 10.4. 1958. zit. nach: Raymond
   Borde und André Bouissy, a.a.O., S. 26
5 Roberto Rossellini: Dix ans de cinéma. in: Cahiers du Cinéma, 50, 1955.
   wiederabgedruckt in: Roberto Rossellini: Le cinéma révélé. Paris: Editions
   de l'Etoile. o.J., S. 24
6 Bosley Crowther. in: New York Times, 26.2. 1946
7 Roberto Rossellini, a.a.O., S. 24
8 Roberto Rossellini. zit. nach: Patrice G.Hovald: Le néoréalisme italien et
   ses créateurs. Paris 1959, S. 46
9 Enno Patalas. in: Filmkritik, 4/1961, S. 209
10 Stefano Roncoroni (Hrsg.): Roberto Rossellini. The War Trilogy. New
   York: The Viking Press 1973, S. 130
11 André Bazin: Was ist Kino? Köln: DuMont Schauberg 1975, S. 160 f.
12 a.a.O., S. 162
13 Raymond Borde und André Bouissy unternehmen in ihrem 1960 veröffent-
   lichten Buch über den italienischen Neorealismus den, was das Urteil angeht, erschütternden Versuch, PAISÀ neu zu bewerten: »Zwölf Jahre sind
   vergangen. Wir haben die historischen Verdienste PAISÀS dargestellt. Wir
   haben die goldene Regel der Wissenschaft, die Objektivität, respektiert. Es
   fällt uns deshalb leicht, die Frage zu stellen, ob der Film gealtert ist. Hat
   der Film noch seine Kraft? Um sicher zu sein, müßte man den Film ganz
   verschiedenen Menschen zeigen. Doch wir wollen trotzdem unsere Meinung sagen. PAISÀ hat der Zeit nicht standgehalten. Die vielen anderen
   neorealistischen Filme haben uns kritischer gemacht. Wir wollen nicht
   über die sizilianische Episode sprechen, die schon 1946 mittelmäßig und
   theatralisch war. Die neapolitanische Geschichte bleibt sympathisch, zum

erstenmal geht die Kamera hier wirklich auf die Straße. Trotz ihrer Verein-fachungen bewegt die Geschichte Francescas, der römischen Prostituier-ten, noch immer. Die Idee, den amerikanischen Katholizismus und den ei-nes im Mittelalter lebenden Franziskanermönches zu konfrontieren, hätte kühn sein können: sie ist hier dümmlich. Aber zwei Episoden haben ihren Schockcharakter behalten: die verrückte Suche im besetzten Florenz, voller Kugeln; das Massaker an den Partisanen in den Sümpfen des Po.« a.a.O., S.30

14 André Bazin, a.a.O., S.152
15 André Bazin: Filmkritiken als Filmgeschichte. Arbeitshefte Film. Heraus-gegeben von Klaus Eder. Nr.7. Zusammengestellt von Helmut Färber. München: Hanser 1981. S.77 (ursprünglich veröffentlicht in: Esprit. 1949)
16 a.a.O., S.78
17 José Luis Guarner: Roberto Rosselini. Praeger New York 1970, S.33
18 In der deutschen Fassung fehlen vor allem viele Sequenzen der Hausver-schönerung durch Ingrid Bergman.
19 Marcel Oms: Rossellini: du fascisme à la démocratie chrétienne. in: Positif, Nr.28/1958, S.15
20 Ulrich Gregor und Enno Patalas: Geschichte des Films. München: Bertels-mann 1973, S.276
21 André Bazin, a.a.O., S.84f.
22 Pierre Kast. in: Cahiers du Cinéma, 56, Februar 1956, zit. nach: Patrice G.Hovald, a.a.O., S.117
23 Jacques Rivette: Lettre sur Rossellini. in: Cahiers du Cinéma, 46, April 1955; deutsche Übersetzung in: Filmkritik, 7/1969, S.454
24 Freddy Buache: Le cinéma italien 1945-1959. Lausanne 1979, S.111
25 Maurice Schérer (bürgerl. Name von Eric Rohmer): La terre du miracle. in: Cahiers du Cinéma, 47, Mai 1955, S.38-41
26 Jacques Rivette, a.a.O., S.15
27 Ulrich Gregor und Enno Patalas, a.a.O., S.276
28 Interview in: Arts, zit. nach: Patrice G.Hovald, a.a.O., S.123
29 François Truffaut: in: Arts, zit. nach: Patrice G.Hovald, a.a.O., S.123
30 Roberto Rossellini: Le cinéma révélé, a.a.O., S.47
31 Stefan Zweig: Angst. Stuttgart: Reclam 1954, S.3
32 Guarner, a.a.O., S.73
33 Jill Forbes. in: Monthly Film Bulletin, Vol 48, 9
34 Roberto Rossellini: Le cinéma révélé, a.a.O., S.172
35 Jean-Luc Godard. in: Cahiers du Cinéma, 96, Juni 1959, S.41
36 François Truffaut: Die Filme meines Lebens. München: Hanser 1976, zit. nach: Filmkritik, 3/1982, S.104
37 Roberto Rossellini: Le cinéma révélé, a.a.O., S.49
38 a.a.O., S.49
39 Mario Verdone: Roberto Rossellini. Cinéma d'aujourd'hui, Bd.15. Paris: Seghers 1963, S.61
40 Luc Moullet. in: Cahiers du Cinéma, 102, Dezember 1959, S.45
41 Enno Patalas. in: Filmkritik 6/1960, S.180. Sowohl Moullet wie Patalas nennen die von de Sica gespielte Titelfigur Bertone, anstelle von Bardone.
42 Roberto Rossellini: Le cinéma révélé, a.a.O., S.174
43 Enno Patalas. in: Filmkritik, 6/1960, S.162
44 Mira Liehm: Passion and Defiance. Film in Italy from 1942 to the Present. University of California Press 1984

45 Guarner, a.a.O., S.88
46 Martin Ripkens. in: Filmkritik, 4/1962, S.168
47 Stendhal: Vanina Vanini. in: Eine Geldheirat. München: Langen/Müller
    1921-24. zit. nach: Diogenes Taschenbuch, 1981, S.214
48 Paul Mayersberg. in: Movie, Nr.6, Januar 1963, S.32
49 a.a.O., S.33
50 Guarner, a.a.O., S.103
51 Roberto Rossellini. zit. nach: Cahiers du Cinéma, 169, 1965, S.62
52 a.a.O., S.61
53 Guarner, a.a.O., S.132
54 Guarner, a.a.O., S.136
55 Rainer Gansera. in: Filmkritik, 3/1982, S.133
56 ebda.
57 Michel Serceau: Roberto Rossellini. Paris 1986, S.167
58 Jill Forbes. in: Monthly Film Bulletin, Vol 48, Nr.569, 1981
59 Rainer Specht: René Descartes. Hamburg 1966, S.13
60 Arthur Schopenhauer: Skizze einer Geschichte der Lehre vom Idealen und
    Realen (1851). zit. nach: Rainer Specht, a.a.O., S.160
61 s. S.93ff
62 Roberto Rossellini. Sight and Sound, Vol 45, Nr.2. zit. nach: Don Ran-
    vaud. Roberto Rossellini. BFI-Dossier Nr.8. London 1981, S.35
63 In der französischen Synchronfassung existiert dieses Ton-Vakuum nicht.
    Derartiges ist, weil es Tonmeistern ein existenzbedrohender Dorn im Auge
    ist, gegenüber diesen fast nur mit einer Pistole in der Hand durchzusetzen.

Daten

Von Wolfgang Jacobsen

Biografie

Roberto Rossellini
geboren am 8. Mai 1906 in Rom.
Er ist der älteste von vier Geschwistern des Architekten Angelo Giuseppe Rossellini (1880-1931) und seiner Frau Elettra Belan. Der Vater war Architekt der römischen Kinos Corso und Barberini. Robertos Bruder, Renzo (1908-82), wird Komponist und die Musik zu einigen seiner Filme schreiben. (Dessen Sohn Franco wird Regieassistent bei seinem Onkel.) Die Schwester Marcella Mariani wird zunächst verantwortlich für das Script, später wird sie als Drehbuchautorin mit ihrem Bruder arbeiten. (Deren Sohn Gepy wird Assistent für Filmbauten bei seinem Onkel.) Robertos jüngere Schwester, Micaela Parvis, ist nicht beim Film tätig.
Roberto Rossellinis Eltern haben Kontakt zu Filmleuten. Zu seinen ersten Kinoeindrücken gehören King Vidors Filme *The Crowd* und *Hallelujah*. Von 1917-23 besucht Rossellini das Gymnasium, dann das klassische Lyzeum im Nazarener-Internat in Rom. Wegen einer Krankheit bricht er seine philosophischen und literarischen Studien an der Schule ab. Er erbt das Vermögen seines Großvaters, das er aber durch seinen aufwendigen Lebensstil schnell verbraucht. In dieser Zeit unternimmt er zahlreiche Reisen. Er versucht sich als Autoverkäufer, um den Lebensunterhalt zu verdienen. Autos werden sein Leben lang eine private Leidenschaft bleiben; Rossellini nimmt sogar an Autorennen teil. Nach dem unerwarteten Tod des Vaters und der angeblichen Beschlagnahme des Familienvermögens durch die Faschisten, wie manche Quellen berichten, ist Rossellini weitgehend mittellos. Er arbeitet als freier Bildhauer, Maler und Bühnentechniker. Durch die Vermittlung von Freunden kommt er 1934 in Kontakt mit der Filmindustrie, ist zunächst als Tonmann, dann in der Synchronisation und schließlich als Cutter tätig.
1936 realisiert er seinen ersten Kurzfilm PRÉLUDE À L'APRÈS MIDI D'UN FAUNE, der von der Zensur verboten wird. Für den Propagandafilm *Luciano Serra, pilota* (1938) schreibt er in Zusammenarbeit mit dem Regisseur Goffredo Alessandrini das Drehbuch. 1941/42 ist Rossellini als Autor in der Drehbuchabteilung der ACI (Anonima Cinematografica Italiana) tätig. Unter der Oberleitung des Marineof-

fiziers, Regisseurs und Autors Francesco De Robertis entsteht 1941 LA NAVE BIANCA, der – wie seine beiden folgenden Filme UN PILOTA RITORNA und L'UOMO DELLA CROCE – zu einer Staffel von Propagandafilmen gehört. In einer synchronisierten Fassung wird LA NAVE BIANCA, in Venedig ausgezeichnet, 1943 auch in Berlin gezeigt. 1943 überwacht Rossellini Nino Gianninis Film *L'Invasore,* für den Szenen aus Veit Harlans *Kolberg* verwendet werden. Im gleichen Jahr beginnt er mit den Dreharbeiten zu einem Projekt mit dem Titel *Scalo Merci,* das in *Rinuncia* umgetitelt wird. Wegen Kriegseinwirkungen werden die Dreharbeiten mehrmals unterbrochen; erst 1945 stellt Marcello Pagliero den Film unter Verwendung des Rossellini-Materials mit dem Titel DESIDERIO fertig. Ein anderes Projekt, ebenfalls 1943, *Rapsodia ungherese,* bleibt unrealisiert.

Am Jahresanfang 1945 beginnt Rossellini mit den Dreharbeiten zu ROMA, CITTÀ APERTA. Gleichzeitig mit anderen italienischen Regisseuren wird Rossellini zum Initiator des neorealistischen Stils. ROMA, CITTÀ APERTA begründet Rossellinis Weltruhm. Mit PAISÀ, an dessen Sujet Klaus Mann mitarbeitet, und GERMANIA, ANNO ZERO, der in Kooperation mit dem exilierten deutschen Autoren Max Colpet (i. e. Max Kolpe) entsteht, vervollständigt Rossellini seine Filmtrilogie über den Krieg. In der Bundesrepublik stoßen alle drei Filme auf eine weitgehend ablehnende Haltung. Die Freiwillige Selbstkontrolle gibt ROMA, CITTÀ APERTA zunächst nicht für öffentliche Vorführungen frei; erst 1961 darf der Film mit einem erklärenden Textvorspann aufgeführt werden. Exemplarisch für die öffentlichen Reaktionen steht der offene Brief des bayerischen SPD-Abgeordneten Karl Weishäupl an Rossellini, in dem er 1954 den Regisseur auffordert, sich wegen der »deutschfeindlichen Tendenzen« in ROMA, CITTÀ APERTA und PAISÀ zu rechtfertigen. »Wer die niederträchtige Tendenz Ihrer Filme ›Rom, offene Stadt‹ und ›Paisà‹ kennt, wundert sich, daß Sie den Mut aufbringen, Italien zu verlassen und in Deutschland als ihrem Gastland Filme zu drehen, selbst wenn einer davon den ernsten Titel ›Angst‹ trägt.« Nur wenige kritische Stimmen konterkarieren diese Grundhaltung, bewerten die Entscheidung der FSK negativ. Der kirchliche Kampfbund für Glaubens- und Gewissensfreiheit initiiert in der Bundesrepublik Proteste gegen die Aufführung von PAISÀ; die katholische und evangelische Kirche lassen keine Aufführungen unter kirchlichem Protektorat zu.

1946 reist Rossellini zusammen mit Anna Magnani in die USA, um ein Angebot Selznicks, sieben Filme in Hollywood zu drehen, zu prüfen. Ihm wird die Regie zu *Give Us This Day* angetragen. (Der Film wird später von Edward Dmytryk inszeniert.) Die Projekte *Messalina, La comtessa di Montecristo* und *Aria di Roma* (1947-49), alle mit Anna Magnani geplant, können nicht realisiert werden. Sein Film L'AMORE wird in den USA wegen angeblich antireligiöser Tendenzen teilweise boykottiert.

1949 beginnt Rossellinis Zusammenarbeit mit Ingrid Bergman, die von der zeitgenössischen Kritik weitgehend negativ beurteilt wird. Als moralischer Skandal wird die Ehe des Katholiken Rossellini mit der geschiedenen Protestantin Bergman bewertet. Vor allem das amerikanische Publikum entzieht Ingrid Bergman seine Gunst. Der erste gemeinsame Film STROMBOLI, TERRA DI DIO, für dessen Hauptrolle zunächst Anna Magnani vorgesehen war, wird ein Mißerfolg. Der Film, von Howard Hughes' RKO finanziert, nachdem Verhandlungen mit Sam Goldwyn gescheitert waren, wird durch eigenmächtige Änderungen der Produktion am Schnitt entstellt und verfälscht. Rossellinis Klage gegen die RKO wird zurückgewiesen. In den USA wird STROMBOLI wegen des »unmoralischen Lebenswandels« und der »ehelichen Untreue« (so der katholische Bischof Joseph Muller) des Regisseurs und der Hauptdarstellerin boykottiert. Auch alle weiteren gemeinsamen Filme fallen bei Kritik und Publikum durch. Der Plan (1949/50), ein Drehbuch mit Hans Habe zu schreiben, *Circulus vitiosus,* die Erlebnisse eines farbigen US-Soldaten in Europa, bleibt unrealisiert. Mit der Stefan-Zweig-Verfilmung ANGST endet 1954 die berufliche und private Verbindung Rossellini–Bergman.

Im Mai 1953 dreht der Kameramann Aldo Tonti mit Rossellini am Steuer seines Wagens Szenen für einen Film über das Leben berühmter Rennfahrer (Fangio, Farini, Ascari, Villoresi). Ein Projekt mit Henri Decoin, nach einer Idee von Thomas Mann, findet keine Finanzierung. Auch die 1956 geplante Verfilmung des Lebens von Aga Khan (u.a. mit Rita Hayworth) scheitert. Zwei Tage nach Beginn der Dreharbeiten legt Rossellini die Regie an dem Film *Seawife* (1956) nach Mißstimmigkeiten mit dem Produzenten über das Regiekonzept nieder. (Robert McNaught übernimmt die Regie.) Als Konsequenz auf die negative Rezeption seiner Arbeiten geht Rossellini 1957/58 nach Indien, wo er zwei Filme dreht. Durch seine enge Bekanntschaft mit der Frau seines Produzenten, Sonali DasGupta, gerät er erneut in die Schlagzeilen. Eine Ausweisung aus Indien, wie sie von einigen Politikern gefordert wird, kann verhindert werden; er darf seinen Film im Land beenden.

Nach seiner Rückkehr nach Europa plant er zunächst die Verfilmung des Buches *Geografia da fome* von Josué de Castro. Zu einem großen künstlerischen Erfolg wird 1959 IL GENERALE DELLA ROVERE. Der Einspruch der Witwe und Tochter Giovanni Bertonis, Vorbild der Hauptfigur des Films, führt zur vorübergehenden Beschlagnahme des Films, der schließlich jedoch wieder freigegeben wird. Während der Premiere in Rom kommt es zu neofaschistischen Ausschreitungen. Doch der Erfolg hält nicht an. Die nächsten vier Filme ERA NOTTE A ROMA, VIVA L'ITALIA, VANINA VANINI und ANIMA NERA stoßen erneut auf Desinteresse.

1964 plant Rossellini zusammen mit Rod Geiger, der wesentlichen Anteil am Erfolg von ROMA, CITTÀ APERTA hatte (Geiger hatte eine

Kopie des Films mit nach New York genommen und dort mit Joe Bursteyn die Auswertung übernommen), die Gründung einer Produktionsgesellschaft in Schweden, deren erstes Projekt ein Film über die Sozialdemokratische Partei sein sollte. Zu dieser Zeit vollzieht Rossellini den künstlerischen Schritt zum Fernsehen. Nur wenige Kritiker folgen ihm bei dieser Entwicklung. Zwar findet er mit der französischen Produktion LA PRISE DU POUVOIR PAR LOUIS XIV. (für einige Szenen des Films modifiziert er das Schüfftan-Verfahren) große Beachtung, alle weiteren TV-Arbeiten aber finden keine große Resonanz. Rossellinis TV-Filme finden ihre Themen in der Geschichte, sind oft Portraits historischer Personen.

1969 wird er Präsident des Centro Sperimentale di Cinematografia in Rom, legt dieses Amt aber ein Jahr später wieder nieder. Er klagt über bürokratische Behinderungen. 1970/71 nimmt er ein Angebot der Rice University, Houston, Texas an, in den USA zu arbeiten. Ein dort begonnener Dokumentarfilm bleibt unvollendet. Mit ANNO UNO kehrt Rossellini noch einmal zum Kino-Spielfilm zurück, knüpft mit diesem Film thematisch an seine Trilogie der Nachkriegsfilme an. 1970 wird er in Valladolid im Rahmen der Woche des religiösen Films für sein Gesamtwerk mit der Goldenen Medaille ausgezeichnet.

1977 ist Rossellini Präsident der Jury der Filmfestspiele Cannes, hat wesentlichen Anteil an der Auszeichnung des Films *Padre Padrone* der Brüder Taviani.

Seine nächsten TV-Projekte *Nièpce e Daguerre, Diderot, Caligola, La rivoluzione industriale, La rivoluzione americana* und den Marx-Film *Lavorare per l'umanità,* an dessen Drehbuch er 1977 arbeitet, kann er nicht mehr realisieren. Roberto Rossellini stirbt am 3. Juni 1977 an Herzversagen in Rom.

Rossellini war mit Marchella de Marchis, die für die Kostüme in einigen seiner Filme verantwortlich ist, verheiratet. Aus dieser Ehe hat er zwei Kinder: Romano (1937-46) und Renzo Jr. (1941), der Regisseur und Produzent wird und mit seinem Vater eng zusammenarbeitet. Um mit Anna Magnani zu leben, trennt sich Rossellini von seiner ersten Frau. In zweiter Ehe war er mit Ingrid Bergman verheiratet. Aus dieser Ehe hat er drei Kinder: Roberto Jr. (1950) und die Zwillinge Isabella und Isotta Ingrid (1957). Isabella assistiert seiner ersten Frau als Kostümbildnerin, wird Schauspielerin und war 1979-81 mit dem amerikanischen Regisseur Martin Scorcese verheiratet. Aus der Verbindung mit der Inderin Sonali DasGupta hat er eine Tochter, Raffaella (1957); Gil, den Sohn Sonali und Hari DasGuptas, adoptiert er. In dritter Ehe war Rossellini mit der Drehbuchautorin Silvia D'Amico verheiratet.

Filmografie

Diese Filmografie folgt in ihren wesentlichen Teilen der grundlegenden Arbeit von Adriano Aprà, die in der Rossellini-Monografie der Cahiers du Cinéma, Paris 1984 veröffentlicht ist. Außerdem stand dem Verfasser ein bislang nicht publiziertes Manuskript Apràs zur Verfügung, das Ergänzungen und Korrekturen enthält. Der Verfasser selbst hat die Filmografie besonders bei den Filmen fortgeschrieben, deren Kopien Aprà nicht vorlagen, die aber während der Rossellini-Retrospektive in Berlin 1986 eingesehen werden konnten. Darüberhinaus konnte der Verfasser Präzisierungen und Ergänzungen zu einzelnen Filmen vornehmen, vor allem zu LA NAVE BIANCA und UN PILOTA RITORNA und den beiden »deutschen« Filmen Rossellinis, GERMANIA, ANNO ZERO und ANGST/LA PAURA. Für Einzelhinweise zu ANGST dankt der Verfasser Tag Gallagher/USA.

Die Filmografie nennt zunächst Daten zu den Filmen, bei denen Roberto Rossellini Regie geführt hat; in die Chronologie der Regiearbeiten wurden auch die Filme L'ETÀ DEL FERRO und LA LOTTA DELL'UOMO PER LA SUA SOPRAVVIVENZA aufgenommen, für die Renzo Rossellini Jr. als Regisseur zeichnet, der künstlerische Anteil Roberto Rossellinis (Sujet, Drehbuch, Künstlerische Oberleitung) aber als bestimmend angesehen werden muß. Dann folgen kurze filmografische Angaben zu den Filmen, bei denen Rossellini in anderer Funktion beteiligt war. Abgeschlossen wird dieser Teil durch Hinweise auf Theaterinszenierungen.

Auffällig sind die unterschiedlichen, zum Teil stark differierenden Längenangaben zu den Filmen. Die Originallänge ist kaum mehr festzustellen. Deshalb wird auf eklatante Widersprüche hingewiesen; zusätzlich wird unter der Abkürzung L-RH (= Länge Reihe Hanser) die Kopienlänge genannt, die die Autoren dieses Bandes gesehen haben. Die Länge der Kinofilme wird mit 24 Bilder/Sekunde, die der Fernsehfilme mit 25 Bilder/Sekunde angegeben.

Für die Zusammenstellung der Angaben über den Stab, die Darsteller und ihre Rollennamen, über Produktions- und Aufführungsdaten wurden - neben den obengenannten Arbeiten Apràs - vor allem folgende Quellen benutzt: die in der Bibliografie genannten Monografien und Drehbuchveröffentlichungen; Catalogo Bolaffi del cinema italiano, Turin 1967; Francesco Savio: Ma l'amore no. Realismo, formalismo, propaganda e telefoni bianchi nel cinema italiano di regime (1930-1943), Mailand 1975; die Handbücher der Katholischen Filmkritik; vor allem aber die Kopien der Filme, soweit sie zur Verfügung standen.

Abkürzungen: R = Regie (wird genannt bei den Filmen, die Rossellini nicht selbst realisierte). - B = Buch. - K = Kamera. - K-F = Kameraführung. - K-Ass = Kameraassistenz. - Sch = Schnitt. -

Sch-Ass = Schnittassistenz. - T = Ton. - T-Sch = Tonschnitt. - T-Ass = Tonassistenz. - M = Musik. - M-L = Musikalische Leitung. - Ba = Bauten. - A = Ausstattung. - Ko = Kostüme. - Ma = Maske. - R-Ass = Regieassistenz. - D = Darsteller. - P = Produktionsgesellschaft. - Pd = Produzent. - Pl = Produktionsleitung. - Pd-Ü = Produktionsüberwachung. - Al = Aufnahmeleitung. - Dz = Drehzeit. - Do = Drehort. - F = Format. - sw = schwarzweiß. - OL = Originallänge. - DL = Länge der deutschen Fassung. - L-RH = Länge der Fassung, die die Autoren dieses Bandes gesehen haben. - U = Uraufführung. - DE = Kinoerstaufführung in der Bundesrepublik. - TV = Fernsehausstrahlungen in der Bundesrepublik. - V = derzeitiger Verleih in der Bundesrepublik.

1936 PRÉLUDE À L'APRÈS-MIDI D'UN FAUNE.
Kurzdokumentarfilm über die Natur, inspiriert von Claude Debussys Komposition. Der Film wurde von den Zensurbehörden als obszön verboten.

1936 DAPHNE (auch: DAFNE)
Kurzfilm, der in einigen Filmografien genannt wird, dessen Existenz aber nicht endgültig belegt ist.

1936/37 FANTASIA SOTTOMARINA. - B: Roberto Rossellini. - K: Rodolfo Lombardi. - M: Edoardo Micucci. - P: Incom. - F: 35 mm, sw. - OL: 10 min. - V: in der BRD nicht verliehen. - Kurzdokumentarfilm über Fische, gedreht im Haus Rossellinis in Ladispoli, in der Nähe von Rom. Rossellini filmte Fische in einem Aquarium, die er mit dünnen Fäden manipulierte. Rossellini drehte im Auftrag von Incom, einer kleinen Produktionsgesellschaft, die vorwiegend Dokumentarfilme für Luce (L'Unione Cinematografica Educativa) herstellte.

1939 IL TACCHINO PREPOTENTE. - B: Roberto Rossellini. - K: Mario Bava. - sw. - Kurzfilm, der in einigen Filmografien genannt wird, dessen Existenz aber nicht endgültig belegt ist.

1939 LA VISPA TERESA. - B: Roberto Rossellini. - K: Mario Bava. - sw. - Kurzfilm, der in einigen Filmografien genannt wird, dessen Existenz aber nicht endgültig belegt ist.

1940 IL RUSCELLO DI RIPASOTTILE. - B: Roberto Rossellini. - K: Rodolfo Lombardi. - M: Umberto Mancini. - P: Excelsior-Saci, Rom. - Pd: Franco Riganti. - Do: an einem Bach von Ripasottile, in der Nähe von Ladispoli; Scalera-Studios. - F: 35 mm, sw. - V: in der BRD nicht verliehen.
Kurzdokumentarfilm.

1941 LA NAVE BIANCA. - Sujet, Oberleitung: Francesco De Robertis. - B: Roberto Rossellini, Francesco De Robertis. - K: Giuseppe Caracciolo. - K-F: Mario Bava. - K-Ass: Carlo Bellero, Carlo Carlini. - Sch: Eraldo da Roma. - T: Piero Cavazzuti. - M: Renzo Rossellini. - A: Amleto Bonetti. - D: Laien. - P: Scalera Film, Rom, mit Unterstützung des Centro Cinematografico del Ministero della Marina (Filmabteilung des Marineministeriums). - Do: auf dem Kriegshospitalschiff »Arno«, einem Kriegsschiff, im Hafen von Taranto; Scalera-Studios. - F: 35 mm, sw. - OL: 83 min.; Kopie in der Cineteca Nazionale di Roma: 77 min. - DL: 72 min. - L-RH: 67 min. - U: 14.9. 1941, Filmfestspiele Venedig. - Kinostart: 15.10. 1941, Astra, Mailand. - DE: 23.7. 1943, Capitol am Zoo, Berlin. - V: in der BRD nicht verliehen.

Die Rollen wurden von Laien, italienischen und deutschen Soldaten, gespielt. - Der Film gehörte zu einer Staffel von Propagandafilmen, die u. a. mit UN PILOTA RITORNA fortgesetzt wurde. - In Deutschland wurde der Film unter dem Titel *Glückliche Heimkehr* am 23.7. 1943 in Berlin erstaufgeführt und lief sieben Tage; verliehen wurde er von der Difu (Deutsch-Italienische Film-Union GmbH) in einer synchronisierten Fassung (Synchronisationsabteilung der Hispano-Film-Produktion. - Pl: Georg Schubert. - Deutsche Dialoge: Gerti Ober, C. W. Burg. - Dialogleitung: C. W. Burg. - Synchronsprecher: P. Moosbacher, Arthur Schröder, Wolf Trutz, Hugo Schrader, Alfred Haase, Carl Hannemann, Fritz Klopsch, Wolf Harro, Hans Mahlau, Herbert Gernot, Hanno Meyer, Heinz Hermann, Kurt Ackermann, Hans Joachim Schölermann, Herbert Weißbach, Otto Lange, Siegfried Seefeldt, Hans Hemes, Ingeborg Intzen). Der Film erhielt die Prädikate staatspolitisch wertvoll, künstlerisch wertvoll, jugendwert, feiertagsfrei. - Preis: Coppa del Ministero della Cultura Popolare, Venedig 1941.

1941/42 UN PILOTA RITORNA. - Sujet, Oberleitung: Tito Silvio Mursino (i. e. Vittorio Mussolini). - B: Rosario Leone, Michelangelo Antonioni, Massimo Mida, Margherita Maglione, Roberto Rossellini; Gherardo Gherardi, Ugo Betti (uncredited). - K: Vincenzo Seratrice, Attili Alberto. - Sch: Eraldo Da Roma. - T: Franco Robecchi. - M: Renzo Rossellini. - A: Virgilio Marchi, Franco Bartoli. - Technische Militärberatung: Major Filippo Masoero. - Technische Beratung bei Flugszenen: Hauptmann Aldo Moggi. - R-Ass: Paolo Moffa. - D: Massimo Girotti (Leutnant Rossati), Michela Belmonte, Gaetano Masier (Trisotti), Piero Lulli, Nino Brondello, Giovanni Valdambrini; Elvira Betrone, Piero Palmerini, Jole Tinta, Jucci Kellermann (uncredited); Offiziere, Unteroffiziere und Spezialisten der italienischen Luftwaffe (20° Gruppo B. T. V.). - P: ACI (Anonima Cinematografica Italiana) Film SA, Rom (Vittorio Mussolini). - Gesamtleitung: Franco Riganti. - Pl: Luigi Giacosi. - Al: Alberto Tronchet. – Dz: Ende Oktober 1941 – Ende Februar 1942. – Do: Flugplatz von Viterbo, Studios in Tirrenia, Cinecittà. – F: 35 mm, sw. – OL: 87 min. – L-RH: 80 min. – U: 9.4. 1942, Supercinema, Rom (Eröffnungsfilm der Tagung der Internationalen Filmkammer, IFK). – Kinostart: 17.4. 1942, Odeon, Mailand. – V: in der BRD nicht verliehen.

Widmung: Il film é dedicato con fraterno guore ai piloti che dai cieli di Grecia non hanno fatto ritorna. (Der Film ist mit brüderlicher Herzlichkeit den Piloten gewidmet, die vom Himmel über Griechenland nicht zurückgekehrt sind). – Die Angabe der Drehzeit folgt zwei Meldungen des Film-Kurier, Nr.249, 23.10. 1941; Nr.46, 24.2. 1942. – Der Film gehörte zu einer Reihe faschistischer Propagandafilme. Bei der Uraufführung am Eröffnungstag der Internationalen Filmkammer, die vom 7.–10.4. 1942 in Rom stattfand, waren von italienischer Seite der Volkskulturminister Alessandro Pavolini und der Präsident der Internationalen Filmkammer Graf Volpi di Misurata anwesend, von deutscher Seite der Präsident der Reichsfilmkammer Prof. Carl Froelich und der Vorstandsvorsitzende der Ufa Ludwig Klitzsch. – Preis: Premio Nazionale Cinematografico per il miglior film politico e di guerra 1942 (Preis für den besten politischen und Kriegs-Film).

1942/43 L'UOMO DALLA CROCE. – Sujet, Oberleitung: Asvero Gravelli. – B: Asvero Gravelli, Alberto Consiglio, G. D'Alicandro, Roberto Rossellini. – K (1.Team): Guglielmo Lombardi. – K-F (1.Team): Aurelio Attili. – K (2.Team): Rodolfo Lombardi. – K-F (2.Team): Giuseppe Rotunno. – M: Renzo Rossellini. – M-L: Pietro Sassoli. – A: Gastone Medin. – Militärische Beratung: T. Col. D.U. Leonardi. – R-Ass: Mariano Cafiero, F. Pompili. – D: Alberto Tavazzi (Militärgeistlicher), Roswita Schmidt (Irina), Aldo Capacci, Franco Castellani, Attilio Dottesio, Doris Hild, R. Islenghi, Antonio Marietti, Piero Pastore, M. Tanzi, Zoia Weneda. – P: Continentalcine, Rom. – Pl: Giuseppe Sylos. – Dz: Juli–Dezember 1942. – Do: in der Umgebung von Ladispoli. – F: 35 mm, sw. – OL: 88 min.; Kopie in der Cineteca Nazionale di Roma: 80 min. – L-RH: 72 min. – U: 16.6. 1943, Odeon, Mailand. – V: in der BRD nicht verliehen.

Der Film ist angeregt durch das Leben des Militärgeistlichen Reginaldo Giuliani. – Der Film ist den Militärgeistlichen gewidmet.

1943/45 DESIDERIO. – R: Roberto Rossellini, Marcello Pagliero. – Sujet: Anna Benvenuti. – B: Rosario Leone, Giuseppe De Santis, Roberto Rossellini, Diego Calcagno; für die hinzugefügten Szenen: Marcello Pagliero, Guglielmo Santangelo. – K: Rodolfo Lombardi (für die Teile, die von Rossellini inszeniert sind); Ugo Lombardi (für die Teile, die von Pagliero inszeniert sind). – M: Renzo Rossellini. – R-Ass: Giuseppe De Santis (nur bei den Studioaufnahmen unter

276

Rossellinis Regie). - D: Elli Parvo (Paola Previtali), Massimo Girotti (Nando Selvini), Carlo Ninchi (Giovanni Mirelli), Roswita Schmidt (Anna Previtali Selvini), Lia Corelli (Lia, Mädchen auf dem Postamt), Francesco Grandjacquet (Riccardo), Jucci Kellermann (Paolas römische Freundin), Spartaco Conversi, Giovanna Scotto. - P: Sovrania, Rom/SAFIR (Società Anonima Film Italiani Roma), Rom. - Dz: 15./16. (?)7.-19.7. 1943; die Dreharbeiten werden durch die Bombardierung des Viertels San Lorenzo, Rom, unterbrochen; im September 1943, nach dem Sturz des faschistischen Regimes, zeitweise Dreharbeiten; Ende 1945 Beendigung der Dreharbeiten. - Do: begonnen in den Studios der ACI (Anonima Cinematografica Italiana), Rom; Außenaufnahmen in den Bergen in der Nähe von Tagliacozzo. - F: 35 mm, sw. - OL: 102 min; nach Zensur gekürzte Fassung: 85 min; Kopie in der Cineteca Nazionale di Roma: 89 min. - L-RH: 76 min. - U: 9.8. 1946, Rivoli/Galleria, Rom. - V: in der BRD nicht verliehen.

Der Film wurde unter dem Titel *Scalo Merci* angekündigt, unter dem Titel *Rinuncia* begann Rossellini mit den Dreharbeiten. Für die Produktion zeichnet zunächst die Sovrania verantwortlich. Ende 1945 übernimmt die SAFIR die Produktion und Marcello Pagliero die Regie. Das Drehbuch wird umgearbeitet. In der letzten Schnittfassung verwendet Pagliero das Material, bei dem Rossellini Regie geführt hatte. Der Film wird unter dem Titel DESIDERIO uraufgeführt, nach Einspruch der Katholischen Filmkommission (Centro Cattolico Cinematografico) zurückgezogen und gekürzt, vor allem in den Nacktszenen.

1945 ROMA, CITTÀ APERTA. Rom, offene Stadt. - Sujet: Sergio Amidei; Alberto Consiglio (uncredited). - B: Sergio Amidei, unter Mitarbeit von Federico Fellini; Roberto Rossellini, Alberto Consiglio (uncredited). - K: Ubaldo Arata. - K-F: Vincenzo Seratrice. - K-Ass: Gianni Di Venanzo, Carlo Carlini, Carlo di Palma. - Sch: Eraldo Da Roma. - T: Raffaele Del Monte. - M: Renzo Rossellini. - M-L: L. Ricci. - A: R. Megna; Assistenz: Mario Chiari (uncredited). - Script: Jone Tuzzi. - R-Ass: Sergio Amidei; Federico Fellini, Mario Chiari (uncredited). - D: Marcello Pagliero (Giorgio Manfredi, alias Luigi Ferraris), Aldo Fabrizi (Don Pietro Pellegrini), Anna Magnani (Pina), Harry Feist (Major Bergmann), Francesco Grandjaquet (Francesco, Drucker), Maria Michi (Marina Mari), Giovanna Galetti (Ingrid), Vito Annichiarico (Marcello, Pinas Sohn), Carla Rovere (Lauretta, Pinas Schwester), Nando Bruno (Agostino, Küster), Eduardo Passanelli (Polizeihauptmann), Carlo Sindici (Kommissar), Akos Tolnay (Österreichischer Deserteur), Joop Van Hulzsen (Major Hartmann), Amalia Pellegrini (Hauswirtin des Gebäudes, in dem die Polizei Manfredi sucht), Alberto Tavazzi (Priester, der Don Pietro bei dessen Exekution beisteht), G. Giudici. - P: Excelsa-Film, Rom;

Comtesse Carla Politi, Aldo Venturini (uncredited). – Pl: Ferruccio De Martino. – Pd-Sekretär: Alberto Manni. – Al: Bruno Todini. – Dz: 17.1. 1945 (Drehbeginn). – Do: Wohnung in der Via degli Avignonesi, Pension in der Piazza di Spagna, Via Montecuccoli, Via Casilina, Ponte Tiburtino, am Rande von Rom. – F: 35 mm, sw. – OL: 100 min. – DL: 99 min. – U: 24.9. 1945, unter dem Titel *Storie di ieri,* Teatro Quirino, Rom (Festival Bella Musica e del Teatro dell'Accademia Nazionale). – Kinostart: 8.10. 1945, unter dem Titel ROMA, CITTÀ APERTA, Capranica/Imperiale, Rom. – DE: 21.2. 1961 (lt. Film-Dienst); 24.2. 1961, Lenbach-Theater, München (lt. Film-Echo). – TV: 18.9. 1978, 6.4. 1981 (WDR III); 18.10. 1978, 27.10. 1982 (BR III); 28.1. 1979, 3.11. 1982 (HR III). – V: Prokino (35 mm, 16 mm); Atlas (16 mm).

Der Film wurde in italienischer und deutscher Sprache gedreht; die deutschsprachigen Passagen wurden mit italienischen Untertiteln versehen. – Die ursprüngliche Absicht war, eine Dokumentation über das Leben des Priesters Don Morosini herzustellen, der von den Nazis erschossen worden war. Dieses Projekt wurde von der Contessa Carla Politi unterstützt. – In einer frühen Phase der Herstellung waren Ivo Perilli und Turi Vasile an der Ausarbeitung des Sujets beteiligt. – In der Bundesrepublik wurde der Film zunächst von der Freiwilligen Selbstkontrolle (FSK) für eine öffentliche Vorführung nicht zugelassen; die Originalfassung durfte in Filmklubvorführungen gezeigt werden. Aus der Begründung (7.9. 1950): (Der Film zeigt) „die historische Wahrheit, wenn auch überdreht. (...) Heute jedoch, in einer neuen europäischen Situation, müssen von einer öffentlichen Vorführung völkerverhetzende Wirkungen befürchtet werden, die im Interesse einer allgemeinen, besonders einer europäischen Völkerverständigung unbedingt zu vermeiden sind.« 1961 wurde der Film schließlich von der FSK freigegeben, unter Einfügung folgenden Vortextes: »Dieser Film richtet sich nicht gegen das deutsche Volk. Er klagt nicht den deutschen Soldaten an. Er schildert den Kampf freiheitsliebender Menschen gegen Willkür und Tyrannei.« – Preise: Großer Preis der Filmfestspiele Cannes, 1946 (ex aequo mit zehn weiteren Filmen); Nastro d'Argento 1946 für beste Regie (ex aequo mit *Un Giorno Nella Vita* von Alessandro Blasetti und *Sciuscià* von Vittorio De Sica), bestes Drehbuch und beste Schauspielerin (Anna Magnani).

1946 PAISÀ. Paisà. – Sujet: Sergio Amidei, unter Mitarbeit von Klaus Mann, Federico Fellini, Alfred Hayes, Marcello Pagliero, Roberto Rossellini. – B: Sergio Amidei, Federico Fellini, Roberto Rossellini; Vasco Pratolini (für die Episode in Florenz). – K: Otello Martelli. – K-F: Carlo Carlini (uncredited). – K-Ass: Gianni Di Venanzo, Carlo Di Palma (uncredited). – Sch: Eraldo Da Roma. – T: Ovidio Del Grande (zahlreiche Sequenzen mit Originalton). – M:

Renzo Rossellini. – R-Ass: Federico Fellini, Massimo Mida, E. Handamir, Annalena Limentani; Renzo Avanzo (uncredited). – Englische Dialogübersetzung: Annalena Limentani. – Englische Version: Stuart Legg, Raymond Spottiswood. – Englische Untertitelung: Herman G. Weinberg. – D: 1. Episode (Landung auf Sizilien): Carmela Sazio (Carmela), Robert Van Loon (Robert), Benjamin Emanuel, Raymond Campbell, Harold Wagner, Albert Heinze, Merlin Berth, Mats Carlson, Leonard Penish (Amerikanische Soldaten); 2. Episode (Neapel): Alfonsino (Pasquale, kleiner Junge), Dots M. Johnson (Joe, farbiger Militärpolizist), Pippo Bonazzi; 3. Episode (Rom): Maria Michi (Francesca), Gar Moore (Fred); 4. Episode (Florenz): Harriet White (Harriet, Krankenschwester), Renzo Avanzo (Massimo), Gigi Gori (Gigi, Partisan), Giulietta Masina (Mieterin), Gianfranco Corsini (Partisan); 5. Episode (Franziskanerkloster): Bill Tubbs (Bill Martin, katholischer Militärgeistlicher), Franziskanermönche des Klosters von Maiori, in der Nähe von Amalfi; 6. Episode (Po-Delta): Dale Edmonds (Dale), Cigolani (Cigolani, Partisan), Alan Dane, Van Loel. – P: Mario Conti, Rod E. Geiger; Roberto Rossellini (uncredited) für OFI (Organizzazione Film Internazionali) in Zusammenarbeit mit Foreign Film Production Inc. – Pl: Ugo Lombardi. – Al: Alberto Manni, A. Dolfi. – Dz: Erste Jahreshälfte 1946. – Do: 1. Episode: Maiori, in der Nähe von Amalfi; 2. Episode: Neapel; 3. Episode: Rom; 4. Episode: Florenz; 5. Episode: Kloster von Maiori; 6. Episode: Porto Tolle (Po-Delta). – F: 35 mm, sw. – OL: 126 min. – DL: 97 min. – L-RH: 113 min. – U: 18. 9. 1946, Filmfestspiele Venedig. – Kinostart: 13. 12. 1946, Diana, Mailand. – DE: 12. 8. 1947, Sondervorführung, Berlin; 8. 10. 1949, Marmorhaus, Berlin. – TV: 12. 4. 1975, 4. 11. 1978 (BR III); 4. 6. 1977, 25. 9. 1978, 13. 4. 1981 (WDR III); 3. 2. 1979 (S3); 11. 2. 1979 (HR III); 7. 11. 1979 (NDR III); 4. 5. 1986 (ZDF). – V: –.

Der Film wurde in italienischer und englischer Sprache gedreht; in der ersten und sechsten Episode auch mit deutschem Originaldialog; die englischsprachigen Passagen wurden mit italienischen Untertiteln versehen. – Eine weitere Episode, *Il prigioniero,* die in den Bergen von Val d'Aoste spielen sollte, wurde nicht realisiert. – Preise: Coppa dell'ANICA, Filmfestspiele Venedig 1946 (ex aequo mit acht weiteren Filmen); Nastro d'Argento 1947 für die beste Regie, bestes Drehbuch, beste Originalmusik.

1947/48 GERMANIA, ANNO ZERO/DEUTSCHLAND IM JAHRE NULL.

– Sujet: Roberto Rossellini (nach einer Idee von Basilio Franchina; uncredited). – B: Roberto Rossellini; Carlo Lizzani (uncredited); Mitarbeit: Max Colpet (i. e. Max Kolpe); Dialoge der italienischen Fassung: Sergio Amidei. – K: Robert Juillard. – K-F: Émile Puet, Jacques Robin. – Sch: Eraldo Da Roma. – T: Kurt Doubrawsky. – M: Renzo Rossellini. – M-L: Eduardo Micucci. – A: Piero Filippone. – R-Ass: Carlo Lizzani, Max Colpet (i.e. Max Kolpe); Franz Graf Treuberg (uncredited). – D: Edmund Meschke (Edmund Koehler), Ernst Pittschau (Edmunds Vater), Ingetraud Hinze (auch: Hintze; Eva, Edmunds Schwester), Franz Krüger (Karl-Heinz, Edmunds Bruder), Erich Gühne (Henning, Lehrer), Jo Herbst, Alexandra Manys, Babsy Schultz-Reckwell, Hans Sangen, Hedi Blänkner, Franz Graf Treuberg, Karl Krüger, Barbara Hintz, Christl Merker. – P: Roberto Rossellini; Alfredo Guarini (uncredited) für Tevere Film, Rom, in Zusammenarbeit mit Salvo d'Angelo Production, Rom/ Sadfi, Berlin/UGC (Union Générale Cinématographique), Paris. – Pd-Ass: André Halley des Fontaines. – Al: Marcello Bollero, Alberto Manni. – Dz: August/September 1947 (Berlin), November 1947–Februar 1948 (Rom). – Do: Lützowstr., Nollendorfplatz, Tiergarten, U-Bhf. Nürnberger Platz, Innsbrucker Platz, Schloßplatz (Berlin); Titanus-Farnesina-Studio, Rom (dort Rekonstruktion der Wohnung). – F: 35 mm, sw. – OL: 78 min. – DL: 72 min. – U: 10.(?)6. 1948, Barberina, Rom (Voraufführung). – Öffentliche Erstaufführung: 11.7. 1948, Filmfestspiele Locarno. – Kinostart: 1.12. 1948, Astra, Mailand. – DE: 9.4. 1952, Studio für Filmkunst, München; in Berlin fand in der zweiten Aprilhälfte eine Aufführung im Hotel Esplanade statt. – TV: 2.10. 1978, 23.4. 1981 (WDR III); 10.1. 1979 (BR III); 31.1. 1979, 2.2. 1983 (S 3); 14.11. 1979, 9.2. 1983 (NDR III); 6.2. 1979 (HR III). – V: –.

Widmung: Questo film è dedicato alla memoria di mio figlio Romano. Roberto Rossellini. (Dieser Film ist der Erinnerung an meinen Sohn Romano gewidmet.). – Der Film wurde in deutscher Sprache gedreht; die italienische Fassung ist nachsynchronisiert. – Er entstand mit Unterstützung der französischen Behörden in Berlin (das Team wohnte in Berlin-Frohnau, das zum französischen Verwaltungssektor gehört), technische Unterstützung leistete die Defa (Berlin/DDR). – Bereits im März 1947 hielt sich Rossellini zum erstenmal in Berlin auf. In Paris entsteht in Zusammenarbeit mit dem deutschen Emigranten Max Colpet (i.e. Max Kolpe), Drehbuchautor und Schlagertexter, ein französisches Treatment, das von Rossellinis Assistenten (Carlo Lizzani?) ins Italienische, von Colpet ins Deutsche und – nach Colpet – in Zusammenarbeit mit Marlene Dietrich ins Englische übersetzt wurde. (Vgl. Max Colpet: Sag mir wo die Jahre sind. München: Langen/Müller 1976. S. 200ff). Ab Sommer 1947 fanden in Berlin die Drehvorbereitungen statt. – Parallel fanden die Vorbereitungs- bzw. Dreharbeiten zu zwei weiteren Filmen in Berlin statt: *A Foreign Affair* (Regie: Billy Wilder) und *Berlin Express* (Regie: Jacques Tourneur). – Edmund Meschke war der Sohn eines Stallmeisters des Zirkus »Barlay«, den Rossellini zufällig entdeckte und für die Rolle engagierte. – Preise: Großer Preis für den besten Film und, ex aequo mit *La vie en rose* (Regie: Jean Faurez), für das beste Originalsujet, Filmfestspiele Locarno 1948.

1947/48 L'AMORE. Untertitel: DUE STORIE D'AMORE. Amore.
– 1. Episode: UNA VOCE UMANA. Die geliebte Stimme. – B: Roberto Rossellini, nach dem Theaterstück »La voix humaine« von Jean Cocteau. – K: Robert Juillard. – Sch: Eraldo Da Roma. – T: Kurt Doubrawsky. – M: Renzo Rossellini. – A: Christian Bérard. – D: Anna Magnani (die Frau).
2. Episode: IL MIRÀCOLO. Das Wunder. – Sujet: Federico Fellini.
– B: Federico Fellini, Tullio Pinelli, nach der Novelle »Flor de Santidad« von Ramón María Del Valle Inclán. – K: Aldo Tonti. – Sch: Eraldo Da Roma. – T: Kurt Doubrawsky. – M: Renzo Rossellini. – R-Ass: Federico Fellini. – D: Anna Magnani (Nannina), Federico Fellini (San Giuseppe, Schäfer), Peparuole (Pater).
P: Roberto Rossellini für Tevere-Film, Rom. – Dz: 1. Episode: 1. Jahreshälfte 1947, vor dem Beginn der Dreharbeiten zu GERMANIA, ANNO ZERO; 2. Episode: April 1948. – Do: 1. Episode: Studio an der Place Clichy, Paris; 2. Episode: Maiori, in der Nähe von Amalfi. – F: 35 mm, sw. – OL, DL: 78 min; 1. Episode: 35 min; 2. Episode: 43 min. – U: 21.8. 1948, Filmfestspiele Venedig. – Kinostart: 2.11. 1948, Rivoli, Rom. – DE: 19.1. 1962. – TV: 27.9. 1969, 9.10. 1978, 27.4. 1981 (WDR III); 2.12. 1962. – TV: 27.9. 1969, 9.10. 1978, 27.4. 1981 (WDR III); 2.12. 1978 (BR III); 3.3. 1979 (S 3); 11.3. 1979, 23.6. 1982 (HR III); 21.11. 1979 (NDR III). – V: –.
Widmung: Questo film è dedicato all'arte di Anna Magnani. Roberto Rossellini. (Dieser Film ist der Kunst Anna Magnanis gewidmet.). – In New York wurde der Film nach einem Aufruf des katholischen Kardinals Spellman boykottiert. – Preis: Nastro d'Argento 1949 für die beste Schauspielerin (Anna Magnani).

1948 LA MACCHINA AMMAZZACATTIVI. Die Maschine, die die Bösen tötet (TV). – Sujet: Eduardo De Filippo, Fabrizio Sarazani. – B: Sergio Amidei, Giancarlo Viogorelli, Franco Brusati, Liana Ferri; Roberto Rossellini (uncredited). – K: Tino Santoni. – K-F: Enrico Betti. – Sch: Jolanda Benvenuti. – T: Mario Amari. – M, M-L: Renzo Rossellini. – R-Ass: Massimo Mida, Renzo Avanzo. – Spezial-Effekte: Eugenio Bava. – D: Gennaro Pisano (Celestino Esposito), Giovanni Amato (Bürgermeister), Marilyn Buferd (Junge Amerikanerin), Bill und Helen Tubbs (ihre Eltern, amerikanische Touristen), Joe Falletta (Joe), Giacomo Furia (Romeo Cuccurullo), Clara Bindi (Giulietta Del Bello), Camillo Buonnani, Piero Carloni, Aldo Nanni, Gajo Visconti, Einwohner von Maiori, Atrani und Amalfi. – P: Roberto Rossellini, Luigi Rovere für Tevere-Film Universalia, Rom. – Pl: Alberto Manni. – Dz: Juni/August 1948. – Do: Maiori, Atrani, Amalfi. – F: 35 mm, sw. – OL, DL: 83 min. – U: 30.7. 1952, Corso, Rom. – TV: 16.10. 1978, 4.5. 1981 (WDR III); 30.12. 1978 (BR III); 25.3. 1979 (HR III); 31.3. 1979 (S 3). – V: in der BRD nicht verliehen.

Wegen Schwierigkeiten beim Schnitt kam der Film erst 1952 in die Kinos.

1949 STROMBOLI, TERRA DI DIO. Stromboli. – Sujet: Roberto Rossellini; Sergio Amidei (uncredited). – B: Sergio Amidei, Gian Paolo Callegari, Renzo Cesana, Art Cohn; Pater Félix Morlion (uncredited). – K: Otello Martelli. – K-F: Luciano Trasatti, Roberto Gerardi, Ajace Parolin. – Sch: Jolanda Benvenuti; für die amerikanische Kopie: Roland Gross. – T: Terry Kellum, Eraldo Giordani (z. T. Originalton). – M: Renzo Rossellini. – R-Ass: Marcello Caracciolo Di Laurino. – D: Ingrid Bergman (Karin Bjorsen), Mario Vitale (Antonio Mastrostefano, ihr Mann), Renzo Cesana (Priester), Mario Sponza (Leuchtturmwächter), Roberto Onorati (Kind), Einwohner von Stromboli. – P: Roberto Rossellini für Berit Film (Bergman/Rossellini), Rom/RKO Productions (Howard Hughes), – Pl: Enrico Donati (?) für Berit Film, Ed Kelly, Harold Lewis für RKO. – Dz: 4.4.–2.8. 1949. – Do: Stromboli, Farfa in den Sabiner Bergen. – F: 35 mm, sw. – OL: 105 min; amerikanische Kopie: 81 min. – DL: 105 min. – L-RH: 78 min. – U (amerikanische Version): 15.2. 1950, New York. – U (italienische Version): 26.8. 1950, Filmfestspiele Venedig. – Kinostart: 9.3. 1951, Manzoni, Mailand. – DE: 9.2. 1951, Apollo-Theater, Düsseldorf und in 60 weiteren Kinos. – V: Die Lupe (35 mm).
Der Film wurde in englischer Sprache gedreht; die italienische Fassung ist nachsynchronisiert. – Die RKO nahm eigenmächtig Kürzungen vor, mit denen Rossellini nicht einverstanden war. Die Klage, die Rossellini gegen die RKO anstrengte, wurde zurückgewiesen. – Anna Magnani hatte sich Hoffnungen auf die Hauptrolle gemacht. Als Ingrid Bergman die Rolle erhielt, drehte sie unter William Dieterles Regie den Konkurrenzfilm *Vulcano*. – Preise: Premio Roma 1950; Nastro d'Argento 1950 für die beste ausländische Schauspielerin in einem italienischen Film (Ingrid Bergman).

1950 FRANCESCO, GIULLARE DI DIO. Franziskus, der Gaukler Gottes (TV). – Sujet: Roberto Rossellini, nach »Fioretti di San Francesco« und »Vita di Frate Ginepro«. – B: Roberto Rossellini, Federico Fellini, unter Mitarbeit von Pater Félix Morlion, Pater Antonio Lisandrini. – K: Otello Martelli. – K-F: Luciano Trasatti, Carlo Carlini. – Sch: Jolanda Benvenuti. – T: Eraldo Giordani, Ovidio Del Grande (z. T. Originalton). – M: Renzo Rossellini; Liturgische Gesänge: Pater Enrico Buondonno. – A: Virgilio Marchi. – Ko: Marina Arcangeli. – D: Aldo Fabrizi (Nicolaio, Tyrann von Viterbo), Arabella Lemaître (Santa Chiara), Bruder Nazario Gerardi (Francesco), Pater Roberto Sorrentino, Bruder Nazareno, Brüder von Baronissi, Mönche des Klosters Maiori, Peparuolo (Giovanni). – P: Peppino Amato für Cineriz, Rom. – Pl: Luigi Giacosi. – Dz: 17.1.–Ende Februar 1950, Mai 1950. – Do: in der Gegend von Oriolo Romano. – F: 35 mm, sw. – OL: 88 min.; in Venedig lt. Variety: 92 min. – DL: 85 min. – U: 26.8. 1950, Filmfestspiele Venedig. – Kinostart: 15.12. 1950, Manzoni, Mailand. – TV: 3.10. 1976 (ZDF); 23.10. 1978, 11.5. 1981 (WDR III); 1.11. 1978 (BR III); 20.2. 1979 (HR III); 28.2. 1979 (S 3); 9.4. 1982 (ARD); 4.11. 1985 (3SAT). – V: in der BRD nicht verliehen.

1951 L'INVIDIA. Neid. – 5. Episode des Films *I sette peccati capitali/Sept péchés capitaux*. Die sieben Sünden. – B: Roberto Rossellini, Diego Fabbri, Liana Ferri, Turi Vasile, nach dem Roman »La Chatte« von Colette. – K: Enzo Serafin. – M: Yves Baudrier. – A: Hugo Blaetter. – R-Ass: Antonio Pietrangeli. – D: Orfeo Tamburi (Orfeo), Andrée Debar (Camille), Nicola Ciarletta, Nino Franchina, Tanino Chiurazzi, R. M. De Angelis. – P: Film Costellazione, Rom/Franco-London, Paris. – Dz: Oktober 1951 (11 Tage). – Do: Via Margutta, Atelier an der Piazza di Spagna, Rom. – F: 35 mm, sw. – OL des ganzen Films: 140 min. – DL: 112 min. – Länge der Rossellini-Episode: 20 min. – U: 30.4. 1952, Paris. – Italienische Erstaufführung: 3.5. 1952, Manzoni, Mailand. – DE: Mai 1954. – V: –.
Regisseure der anderen Episoden: Yves Allégret, Claude Autant-Lara, Carlo Rim, Jean Dreville, Eduardo De Filippo, Georges Lacombe.

1951/52 EUROPA '51. Europa 51. – Sujet: Roberto Rossellini. – B: Sandro De Feo, Roberto Rossellini, Ivo Perilli, Brunello Rondi, Diego Fabbri; Massimo Mida, Antonello Trombadori (uncredited; erster Drehbuchentwurf); Mario Pannunzio, Antonio Pietrangeli (uncredited; Mitarbeit an der Endfassung); Donald Ogden Stewart (englische Dialoge). – K: Aldo Tonti. – K-F: Luciano Tonti. – Sch: Jolanda Benvenuti. – T: Piero Cavazzuti, Paolo Uccello. – M, M-L: Renzo Rossellini. – Ba: Virgilio Marchi. – A: Ferdinanda Ruffo. – Ko für Ingrid Bergman: Fernanda Gattinoni. – R-Ass: Antonio Pietrangeli, William Demby, Marcello Caracciolo, Marcello Girosi. – D: Ingrid Bergman (Irène Gerard), Alexander Knox (George Gerard), Ettore Giannini (Andrea Casati, kommunistischer Intellektueller), Giulietta Masina (»Passerotto«), Sandro Franchina (Michel, Gerards Sohn), Teresa Pellati (Ines, Prostituierte), Maria Zanoli (Frau Galli), Marcella Rovena (Frau Puglisi), Giancarlo Vigorelli (Richter), Bill Tubbs (Professor Alessandrini), Alfred Browne (Priester), Eleonora Baracco, Alfonso Di Stefano, Tina Perna, Silvana Veronese, Alberto Plebani, Gianni Segala (Krankenschwester Irenes); Mary Joham, Bernardo Tafuri, Francesca Uberti, Mariemma Bardi, Alessio Ruggeri, Gerda Forrer, Charles Moses, Giuseppe Chinnici, Vera Wicht, Gianna Damiani, Rosanna Rory, Gipsy Kim, Marinella Marinelli, Graziella Polacco, Barbara Berg, Rodolfo Lodi,

Eric Blyte, Jane Sprague, Elisabetta Cini, Dany Guy, Attilio Dottesio, Antonio Pietrangeli (alle uncredited). - P: Carlo Ponti/Dino de Laurentiis. - Herstellungsleitung: Bruno Todini. - Pl: Nando Pisani. - Al: Pio Angeletti. - Dz: November 1951–Januar 1952. - Do: in und in der Umgebung von Rom, Studio Ponti-De Laurentiis/Rom. - F: 35 mm, sw. - OL: 118 min. (nur in Venedig gezeigt); Verleihversion: 110 min. - DL: 100 min. - L-RH: 107 min. - U: 12.9. 1952, Filmfestspiele Venedig. - Kinostart: 8.1. 1953, Capitol, Rom. - DE: 25.9. 1953, Urania-Filmbühne, Hamburg. - Kinostart in der BRD: 2.10. 1953. - TV: 30.10. 1978 (WDR III). - V: Die Lupe, Göttingen (35 mm).

Der Film wurde in englischer Sprache gedreht; die italienische Fassung ist nachsynchronisiert. - Im Februar 1951 begann Rossellini mit Dreharbeiten zu dem Film in Paris, wahrscheinlich nach einer ersten Drehbuchfassung von Federico Fellini und Tullio Pinelli. Wegen Differenzen über die politische Aussage einiger Szenen brach Rossellini die Aufnahmen ab und reiste zurück nach Rom. - Nach der Uraufführung in Venedig wurde eine Szene geschnitten, in der Ingrid Bergman ins Kino geht und einen Dokumentarfilm über die Erfolge der italienischen Elektroindustrie sieht. - Preise: Premio internazionale ex aequo mit *The Quiet Man* (Regie: John Ford) und *Saikaku Ichidai onna* (Regie: Kenji Mizoguchi), Venedig 1952.

1952 DOV'È LA LIBERTÀ ...? - Sujet: Roberto Rossellini. - B: Roberto Rossellini, Vitaliano Brancati, Ennio Flaiano, Antonio Pietrangeli, Vincenzo Talarico. - K: Aldo Tonti, Tonino Delli Colli. - K-F: Luciano Tonti. - Sch: Jolanda Benvenuti. - T: Paolo Uccello. - M: Renzo Rossellini. - M-L: Giuseppe Morelli. - Ba: Flavio Mogherini. - A: Armando Suscipi. - Ko: Antonelli und Ferroni. - R-Ass: Marcello Caracciolo, Luigi Giacosi. - D: Totò (Salvatore Lojacono), Nyta Dover (Maria, Prostituierte), Vera Molnar (Agnesina), Leopoldo Trieste (Abramo Piperno), Giacomo Rondinella (Singende Gefangene), Vincenzo Talarico (Verteidiger), Franca Faldini (Maria), Fortunato, Pasquale und Nino Misiano (Brüder Torquati), Ines Targas, Andréa De Pino, Mario Castellani, Giacomo Gabrielli, Thea Zubin, Andréa Compagnone, Gennaro Pisano, Ugo D'Alessio, Fernando Milano, Eugenia Orlante, Augusta Mancini, Maria Bonrozetto, die Tänzer Fred und Amonne. - P: Carlo Ponti/Dino De Laurentiis/Golden Films, Rom. - Pl: Nando Pisani. - Al: Mimmo Salvi. - Dz: März-Mai 1952. - Do: Rom, an der Küste von Amalfi. - F: 35 mm, sw. - OL: 93 min; Verleihversion: 89 min. - U: 26.3. 1954, Adriano/Supercinema, Rom. - V: in der BRD nicht verliehen.

Die Prozeßszenen sind im Sommer 1953 von Mario Monicelli gedreht worden. - Tonino Delli Colli übernahm die Kamera, weil Aldo Tonti wegen Krankheit nicht weiterarbeiten konnte.

284

1952 INGRID BERGMAN. – 3. Episode des Films *Siamo donne*. –
Sujet, B: Cesare Zavattini (für alle Episoden des Films); Drehbuch-
mitarbeit für die Rossellini-Episode: Luigi Chiarini. – K: Otello
Martelli. – Sch: Jolanda Benvenuti. – T: Giorgio Palotta. – M: Ales-
sandro Cicognini (für alle Episoden des Films). – R-Ass: Niccolò
Ferrari. – D: Ingrid Bergman (sie selbst), Albamaria Setaccioli (Frau
Annovazzi), Robertino, Isabella und Isotta Rossellini. – P: Alfredo
Guarini für Film Costellazione-Titanus, Rom. – Pl: Marcello
D'Amico (für alle Episoden des Films); Assistenz für die Rossellini-
Episode: Giancarlo Campidori. – Dz: November 1952. – Do: Ros-
sellinis Haus in Santa Marinella. – OL des ganzen Films: 90 min. –
Länge der Rossellini-Episode: 20 min. – U: 27.10. 1953, Manzoni,
Mailand. – V: in der BRD nicht verliehen.
Regie der anderen Episoden: Alfredo Guarini, Gianni Franciolini,
Luigi Zampa, Luchino Visconti.

1953 VIAGGIO IN ITALIA. Liebe ist stärker. – Sujet, B: Roberto
Rossellini, Vitaliano Brancati. – K: Enzo Serafin; Aldo Tonti, Lu-
ciano Trasatti (für einzelne Sequenzen). – K-F: Aldo Scavarda. –
Sch: Jolanda Benvenuti. – T: Eraldo Giordani. – M, M-L: Renzo
Rossellini; Titelsong gesungen von: Giacomo Rondinella. – A: Piero
Filippone. – Ko für Ingrid Bergman: Fernanda Gattinoni. – R-Ass:
Marcello Caracciolo di Laurino, Vladimiro Cecchi. – D: Ingrid
Bergman (Katherine Joyce), George Sanders (Alexander Joyce), Ma-
rie Mauban (Marie), Anna Proclemer (Prostituierte), Leslie Daniels
(Tony Burton), Natalia Ray (Natalia Burton), Paul Muller (Paul Du-
pont), Jackie Frost (Judy), Lyla Rocco (Frau Sinibaldi), Bianca Ma-
ria Cerasoli (Judys Freundin), Lucio Caracciolo, Marcello Caracciolo, Paola Carola. – P: Sveva Film (Roberto Rossellini), Rom/Junior
Film, Rom/Italia Film, Rom/SGC (Sté Général de Cinématogra-
phie), Paris/Ariane, Paris/Francinex, Paris. – Pl: Mario Del Papa,
Marcello D'Amico. – Al: Mimmo Salvi, Pietro Notarianni. – Dz:
5.2.–Ende April 1953. – Do: Neapel, in der Umgebung von Neapel,
Villa Torre Del Greco, Pompeji, Herculaneum, Capri, Campi Fle-
grei. – F: 35 mm, sw. – OL: 85 min; italienische Verleihversion:
75 min. – DL: 83 min. – U: 7.9. 1954, Mignon, Mailand. – DE: 9.11.
1954. – TV: 6.11. 1978, 15.6. 1981 (WDR III); 13.1. 1979 (BR III);
28.4. 1979 (S 3). – V: Die Lupe, Göttingen (35 mm).
Der Film wurde in englischer Sprache gedreht; die italienische Fassung ist nachsynchronisiert. – Gegen den deutschen Verleihtitel legte
Rossellini erfolglos Einspruch ein.

1953 NAPOLI '43. – 4. Episode des Films *Amori di mezzo secolo*. –
Sujet: Carlo Infascelli. – B: Oreste Biancoli, Giuseppe Mangione,
Vinicio Marinucci, Rodolfo Sonego (für alle Episoden); Mitarbeit:
Alessandro Continenza, Antonio Pietrangeli, Vincenzo Talarico, Et-

tore Scola. - K: Tonino Delli Colli. - K-F: Sergio Bergamini. - Sch: Jolanda Benvenuti, Dolores Tamburini. - M: Carlo Rustichelli. - M-L: Alberto Paoletti. - Ba: Mario Chiari. - A: Beni Montresor. - Ko: Maria De Matteis. - R-Ass: Marcello Caracciolo di Laurino. - D: Antonella Lualdi (Carla), Franco Pastorino (Renato), Ugo D'Alessio. - P: Carlo Infascelli für Excelsa-Roma Film Produzione, Rom. - Dz: Oktober-Dezember 1953. - Do: Neapel, Cinecittà-Studio/Rom. - F: 35 mm, sw. - OL des ganzen Films: 100 min. - Länge der Rossellini-Episode: 15 min. - U: 18.2. 1954, Manzoni, Mailand. - V: in der BRD nicht verliehen.
Regie der anderen Episoden: Glauco Pellegrini, Pietro Germi, Mario Chiari, Antonio Pietrangeli.

1954 GIOVANNA D'ARCO AL ROGO. - B: Roberto Rossellini, nach dem dramatischen Oratorium »Jeanne d'Arc au bûcher« von Paul Claudel (Musik: Arthur Honegger). - K: Gabor Pogany. - K-F: Guglielmo Garroni. - Sch: Jolanda Benvenuti. - Mu-Sch: O. De Filippi. - T: Paolo Uccello. - M: Arthur Honegger. - M-L: Gianandrea Gavazzeni. - Ausführende: Orchester, Chor und Ballett des Teatro San Carlo di Napoli. - Choreografie: Bianca Gallizi. - Ba: Carlo Maria Christini. - A: Marcello Caracciolo Di Laurino. - Ko: Adriana Muojo. - R-Ass: Marcello Caracciolo di Laurino. - D: Ingrid Bergman (Jeanne d'Arc), Tullio Carminati (Bruder Domenico), Giancinto Prandelli (Porcus), Augusto Romani (Heurtebise), Agnese Dubbini (Frau Botti), Gerardo Gaudisio (Abgesandter der Justiz), Gianni Avolanti (Esel), Silvio Santarelli (Bauer), Aldo Terrosi (Priester), Luigi Paolillo (Bauer); Sänger: Marcella Pobbe (Jungfrau), Giacinto Prandelli (Porcus), Florence Quartararo (die heilige Margherita), Miriam Pirazzini, Piero De Palma (Araldo I), Alfredo Colella (Araldo II), Giuseppe Micucci, Pina Esca, Gaetano Valentini, Gerardo Iaudioso, Dario Caselli, Nino Tarallo, Saturno Meletti, Plinio Clabassi. - P: Giorgio Criscuolo, Franco Francese für P.C.A. (Produzioni Cinematografiche Associate), Rom/Franco-London Film, Paris. - Pl: Raffaello Teti. - Al: Federico Delfauro. - Dz: Januar-8.3. 1954. - Do: Teatro San Carlo, Neapel; Teatro Mediterranei della Mostra d'Oltremare, Neapel. - F: 35 mm, Gevacolor. - OL: 76 min. - U: 29.1. 1955, Fiamma, Rom; Missori, Mailand. - V: in der BRD nicht verliehen.
Neben der italienischen Originalfassung gibt es zwei französisch synchronisierte Versionen; in der ersten Fassung hat Ingrid Bergman sich selbst synchronisiert, die zweite wurde von Claude Nollier betreut.

1954 ANGST/LA PAURA. - B: Sergio Amidei, Franz Graf Treuberg; Roberto Rossellini (uncredited), nach der gleichnamigen Erzählung von Stefan Zweig. - Dialogregie: Beate von Molo. - K:

286

Heinz Schnackertz, Carlo Carlini. – K-F: Luigi Filippo Carta, Peter Haller. – K-Ass: Johann Lyn. – Sch: Walter Boos; Schnitt der italienischen Fassung: Jolanda Benvenuti. – T: Carl Becker. – M: Renzo Rossellini. – M-L: Franco Ferrara. – Ausführende: Orchester der Accademia di Santa Cecilia. – Ko: Josef Dor, Adele Sydow. – Ko für Ingrid Bergman: Jacques Griffe. – Requisite: Richard Eglseder, Nikolaus Breuning. – Script: Ursula Müller. – R-Ass: Franz Graf Treuberg, Pietro Servedio. – D: Ingrid Bergman (Irene Wagner), Matthias Wieman (Professor Albert Wagner), Renate Mannhardt (Johanna Schultze, alias Luisa Vidor), Kurt Kreuger (Heinz Baumann/Heinrich Stoltz), Elise Aulinger (Martha, Haushälterin), Edith Schultze-Westrum, Klara Kraft, Annelore Wied, Steffie Struck, Elisabeth Wischert, Gabriele Seitz, Jürgen Mikosch, Dr. Rolf Deininger, Albert Herz, Klaus Kinski (Transvestit). – P: Ariston Film, München/Aniene Film, Rom. – Pl: Jochen Genzow, Mario Del Papa. – P-Ass: Wolfgang Kühnlenz. – Al: Heinz Mikosch, Hans Seitz, Horst Wigankow. – Dz: Ende August–Oktober 1954; 30 Tage. – Do: München: Villa in der Clementinenstr./Englischer Garten/Kabarett »Die kleinen Fische«, Leopoldstr./Fabrikgelände Siemens;/Finsterwald bei Gmünd; in der Gegend von Kreuth; Atelier München-Geiselgasteig. – F: 35 mm, sw. – OL, DL: 83 min; nach anderen Quellen war die deutsche Fassung 91 min. – Gekürzte italienische Fassung: 75 min. – L-RH: 79 min. – U: 5. 11. 1954, Kurbel am Jungfernstieg, Hamburg. – Kinostart in der BRD: 12. 11. 1954. – Italienische Erstaufführung: 21. 1. 1955, Manzoni, Mailand. – TV: 13. 11. 1978 (WDR III); 24. 1. 1979 (BR III); 20. 3. 1979 (HR III); 11. 4. 1979 (S 3); 28. 11. 1979 (NDR III). – V: –.

Der Film wurde in deutscher Sprache gedreht; die italienische Fassung ist nachsynchronisiert. – Wegen kommerziellen Mißerfolgs wurde der Film in Italien gekürzt und neu geschnitten; besonders der Schluß der italienischen Version unterscheidet sich von der Originalfassung. Diese gekürzte Version kam unter dem Titel *Non credo più all'amore* in den Verleih. – Zwischen der deutschen und der englischen Fassung *(Fear)* gibt es erhebliche inhaltliche Unterschiede; am Schluß der deutschen Fassung z. B. geht Bergman in eine „La Bohème"-Aufführung, in der englischen Fassung in ein Klavierkonzert. Es ist ungeklärt, ob Rossellini neben der deutschen noch eine englische Variation gedreht und wer den Schnitt der Versionen zu verantworten hat. – Für die zweite weibliche Hauptrolle, die Renate Mannhardt spielt, waren zunächst vorgesehen: Hildegard Knef, Heidemarie Hatheyer, Brigitte Horney, Sonja Ziemann.

1956 LE PSYCHODRAME. – K: Roberto Rossellini (?). – Mitarbeit: Jacob Levi Moreno, Anne Ancelin-Schützenberger. – P: ORTF, Paris.

Unvollendeter Dokumentarfilm, gedreht für ORTF, Pierre Schaeffer und Centre de la Recherche Radiophonique anläßlich eines Kongresses in Paris. Das Produktionsdatum ist nicht genau zu verifizieren.

1957 L'INDIA VISTA DA ROSSELLINI. - K: Aldo Tonti. - M: indische Volksmusik. - TV-Koordination: Giuseppe Sala. - P: Roberto Rossellini für RAI (Radiotelevisione Italiana). - TV-Herstellungsleitung: Adriana Alberti, Jenner Menghi. - TV-Aufnahme: Franco Morabito. - F: 16 mm, Gevacolor. - OL des ganzen Films: 251 min. - Episodentitel, OL der Episoden, TV-Datum: 1. INDI SENZA MITI (27 min. 10 sec.; 7.1. 1959); 2. BOMBAY, LA PORTA DELL'INDIA (27 min., 10 sec.; 14.1. 1959); 3. ARCHITETTURA E COSTUME DI BOMBAY (21 min., 16 sec.; 21.1. 1959); 4. VARSOVA (19 min., 44 sec.; 28.1. 1959); 5. VERSO IL SUD (29 min., 20 sec.; 4.2. 1959); 6. LE LAGUNE DI MALABAR (24 min., 23 sec.; 11.2. 1959); 7. KERALA (23 min., 8 sec.; 18.2. 1959); 8. HIRAKUD, LA DIGA SUL FIUME MAHADI (25 min., 24 sec.; 24.2. 1959); 9. IL PANDIT NEHRU (25 min., 51 sec.; 4.3. 1959); 10. GLI ANIMALI IN INDIA (28 min., 12 sec.; 11.3. 1959). - V: in der BRD nicht verliehen.
TV-Dokumentarfilm, gezeigt in der Reihe *I viaggi del Telegiornale*. - Die jeweiligen Episoden wurden im Rahmen eines Gesprächs zwischen Rossellini und dem Journalisten Marco Cesarini präsentiert. - Im gleichen Jahr stellt Rossellini eine französische Version unter dem Titel J'AI FAIT UN BEAU VOYAGE für die ORTF her (TV-Herstellungsleitung: Jean Lhôte. - Rossellini diskutiert mit dem Journalisten Etienne Lalou).

1957 INDIA, MATRI BHUMI. - Sujet: Roberto Rossellini. - B: Roberto Rossellini, Sonali Senroy DasGupta, Fereydoun Hoveyda. - Kommentar der italienischen Version: Vincenzo Talarico. - K: Aldo Tonti. - K-F: Giorgio Tonti, Prem. - Sch: Cesare Cavagna. - M: Philippe Arthuys; indische Volksmusik (bearbeitet von Alain Danielou). - R-Ass: Jean Herman (Indien); Giovanni (Tinto) Brass. - D: Laien. - P: Aniene Film, Rom/Union Générale Cinématographique, Paris/mit Unterstützung des Indian Films Development (Jean Bhownhagari). - Dz: Februar–Oktober 1957. - Do: Indien. - F: 35 mm, Gevacolor, Ferraniacolor, Kodachrome. - OL: 90 min.; nach anderen Quellen: 81 min. - L-RH: 83 min. - U: 9.5. 1959, Filmfestspiele Cannes (französisch kommentierte Fassung). - Italienische Erstaufführung: 12.3. 1960, Arlecchino, Mailand. - V: in der BRD nicht verliehen.
Der Film wurde in französischer Sprache gedreht; die italienische Fassung ist nachsynchronisiert.

1959 IL GENERALE DELLA ROVERE. Der falsche General. –
Sujet: Indro Montanelli, nach einer authentischen Geschichte. – B:
Sergio Amidei, Diego Fabbri, Indro Montanelli; Piero Zuffi, Rober-
to Rossellini (uncredited). – K: Carlo Carlini. – K-F: Luigi Filippo
Carta. – K-Ass: Ruggero Radicchi. – Sch: Cesare Cavagna. – T:
Ovidio Del Grande. – M: Renzo Rossellini. – Ba, Ko: Piero Zuffi;
Mitarbeit: Francesco Ciarletta (Ba), Vera Marzot (Ko). – A: Elio Co-
stanzi. – Ma: Goffredo Rocchetti. – R-Ass: Renzo Rossellini Jr.,
Philippe Arthuys, Giovanni (Tinto) Brass. – D: Vittorio De Sica (Emanuele Bardone, alias Oberst Grimaldi, alias General Giovanni
Braccioforte Della Rovere), Hannes Messemer (Oberst Müller), Sandra Milo (Olga), Giovanna Ralli (Valeria), Anne Vernon (Witwe Carla Fassio), Vittorio Caprioli (Aristide Banchelli), Lucia Modugno
(Partisanin), Giuseppe Rossetti (»Fabrizio«), Luciano Picozzi (Partisan), Nando Angelini (Gefangener), Herbert Fischer (Walter Hage-
mann, deutscher Offizier), Kurt Polter (Adjutant Müllers), Kurt Sel-
ge (Schrantz), Franco Interlenghi (Antonio Pasquali), Linda Veras
(Deutsche), Bernardino Menicacci (Gefangener), Mary Greco (Madame Vera, Bordellbesitzerin), Baronessa Barzani (Comtesse Bianca
Maria Della Rovere), Leopoldo Valentini (Giuseppe di Castro),
Gianni Baghino, Esther Carloni, Roberto Rossellini (in einer Szene
auf der deutschen Kommandantur während des Gesprächs zwischen
De Sica und Messemer). – P: Moris Ergas für Zebra-Film, Rom/So-
ciété Nouvelle des Etablissements Gaumont, Paris. – Pl: Paolo Fras-
cà. – P-Ass: Carlo Giovagnorio. – Al: Manolo Bolognini, Gianni
Cecchin. – Dz: 3.7.–August 1959. – Do: Cinecittà, Rom. – F:
35 mm, sw. – OL: 137 min. – DL: 133 min. – L-RH: 127 min. – U:
31.8. 1959, Filmfestspiele Venedig. – Kinostart: 7.10. 1959, Quattro
Fontane, Rom. – DE: 14.4. 1960. – TV: 20.11. 1978, 4.6. 1981
(WDR III); 7.2. 1979, 15.4. 1981 (BR III); 9.5. 1979 (S 3); 5.12.
1979, 12.3. 1981 (NDR III). – V: -.
Preise: Goldener Löwe der Filmfestspiele Venedig, 1959 (ex aequo
mit *La grande guerra*, Regie: Mario Monicelli); Golden Gate-Preis
der Filmfestspiele San Francisco, 1959 (beste Regie, bester Haupt-
und Nebendarsteller); Nastro d'argento 1959 für beste Regie.

1960 ERA NOTTE A ROMA. Es war Nacht in Rom (TV). – Sujet:
Sergio Amidei. – B: Sergio Amidei, Roberto Rossellini, Diego Fab-
bri, Brunello Rondi; Englische Dialoge: Mario Del Papa. – K: Carlo
Carlini. – K-F: Luigi Filippo Carta. – K-Ass: Ruggero Radicchi,
Sante Achilli. – Sch: Roberto Cinquini. – T: Enzo Magli. – M: Ren-
zo Rossellini. – M-Effekte: Philippe Arthuys. – M-L: Edoardo Mi-
cucci. – Ba: Flavio Mogherini. – A: Mario Rappini. – Ko: Elio Co-
stanzi; Mitarbeit: Marcella De Marchis. – Ma: Eligio Trani, Emilio
Trani. – R-Ass: Renzo Rossellini Jr., Franco Rossellini. – D: Leo
Genn (Major Michael Pemberton), Giovanna Ralli (Esperia Belli),

Sergej Bondartschuk (Feldwebel Sjodor Nazukov), Peter Baldwin (Leutnant Peter Bradley), Renato Salvatori (Renato Balducci), Enrico Maria Salerno (Doktor Costanzi), Sergio Fantoni (Don Valerio), Paolo Stoppa (Prinz Antoniani), Hannes Messemer (Oberst Baron von Kleist), George Patrarca (Tarcisio), Laura Betti (Falsche Schwester, Freundin Esperias), Giulio Cali (Bauer), Rosalba Neri (Tochter des Professors), Carlo Reali (Professor), Franco Rossellini, Leopoldo Valentini, Roberto Palombi. – P: Giovan Battista Romanengo für International Golden Star, Genf/Film Dismage, Paris. – Pl: Oscar Brazzi. – Ausführender Pd: Franco Magli. – P-Ass: Ferdinando Alivernini. – Al: Alfredo Veloccia. – Dz: Februar–März 1960 (45 Tage). – Do: Rom und Umgebung; Cinecittà, Rom. – F: 35 mm, sw. – OL: 136 min; gekürzte Fassung: 120 min. – DL: 145 min. – U: 13.5. 1960, Filmfestspiele Cannes. – Kinostart: 7.10. 1960, Misori, Mailand. – TV: 13.5. 1975, 27.11. 1978 (WDR III); 12.5. 1979 (S 3). – V: in der BRD nicht verliehen.

Der Film wurde in italienischer Sprache gedreht und enthält englisch- und russischsprachige Passagen, die in der Originalfassung untertitelt sind. – Die Originalfassung (136 min.) wurde am 4.12. 1972 erstmals im italienischen Fernsehen (RAI 1) gezeigt. – Preise: Spezialpreis der Jury für Roberto Rossellini und Giovanna Ralli sowie Spezialpreis der Verteidiger des Friedens, Filmfestspiele Karlovy Vary, 1960.

1960 VIVA L'ITALIA. Viva l'Italia (TV). – Sujet: Sergio Amidei, Antonio Petrucci, Carlo Alianello, Luigi Chiarini. – B: Sergio Amidei, Antonio Petrucci, Diego Fabbri, Antonello Trombadori, Roberto Rossellini. – K: Luciano Trasatti. – K-F: Luigi Filippo Carta. – K-Ass: Ruggero Radicchi. – Sch: Roberto Cinquini. – T: Enzo Magli, Oscar di Santo. – M: Renzo Rossellini. – M-Effekte: Philippe Arthuys. – Orchestrierung: Edoardo Micucci. – M-L: Pier Luigi Urbini. – Ba: Gepy (Giuseppe) Mariani. – Ko: Marcella De Marchis. – Ma: Eligio Trani. – Militärische Beratung: Remo de Angelis. – Spezialeffekte: Franco Cuppini. – R-Ass: Renzo Rossellini Jr., Ruggero Deodato, Franco Rossellini. – D: Renzo Ricci (Giuseppe Garibaldi; synchronisiert von Emilio Cigoli), Paolo Stoppa (Nino Bixio), Franco Interlenghi (Giuseppe Bandi), Giovanna Ralli (Rosa), Raimondo Croce (Francesco II.), Leonardo Botta (Menotti Garibaldi), Giovanni Petrucci (Fabrizio Plutino), Attilio Dottesio (Francesco Crispi), Amedeo Buzzanca (Rosas Vater), Vittorio Bottone (Vittorio-Emanuele II.), Tina Louise (französische Journalistin), Philippe Arthuys (Alexandre Dumas), Amedeo Gerard (General Landi), Piero Braccialini (Mazzini), Sveva Caracciolo D'Acquara (Königin Maria Sofia), Ugo D'Alessio (Sekretär), Remo De Angelis (Giuseppe Missori), Armando Guarnieri (Hauptmann), Gérard Herter (Journalist), Giuseppe Lo Presti (Litta-Modignani), Evar Maran (Francesco

Montanari), Vando Tress (Luigi Gusmardi), Carlo Gazzabini (Giuseppe Sirtori), Franco Lantieri (Giuseppe La Farina), Marco Mariani (Major Sforza), Luigi Borghese (Leutnant De Laurentiis), Ignazio Balsamo (Oberst Ballavicino), Nando Angelini (Hauptmann Pietro G.B.Spangaro), Bruno Scipioni (Leutnant Facanti), Renato Montalbano (Hauptmann Laprini), Sergio Fantoni, Armando Guarbieri. – P: Cinematografica Rire (Roberto Dandi), Rom/Tempo Film (Arturo Tofanelli), Rom/Galatea (Lionello Santi), Rom/Zebra Film (Franco Magli), Rom/Francinex, Paris. – Pl: Oscar Brazzi. – Al: Renato De Pasqualis, Sergio Merolle, Alfredo Veloccia. – Do: Sizilien, Neapel, Terno). – F: 35 mm, Eastmancolor. – OL: 128 min. – DL: 105 min. – U: 27.1. 1961, Oper, Rom; in Anwesenheit des italienischen Staatspräsidenten anläßlich der Feierlichkeiten zum 100.Jahrestag der italienischen Einheit. – Kinostart: 2.2. 1961, Barberini, Rom. – TV: 11.12. 1978, 11.6. 1981 (WDR III); 21.2. 1979 (BR III); 23.5. 1979 (S 3); 12.12. 1979 (NDR III). – V: in der BRD nicht verliehen.

1961 VANINA VANINI. Der furchtlose Rebell. – B: Monique Lange, Diego Fabbri, Jean Gruault, Roberto Rossellini, nach dem Roman »Vanina Vanini« von Stendhal. – Adaption: Antonello Trombadori, Franco Solinas. – K: Luciano Trasatti. – K-F: Claudio Ragone. – K-Ass: Franco Di Giacomo, Vittor Ugo Contino. – Sch-Überwachung: Mario Serandrei. – Sch: Daniele Alabiso. – T: Oscar De Angelis, Renato Cadueri. – M: Renzo Rossellini. – M-L: Pier-Luigi Urbini. – Ba: Luigi Scaccianoce. – A: Riccardo Domenici. – Ko: Danilo Donati. – Ma: Goffredo Rocchetti. – Historische Beratung: Amerigo Terenzi. – R-Ass: Franco Rossellini, Renzo Rossellini Jr., Philippe Arthuys. – D: Sandra Milo (Prinzessin Vanina Vanini), Laurent Terzieff (Pietro Missirilli), Paolo Stoppa (Prinz Asdrubale Vanini), Martine Carol (Komtesse Vitelleschi), Isabelle Corey (Clélia), Nerio Bernardi (Kardinal Savelli), Fernando Cicero (Saverio Pontini), Leonardo Botta (Vaninas Beichtvater), Antonio Pierfederici (Livio Savelli, Spion), Carlo Tamberlani, Olimpia Cavalli (Frau am Fenster der Herberge), Mimmo Poli (Henker), Jean Gruault (Kastrat), Evar Maran, Carlo Gazzabini, Claudia Biava, Enrico Glori (Kardinal), Leonardo Severini. – P: Manolo Bolognini für Zebra Film (Moris Ergas), Rom/Orsay Film, Paris. – Do: Cinecittà, Rom. – F: 35 mm, Technicolor. – OL: 127 min. – DL: 114 min. – L-RH: 103 min. – U: 27.8. 1961, Filmfestspiele Venedig. – Kinostart: 12.10. 1961, Excelsior, Mailand. – DE: 16.3. 1962. – TV: 7.2. 1976 (ARD); 14.9. 1977; 17.4. 1979 (HR III); 14.9. 1977 (NDR III); 18.12. 1978 (WDR III); 14.3. 1979 (BR III); 13.6. 1979 (S 3). – V: Columbia (35 mm).

Auf Vorschlag von Moris Ergas wurde die Szene mit Martine Carol in der Karosse um ca. 15 min. gekürzt.

1961 TORINO NEI CENT'ANNI. – Sujet, B: Valentini Orsini. – Kommentar: Vittorio Gorresio. – K: Leopoldo Piccinelli, Mario Vulpiani, Mario Volpi. – Sch: Vasco Micucci. – Historische Beratung: Carlo Casalegno, Enrico Gianeri. – Regie-Mitarbeit: Enzo Leonardo. – R-Ass: Gilberto Casini. – P: PR. O. A. (Produttori Associati), Rom, für RAI. – Pl: Ugo De Lucia. – P-Ass: Piero Valli. – F: 16 mm, sw. – OL: 46 min. – U: 10.9. 1961, RAI.
TV-Dokumentarfilm über die Geschichte Turins.

1962 ANIMA NERA. Schwarze Seele. – B: Roberto Rossellini, Alfio Valdarnini, nach der gleichnamigen Komödie von Giuseppe Patroni Griffi. – K: Luciano Trasatti. – K-F: Claudio Ragona. – Sch: Daniele Alabiso. – M: Piero Piccioni. – Ba, A: Elio Costanzi, Alfredo Freda. – Ko: Marcella De Marchis. – R-Ass: Franco Rossellini, Ruggero Deodato, Gerardo Giuliano. – D: Vittorio Gassman (Adriano Zucchelli), Annette Stroyberg (Marcella), Nadja Tiller (Mimosa), Eleonora Rossi Drago (Alessandra), Yvonne Sanson (Olga Manfredi), Giuliano Cocuzzoli (Sergio), Tony Brown (Guidino, Marcellas Bruder), Rina Braido (Lucia), Daniela Igliozzi (Giovanna), Chery Milion (Tänzerin im Nachtclub), Armando Suspici (Reiter). – P: Gianni Hecht-Lucari für Documento Film, Rom/Le Louvre Film, Paris. – Pl: Piero Lazzari. – Dz: Januar 1962 (27 Tage). – Do: Rom. – F: 35 mm, sw, Breitwand. – OL: 97 min. – DL: 88 min. – U: 5.9. 1962, Excelsior, Mailand. – DE: 25.7. 1963. – V: –.

1962 ILLIBATEZZA. – 1. Episode des Films *Rogopag*. – Sujet, B: Roberto Rossellini. – K: Luciano Trasatti. – Sch: Daniele Alabiso. – T: Bruno Brunacci, Luigi Puri. – M: Carlo Rustichelli. – Ba: Flavio Mogherini. – Ko: Danilo Donati. – R-Ass: Renzo Rossellini Jr. – D: Rosanna Schiaffino (Anna Maria), Bruce Balaban (Joe), Gianrico Tedeschi (Psychiater), Maria Pia Schiaffino (Wirtin), Carlo Zappavigna (Carlo, Anna Marias Verlobter). – O: Alfredo Bini für Arco Film, Rom/Société Lyre Cinématographique, Paris. – Pl: Eliseo Boschi. – Organisation: Manolo Bolognini. – Dz: November 1962. – Do: Cinecittà, Rom. – F: 35 mm, sw. – OL des ganzen Films: 111 min. – Länge der Rossellini-Episode: 33 min. – U: 21.2. 1963, Mailand. – V: in der BRD nicht verliehen.
Regisseure der anderen Episoden: Jean-Luc Godard, Pier Paolo Pasolini, Ugo Gregoretti. – Der Filmtitel setzt sich aus den Anfangsbuchstaben der vier Regisseure zusammen. – Nach Zensur-Schwierigkeiten wegen der Pasolini-Episode wurde der Film in *Laviamoci il cervello* umgetitelt.

1964 L'ETÀ DEL FERRO. – R: Renzo Rossellini Jr. – Sujet, B, Künstlerische Überwachung: Roberto Rossellini. – Dialog-Mitarbeit: Marcella Rossellini Mariani. – K: Carlo Carlini. – K-F: Luigi

Filippo Carta. - K-Ass: Ruggero Radicchi. - Sch: Daniele Alabiso.
- T: Renato Cadueri, Pietro Spadoni. - M: Carmine Rizzo. - Ba:
Gepy (Giuseppe) Mariani. - A: Ennio Michettoni. - Ko: Marcella
De Marchis. - Präsentation: Roberto Rossellini. - Erzähler: Gian-
carlo Sbragia, Roberto Rossellini. - R-Ass: Ruggero Deodato. - D:
1. Episode: Ekar Maran, Ballett von Rom; Choreografie, 1. Tänzerin:
Franca Bartolomei, 1. Tänzer: Walter Zappolini; 2. Episode: Alberto
Barberito, Pasquale Campagnola, Walter Maestosi, Osvaldo Ruggeri; 4. und 5. Episode: Arnolfo Dominici, Giulio Biagini, Giovanni
Giannotti, Alessandro Lombardi, Evaldo Mancusi. - P: 22 Dicem-
bre-Instituto Luce, Rom, in Zusammenarbeit mit L'Italsider für RAI.
- PL: Alfonso Donati. - Organisation: Alberto Soffientini. - OL des
ganzen Films: 266 min. 44 sec. - OL der Episoden: 1. 52 min.
33 sec.; 2. 58 min. 59 sec.; 3. 49 min. 17 sec.; 4. 58 min. 5 sec.; 5.
47 min. 50 sec. - U: 19.2., 26.2., 5.3., 12.3., 19.3. 1965, RAI 2. - V: in
der BRD nicht verliehen.
Semidokumentarfilm. - Der Film verwendet Ausschnitte aus PAISÀ,
GERMANIA ANNO ZERO, *Luciano Serra, Pilota* (Regie: Goffredo Alessandrini). - Neben der italienischen Originalfassung gibt es eine auf
ca. zwei Stunden gekürzte Version mit englischem Kommentar.

1966 LA PRISE DE POUVOIR PAR LOUIS XIV. La prise de pou-
voir par Louis XIV./Die Machtergreifung Ludwigs XIV. (TV). - B:
Philippe Erlanger. - Dialoge: Jean Gruault. - K: Georges Leclerc;
Jean-Louis Picavet (für einige Sequenzen). - K-F: Claude Butteau. -
K-Ass: Bernard Zanni. - Sch: Armand Ridel. - Sch-Ass: Huguette
Cheltiel. - T: Jacques Gayet. - T-Ass: Claude Fabre. - Mischung:
J.-P. Quinquempois. - T-Illustration: Betty Willemetz. - Geräusche:
Daniel Couteau. - Ba: Maurice Valay. - A: Pierre Gerber; Mitar-
beit: François Comtet, Constantin Hagondokoff. - Ko: Cristiane
Costet; Mitarbeit: Pierre Cadot. - Ma: Nadine Jouve. - Spezial-Ef-
fekte: Marc Schmidt, Jean Faivre, Bernard Cinquin. - R-Ass: Yves
Kovacs, Egérie Mavraki. - D: Jean-Marie Patte (Ludwig XIV.), Ray-
mond Jourdan (Colbert), Giulio Cesare Silvani (Mazarin), Katharina
Renn (Anna von Österreich), Dominique Vincent (Madame Du Ples-
sis), Pierre Barat (Fouquet), Fernand Fabre (Le Tellier), Françoise
Ponty (Louise de la Vallière), Joëlle Langeois (Marie-Thérèse), Mau-
rice Barrier (d'Artagnan), André Dumas (Joly), Françoise Mirante
(Madame de Brienne), Pierre Spadoni (Moni), Roger Guillo (Apo-
theker), Louis Raymond (1. Arzt), Maurice Bourbon (2. Arzt), Michel
Ferre (De Gesvres), Guy Pintat (Küchenchef), Michèle Marquais
(Madame de Motteville), Jean-Jacques Daubin (de Vardes), Georges
Coubert (de Soyecourt), Pierre Pernet (Herr), Ginette Barbier (Pier-
rette Dufour), Jean Obe (Le Vau), Jacques Charby (Le Vaus Assi-
stent), Micheline Muc (Mademoiselle de Pons), Michel Debranne
(Schneider), René Rabault (de Grammont), François Bennard (Erz-

bischof), Georges Spanelly (Séguier), Jean Soustre (de Guiche), Axel Ganz (Botschafter), Jean-Jacques Leconte (1. Kammerherr), Violette Marceau (Mademoiselle de Chemerault), Paula Dehelly (Mademoiselle d'Elbœuf), Jacques Preboist (Musketier), Roger Cransac (Musketier), André Daguenet (Kapitän), Marc Fraiseau, Pierre Frag, Jean Coste (Seeleute), Rita Maiden (Louison, Bäuerin), Françoise Deville (Frau); Raymond Pelissier (Pamponne), Claude Rio (Vardès), Daniel Dubois (Lionne), Pierre Lepers (Kaplan), Hélène Manesse (Naïade), Jean-Claude Charnay (Bote) (alle uncredited). – P: ORTF, Paris. – Pl: Pierre Gout. – Dz: August 1966 (24 Tage). – Do: Châteaux de Brissac, Maison-Lafitte, Vincennes; Fabrik in Mantes; an der Seine in der Nähe von Mantes. – F: 35 mm, Eastmancolor. – OL, DL: 102 min. – U: 10.9. 1966, Filmfestspiele Venedig. – TV-Erstausstrahlung: 8.10. 1966, ORTF, 1. Programm. – TV: 19.12. 1979 (NDR III). – V: in der BRD nicht verliehen.
Die Sequenz an der königlichen Tafel wurde von Renzo Rossellini Jr. gedreht. – Der Film wurde in französischer Sprache gedreht.

1967 IDEA DI UN'ÌSOLA. – B: Roberto Rossellini. – K: Mario Fioretti. – K-F: Carlo Fioretti. – Sch: Maria Rosada. – M: Mario Nascimbene. – R-Ass: Roberto Capanna, Paolo Poeti. – Sprecher: Corrado Gaipa. – P: Orizzonte 2000 (Roberto Rossellini), Rom. – Pl: Francesco Orefici. – Do: Sizilien. – F: 35 mm, Farbe. – OL: 52 min. – U: 3.2. 1970, RAI 2. – V: in der BRD nicht verliehen.
TV-Dokumentarfilm.

1967/69 LA LOTTA DELL'UOMA PER LA SUA SOPRAVVIVENZA. – R: Renzo Rossellini Jr., unter Mitarbeit von Pitt Popesco. – Sujet, B, Künstlerische Überwachung: Roberto Rossellini. – K: Mario Fioretti. – K-F: Carlo Fioretti. – K-Ass: Gianni Bonicelli, Marcel Reinstein. – Sch: Daniele Alabiso, Gabriele Alessandro, Alfredo Muschietti. – M: Mario Nascimbene. – M-L: Roberto Pregadio. – Titelsong: The fight for the survival; gesungen von Shirley Bassey. – Ba: Gepy (Giuseppe) Mariani, Virgil Moise; Eugenio Saverio, Giusto Puri Purini, Jurie Vasile, Ennio Michettoni (uncredited). – Ko: Marcella De Marchis. – Moderation: Roberto Rossellini. – R-Ass: Roberto Capanna, Paolo Poeti, Emiliano Giannino, Ilie Sterian. – D: 1. Teil: Piero Baldini, Renato Baldini, Rodolfo Baldini, Salvatore Billa, Massimo Sarchielli, Pino Caruso, Claudio Trionfi, Bruno Scipioni, Luciano Rossi, Franco Gulà, Elio Bertolotti, Marzio Margine, Luigi Barbacane, Alberto Dell' Acqua, Vasco Santoni, Vitaliano Elia, Giglio Gigli, Ernesto Colli, Emilio Giannino, A. Bella; 2. Teil: Franco Aloisi, Lydia Biondi, G. Andersen, Consalvo Dell'Arti, Valentino Macchi, Giulio Donnini, Bepy Mannaiuolo, Corrado Olmi, Stefano Sibaldi, Alfredo Censi, Sandro Dori, Evar Maran, P. Ababini, Vittorio Williams, Valeria Sabel, Massimo Sarchielli, Florin Scarlatesco, Hans Krauss, Dino Jancolesco, Pino Caruso. – P: Roberto Rossellini für Orizzonte 2000, Rom/RAI, Rom/Logos-Film, Paris/Romania Film, Bukarest/Copro Film, Kairo. – Organisationsleitung: Michele Bini. – Pl: Francesco Orefici, Adrian Caracas. – Pl (RAI): Angelo Lodigiani. – Do: Ägypten, Tunesien, Rumänien, Sizilien. – F: 35 mm, Farbe. – OL des ganzen Films: 10 Std. 47 min. 8 sec. – Länge der Episoden des 1. Teils: 57 min. 22 sec., 54 min. 31 sec., 50 min. 37 sec., 51 min. 15 sec., 43 min. 42 sec., 51 min. 49 sec. – Länge der Episoden des 2. Teils: 54 min. 39 sec., 59 min. 4 sec., 56 min. 26 sec., 52 min. 13 sec., 49 min. 15 sec., 47 min. 55 sec. – U: 7.8., 14.8., 21.8., 28.8., 4.9., 11.9. 1970, RAI 1 (1. Teil); 4.9., 11.9., 18.9., 25.9., 2.10., 16.10. 1971, RAI 2 (2. Teil)

TV-Film. Episodentitel (1. Teil): 1. Prima della storia, l'uomo. – 2. La civiltà che nacque da un fiume. – 3. Dall'angoscia dei miti al Dio che è salvezza. – 4. Un'arca nel diluvio: il monarchesimo. – 5. Il medioevo, età di pietra e di ferro. – 6. Verso la scienza, patria dell'uomo. Episodentitel (2. Teil): 7. In cerca delle Indie oltre l'oceano ignoto. – 8. Dall'età della magia all'età della scienza. – 9. Lo spirito scientifico conquista il mondo. – 10. Questa nostra grandiosa civiltà della freta. – 11. Un'arte nuova in un mondo di macchine. – 12. Nonostante tutto, ancora più lontano.

1968 ATTI DEGLI APOSTOLI. – B: Jean-Dominique de La Rochefoucauld, Luciano Scaffa, Vittorio Bonicelli, Roberto Rossellini, nach der Apostelgeschichte, V. Buch des Neuen Testaments. – K: Mario Fioretti. – K-F: Carlo Fioretti. – K-Ass: Giovanni Bonicelli. – Sch: Jolanda Benvenuti. – Sch-Ass: Giancarlo Tiburzi. – T: Gianni Mazzarini. – Mischung: Eugenio Rondani, Mario Messina. – M: Mario Nascimbene. – Flötensolo: Severino Gazzeloni. – Stimme: Sonali Senroy DasGupta. – Ba: Gepy (Giuseppe) Mariani, Carmelo Patrono. – A: Elio Costanzi, Alessandro Gioia, Dino Leonetti. – Ko: Marcella De Marchis. – Ma: Manlio Rocchetti, Carlo Sindici. – R-Ass: Malo Maurizio Brass, Roberto Capanna, Hedi Besbes, Abeljalil El Bahi, Mohamed Naceur al Ktârî. – D: Edoardo Torricella (Paulus), Jacques Dumur (Petrus), Renzo Rossi (Zacharias), Mohamed Kouka (Johannes), Bradai Ridha (Matthäus), Missoume Ridha (Jakobus der Ältere), Zouiten (Jakobus der Jüngere), Hédi Nouira (Andreas), Zignani Houcine (Stephanus), Mohamed Ktârî (Markus), Bouraoui (Bartholomäus), Ben Reayeb Moncef (Thomas), Maurizio Malo Brass (Aristark, griechischer Schreiber), Enrico Ostermann (Kaiphas), Paul Müller (Griechischer Sophist), Bepy Mannaiuolo (Philippus), Daniele Dublino (Sila), Olimpia Carlisi (Lydia), Lydia Biondi (Wahrsagerin), Dino Mele (Aquila), Sergio Serafini (Römischer Christ), Gian Paolo Capovilla (Griechischer Soldat in Neapel), Maria Cumani Quasimodo (Wirtin in Korinth), Alessandro Perella,

Ada Pometti, Mimmo Caruso, Valentino Macchi, Mario Zampelli, Bruno Cattaneo (Christen in Rom). - P: Orrizonte 2000 (Roberto Rossellini), Rom für RAI, Rom/ORTF, Paris/TVE, Madrid/Studio Hamburg, Hamburg/in Zusammenarbeit mit Les Films de Carthage, Tunis. - P: Renzo Rossellini Jr. - Pl: Francesco Orefici. - Pl (RAI): Vittorio Bonicelli. - P-Ass: Paolo Luciani. - Al: Sergio Galiano. - Do: im Südosten von Tunesien, zwischen Sousse und Kairouan; Ostia Antica, Pompeji, Sperlonga, Wald von Ceri. - F: 35 mm, Eastmancolor. - OL des ganzen Films: 5 Std. 42 min. - Länge der Episoden: 58 min., 58 min., 64 min., 64 min., 98 min. - U: 6.4., 13.4., 20.4., 27.4., 4.5. 1969, RAI 1. - V: in der BRD nicht verliehen.
TV-Film.

1970 SOCRATE. - Adaption: Roberto Rossellini, Maria Grazia Bornigia. - B: Roberto Rossellini, Marcella Mariani. - Dialoge: Jean-Dominique de La Rochefoucauld. - K: Jorge Herrero Martin. - K-F: Ricardo Poblete. - K-Ass: Miguel Garrido Salvadores. - Sch: Alfredo Muschietti. - Sch-Ass: Giancarlo Tiburzi. - T: Jesus Paralta Navarro. - T-Mischung: Gianni Mazzarini. - M: Mario Nascimbene. - Ba: Giusto Puri Purini. - Ko: Marcella De Marchis. - Ma: Juan Sanchez Quesada. - R-Ass: Juan Garcia Atienza, José Luis Guarner. - D: Jean Sylvère (Sokrates), Anne Caprile (Xanthippe), Ricardo Palacios (Kriton), Beppy Mannaiuolo (Appolodorus), Manuel Angel Egea (Cebetes), Julio Morales (Antisthenes), Jesus Fernandez (Cristobolus), Eduardo Puceiro (Simmias), José Renovales (Phaidias), Antonio Medina (Platon), Emilio Miguel Hernandez (Meletos), Emilio Hernandez Blanco (Hyperides), Gonzalo Tejel (Anytos), Antonio Requena (Hermes), Roberto Cruz (Alter Mann), Francisco Sanz (Schauspieler), Antonio Alfonso (Eutyphron), Juan Francisco Margallo (Critias), Roman Ariznavarreta (Calicles), Francisco Catala (Lysias), Adolfo Thous (Hippias), Jean-Dominique de La Rochefoucauld (Phaedre), Bernardo Ballester (Theophrastus), César Bonet (Priester), Jerzy Radlowsky (Jongleur), Pedro G. Estecha (Phocion), Rafael de la Rosa (Trasybulus), Simon Arriaga (Diener), Ivàn Almagro (Hermogenes), Constant Rodriguez (Aristephus), Stefano Charelli (Ephigenes), Luis Alonso Gulias (Aechines), Jesus A. Gordon (Lamprocles), José Luis Ortega (Sokrates' Sohn). - P: Orizzonte 2000 (Roberto Rossellini), Rom/RAI, Rom/ORTF, Paris/TVE, Madrid. - Pd: Roberto Rossellini. - Pl: Francesco Orefici, Antonio Matilla. - Al: Juan Mauricio Matias. - Do: Patones Arriba (in der Nähe von Madrid); Studio Bronson, Madrid. - F: 35 mm, Eastmancolor. - OL: 120 min. - U: 19.8. 1970, Filmfestspiele Venedig. - TV-Erstaufführung: 17.6., 20.6. 1971, RAI 2. - V: in der BRD nicht verliehen.
TV-Film.

1971 INTERVISTA CON SALVATORE ALLENDE. – K: Roberto Girometti. – T: Antonio Russello. – R-Ass: Emidio Grego. – P: Orizzonte 2000 (Roberto Rossellini), Rom. – Dz: Mai 1971. – Do: Wohnung Allendes in Santiago de Chile. – F: 16 mm, sw. – OL: 36 min. 22 sec. – L-RH: 42 min. 5 sec. – U: 15.9. 1973, RAI 1. – V: in der BRD nicht verliehen.
TV-Dokumentarfilm. – Nach der Ermordung Allendes im italienischen Fernsehen unter dem Titel *La forza e la ragione* gezeigt. – Die credits der Kopie nennen Emidio Grego unter der Rubrik »regia«. Ob Grego (nach anderen Quellen Emilio Greco) alleiniger Regisseur, Co-Regisseur oder Regieassistent gewesen ist, konnte nicht endgültig geklärt werden.

1971 BLAISE PASCAL. Blaise Pascal (TV). – B: Roberto Rossellini, Marcella Mariani, Luciano Scaffa. – Dialoge: Jean-Dominique de La Rochefoucauld. – K: Mario Fioretti. – K-F: Carlo Fioretti. – Sch: Jolanda Benvenuti. – Sch-Ass: Rita Di Paolo. – T: Carlo Tarchi. – T-Mischung: Gianni Mazzarini. – M: Mario Nascimbene. – Ba: Franco Velchi. – Ko: Marcella De Marchis. – Mitarbeit: Isabella Rossellini. – Ma: Giulio Natalucci. – R-Ass: Gabriele Polverosi, Andréa Ferendeles. – D: Pierre Arditi (Blaise Pascal), Rita Forzano (Jacqueline Pascal), Giuseppe Addobbati (Etienne Pascal), Christian De Sica (Leutnant), Livio Galassi (Jacques, Diener), Bruno Cattaneo (Jean Deschamps), Bepy Mannaiuolo (Florin Perier, Gilbertes Bräutigam), Marco Bonetti (Artus Gouffier, Herzog von Roannes), Teresa Ricci (Gilberte Pascal), Christian Aleny (Adrien Deschamps), Bernard Rigal (Seguier), Melù Valente (Charlotte de Roannes), Lucio Rama (Moulinet), Mario Bardella (Pierre Petit, Mathematiker), Claude Baks (Descartes), Anne Caprile (Michèle Martin, Dienerin Moulinets), Tullio Valli (Pater Marin Mersenne), Edda Soligo (Oberin Angélique), Jean-Dominique de La Rochefoucauld (Pater Noël; uncredited). – P: Roberto Rossellini für Orizzonte 2000, Rom/RAI, Rom/ORTF, Paris. – Organisation: Sergio Iacobis. – Al: Nicola Venditti. – Dz: 16.8.–September 1971. – Do: Magliano Sabina an der Autobahn »del Sole«, Palast Odescalchi in Bassano Romano, Abtei von Fossanova. – F: 35 mm, Eastmancolor. – OL, DL: 131 min. – U: 16.5., 23.5. 1972, RAI 1. – TV: 1.9. 1985 (HR III, WDR III, NDR III). – V: in der BRD nicht verliehen.
TV-Film. – Der Film wurde in französischer Sprache gedreht; die italienische Fassung ist nachsynchronisiert.

1971 RICE UNIVERSITY. – Sch, R-Ass, Produktionsbetreuung: Beppe Cino. – P: Orizzonte 2000 (Roberto Rossellini), Rom.
Dokumentarfilm (Interviews), gedreht im Medien-Center der Rice University, Huston (Texas). – Der Film wurde nie öffentlich vorgeführt.

1972 AGOSTINO D'IPPONA. – B: Marcella Mariani, Luciano Scaffa, Roberto Rossellini. – B-Beratung: Carlo Cremona. – Dialoge: Jean-Dominique de La Rochefoucauld. – K: Mario Fioretti. – K-F: Carlo Fioretti. – Sch: Jolanda Benvenuti. – T: Carlo Tarchi. – M: Mario Nascimbene. – Ba: Franco Velchi. – Ko: Marcella De Marchis; Mitarbeit: Isabella Rossellini. – Ma: Manlio Rocchetti, Franco Ruffini. – R-Ass: Andréa Ferendeles, Claudio Bondi, Claudio Amati. – D: Dary Berkany (Augustin), Virginio Gazzolo (Alipio), Cesare Barbetti (Volusiano), Bruno Cattaneo (Massimo), Leonardo Fioravanti (Milesio), Bepy Mannaiuolo (Severo), Livio Galassi (Possidio), Fabio Garriba (Marcellino), Valentino Macchi (Sisto), Giuseppe Alotta (Syrer), Sergio Fiorentini (Seemann), Pietro Fumelli (Megalio), Giovanni Sabbatini (Valerio), Ciro Ippolito (Terenzio), Dannuzio Papini (Richter), Filippo Degara (Crispino), Gian Giacomo Elia (Papirio), Leo Pantaleo (Macrobio), Guido Celano (exilierter Römer), Maria Teresa Piaggio (exilierte Römerin), Ettore Bevilacqua, Marilù Vilar, Carlo Schellino, Andrea Maroni. – P: Roberto Rossellini für Orizzonte 2000, Rom/RAI, Rom. – Organisation: Sergio Iacobis. – Pl: Francesco Orefici. – Al: Salvatore Scarfone. – Dz: Februar 1972. – Do: Pompeji, Ercolano, Paestum, Castel San Elia, San Costanza (Rom). – F: 35 mm, Eastmancolor. – OL: 117 min. – U: September 1972, Turin. – TV-Erstaufführung: 25.10., 1.11. 1972, RAI 1. – V: in der BRD nicht verliehen.
TV-Film.

1972 L'ETÀ DI COSIMO DE' MEDICI. – B: Roberto Rossellini, Luciano Scaffa, Marcella Mariani. – Englische Dialoge: Sonya Friedman. – K: Mario Montuori. – K-F: Giovanni Maddaleni. – K-Ass: Sergio Melaranci. – Sch: Jolanda Benvenuti. – Sch-Ass: Rita Di Paolo. – T: Carlo Tarchi. – T-Mischung: Fausto Ancillai. – M, M-L: Manuel De Sica. – Ba: Franco Velchi. – Ko: Marcella De Marchis. – Ma: Manlio Rocchetti. – R-Ass: Claudio Bondi, Giuseppe Cino, Claudio Amati. – D: Marcello Di Falco (Cosimo de Medici), Virginio Gazzolo (Leon Battista Alberti), Tom Felleghi (Rinaldo degli Albizzi), Mario Erpichini (Totto Machiavelli), Adriana Amidei Migliano (Carlo degli Alberti, Bruder von Leon Battista), John Stacy (Ilarione de' Bardi), Sergio Nicolai (Francesco Soderini), Michel Bardinet (Ciriaco d'Arpaso), Piero Gerlini (Poggio Bracciolini), Mario Demo (Sigismondo Malatesta), Duccio Dugoni (Bernardo Rossellino), Janti Sommer (Komtess de' Bardi, Cosimos Frau), Ugo Cardea (Niccolò Cusano), Marino Masè (Francesco Filelfo), Lincoln Tate (Thomas Wadding), Carlo Reali, Roberto Bisacco (Niccolò Di Cocco Donati), Giuseppe Addobbati, Livio Galassi, Giuliano Disperati (neuer Gonfaloniere), Nazzareno Natale, Roberto Bruni, Maurizio Manetti, Goffredo Matassi (Bernardo Guadagni, Gonfaloniere von Florenz), Bruno Cattaneo (Toscanelli), Valentino Macchi, Fred

Ward (Niccolò de Conti), Giuseppe Pertile, John/Janos Bartha, Ernesto Colli, Attilio Dottavio, Sergio Serafini (Lorenzo), Enzo Spitaleri, Franco Moraldi, Sonya Friedman, Bernard Rigal, Francesco Vairano, D. Bugna, G. De Michelis, Emanuele Vacchetto, Bepy Mannaiuolo, Giacinto Ferro, Honard Nelson Rubien, Dario Micaelis (Carlo Marsuppini). – P: Roberto Rossellini für Orizzonte 2000, Rom/RAI, Rom. – Organisation: Sergio Iacobis. – Pl: Francesco Orefici. – P-Ass: Carla Raiconi. – Al: Nicola Venditti. – Dz: August 1972. – Do: Florenz, Gubbio, Venedig, Renaissance-Villa in Fiesole, Basilika Santa Maria Novella in Certaldo, Villa Medicea di Careggi. – F: 35 mm, Eastmancolor. – OL des ganzen Films: 245 min. – Länge der Episoden: 1. 78 min.; 2. 78 min.; 3. 89 min. – U: 26. 12. 1972, 2. 1., 10. 1. 1973, RAI 1 (3 Teile). – V: in der BRD nicht verliehen.
TV-Film. – Episodentitel: 1. L'Esilio di Cosimo. – 2. Il Potere di Cosimo. – 3. Leon Battista Alberti. – Der Film wurde in englischer Sprache gedreht; die italienische Fassung ist nachsynchronisiert.

1973 CARTESIUS. Descartes (TV). – B: Roberto Rossellini, Luciano Scaffa, Marcella Mariani. – B-Beratung: Ferdinand Alquié. – K: Mario Montuori. – K-F: Maurizio Scanzani. – K-Ass: Giancarlo Granatelli. – Sch: Jolanda Benvenuti. – Sch-Ass: Rita Di Paolo. – T: Tommaso Quattrini. – T-Mischung: Gianni Mazzarini. – M: Mario Nascimbene. – Ba: Giuseppe Mangano. – Ko: Marcella De Marchis. – Ma: Pino Ferrante. – R-Ass: Giuseppe Cino, Claudio Amati. – D: Ugo Cardea (René Descartes), Anne Pouchie (Elena), Claude Berthy (Guez de Balzac), Gabriele Banchero (Diener), John Stacy (Levasseur d'Etoiles), Charles Borromel (Pater Marin Mersenne), Kenneth Belton (Isaak Beeckman), Renato Montalbano (Constantin Huygens), Vernon Dobtcheff (Ciprus, Astronom), Giancarlo Sisti, Beppe Colombo, Maurizio Manetti, Bruno Corazzari (holländischer Offizier), Bruno Rosa, Bruno Cattaneo, Camillo Autore, Jack Gillin, Raffaele Tecce, Cesare Di Vito, Cristiano Camponelli, Antonio Guerra, Stavros Tornes, Carlo Monni, Marcello Carlini, Matilde Antonelli, Penny Ashton, Angelo Bassi, Gianni Loffredo, Franco Calogero, Dante Biaggioni, Mario Danieli, Marcello Di Falco, Miguel, Sergio Doria, Maria Grazia Piani, Duccio Dugoni, Soko, Nicolaas Ladenius, Enzo Spitaleri, Dan Tedahl, Fred Ward, Anthony Berner. – P: Roberto Rossellini für Orizzonte 2000, Rom/RAI, Rom/ORTF, Paris. – Organisation: Sergio Iacobis. – Pl: Francesco Orefici. – Al: Nicola Venditti. – Do: Lazio, Palast von Odescalchi in Bassano Romano, Faleria, Abtei von Fossanova, Saal im Centro Sperimentale di Cinematografia (Rom). – F: 35 mm, Eastmancolor. – OL: 152 min. – U: 20. 2., 27. 2. 1974, RAI 1. – TV: 8. 9. 1985 (HR III, WDR III, NDR III). – V: in der BRD nicht verliehen.
TV-Film. – Eine erste Drehbuchfassung von Jean-Dominique de La Rochefoucauld wurde von Rossellini zurückgewiesen.

1974 L'ANNO UNO. – Sujet, B: Roberto Rossellini, Luciano Scaffa, Marcella Mariani. – K: Mario Montuori. – K-F: Maurizio Scanzani. – K-Ass: Giorgio Urbinelli, Enrico Biribichi. – Sch: Jolanda Benvenuti. – Sch-Ass: Marcella Benvenuti. – T: Tommaso Quattrini, Franco De Arcangelis. – M: Mario Nascimbene. – Ba: Giuseppe Mangano. – A: Andrea Fantacci. – Ko: Marcella De Marchis. – Ma: Pino Ferranti. – Historische Recherche: Maria Stella Mariani. – R-Ass: Giuseppe Cino, Nino Bizzari, Antonio Carlucci. – D: Luigi Vannuchi (Alcide de Gasperi), Dominique Darel (Maria Romana de Gasperi), Valeria Sabel (Francesca de Gasperi), Rita Forzano (Lucia de Gasperi, Nonne), Ennio Balbo (Nenni), Luciano Gaudenzio (Longo), Renato Montanari (Secchia), Paolo Bonacelli (Amendola), Francesco Di Federico (Saragat), Francesco Morillo (Fenoaltea), Piero Palermini (Scoccimarro), Consalvo Dell'Arti (Bonomi), Franco Ferrari (Ruini), Renato Montalbano (Spataro), Tino Bianchi (Togliatti), Corrado Olmi (Di Vittorio), Aldo Rendine (Romita), Nicola Morelli (Badoglio), Rita Calderoni (Journalistin), Carlos de Carvalho (Journalist), Renato Scarpa (Jesuit), Maria Teresa Piaggio (Dame der katholischen Aktion), Enzo Loglisci (Mitglied der katholischen Aktion), Franco D'Adda (Vorsitzender der toskanischen D.C.), Giorgio Iovine (Vorsitzender der sizilianischen D.C.), Ubaldo Granata (Vorsitzender der ligurischen D.C.), Camillo Milli (Vorsitzender der emilianischen D.C.), Armanda Furlai (Vorsitzender der römischen D.C.), Gianni Rizzo (Vorsitzender der turinischen D.C.), Tom Felleghi (Vorsitzender der venezianischen D.C.), Laura de Marchi (Laura), Vittorio Ripamonti (Don Signora), Cesare Nizzica (Alter Römer), Mariella Fenoglio (Junges Mädchen), Gianni Di Gregori (Junger Mann), Riccardo Bosco (Junger Kommunist), Fabrizio Iovine (Mitglied der katholischen Aktion), Omero Antonutti (Kommunist), Enrico Marciani (Liberaler), Sergio Nicolai (ehemaliger Partisan, jetzt Priester), Adriano Micantoni (Mailänder Sozialist), Carlo Bagno (Mailänder Kommunist), Dante Fioretti (Liberaler), Bruno Cattaneo, Adriano Amidei Migliano, Mauro Vestri, Achille Brugnini, Vittorio Andelmi (Journalisten), Ettore Carloni (Arzt), Edda Ferronao (Nilde Jotti), Ivano Lattanzi (Scelba), Gianni Rizzo (Vorsitzender der römischen D.C.), Renato Pinciroli (Setzer), Stavros Tornes (Parri), Bepy Mannaiuolo (Beppe), Pinuccio Ardia (älterer Herr im Grand Hotel), Bill Vanders (Journalist), Nais Lago, Biagio Pelligra (Gäste im Café), Bruno Rosa, Piero Vida (Mann im Café), Giancarlo Fontini, Antonella Forsano, Sergio Gibello, Riccardo Mangano, Carlo Bagno (Mailänder Kommunist). – P: Rusconi Film, Rom. – Ausführender Produzent: Silvia D'Amico Bendico. – Pl: Sergio Iacobis. – AL: Nicola Venditti, Renato Pieri. – Dz: Sommer 1974 (Drehbeginn Ende Juni). – Do: Sizilien, Matera, Rom, Castelgandolfo. – F: 35 mm, Eastmancolor. – OL: 118 min. – U: 15.11.1974, Fiamma, Rom. – V: in der BRD nicht verliehen.

1974 THE WORLD POPULATION. – Sch, R-Ass, Produktionsbetreuung: Bepe Cino. – P: UNESCO (United Nations Fund for Population Activities). – F: 16 mm. – 120 min. – U: 1974, Bukarest, während einer Konferenz über die Entwicklung der Weltbevölkerung. – V: in der BRD nicht verliehen.
Dokumentarfilm. – Die genaue Länge ist ungeklärt; die Autoren dieses Bandes sahen eine 24minütige Fassung.

1975 IL MESSIA. Der Messias (TV). – Sujet, B: Roberto Rossellini, Silvia D'Amico Benedico; Mitarbeit an der ersten Fassung: Carlo M. Martini (uncredited). – B-Beratung: Don Ettore Segneri. – K: Mario Montuori. – K-F: Gaetano Valle, Giuseppe Benardini. – K-Ass: Giuseppe Buonaurio, Liberto Pisani. – Sch: Jolanda Benvenuti, Laurent Quaglio. – T: Alain Contrault, Tommaso Quattrini. – M: Mario Nascimbene. – Flötensolist: Severino Gazzelloni. – Ba: Giorgio Bertolini. – A: Giovanni Del Drago, Osvaldo Desideri. – Ko: Marcella De Marchis. – Ma: Manlio Rocchetti. – R-Ass: Giuseppe Cino, Carlos de Carvalho; Abdellatif Ben Ammar, Fethi Dammak (Tunesien). – D: Pier Maria Rossi (Jesus; Synchronsprecher: Enrico Maria Salerno), Mita Ungaro (Maria), Carlos de Carvalho (Johannes der Täufer), Fausto Di Bella (Saulus), Vernon Dobtcheff (Samuel), Antonella Fasano (Maria Magdalena), Jean Martin (Pontius Pilatus), Toni Ucci (Herodes Antipas), Vittorio Caprioli (Herodes der Große), Flora Carabella (seine Frau), Tina Aumont (Frau), Anita Bartolucci (Samariterin), Denise Bataille (Schwester von Herodes), Cosetta Pichetti (Salome), Raouf Ben Amor (Judas), Luis Suarez (Johannes), Hedi Zouglami (Simon-Petrus), Renato Montalbano (Matthäus), Raouf Ben Yaghlane (Andreas), Fadhel Djaziri (Nathanael), Mark Lombardo (Jakob, Sohn des Alphäus), Moncef Ben Yahia (Thomas), Antonio Carlucci (Simon der Kanaanäer), Ridha Missume (Philippus), Slim Mzali (Jakob, Sohn des Zebedäus), Mohamed Ali Belkadhi (Thaddäus), Samir Ayadi (Pharisäer), John Karlsen (Kaiphas), Mustapha Ferchiou (Jesus, Kind), Abdellatif Hamrouni (Priester), Yatsugi Khelil (Joseph), Abdelmagid Lakhal (Pharisäer), Claude Betan, Francesco Costa, Rossano Jalenti, Mathia Machiavelli, Lorenzo Piani, Paolo Rovesi, Giuseppe Scarcella, Renato Scarpa, Moncef Ben Arbia, Madar Ben Jemine, Habib Bel Hareth, Mohamed Ali Ben Hassine, Mourad Ben Hmida, Abdellaziz Ben Othman, Mohamed Ben Slimane, Martine Benedetto, Sonad Charni, Hedi Daoud, Hima Daoud, Faouzia Debbiche, Rachid Gara, Kamel Hannachi, Nourredine Kasboui, Saada Kasboui, Akrout Khaled, Amor Khalfa, Béchir Ksouri, Nourredine Assaoui, Habib Laroussi, Jiji Le Garrec, Louzir Mokhtar, Moheddine Mrad, Béchir Nafbouti, Brahim Mohamed Salah, Mannai Slaheddine, Mongia Tabour, Mohamed Touhri, Ahmed Tounsi, Salah Seghir, Salma Zehar, Mokdad, L. Berta. – P: Procinex, Paris/FR 3 Télé-Film Production, Paris/Orizzonte 2000

(Roberto Rossellini), Rom. – Ausführender Produzent: Silvia D'Amico Bendico. – Organisation: Enzo Provenzale. – Al: Nicola Venditti. – Produktionsstab Tunesien: Ausführender Produzent: Tarak Ben Ammar. – Pl: Aloulou Cherif. – Al: Hassine Soufi, Habib Chaari. – Dz: neun Wochen. – Do: Tunesien, Monte Cassino, Sienna. – F: 35 mm, Eastmancolor. – OL, DL: 145 min. – U: 25.10. 1975, Montecatini, anläßlich einer Tagung des italienischen Filmkritiker-Verbandes. – Öffentliche Erstaufführung: 17.2. 1976, Trinité-Kirche, Paris (französische Version). – TV: 13.4. 1979 (BR III). – V: in der BRD nicht verliehen.
TV-Film. – Der Film wurde in drei sprachlichen Versionen gedreht: italienisch, französisch, englisch.

1977 CONCERTO PER MICHELANGELO. – K: Mario Montuori. – K-F: Ignazio Cerrato, Roberto Chioffi, Mario Colafrancesco. – K-Koordination: Bruno Ciuchi, Giuliano Lucchetti. – Technische Koordination: Ernesto Righi. – T: Vincenzo Sirena. – Video-Mischung: Giovanni Bartoli. – Musikalische Assistenz: Florenzo Sanpietro. – Kommentar: Alberto Lori. – R-Ass: Laura Basile. – P: RAI, Rom. – Do: Sixtinische Kapelle, Vatikan. – F: 35 mm, Farbe, auf Video umkopiert. – OL: 42 min. – U: 9.4. 1977, RAI 2. – V: in der BRD nicht verliehen.
TV-Aufzeichnung eines Konzertes des Vatikanischen Orchesters unter der Leitung von Monsignore Domenico Bartolucci. – Der Film wurde mit Unterstützung des Pontifikalamts (Commission Ponteficia e S. Pietro/Deoclecio Redig de Campos) hergestellt. – Neben der für das Fernsehen produzierten Videofassung gibt es eine von Video auf Film kopierte Kinoversion, die auf einer Veranstaltung zum Thema Film/Musik in Venedig gezeigt wurde.

1977 BEAUBOURG, CENTRE D'ART ET DE CULTURE GEORGES POMPIDOU. Le Centre Georges Pompidou (TV). – K: Nestor Almendros. – K-F: Ammanuel Machuel, Jean Chiabaut. – K-Ass: Anne Trigaux, Emilio Pacull Latone, Jean Claude Gasche, Jacques Frejabue. – Sch: Véritable Silve, Colette Le Tallec, Dominique Taysse. – T: Philippe Lemenuel, Michel Brethez. – T-Mischung: Dominique Hennequin. – R-Ass: Christian Ledieu, Pascal Judelewicz. – P: Création 9 Information-Film Jacques Grandclaude, Paris. – F: 35 mm, Eastmancolor. – OL: 57 min. – DL: 45 min. – U: 6.5. 1977. – TV: 3.12. 1980 (HR III). – V: in der BRD nicht verliehen.
Dokumentarfilm. – Der Film hat keinen Kommentar, man hört lediglich die Besucher des Centre Georges Pompidou.

Filme in anderer Funktion

1937 *La fossa degli angeli.* – R: Carlo Ludovico Bragaglia. – Sujet: Cesare Vico Lodovici. – B: Curt Alexander, Carlo Ludovico Bragaglia. – D: Amedeo Nazzari, Luisa Ferida, u.a.
Roberto Rossellini soll am Drehbuch und als Regieassistent mitgearbeitet haben.

1938 *Luciano Serra, pilota.* – R: Goffredo Alessandrini. – Künstlerische Oberleitung: Vittorio Mussolini. – Sujet: Francesco Masoero, Goffredo Alessandrini. – B: Roberto Rossellini, Goffredo Alessandrini. – D: Amedeo Nazzari, Germana Paolieri, Roberto Villa, u.a.

1942 *I tre aquilotti.* – R: Mario Mattoli. – Sujet: Tito Silvio Mursino (i.e. Vittorio Mussolini).
Roberto Rossellini soll am Drehbuch mitgearbeitet haben; ungeklärt.

1943 *L'invasore.* – R: Nino Giannini. – Überwachung (Supervisione): Roberto Rossellini. – Sujet: Nino Giannini. – B: Gherardo Gherardi, Nino Giannini, Roberto Rossellini. – D: Miria di San Servolo, Amedeo Nazzari, Osvaldo Valenti, u.a.

1952 *Medico condotto.* – R: Giuliano Biagetti. – Überwachung (Supervisione): Roberto Rossellini. – Sujet, B: Roberto Rossellini, Antonio Pietrangeli. – D: Marco Vicario, Franca Marzi, Pietro Tordi, u.a.

1954 *Orient-Express.* Orient-Express. – R: Carlo Ludovico Bragaglia. – Überwachung (Supervisione): Roberto Rossellini. – B: Aldo de Benedetti, Paul Andreata, Kurt Heuser. – D: Eva Bartok, Curd Jürgens, Silvana Pampanini, u.a.

1956/57 *Seawife.* Treibgut der Leidenschaft. – R: Bob McNaught. – B: George K. Burke (1. Drehbuchfassung: Bruce Marshall, Roberto Rossellini). – D: Joan Collins, Richard Burton, Basil Sidney, u.a.
Rossellini war auch für die Regie vorgesehen, die er aber niederlegte, als die Produzenten eigenmächtig das Drehbuch veränderten. – Joan Collins war noch von Rossellini für die weibliche Hauptrolle verpflichtet worden.

1961 *Benito Mussolini.* Der Duce – Cäsar Benito Mussolini. – R: Pasquale Prunas. – Überwachung (Supervisione): Roberto Rossellini. – B: Giovan Battista Cavallaro, Ernesto G. Laura.
Dokumentarfilm.

1962/63 *Les carabiniers*. Die Karabinieri. – R: Jean-Luc Godard. – B: Roberto Rossellini, Jean Grualt, Jean-Luc Godard, nach der gleichnamigen Komödie von Beniamino Jappolo. – D: Marino Mase, Albert Juross, Geneviève Galéa, u. a.

1985 *He stands in a desert counting the seconds of his life*. – R: Jonas Mekas.
Filmisches Tagebuch. – In einer Szene ist Roberto Rossellini zu sehen.

Theaterinszenierungen

1952 *Otello*. – Oper von Giuseppe Verdi. – Bühnenbild: Carlo Maria Cristini. – M-L: Gabriele Santini. – D: Ramon Vinay, Renata Tebaldi, Gino Bechi, Piero De Palma, Vittoria Garofalo, Gianni Avolanti, Augusto Romani, Antonio Picillo. – Premiere: 13.12. 1952, Teatro San Carlo, Neapel.

1953 *La Gioconda*. – Oper von Amilcare Ponchielli. – Bühnenbild: Carlo Maria Cristini. – M-L: Tullio Serafin. – D: Anna de Cavalieri, Fedora Barbieri, Mario Petri, Lucia Dameli, Giuseppe Di Stefano, Ugo Savarese, Silvio Santarelli, Eraldo Gaudosio, Silvio Torelli, Gianni Avolanti. – Premiere: 4.7. 1953, Arena Flegrea, Neapel.

1953 *Giovanna d'Arco al Rogo*. – Oratorium von Paul Claudel, Musik von Arthur Honegger. – Bühnenbild: Carlo Maria Cristini. – M-L: Gianandréa Gavazzeni. – D: Ingrid Bergman, Tullio Carminati, Augusto Romani, Agnese Dubbini, Gianni Avolanti, Gerardo Gaudisio, Silvio Santarelli, Aldo Terrosi, Luigi Paolillo; Sänger: Marcella Pobbe, Giacinto Prandelli, Florence Quartararo, Miriam Pirazzini, Piero De Palma, Alfredo Colella, Giuseppe Micucci, Pina Esca, Gaetano Valentini, Gerardo Gaudisio, Dario Caselli, Nino Tarallo. – Premiere: 5.12. 1953, Teatro San Carlo, Neapel.

1954 *La figlia di Jorio*. – Tragödie von Gabriele D'Annunzio, Musik von Ildebrando Pizzetti. – Bühnenbild: Carlo Maria Cristini. – M-L: Gianandréa Gavazzeni. – D: Clara Petrella, Mirto Picchi, Giangiacomo Guelfi, Elena Nicolai, Maria Luisa Malagrida, Maria Teresa Mandalari, Fernanda Cadoni, Antonia Maria Canali, Giuseppina Sauri. – Premiere: 4.12. 1954, Teatro San Carlo, Neapel.

1961 *Un sguardo dal ponte*. – Oper von Renzo Rossellini, nach dem Schauspiel *A view from the bridge* von Arthur Miller. – Bühnenbild: Piero Zuffi. – M: Renzo Rossellini. – M-L: Oliveiro De Fabritiis. – D: Nicola Rossi Lemeni, Clara Petrella, Gianna Galli, Ruggero Bondino, Giovanni Ciminelli, Giuseppe Valdengo, John Ciavola, Nino Mazziotti, Giulio Mastrangelo, Rolando Sessi. – Premiere: 11.3. 1961, Theater der Oper, Rom.

1962 *I carabinieri.* – Komödie von Beniamino Jappolo. – Bühnenbild: Renato Guttuso. – M: J.Pak. – D: Turi Ferro, Gastone Moschin, Pupella Maggio, Marzia Ubaldi, Orazio Orlando, Elio Zamuto, Amos Davoli, Antonio Maronese. – Premiere: 28.6. 1962, Teatro Nuovo, Festival dei Due Mondi, Spoleto.

1962 *Ein Blick von der Brücke.* – Oper *(Un sguardo dal ponte)* von Renzo Rossellini, nach dem Schauspiel von Arthur Miller. – R: Roberto Rossellini, Franco Rossellini. – Bühnenbild: Hein Heckroth. – M-L: Alexander Paulmüller. – D: Leonardo Wolovsky, Sylvia Strahlman, Rosl Zapf, Cesare Curzi, Georg Stern, Willi Wolf. – Premiere: 7.11. 1962, Oper Frankfurt am Main.
Rossellini war vom Generalintendanten Harry Buckwitz für die Inszenierung verpflichtet worden. Wegen Krankheit legte er die Regie nach vier Tagen nieder. Die Presse kommentiert den Rücktritt Rossellinis negativ, der Generalintendant spricht von einer einvernehmlichen Vertragslösung.

Bibliografie

Die Bibliografie enthält zunächst Angaben zu Texten von Roberto Rossellini. Nicht in allen Fällen konnte dabei geklärt werden, ob es sich um originäre Texte Rossellinis oder um komprimierte Interviewfassungen handelt. Es folgen Angaben zu Veröffentlichungen über Rossellini, bei denen stark ausgewählt werden mußte. Es werden genannt: Bücher/Broschüren, Spezialnummern von Zeitschriften, Buchkapitel, Aufsätze in Zeitschriften und Zeitungen (Nachrufe sind hier integriert), allgemeine Interviews; es schließt sich eine Auswahlbibliografie zum Neorealismus an, die nur Buchpublikationen und einige Aufsätze enthält. Dann folgen die bibliografischen Hinweise zu den einzelnen Filmen von Rossellini. Genannt werden Drehbuchveröffentlichungen bzw. Filmprotokolle, Materialien, spezielle Interviews, Aufsätze/Analysen und Kritiken. Auf Nachdrucke und Übersetzungen einzelner Veröffentlichungen wird, soweit es recherchiert werden konnte, hingewiesen. Allerdings mußte auch hier eine Auswahl getroffen werden. Verzeichnet wird in der Regel nur der jeweils erste Nachdruck in einer anderen Sprache, in Einzelfällen wird auch auf Nachdrucke in Buchpublikationen hingewiesen. Gekürzte Nachdrucke sind grundsätzlich nicht verzeichnet. Doppelnennungen bibliografischer Angaben sind in Einzelfällen möglich, etwa wenn ein allgemeiner Aufsatz über Rossellini umfangreiche

Ausführungen zu speziellen Filmen enthält. Festivalberichte sind durch die Nennung des Festivalorts besonders kenntlich gemacht. Abgeschlossen wird die Bibliografie durch Hinweise zu Film- und Fernsehportraits über Rossellini.

Zu einzelnen Filmen konnten keine bibliografischen Angaben gefunden werden; manche Titel sind in einzelnen Sprachbereichen nur schmal dokumentiert. Dem Verfasser scheint dies eine Besonderheit der Rossellini-Rezeption zu sein. So sind etwa nur wenige Kritiker Rossellinis Hinwendung zum Fernsehen gefolgt; auch läßt sich Ende der 50er und in den 60er Jahren ein deutlich nachlassendes Interesse an Rossellinis Filmen bei der Filmkritik feststellen.

Die bibliografischen Angaben sind in die Sprachbereiche italienisch, französisch, englisch, deutsch unterteilt; innerhalb dieser Kategorien sind die Texte chronologisch nach dem Erscheinungsdatum geordnet.

Quellen: James M. Salem: Guide to Critical Reviews. Part IV. The Screenplays. Vol. 1/2 und Supplement 1: 1963-1980. Metuchen, N.J.: The Scarecrow Press 1971, bzw. 1982. – Mel Schuster: Motion Picture Directors: A Bibliography of Magazine and Periodical Articles, 1900-1972. Metuchen, N.J.: Scarecrow Press 1973. – FIAF: International Index to Film Periodicals 1972 ff. New York und London 1973 ff. – Stephen E. Bowles: Index to Critical Film Reviews in British and American Film Periodicals. New York: Burt Franklin & Co 1974. – John C. Gerlach, Lana Gerlach: The Critical Index. A Bibliography of Articles on Film in English, 1946-1973, Arranged by Names and Topics. New York, London: Teachers College Press, Columbia University 1974. – Film Literature Index. Albany, New York: Filmindex 1973 ff. – Linda Batty: Retrospective Index to Film Periodicals 1930-71. New York, London: R. R. Bowker 1975. – The Macmillan Film Bibliography. A Critical Guide to the Literature of the Motion Picture. Hrsg. v. George Rehrauer. New York: Macmillan 1982. 2 Bde. – The New York Times Film Reviews. New York: The New York Times & Arno Press 1970 ff. – Variety Film Reviews 1907-1980. New York, London: Garland Publ. 1983. – Ferner wurden ausgewertet die bibliografischen Angaben in den Buchpublikationen über Rossellini; die Pressearchive der Deutschen Film- und Fernsehakademie, der Bibliothek der Landesbildstelle Berlin, des Ullstein-Archivs, Berlin, der Bibliothek der Hochschule für Fernsehen und Film, München.

Für Hilfeleistungen danke ich: den Mitarbeitern der Bibliothek der Deutschen Film- und Fernsehakademie, der Bibliothek der Landesbildstelle Berlin, des Ullstein-Archivs Berlin und der Bibliothek des John F. Kennedy-Instituts Berlin, Christoph Hummel, Ulrich Kurowski, Hans Helmut Prinzler, Martin Schaub, Wolfram Schütte, Karsten Witte. Für Übersetzungshilfen danke ich Jean-Luc Basset und Hedemarie Strauch.

Fast alle genannten Materialien können im Original oder als Fotokopie in der DFFB eingesehen werden.

Texte von Roberto Rossellini

Je n'aime pas les décors. in: L'écran français, 12.11. 1946; nachgedruckt in: Pierre Lherminier: L'art du cinéma. Paris: Editions Seghers 1960. - Gefahren des Ateliers. in: Frankfurter Rundschau, 21.4. 1950. - Non sono stato l'attila del cinema. in: L'Anno, Nr.2, 1952. - Due parole su neorealismo. in: Retrospettive, Nr.4, 1953; englisch in: David Overbey: Springtime in Italy. A Reader on Neo-Realism. London: Talisman 1978. - Dix ans de cinéma I-III. in: Cahiers du Cinéma, Nr.50, August/September 1955/Nr.52, November 1955/ Nr.55, Januar 1956; italienisch in: Cinema Nuovo, Nr.70, 10.11. 1955/Nr.72, 10.12. 1955/Nr.77, 25.2. 1956; nachgedruckt in: Guido Aristarco: Antologia di Cinema Nuovo 1952-58. Bd.I: Neorealismo e vita nazionale. Rimini, Firenze: Guaraldi 1975; englisch in: David Overbey: Springtime in Italy. A Reader on Neo-Realism. London: Talisman 1978. - Enquête sur Hollywood (Antwort auf schriftliche Interviewfragen). in: Cahiers du Cinéma, Nr.54, Weihnachten 1955. - Cinema e Realta. in: Brunello Rondi: Il néo-realismo italiano. Roma: Guanda 1956 (Vorwort). - Niente premi e maggiore protezione del mercato. in: Cinema Nuovo, Nr.82, 10.5. 1956; nachgedruckt in: Guido Arsitarco: Antologia di Cinema Nuovo 1952-58. Bd.I: Neorealismo e vita nazionale. Rimini, Firenze: Guaraldi 1975. - Le paradox du comédien (kurzer Text über Schauspielführung). in: Cahiers du Cinéma, Nr.66, Weihnachten 1956. - Responsabilità del Governo passate e presenti. in: Cinema Nuovo, Nr.141, September/Oktober 1959. - Lettera aperta all'On.Tupini. in: Schermi, Oktober 1959; nachgedruckt in: Massimo Mida: Roberto Rossellini. Parma: Guanda 1953. 2.Aufl. 1961. - Non ha fatto di Garibaldi un eroe del west. in: Tempo, 29.1. 1960. - Viva l'Italia (Brief an Tommaso Chiaretti). in: Il Paese, 2.2. 1961 (darauf antworten Paolo Alatri, 7.2. 1961; Massimo Mida, 10.2. 1961; Renato Guttuso, 21.2. 1961). - Les quatre phases du cinéma italien de l'après guerre. in: Cinéma (Paris), Nr.56, Mai 1961. - Un nuovo corso per il cinema italiano. in: Cinema Nuovo, Nr.152, Juli/August 1961. - VANINA VANINI e la XXII Mostre (Brief an die Festspielleitung Venedig). in: Filmcritica, Nr.112/113, August/September 1961. - Censure et culture (Offener Brief an Senator Renzo Helfer). in: Cinéma (Paris), Nr.60, Oktober 1961. - Conversazione sulla cultura e sul cinema. in: Filmcritica, Nr.131, März 1963. - Cinema: nuove perspettive di conoscenza. in: Filmcritica, Nr.135/136, Juli/August 1963. - Difendere la speranza che é dentro di noi. in: Il Giornale d'Italia, 6./7.3. 1965. - Sur L'ETÀ DEL FERRO. in: Cahiers du Cinéma, Nr.169, August 1965. - Rosselli-

ni Manifesto (unterschrieben von Rossellini, Gianni Amico, Adriano
Aprà, Gianvittorio Baldi, Bernardo Bertolucci, Tinto Brass, Vittorio
Cottafavi). in: Cahiers du Cinéma, Nr.171, Oktober 1965; englisch
in: Screen, Vol.14, Nr.4, Winter 1973/74. – Ich bin ein Neo-Opti-
mist. in: Film (Velber), Jahresheft 1966. – Offener Brief an Festspiel-
leitung Pesaro, 1966. in: Pio Baldelli: Roberto Rossellini. Roma:
Edizioni Samonà e Savelli 1972. – Apocalypse. in: Cinéma (Paris),
Nr.106, 1966. – La ricerca di stile e di linguaggio e il rinnovamento
del contenuto. in: Filmcritica, Nr.167, Mai/Juni 1966. – Un cinema
»educativo« contro l'oppressione. in: Rivista del Cinematografo,
Nr.6/7, 1968. – Comprimere nel tempo le esperienze di una vita. in
Cinema d'oggi, Nr.3, Juni 1968. – L'intelligenza del presente. in:
Renzo Renzi (Hrsg.): La Trilogia della guerra. Bologna: Capelli
1972. Serie retrospettiva 2; englisch in: The War Trilogy. New York:
Grossman Publ. 1973. – Vedere con i nostri occhi. in: Sergio Trasatti:
Rossellini e la Televisione. Roma: La Rassegna Editrice. 1972. RAI
Dossier; englisch in: Dan Ranvaud: Roberto Rossellini. London:
British Film Institute 1981. BFI Dossier 8. – Man's well-being, be-
haviours and the spread of knowledge. in: Film Culture, Nr.56/57,
Frühjahr 1973. – Rossellini on Rossellini. in: Screen, Vol.14, Nr.4,
Winter 1973/74 (Übersetzung aus La Table Ronde, Mai 1960). –
Utopia Autopsia 10[10]. Roma: Armando Editore 1974 (Aufsatzsamm-
lung). – Interview with Salvador Allende. in: Take One, Vol.4, Nr.3,
Mai 1974 (Interviewmitschrift). – Riflessioni e considerazioni di dati
scientifici per tentare di architettare un mondo agevole di educazio-
ne integrale. in: Filmcritica, Nr.264/65, Mai/Juni 1976. – Titel unbekannt. in: Quotidiano dei Lavoratori, 5.1. 1975. – Un esprit libre ne
doit rien apprendre en esclave. Paris: Fayard 1977. 219 S. – *Padre
Padrone.* in: Paese Sera, 4.6. 1977; englisch in: Dan Ranvaud: Roberto Rossellini. London: British Film Institute 1981. BFI Dossier 8.
– Brief an P.H.Wood in: The New Republic, Vol.177, Nr.1, 2.7.
1977. – Introduzione al MARX. in: Filmcritica, Nr.289/90, Novem-
ber/Dezember 1978; englisch in: Framework, Nr.11, Herbst 1979. –
Summing up. in: Framework, Nr.11, Herbst 1979. – Fragment d'une
autobiographie. Paris: Ramsay 1987.

Über Roberto Rossellini

Bücher
Massimo Mida: Roberto Rossellini. Parma: Guanda 1953. 2.Aufl.
1961. Piccola Biblioteca del Cinema 4. 181 S. Bibliografie. – Mario
Verdone, Giorgio Tinazzi: Roberto Rossellini. Centro Cinematografico degli Studenti del'Università di Padova 1960. – Pio Baldelli: Cinema dell'ambiguità. Rossellini, De Sica e Zavattini, Fellini. Roma:
Samona e Savelli 1969. 400 S. – Gianni Menoni: Dibattito su Rossel-

lini. Roma 1972. – Pio Baldelli: Roberto Rossellini. Roma: Samonà e Savelli 1972. 393 S. Filmografie (enthält das nicht realisierte Drehbuch zu *Caligola,* S. 340-384). – Gianni Rondolino: Rossellini. Firenze: La Nuova Italia 1974. Il castoro cinema 4. 125 S. Filmografie, Biografie. – Sergio Trasatti: Rossellini e la televisione. Roma: La Rassegna Editrice 1978. RAI-Dossier. 302 S. – Nuccio Lodato: Seicento voci per una bibliografia. Rossellini. San Remo: Conference, 16.-23.9. 1978. Broschüre. – Edoardo Bruno (Hrsg.): Roberto Rossellini. Roma: Bulzoni 1979. Quaderni di Filmcritica 7. 222 S. (enthält Texte, Interviews aus Filmcritica).

Patrice Hovald: Roberto Rossellini. Paris: Collection Encyclopédique du Cinéma. Club du Livre de Cinéma 1958. – Mario Verdone: Roberto Rossellini. Paris: Editions Seghers 1963. Cinéma d'aujourd'hui 15. 220 S. Filmografie, Bibliografie. – Alain Bergala (Hrsg.): Roberto Rossellini. Le cinéma révélé. Paris: Cahiers du Cinéma, Editions de l'Etoile 1984. Ecrits. 189 S. Filmografie von Adriano Aprà (enthält Texte, Interviews aus Cahiers du Cinéma). – Michel Serceau: Roberto Rossellini. Paris: Les Editions du Cerf 1986. 284 S. (Vorwort von Enrico Fulchignoni).

José Luis Guarner: Roberto Rossellini. London: Praeger 1970. 144 S. Filmografie, Bibliografie. – David Degener: Sighting Rossellini. San Francisco, Berkeley: Pacific Film Archive 1979. Broschüre. – Don Ranvaud: Roberto Rossellini. London: British Film Institute 1981. BFI-Dossier 8. 84 S. Filmografie (enthält zahlreiche englische Nachdrucke).

Erika Gregor, Ulrich Gregor (Red.): Roberto Rossellini. Berlin: Freunde der deutschen Kinemathek. Kinemathek 39, Oktober 1968. 60 S. Broschüre (Textsammlung). – Marcel Boucard (Red.): Roberto Rossellini. Aspekte, Dokumente. Zürich, Luzern: Filmpodium Zürich 1972. n. p. Bio-, Filmo-, Bibliografie. – Peter Nau (Red.): Roberto Rossellini. Berlin: Freunde der deutschen Kinemathek. 1986. Kinemathek 68. Juni 1986. 40 S.

Zeitschriften

Bianco e nero, Nr. 2, Februar 1952 (Beiträge von Giuseppe Sala, Roberto Rossellini, Mario Verdone, Gino Visentini, Giovanni Calendoli, Virgilio Marchi; Filmografie von Fausto Montesanti; Bibliografie). – Bianco e nero, Nr. 1, Januar 1964 (Colloquium mit Roberto Rossellini; Beiträge von Adriano Aprà, G. P. Berengo-Gardin). – Cinema e Film, Nr. 2, Frühjahr 1967 (Beiträge von Maurizio Ponzi, Gianfranco Albano, Luigi Faccini, Adriano Aprà, Luigi Martelli, Stefano Roncoroni, Piero Spila). – Filmcritica, Nr. 264/65, Mai/Juni 1976 (Beiträge von Roberto Rossellini, Edoardo Bruno, Alessandro Cappabianca, Enrico Magrelli, Michele Mancini, Renato Tomasino). – La Rivista del Cinematografo, Nr. 7/8, 1977. – Filmcritica, Nr. 289/290, November/Dezember 1978. (Beiträge von Silvia

D'Amico, Roberto Rossellini; enthält das nicht realisierte Drehbuch zum MARX-Film.

L'Avant-Scène du Cinéma, Nr. 71, 1967 (Beiträge von Maurizio Ponzi, Bernard Eisenschitz; enthält das Drehbuch zu ROMA, CITTÀ APERTA). – Cinéma (Paris), Nr. 231, März 1978 (Beiträge von Frantz Gévaudan, Joël Magny; Filmo-, Bibliografie). – L'Avant-Scène du Cinéma, Nr. 222, 15.2. 1979 (Beitrag von René Prédal; Filmo-, Bibliografie).

Screen, Vol. 14, Nr. 4, Winter 1973/74 (Beiträge von Mario Cannella, Christopher Williams; Interview mit Rossellini von Mario Verdone, Francisco Llinas, Miguel Marias, Antonio Prove, Jos Oliver; Adriano Aprà, Maurizio Ponzi; Filmografie). – Framework, Nr. 10, Frühjahr 1979; Nr. 11, Herbst 1979 (Beiträge von Edoardo Bruno, Geoffrey Nowell-Smith, Dan Ranvaud, Jean Rouch, Roberto Rossellini). – Film Criticism, Vol. 3, Nr. 2, 1979 (Beiträge von Peter Bondanella, Harry Lawton, P. Brunette).

Filmkritik, Nr. 10, Oktober 1978 (Beitrag von Rainer Gansera). – Filmkritik, Nr. 3, März 1982 (Roberto Rossellini: Erinnerungen, Gespräche, Kritiken, Würdigungen. Eingefügt zwei Lesezeichen: zu Sokrates und zu Kants a priori, und eine Filmliste. Versammelt von Rainer Gansera).

Buchkapitel

Brunello Rondi: L'opera di Rossellini/Un esempio dello stile di Rossellini: FRANCESCO, GIULLARE DI DIO. in: B. R.: Cinema e Realtà. Roma: Cinque Lune 1957. – Fabio Carpi: La cronaca di Roberto Rossellini. in: F. C.: Cinema italiano del dopoguerra. Milano: Schwarz Editore 1966. – Giuseppe Ferrara: L'opera di Roberto Rossellini. in: Piero Mechini, Roberto Salvadori (Hrsg.): Rossellini, Antonioni, Buñuel. Padova: Marsilio 1973. Documenti Marsilio 7. – Adriano Aprà: Rossellini oltre il neorealismo. in: Lino Miccichè: Il neorealismo cinematografica italiano. Venezia: Marsilio 1975. Cinema Saggi 2. – Adriano Aprà, Patrizia Pistagnesi: Roberto Rossellini. in: A. A., P. P.: I favolosi anni trenta. Cinema italiano 1929-44. Roma: Electa 1979. – Franca Faldini, Goffredo Fofi (Hrsg.): L'avventurosa storia del cinema italiano. Raccontate dai suoi protagonisti 1935-69. 2 Bde. Milano: Feltrinelli 1979 (diverse Texte). – Virgilio Fantuzzi: Cronaca Rosselliniana. in: V. F.: Cinema sacro & profano. Roma: La Civiltà Cattolica 1983.

Patrice G. Hovald: Roberto Rossellini. in: P. G. H.: Le Néo-Réalisme italien et ses créateurs. Paris: Cerf 1959. Septième Art 26. – Raymond Borde, André Bouissy: le néo-réalisme italien. Une expérience de cinéma social. Clairefontaine Lausanne 1960. Documents de cinéma publiés par la Cinémathèque Suisse 3 (diverse Texte). – Amédée Ayfre: Roberto Rossellini. in: A. A.: Le cinéma et sa vérité. Paris: Cerf 1968. Septième Art 44. – Pio Baldelli: Les débuts de Rossellini et le cinéma de Salò (1943/44). in: Jean A. Gili: Fascisme et Résistance dans le cinéma italien (1922-1968). Paris: Minard 1970. Etudes cinématographiques 82/83. – Paolo Gobetti: La résistance dans les films italiens (1945-55). in: Jean A. Gili: Fascisme et Résistance dans le cinéma italien (1922-1968). Paris: Minard 1970. Etudes cinématographiques 82/83. – Pierre Sorlin: Histoire et cinéma – Rossellini témoin de la résistance italienne. in: Pierre Sorlin: Mélanges André Latreille. Lyon: Audin 1972. – Henri Agel: Du sacré Rossellini. in: H. A.: Poétique du cinéma. manifeste essentialiste. Paris: Editions du signe 1973. – Freddy Buache: Rossellini, de Santis, de Sica. in: F. B.: Le cinéma italien. Lausanne: Editions l'Age d'Homme 1979. – Henri Agel: L'œuvre de Rossellini. in: H. A.: Le visage du christ à l'écran. Paris: Desclée 1985.

Joseph Henry Steel: Ingrid Bergman. An intimate Portrait. New York: David McKay Company 1959; Taschenbuch-Ausgabe: New York: Popular Library 1960; deutsche Ausgabe: Bern, Stuttgart, Wien: Scherz 1961 (darin Passagen über Rossellini). – Andrew Sarris: Roberto Rossellini. in: A. S.: Interviews with Film Directors. New York: Avon 1967. – Roy Armes: Roberto Rossellini: The Challenge of Freedom. in: R. A.: Patterns of Realism. South Brunswick, New York: A. S. Barnes; London: Tantivy Press 1971. – Roy Armes: Rossellini and Neo-Realism. in: R. A.: Film and Reality. An Historical Survey. Harmondsworth: Penguin 1974. – Dick Kleiner: Bergman – Rossellini. in: D. K.: Hollywood's Greatest Love Stories. New York: Pocket Books 1976. – Leo Braudy: Rossellini: From Open City to GENERALE DELLA ROVERE. in: Leo Braudy, Morris Dickstein: Great Film Directors. A Critical Anthology. New York: Oxford University Press 1978. – Robin Wood: Roberto Rossellini. in: Richard Roud (Hrsg.): Cinema. A Critical Dictionary. Vol. II. London: Secker & Warburg 1980. – Ingrid Bergman: My Story. New York: Viking 1972; deutsche Ausgabe: Mein Leben. Berlin, Frankfurt, Wien: Ullstein 1980; Taschenbuch-Ausgabe: Berlin: Ullstein 1984. Nr. 20481. (darin Passagen über Rossellini). – Peter Bondanella: The Masters of Neorealism: Rossellini, De Sica, and Visconti. in: P. B.: Italian Cinema. From Neorealism to the Present. New York: Ungar 1983. – Mira Liehm: Passion and Defiance. Film in Italy from 1942 to the present. Berkeley, Los Angeles, London: University of California Press 1984 (diverse Texte). – Stephen L. Hanson: Rossellini. in: Christopher Lyon (Hrsg.): The Macmillan Dictionary of Films and Filmmakers. Vol. 2: Directors. London: Macmillan 1984 (Filmo-, Bibliografie).

Martin Schlappner: Roberto Rossellini. in: M. S.: Von Rossellini zu Fellini. Zürich: Origo 1958 (darin auch ein Kapitel über Neorealismus). – Max Colpet (i. e. Max Kolpe): Rossellini und »Das Jahr Null«/Weißbrot, Spaghetti und Anna Magnani. in: M. C.: Sag mir wo die Jahre sind. München: Langen-Müller 1976 (Memoiren). –

Ulrich Gregor: Roberto Rossellini. in: U.G.: Geschichte des Films ab 1960. München, Gütersloh: Bertelsmann 1978; Taschenbuch-Ausgabe: Reinbek b. Hamburg: Rowohlt 1983. rororo 6293.

Aufsätze

Adriano Baracco: Roberto Rossellini. in: Cinema (Milano), Nr.1, 25.10. 1948. – Giovanni Fiori: Accusato di plagio un soggetista di Roberto Rossellini. in: Progresso d'Italia (Bologna), 11.11. 1948. – Massimo Mida: Roberto Rossellini. in: Sequenze (Parma), Nr.4, Dezember 1949. – R.M.de Angelis: Rossellini romanziere. in: Cinema (Milano), Nr.29, 30.12. 1949. – Giuseppe Sala: Significato di Rossellini. in: Bianco e nero, Nr.2, Februar 1952. – Gino Visentini: Rossellini o della trascendenza. in: Bianco e nero, Nr.2, Februar 1952. – Virgilio Marchi: Antiscenografia di Rossellini. in: Bianco e nero, Nr.2, Februar 1952. – Fernando di Giammatteo: Un ritratto di Rossellini. in: Rivista del Cinema Italiano (Roma/Milano), Nr.1, September 1952. – Alvise Sapori: L'Antiaccademia: Profilo di Rossellini. in: Filmcritica, Nr.24/25, Mai/Juni 1953. – Pio Baldelli: Un neorealismo dolcemente polemico. in: Cinema (Milano, Nuova serie), Nr.124, 30.12. 1953. – Aldo Paladini: Dov'è Rossellini? in: Rivista del cinema italiano (Roma/Milano), Nr.7, Juli 1954. – Carlo Falconi: Il cinema cattolico. in: Cinema Nuovo, Nr.50, 10.1. 1955. – André Bazin: Difesa di Rossellini. in: Cinema Nuovo (Milano), Nr.65, 25.8. 1955 (Brief an Guido Aristarco); nachgedruckt in: Guido Aristarco: Antologia di Cinema Nuovo 1952-58. Bd.I: Neorealismo e vita nazionale. Rimini, Firenze: Guaraldi 1975; französisch in: A.B.: Qu'est-ce que le cinéma. Bd.IV. Paris: Cerf 1962; englisch in: What is Cinema. Hrsg. v. Hugh Gray. Berkeley, Los Angeles: University of California Press 1967; deutsch in: Erika Gregor, Ulrich Gregor (Red.): Roberto Rossellini. Berlin: Freunde der deutschen Kinemathek 1968; Was ist Kino? Hrsg. von Hartmut Bitomsky, Harun Farocki, Ekkehard Kaemmerling. Köln: DuMont 1975. – Aldo Paladini: Una riposta a Bazin/Il caso Rossellini. in: Cinema Nuovo (Milano), Nr.69, 25.10. 1955 (Antwort an Bazin). – Edoardo Bruno: L'uomo e la realtà nella rappresentazione poetica di Rossellini. in: Film (Roma), November/Dezember 1955. – Francesco Bolzoni: Il paesaggio nel cinema e nella narrativa italiana del novecento. in: Bianco e nero, Nr.2, Februar 1956 (darin ein längerer Abschnitt über Rossellini). – Beniamino Joppolo: La »scelta assoluta« di Roberto Rossellini. in: Filmcritica, Nr.96/97, April/Mai 1960; nachgedruckt in: Filmcritica, Nr.139/140, November/Dezember 1962. – Fernando di Giammatteo: La saggezza si fa strada anche tra i critici avventurosi. in: Bianco e nero, Nr.4, April 1962 (darin ein längerer Abschnitt über Rossellini). – Adriano Aprà, G.P.Berengo-Gardin: Documentazione su Rossellini. in: Bianco e nero, Nr.1, Januar 1964. – Brunello Rondi: La continua proposta de Francesco di Roberto Rossellini.

in: Filmcritica, Nr. 147/48, Juli/August 1964. – Maurizio Ponzi: Due otre cose su Roberto Rossellini. in: Cinema e Film, Nr. 2, Frühjahr 1967. – Sergio Frosali: Rossellini oltre la cronaca. in: Bianco e nero, Nr. 7/8/9, Juli/August/September 1967. – g.a. (Guido Aristarco): La presa del potere da parte della tv? in: Cinema Nuovo, Nr. 199, Mai/Juni 1969. – anon.: Rossellini esule. in: Cinema Nuovo, Nr. 202, November/Dezember 1969. – Guido Aristarco: Il donde e il dove della semiologia nel cinema. in: Cinema Nuovo, Nr. 216, März/April 1972. – Guido Aristarco: L'intelligenza del presente per Roberto Rossellini. in: Cinema Nuovo, Nr. 219, September/Oktober 1972. – Lorenzo Pellizzari: Rossellini: l'anno uno del regime. in: Cinema e Cinema, Nr. 3, April-Juni 1975. – Guido Aristarco: Sulla lettera di Bazin a proposito del neorealismo. in: Cinema Nuovo, Nr. 237/38, September/Oktober 1975. – Alessandro Cappabianca, Enrico Magrelli, Michele Mancini: Appunti su Rossellini. in: Filmcritica, Nr. 264/65, Mai/Juni 1976. – Edoardo Bruno: Da PAISÀ al MESSIA. in: Filmcritica, Nr. 274/75, April/Mai 1977. – Enrico Ghezzi: Viaggio in Europa, seguendo la cometa. in: Filmcritica, Nr. 274/75, April/Mai 1977. – Paolo & Vittorio Taviani: Roberto Rossellini. in: Filmcritica, Nr. 274/75, April/Mai 1977. – Nuccio Lodato: Rossellini: cinepalinodia e telepalingenesi? in Cinema e Cinema, Nr. 15, April-Juni 1978. – Enrico Ghezzi: Rossellini il sogno, la storia. in: Filmcritica, Nr. 288, Oktober 1978. – Silvia D'Amico Benedico: Lavorare per l'umanità. in: Filmcritica, Nr. 289/290, November/Dezember 1978.

Jean-George Auriol: Entretiens romains sur la situation et la disposition du cinéma italien. in: La Revue du Cinéma, Nr. 13, Mai 1948 (u. a. über Rossellini). – Maurice Scherer (i. e. Eric Rohmer): Génie du christianisme. in: Cahiers du Cinéma, Nr. 25, Juli 1953. – Jean Renoir: Mon ami Rossellini. in: Arts, 16. 6. 1954. – François Truffaut: Rossellini 55. in: Arts, 10. 1. 1955. – Jacques Rivette: Lettre sur Rossellini. in: Cahiers du Cinéma, Nr. 46, April 1955; englisch in: Jim Hiller (Hrsg.): Cahiers du Cinéma. Vol. 1. The 1950s: Neo-Realism, Hollywood, New Wave. London, Melbourne, Henley: Routledge and Kegan Paul in assoc. with BFI 1985; deutsch in: Filmkritik, Nr. 7, Juli 1969. – Eric Rohmer: Deux images de la solitude. in: Cahiers du Cinéma, Nr. 59, Mai 1956. – André Falk: Rossellini: un bruit qu'on fit courir? in: La Parisienne, November 1956. – Jean Herman: Rossellini, l'anti-digest défakirisateur. in: Cinéma (Paris), Nr. 21, September/Oktober 1957. – Marcel Oms: Rossellini: du fascisme à la démocratie chrétienne. in: Positif, Nr. 28, April 1958. – Federico Fellini: Mon métier. in: Cahiers du Cinéma, Nr. 84, Juni 1958 (Passagen über die Zusammenarbeit mit Rossellini). – François Tranchant: Roberto Rossellini. in: Image et Son/La Revue du Cinéma, Nr. 121, April 1959. – François Truffaut: E arrivato Roberto. in: Le Film français-Cinémonde (Bulletin du Festival de Cannes), 9. 5.

1959. – Cesare Zavattini: Comment je n'ai pas fait. Italia mia. in: Cahiers du Cinéma, Nr. 98, August 1959. – Jean Douchet: Le général esroc et héros. in: Arts, 9.11. 1959. – Pierre Marcabru: Un cinéma contemplatif. in: Arts, 21.6. 1961. – Jean-André Fieschi: Dov'è Rossellini? in: Cahiers du Cinéma, Nr. 131, Mai 1962. – Jacques Joly: Un nouveau réalisme. in: Cahiers du Cinéma, Nr. 131, Mai 1962 (u. a. über Rossellini). – Jean-André Fieschi: les deux flammes. in: Cahiers du Cinéma, Nr. 135, September 1962. – François Truffaut: Roberto Rossellini préfère la vie. in: Arts, März 1963; nachgedruckt in: F.T.: Les films de ma vie. Paris: Flammarion 1975; deutsche Ausgabe: Die Filme meines Lebens. München: Hanser 1976; Taschenbuch-Ausgabe: München: dtv 1979. dtv 1449. – Adriano Aprà: Le nouvel âge de Rossellini. in: Cahiers du Cinéma, Nr. 169, August 1965. – Marcel L'Herbier: Nou, Rossellini, le cinéma est bien vivant. in: Le Figaro littéraire, 10.11. 1966. – M.M. (Marcel Martin): Rossellini: Le cinéma, c'est fruit? in: Cinéma (Paris), Nr. 111, Dezember 1966. – Aldo Tassone: Roberto Rossellini. in: Cinéma (Paris), Nr. 190/91, September/Oktober 1974 (Biografie). – Jacques Siclier: La mort de Roberto Rossellini. Un cinéaste de la vie de l'âme et de l'historie. in: Le Monde, 5./6.6. 1977. – François Gevaudan: La mort de Roberto Rossellini. in: Cinéma (Paris), Nr. 223, Juli 1977. – Claude Beylie: Un homme qui cherchait la vérité. in: Ecran, Nr. 60, Juli 1977. – Claire Clouzot: L'homme de la clarté. in: Ecran; Nr. 60, Juli 1977. – Louis Audibert: Roberto Rossellini. in: Cinématographe, Nr. 29, Juli/August 1977. – Jacques Demeurre: Un débutant méconnu: Roberto Rossellini. in: Positif, Nr. 198, Oktober 1977. – Ermanno Olmi: Lettre à Roberto Rossellini. in: Positif, Nr. 200-202, Dezember 1977/Januar 1978. – François Gevaudan: Rossellini par lui-même. Dossier de presse. in: Cinéma (Paris), Nr. 231, März 1978. – Joël Magny: L'impossible contre-champ. in: Cinéma (Paris), Nr. 231, März 1978. – Sylvie Trosa: Rossellini dans le texte. in: Cinématographe, Nr. 42, Dezember 1978. – Jean-Claude Bonnet: Roberto Rossellini ou le parti pris des choses. in: Cinématographe, Nr. 43, Januar 1979. – Mireille Latil Le Dantec: Rossellini: une libération de la parole. in: Cinématographe, Nr. 43, Januar 1979. – René Prédal: Roberto Rossellini (1906-77). in: L'Avant-Scène du Cinéma, Nr. 222, 15.2. 1979. – François Gevaudan, Joël Magny: Rossellini œuvre ouverte. in: Cinéma (Paris), Nr. 231, März 1981 (mit Auszügen aus Presseäußerungen Rossellinis und Filmanalysen). – M. Serceau: Rossellini – le prisme des idéologies. in: Image et Son/La Revue du Cinéma, Nr. 371, April 1982. – Lorenzo Codelli: Hypothèses sur l'œuvre du scénariste Sergio Amidei. in: Positif, Nr. 253, April 1982 (u. a. über Rossellini).
Luciano Emmer, Enrico Gras: The Film Renaissance in Italy. in: Hollywood Quarterly, Vol. 2, 1946/47 (u. a. über Rossellini). – Peter Ordway: Prophet with Honor. in: Theatre Arts (Chicago), Vol. 33,

Nr. 1, Januar 1949. – anon: Life in a Sausage Factory. in: Time, Vol. 53, Nr. 6, 7. 2. 1949. – anon.: Rossellini. in: The New Yorker, Vol. 24, Nr. 52, 19. 2. 1949. – Lotte H. Eisner: Notes on Some Recent Italian Films. in: Sequence, Nr. 8, Sommer 1949 (u. a. über Rossellini). – Laura Venturi: Roberto Rossellini. in: Hollywood Quarterly, Vol. 4, Nr. 1, Herbst 1949. – anon.: Difficulties in his Romance. in: Time, Vol. 54, Nr. 26, 26. 12. 1949. – anon.: Roberto and the Rota. in: Newsweek, Vol. 35, Nr. 9, 27. 2. 1950. – Simon Harcourt-Smith: The Stature of Rossellini. in: Sight and Sound, Vol. 19, Nr. 2, April 1950. – anon.: Señor y Señora. in: Time, Vol. 55, Nr. 23, 5. 6. 1950. – anon.: Good Old Roberto. in: Newsweek, Vol. 43, Nr. 26, 28. 6. 1954. – John Francis Lane: Films and Filming . . . Abroad: Italy. in: Films and Filming, Vol. 2, Nr. 1, Oktober 1955. – anon.: Rossellini Story. in: Newsweek, Vol. 49, Nr. 22, 3. 6. 1957. – anon.: Not Forever Affair. in: Newsweek, Vol. 50, Nr. 21, 18. 11. 1957. – Gordon Gow: The Quest for Realism. in: Films and Filming, Vol. 4, Nr. 3, Dezember 1957. – Eric Rhode: Why Neo-Realism Failed. in: Sight and Sound, Vol. 30, Nr. 1, Winter 1960/61 (u. a. über Rossellini). – André Bazin: New Meaning of Montage. in: Film Culture, Nr. 22/23, Sommer 1961. – Andrew Sarris: The Auteur Theory and the Perils of Pauline. in: Film Quarterly, Vol. 16, Nr. 4, Sommer 1962 (u. a. über Rossellini). – John Francis Lane: The Face of '63 – Italy. in: Films and Filming, Vol. 9, Nr. 7, April 1963. – Andrew Sarris: Rossellini Rediscovered. in: Film Culture, Nr. 32, Frühjahr 1964. – Alan Casty: The Achievement of Roberto Rossellini. in: Film Comment, Vol. 2, Nr. 4, Herbst 1964. – Lee Russell: Roberto Rossellini. in: New Letter Review, Nr. 42, 1967. – Richard Corliss: The Legion of Decency. in: Films and Filming, Vol. 4, Nr. 4, Sommer 1968. – Kevin Gough-Yates: The Destruction of Neo-Realism. in: Films and Filming, Vol. 16, Nr. 12, September 1970 (u. a. über Rossellini). – Vincent Canby: If Elsa Could See Roberto Now. in: The New York Times, 12. 12. 1971. – J. J. O'Connor: Could Rossellini Work Here? in: The New York Times, 30. 4. 1972. – John Hughes: In search of the »essential image«. (Quoted from talks at the New York University School of the Arts, April 1973). in: The Village Voice, Vol. 18, Nr. 19, 10. 5. 1973. – J. H. Dorr: Roberto Rossellini 1974. in: Take One, Vol. 4, Nr. 3, Mai 1974. – Penelope Gilliatt: Current Cinema: Roberto Rossellini. in: The New Yorker, Vol. 50, Nr. 12, 13. 5. 1974; nachgedruckt in: P. G.: Three-Quarter Face. London: Secker & Warburg 1980. – Louis Norman: Rossellini's case histories for moral education. in: Film Quarterly, Vol. 27, Nr. 4, Sommer 1974. – John Hughes: Recent Rossellini. in: Film Comment, Vol. 10, Nr. 4, Juli/August 1974. – Robin Wood: Rossellini. in: Film Comment, Vol. 10, Nr. 4, Juli/August 1974. – J. Damico: Ingrid from Lorraine to Stromboli: analyzing the public's perception of a film star. in: Journal of Popular Film, Vol. 4, Nr. 1, 1975. – Philip Strick: Rossellini in '76. in: Sight and Sound, Vol. 45,

Nr. 2, Frühjahr 1976 (auch Interview). – Martin Walsh: Rome, Open City; The Rise to Power of Louis XIV. Re-evaluating Rossellini. in: Jump Cut, Nr. 15, 1977. – Michael Silverman: Rossellini and Leon Battista Alberti: The Centring Power of Perspective. in: Yale Italian Studies, Vol. 1, Nr. 1, 1977. – Vincent Canby: Roberto Rossellini Let Reality Speak for Itself. in: The New York Times, 19. 6. 1977. – Andrew Sarris: Random notes on Rossellini and other current concerns. in: The Village Voice, Vol. 22, Nr. 25, 20. 6. 1977. – P. H. Wood: »I believe in this«: A letter from Roberto Rossellini. in: The New Republic, Vol. 177, Nr. 1, 2. 7. 1977. – John Hughes: In memoriam Roberto Rossellini. in: Film Comment, Vol. 13, Nr. 4, Juli/August 1977. – Harry Lawton: Rossellini's didactic cinema. in: Sight and Sound, Vol. 47, Nr. 4, Herbst 1978. – Peter Brunette: Just How Brechtian is Rossellini? in: Film Criticism, Vol. 3, Nr. 2, 1979. – Harry Lawton: Italian Neorealism.: a mirror construction of reality. in: Film Criticism, Vol. 3, Nr. 2, 1979. – Brian Henderson: Bazin defendes against his devotees. in: Film Quarterly, Vol. 32, Nr. 4, 1979 (u. a. über Rossellini). – Edoardo Bruno: Rossellini's originality. in: Framework, Nr. 10, Frühjahr 1979. – Geoffrey Nowell-Smith: Rossellini and the critics. in: Framework, Nr. 10, Frühjahr 1979. – Jean Rouch: On Rossellini. in: Framework, Nr. 11, Herbst 1979. – David Overbey: The films of Roberto Rossellini. in: The Movie, Nr. 23, 1980. – John Belton, Lyle Tector: The bionic eye. in: Film Comment, Vol. 16, Nr. 5, September/Oktober 1980. – Don Ranvaud: Documentary and dullness. Rossellini according to the British critic. in: Monthly Film Bulletin, Vol. 48, Nr. 565, Februar 1981. – Don Ranvaud: Neo-realism – the second coming. in: Monthly Film Bulletin, Vol. 48, Nr. 566, März 1981.

Max Colpet (i. e. Max Kolpe): Neuer Stern am Filmhimmel. in: Roland von Berlin, 10. 8. 1947. – anon.: Geschirr steht bereit. Ein Orkan zieht auf. in: Der Spiegel, Nr. 10, 5. 3. 1949. – Hans Habe: Die Wahrheit über STROMBOLI. »La« Bergman und Rossellini – Liebe in Hollywooder Fassung. in: Die Zeit, 26. 5. 1949. – Ulrich Seelmann-Eggebert: Genie und Zwielichtgestalt. Roberto Rossellini, der »dokumentarische Realist«. in: Der Kurier (Berlin), 1. 2. 1952. – anon.: Die Not zur Tugend gemacht. Eine Version über Roberto Rossellini. in: Der Mittag (Düsseldorf), 8. 12. 1953. – René Orth: Vagabund unter den Filmregisseuren. in: Telegraf (Berlin), 6. 5. 1956. – Karl Christiansen, Giuseppe Maregno: Rossellini – Die Moral und die Frauen. in: Welt am Sonntag, 30. 6., 7. 7., 14. 7., 21. 7., 28. 7. 1957 (Serie). – William R. Holden: Das war meine Liebe zu Rossellini. in: Nacht-Depesche (Berlin), 25. 9. 1957. – anon.: Wegen Unvereinbarkeit der Charaktere. Die Romanze Bergman–Rossellini ist beendet. in: Frankfurter Allgemeine Zeitung, 9. 11. 1957. – Hans Bauer: Italien ist böse auf Ingrid Bergman. Parlamentarische Anfrage zum Fall Rossellini. in: Frankfurter Rundschau, 17. 7. 1958. – Ludwig Thomé: Rossellini wieder in

Deutschland? Der Mythos eines Regisseurs – Zu einem Filmprojekt von Udo Wolter. in: Rheinische Post, 5.12. 1959. – Heinz Ungureit: Wegbereiter des Neorealismus. in: Frankfurter Rundschau, 6.5. 1966. – B.F.: Roberto Rossellini wird 60 Jahre alt. in: Frankfurter Allgemeine Zeitung, 7.5. 1966. – -en (Günther Menthen): Pionier der Filmkunst. in: Stuttgarter Zeitung, 6.5. 1966; nachgedruckt in: Der Tagesspiegel, 8.5. 1966. – ms. (Martin Schlappner): Roberto Rossellini und der junge Film. in: Neue Zürcher Zeitung, 8.10. 1966. – B.J. (Brigitte Jeremias): Roberto Rossellini. Eine Retrospektive seiner Filme. in: Frankfurter Allgemeine Zeitung, 14.11. 1968. – Klaus Hellwig: Demontage einer Legende. Roberto Rossellini – Neorealismus, heute gesehen. in: Frankfurter Rundschau, 28.12. 1968. – Siegfried Schober: Rossellini und die wiedergewonnene Wahrnehmung. in: Filmkritik, Nr.1, Januar 1969. – M.v.Z.: Römische Ente. in: Die Welt (Hamburg), 8.12. 1969. – Else Goelz: Meister des Neoverismus. in: Stuttgarter Zeitung, 7.5. 1971. – Hans Peter Kochenrath: Meisterregisseur Roberto Rossellini wird 65 Jahre alt. in: Kölner Stadt-Anzeiger, 8./9.5. 1971. – Pierre Lachat: Roberto Rossellini schwierig zu erkennen. in: Tages-Anzeiger-Magazin (Zürich), Nr.3, 1972. – Jörg Friedrich: Von Rom, offene Stadt bis Fellinis *Roma*. in: Kino (Berlin), Nr.1, April/Mai 1973 (u.a. über Rossellini). – ms. (Martin Schlappner): Das Bekenntnis zur Brüderlichkeit. in: Neue Zürcher Zeitung, 6.5. 1976. – Franz Manola: Film, der zur Vernunft bringt. in: Die Presse (Wien), 8.5. 1976. – -dd-: Die perfekte, totale Vision. in: Film-Korrespondenz, Nr.5, 18.5. 1976. – Gottfried Knapp: Dokumente des Alltags. in: Süddeutsche Zeitung, 4.2. 1977. – P.W.J. (Peter W.Jansen): Roberto Rossellini. in: epd Kirche und Film, Nr.6, Juni 1977. – FR (Feuilletonredaktion): Der Neorealist. Filmregisseur Roberto Rossellini tot. in: Frankfurter Rundschau, 4.6. 1977. – Sebastian Feldmann: Aufforderung zum Sehen. in: Rheinische Post, 4.6. 1977. – Volker Baer: Krieg und Nachkrieg. in: Der Tagesspiegel, 4.6. 1977. – Margarete von Schwarzkopf: Zum Tode von Roberto Rossellini. in: Die Welt (Berlin/Hamburg), 4.6. 1977. – Jörg Ulrich: Roberto Rossellini ist tot. in: Münchner Merkur, 4./5.6. 1977. – T.P. (Thomas Petz): Ruhm, auf Trümmern begründet. in: Süddeutsche Zeitung, 4./5.6. 1977. – ms. (Martin Schlappner): Roberto Rossellini gestorben. in: Neue Zürcher Zeitung, 5./6.6. 1977. – Michael Schwarze: Die Stunde Null. in: Frankfurter Allgemeine Zeitung, 6.6. 1977. – Günther Kriewitz: Realistischer Romantiker. in: Stuttgarter Zeitung, 6.6. 1977. – Pierre Lachat: Vom filmischen Neorealismus zu erzieherischem Fernsehen. in: Tages-Anzeiger (Zürich), 6.6. 1977. – ms. (Martin Schlappner): Abschied von Roberto Rossellini. in: Neue Zürcher Zeitung, 9.6. 1977. – HCB (Hans-Christoph Blumenberg): Die Kraft des Privaten. in: Die Zeit, 10.6. 1977. – L(eo) Schönecker: Auf spontanen Wegen zum wahrheitsgetreuen und authentischen Film. in: Film-Dienst, Nr.13, 21.6. 1977. – Fred

Gehler: Roberto Rossellini. 8.6. 1906-3.6. 1977. in: Sonntag (DDR), 3.7. 1977. – Jaime Romagosa: Roberto Rossellini: ein Zeuge seiner Zeit. in: Zoom, Nr. 13, 6.7. 1977. – L(eo) Schönecker: Ein Leben lang auf der Suche nach der Wahrheit. in: Film-Korrespondenz, Nr. 7, 12.7. 1977. – Dr. K. K.: Zum Tod von Roberto Rossellini. in: Film + Ton-Magazin, Nr. 8, August 1977. – Walt R. Vian: Notwendiger Nachtrag zu Roberto Rossellini. 1906-77. in: Filmbulletin, Nr. 104, Juli 1978. – Rainer Gansera: Irrgänge durch den Alltag. in: Die Zeit, 22.9. 1978. – Rainer Gansera: Gespräche über Rossellini. in: Filmkritik, Nr. 10, Oktober 1978. – Peter Buchka: Wie der Mensch ist. Roberto Rossellini und seine Filme. in: Süddeutsche Zeitung, 9./10.5. 1981. – Georgi Bogemski: Gefahr einer Mystifikation. in: Film und Fernsehen (DDR), Nr. 6, Juni 1981. – Rainer Gansera: Szenarien. Noten zu Film und Ökologie. in: Filmkritik, Nr. 7, Juli 1981 (besonders S. 325 ff.; die Aufzeichnungen sind dem Andenken Rossellinis gewidmet). – Rainer Gansera: Erinnerungen, Gespräche, Kritiken, Widmungen. Eingefügt zwei Lesezeichen: zu Sokrates und zu Kants a priori, und eine Filmliste. in: Filmkritik, Nr. 3, März 1982. – Hans Hurch: Difficile è vivere bene. in: Falter (Wien), Nr. 1, Januar 1983. – Ralf Schenk: Roberto Rossellini. Meister des Neorealismus. in: Filmspiegel (Berlin/DDR), Nr. 9, April/Mai 1986. – Rainer Gansera: Stichworte zu Rossellini. in: epd Film, Nr. 12, Dezember 1986 (Gekürzter Vorabdruck des Reihe Hanser-Beitrags).

Interviews

Mario Verdone, Roberto Rossellini: Colloquio sul neorealismo. in: Bianco e nero, Nr. 2, Februar 1952; englisch in: Screen, Vol. 14, Nr. 4, Winter 1973/74; deutsch in: Erika Gregor, Ulrich Gregor (Red.): Roberto Rossellini. Berlin: Freunde der deutschen Kinemathek 1968. – Rossellini e Rouch: la Punition. in: Cinema Nuovo, Nr. 163, Mai/Juni 1963. – Colloquio con Roberto Rossellini. Un cinema diverso per un mondo che cambia. in: Bianca e nero, Nr. 1, Januar 1964 (Gesprächsleitung: Leonardo Fioravanti; Teilnehmer: Guido Cicotti, Mario Verdone, Melloni, Saltini, Faenza, Morandi, Silvestrini, Tambura, Gallantucci, Zigliotti, Giulio Cesare Castello, Orozio Costa, Peter Pearson, Francone; veranstaltet im Centro Sperimentale Cinematografia, 14.12. 1963). – Adriano Aprà, Maurizio Ponzi: Intervista con Roberto Rossellini. in: Filmcritica, Nr. 156/57, April/Mai 1965; englisch in: Screen, Vol. 14, Nr. 4, Winter 1973/74. – Lietta Tornabuoni: Il cinema è morto. in: L'Europeo, 15.9. 1966; französisch in: Le Figaro littéraire, 6.10. 1966. – Michele Mancin, Renato Tomasino, Lello Maiello: Conversazione con Roberto Rossellini. in: Filmcritica, Nr. 190, August 1968. – Edoardo Bruno, Alessandro Cappabianca, Enrico Magrelli, Michele Mancini: Conversazione con Roberto Rossellini. in: Filmcritica, Nr. 264/65, Mai/Juni 1976.

Georges Sadoul: Un grand réalisateur italien. Entretien avec Roberto Rossellini. in: L'écran français, Nr. 72, 12.11. 1946; nachgedruckt in: Etudes cinématographiques, Nr. 32-35. Paris 1964. – J. B. Jeener: Roberto Rossellini, réalisateur de Rome, ville ouverte, nous expose ses conceptions. in: Le Figaro, 20.11. 1946. – Roger Regent: Quand je commence à devenir intelligent, je suis foutu. in: L'écran français, 2.11. 1948. – Henri Hell: Je ne suis pas le père du néo-réalisme. in: Arts, 16.6. 1954. – Maurice Scherer (i. e. Eric Rohmer), François Truffaut: Entretien avec Roberto Rossellini. in: Cahiers du Cinéma, Nr. 37, Juli 1954; nachgedruckt in: Alain Bergala (Hrsg.): Roberto Rossellini. Le cinéma révélé. Paris: Cahiers du Cinéma. Editions de l'Etoile 1984; englisch in: Jim Hiller (Hrsg.): Cahiers du Cinéma. Vol. 1: The 1950s: Neo-Realism, Hollywood, New Wave: London, Melbourne, Henley: Routledge & Kegan Paul in assoc. with BFI 1985; Film Culture, Vol. 1, Nr. 2, März-April 1985; Andrew Sarris (Hrsg.): Interviews with Film Directors: New York: Avon 1967; deutsch in: Theodor Kotulla (Hrsg.): Der Film. Manifeste, Gespräche, Dokumente: Bd. 2: 1945 bis heute. München: Piper 1964. – Claude Bourdet: L'Inde que j'ai vue. in: France-Observateur, 4.7. 1957. – François Bardet, Alain Buholzer, Arnold Kohler, Jacques Rial: Roberto Rossellini vous avez la parole. in: Filmklub-Cinéclub (Genf, Zürich), Nr. 3, August/Oktober 1958. – André Bazin: Cinéma et Télévision. in: France-Observateur, 23.10. 1958; englisch in: Sight and Sound, Vol. 28, Nr. 1, Winter 1958/59 (Interview mit Rossellini und Rouch). – Fereydoun Hoveyda, Jacques Rivette: Entretien avec Roberto Rossellini. in: Cahiers du Cinéma, Nr. 94, April 1959; nachgedruckt in: La Politique des auteurs. Paris: Editions Champ libre 1972; Alain Bergala (Hrsg.): Roberto Rossellini. a. a. O.; englisch in: Jim Hiller (Hrsg.): Cahiers du Cinéma. Vol. 1: The 1950s. a. a. O. – Jean-Luc Godard: Un cinéaste, c'est aussi un missionaire. in: Arts, 1.4. 1959; nachgedruckt in: Jean-Luc Godard par Jean-Luc Godard. Paris: Editions Pierre Belfond 1968; deutsch in: Jean-Luc Godard: Kritiker. Ausgewählte Kritiken und Aufsätze über Film (1950-1970). München: Hanser 1971 (Rossellini hat später gesagt, dieses Interview habe nie stattgefunden). – François Tranchant, J.-M. Vérité: Le pays des hommes drapés vu par un homme cousu. in: Cinéma (Paris), Nr. 36, Mai 1959. – Jean Douchet: Le général esroc et héros. in: Arts, 9.9. 1959. – Jean Domarchi, Jean Douchet, Fereydoun Hoveyda: Entretien avec Roberto Rossellini. in: Cahiers du Cinéma, Nr. 133, Juli 1962; nachgedruckt in: Alain Bergala (Hrsg.): Roberto Rossellini. a. a. O. – Fereydoun Hoveyda, Eric Rohmer: Nouvel entretien avec Roberto Rossellini. in: Cahiers du Cinéma, Nr. 145, Juli 1963; nachgedruckt in: Alain Bergala (Hrsg.): Roberto Rossellini. a. a. O. – Jean Collet, Claude-Jean Philippe: Entretien avec Roberto Rossellini. in: Cahiers du Cinéma, Nr. 183, Oktober 1966; nachgedruckt in: Alain Bergala (Hrsg.): Roberto Rossellini. a. a. O. – Michel

Capdénac: Une méthode qui ouvre une nouvelle voie au cinéma et à la télévision. in: Les lettres françaises, 13.11. 1966. – Roberto Rossellini: Invité du dimanche (procès-verbal de l'émission TV). in: téléciné, Nr. 168, März/April 1971. – Martin Even: Rossellini: les civilisations meurent aussi. in: Le Monde, 18.5. 1972. – Claude Sarraute: Rossellini et l'histoire. in: Le Monde, 26./27.1. 1975. – Claude Beylie: Brève rencontre avec Roberto Rossellini. in: Ecran, Nr. 34, März 1975. – Jacques Grant: Roberto Rossellini. »Je profile des choses«. in: Cinéma (Paris), Nr. 206, Februar 1976. – Joël Magny: Entretien avec Roberto Rossellini. in: téléciné, Nr. 206, März 1976. – François Debiesse, Denis Offroy: Roberto Rossellini. in: Cinématographe, Nr. 18, April/Mai 1976. – Claire Clouzot: Entretien avec Roberto Rossellini. in: Ecran, Nr. 60, Juli 1977. – Colloque Rossellini: »L'engagement social et économique du cinéma.« (Cannes, 13.-14. 5. 1977). in: Cinéma Quebec, Vol. 6, Nr. 5, 1978. – Jacques Fieschi: Entretien avec Daniel Toscan du Plantier. in: Cinématographe, Nr. 43, Januar 1979 (Gespräch mit dem Produzenten von Rossellini-Filmen). – Jean A. Gili: »C'était comme si on m'avait dit que je serais devenu amiral.« in: Positif, Nr. 244/45, Juli/August 1981 (Interview mit Federico Fellini; Passagen über die Zusammenarbeit mit Rossellini). – Jean A. Gili: »Je me sens provisoire . . . un film après l'autre, toujours provisoire.« in: Positif, Nr. 253, April 1982 (Interview mit Sergio Amidei; Passagen über die Zusammenarbeit mit Rossellini). – Lorenzo Codelli: Entretien avec Giuseppe Rotunno. in: Positif, Nr. 266, April 1983 (u. a. über Rossellini).

Francis Koval: Interview with Rossellini. in: Sight and Sound, Vol. 19, Nr. 10, Februar 1951. – Victoria Schultz: Interview with Roberto Rossellini. in: Film Culture, Nr. 52, Frühjahr 1971. – Francisco Llinas, Miguel Marias, Antonio Drove, Jos Oliver: A panorama of history. in: Screen, Vol. 14, Nr. 4, Winter 1973/74 (Übersetzung eines Gesprächs, geführt in Mailand, Januar 1970, veröffentlicht in Nuestro Cine, Nr. 95, März 1970). – L. Kent: Rossellini – arrivederci, Roma and hello, Yale. in: The New York Times, 10.3. 1974. – Robin Wood: Ingrid Bergman on Rossellini. in: Film Comment, Vol. 10, Nr. 4, Juli/August 1974. – Eric Sherman, John Dorr: Interview with Roberto Rossellini. in: Take One, Vol. 4, Nr. 4, Juli 1974; deutsch in: Filmkritik, Nr. 10, Oktober 1978. – Philip Strick: Rossellini in '76. in: Sight and Sound, Vol. 45, Nr. 2, Frühjahr 1976. – Giovanna di Bernardo: Roberto Rossellini talks about Marx, Freud and Jesus. in: Cineaste, Vol. 3, Nr. 1, 1977. – Annette Insdorf: French uncles. Interview with Jean Gruault. in: Film Comment, Vol. 16, Nr. 5, September/Oktober 1980 (u. a. über Rossellini). – Dan Georgakas, Lenny Rubenstein: Roberto Rossellini: Marx, Freud and Jesus. in: D.G., L. R.: The Cineaste Interviews on the Art and Politics of the Cinema. Chicago: Lake View Press 1983.

anon.: Feind Atelier. Aus einem Interview mit Roberto Rossellini.

in: Telegraf (Berlin), 10. 12. 1948. – Gideon Bachmann: Rossellini blickt zurück. in: Süddeutsche Zeitung, 14./15. 5. 1966. – E. Magri: Meine Ideologie ist das Wissen und sonst garnichts. in: Filmfaust, Nr. 4, Juni/Juli 1977 (Auszüge aus: L'Europeo, 8. 8. 1975).

Publikationen zum Neorealismus
Franco Venturini: Origine del neorealismo. in: Bianco e nero, Nr. 2, Februar 1950 (Bibliografie). – Il neorealismo italiano. Documentazioni. Quaderni dell Mostra di Venezia, 1951. – Luigi Chiarini: Discorso sul neorealismo (Bari, Amici della Cultura e Cineclub, 11. 4. 1950). in: Bianco e nero, Nr. 7, Juli 1951. – Fernando di Giammatteo: Cinema italiano fra due crisi. Elementi per una storia del neorealismo. I, II. in: Bianco e nero, Nr. 11/12, November/Dezember 1956; Nr. 2, Februar 1957. – Brunello Rondi: Il neo-realismo italiano. Roma: Guanda 1957. – Brunello Rondi: Cinema e Realtà. Roma: Cinque Lune 1957. – Giulio Cesare Castello: Il cinema neorealistico italiano. Roma: Edizioni Radio Italiano 1959. Classe Unica 30. – Adelio Ferrero: Da' ROMA CITTÀ APERTA a *La ragazze di Bube*. Novare: Edizioni Cinema Nuovo 1965. – Fabio Carpi: Cinema italiano del dopoguerra. Milano: Schwartz Editore 1966. Enciclopedia di Cultura Moderna 3. – Sul neorealismo. Testi e documenti (1939-1955). 10ª Mostra Internazionale del Nuovo Cinema. Pesaro 1974. Quaderni 56 (Chronologie); 57 (Bibliografie); 58 (Ökonomie); 59 (Anthologie). – Guido Aristarco: Antologia di Cinema Nuovo. 1952-58. Dalla Critica Cinematografica all Dialettica Culturale. Col. 1. Rimini, Firenze: Guaraldi 1975. – Lino Micciché (Hrsg.): Il neorealismo cinematografico italiano. Atti del convegno della X Mostra Internazionale del Nuovo Cinema. Padova: Marsilio 1975. Cinema Saggi 2. – Neorealismo Ideologia Arte. o. O.: Neorealisti d'Avanguardia 1976. Collana di Cultura Cinematografica 20. – Mario Verdone: Il cinema neorealista. Trapani: Celebes Editore 1977. – Alfonso Canziani: Gli anni del Neorealismo. Firenze: Nuova Italia 1977 (Bibliografie). – Cult Movie (Firenze), Nr. 3, April/Mai 1981 (Beiträge von Oreste del Buono, Claudio Carabba, Petrizia Carrano, Franco Montini, Andrea Martini, Enzo Ungari; Interviews mit Giuseppe De Santis, Carlo Lizzani, Alberto Lattuada, Bernardo Bertolucci; Bibliografie).
Amédée Ayfre: Néo Réalisme et Phénoménologie. in: Cahiers du Cinéma, Nr. 17, November 1952; englisch in: Jim Hiller (Hrsg.): Cahiers du Cinéma. Vol. 1: The 1950s: Neo-Realism, Hollywood, New Wave. London, Melbourne, Henley: Routledge & Kegan Paul in assoc. with BFI 1985. – André Bazin: Qu'est-ce que le cinéma? Vol. 1-4. Paris: Cerf 1958f. Septième Art 24, 25, 29, 33. – Patrice G. Hovald: Le Néo-Réalisme italien et ses créateurs. Paris: Cerf 1959. Septième Art 26. – Raymond Borde, André Bouissy: Le néoréalisme italien. Une expérience de cinéma social. Clairefontaine:

Lausanne 1960. Documents de cinéma publiés par la Cinémathèque suisse 3. – François Debreczeni, Heinz Steinberg (Hrsg.): Le néo-réalisme italien. Bilan de la critique. Etudes cinématographiques 32-35, Sommer 1964 (Bibliografie). – Amédée Ayfre: Le Cinéma et sa vérité. Paris: Cerf 1968. Septième Art 44. – Jean A. Gili: Fascisme et Résistance dans le Cinéma Italien (1922-1968). Paris: Minard 1970. Etudes cinématographiques 82/83. – Cinématographe, Nr. 42, Dezember 1978; Nr. 43, Januar 1979 (Dossier: Le Néo-Réalisme I: Beiträge von Louis Audibert, Renaud Bezombes, François Cuel, Jacques Fieschi, Sylvie Trosa. – Dossier II: Beiträge von Renaud Bezombes, François Cuel, Michel Devillers, Pierre Jouvet, Jean-Claude Bonnet, Mireille Latil Le Dantec, Jacques Fieschi, Philippe Carcasonne, Aurelio Andreoli).

Roy Armes: Patterns of Realism. South Brunswick, New York: A. S. Barnes; London: Tantivy Press 1971. – David Overbey: Springtime in Italy: A Reader on Neo-Realism. London: Talisman 1978. – Peter Bondanella: Italian Cinema. From Neorealism to the Present. New York: Ungar 1983.

Ulrich Gregor: Neorealismus – Ende oder Anfang? in: F, Nr. 1, 1958. – Ulrich Gregor, Enno Patalas: Die Geburt des italienischen Neorealismus. in: U. G., E. P.: Geschichte des modernen Films. Gütersloh: Bertelsmann 1962; Taschenbuch-Ausgabe: Reinbek bei Hamburg: Rowohlt 1976. rororo 6193/94. – Heinz Ludwig Arnold: Italienischer Neorealismus. München: edition text + kritik 1979. Heft 63, Juli 1979 (Bibliografie). – Frieda Grafe: Realismus ist immer Neo-, Sur-, Super-, Hyper-Sehen mit photographischen Apparaten. in: Süddeutsche Zeitung, 13./14. 1. 1979; nachgedruckt als Bogen 3. München, Wien: Hanser 1981; Petra und Uwe Nettelbeck (Hrsg.): Die Republik, Nr. 72-75, 25. 1. 1985. – Franco Sepe: Die Geburt des neorealistischen Films. Ein Interview mit Giuseppe De Santis. in: Zibaldone, Nr. 3, Mai 1987. München, Zürich: Piper 1987 (u. a. auch über Rossellini).

Zu einzelnen Filmen

LA NAVE BIANCA

Material: Ugo Casiraghi, Glauco Viazzi: Presentazione postuma di un classico. in: Bianco e nero, Nr. 4, April 1942; nachgedruckt in: Antologia di Bianco e nero 1937-1943. Volumo terzo. Roma: Edizioni di Bianco e nero 1964 (darin ein Abschnitt über LA NAVE BIANCA).

Kurt Sauer: Dokumentarische Spielfilme. Der italienische Kriegsfilm auf neuen Wegen. in: Berliner Börsen-Zeitung, 4. 7. 1942, Abend-Ausgabe; nachgedruckt in: Filmkritik, Nr. 10, Oktober 1978.

Aufsatz/Analyse: M.A.M.: LA NAVE BIANCA. in: Maria-A. Macciocchi: Eléments pour une analyse du fascisme. Séminaire Paris VIII – Vincennes 1974-75. Paris: Union Générale d'Editions 1976.

Kritiken: Enrico Fulchignoni in: Bianco e nero, Nr. 10, 1941 (Venedig); nachgedruckt in: Antologia di Bianco e nero 1937-1943. Volumo terzo. Roma: Edizioni di Bianco e nero 1964. – Giuseppe Isani in: Cinema (Roma), Nr. 127, 10. 10. 1941. – F. S. (Filippo Sacchi) in: Corriere della Sera, 16. 10. 1941.

Günther Schwark in: Film-Kurier, Nr. 217, 16. 9. 1941 (Venedig). – -tz. (Hans Walther Betz) in: Der Film, Nr. 38, 20. 9. 1941 (Venedig). – Peterpaul Mahn in: Deutsche Allgemeine Zeitung (Berliner Ausgabe), Nr. 352, 24. 7. 1943, Sonnabend-Abend. – Hans-Ottmar Fiedler in: Berliner Lokal-Anzeiger, Nr. 177, 25. 7. 1943, Sonntagsausgabe. – Ernst Jeresch in: Film-Kurier, Nr. 210, 26. 7. 1943.

UN PILOTA RITORNA

Material: UN PILOTA RITORNA in: Cinema (Roma), Nr. 128, 25. 10. 1941 (Fotos der Mitarbeiter). – L. (Rosario Leone): A Roberto Rossellini. in: Cinema (Roma), Nr. 135, 10. 2. 1942.

Günther Schwark: Ein Pilot kehrt zurück im Beisein Pavolinis uraufgeführt. in: Film-Kurier, Nr. 83, 10. 4. 1942 (Abschnitt in einem Bericht über die Tagung der Internationalen Filmkammer (IFK), Rom, 7. 4.-10. 4. 1942). – Kurt Sauer: Dokumentarische Spielfilme. Der italienische Kriegsfilm auf neuen Wegen. in: Berliner Börsen-Zeitung, 4. 7. 1942, Abend-Ausgabe; nachgedruckt in: Filmkritik, Nr. 10, Oktober 1978.

Kritiken: L. (Rosario Leone) in: Cinema (Roma), Nr. 138, 25. 3. 1942. – G. P. (Guido Piovene) in: Corriere della Sera, 18. 4. 1942. – Giuseppe De Santis in: Cinema (Roma), Nr. 140, 25. 4. 1942.

L'UOMO DELLA CROCE

Aufsatz/Analyse: M.A.M.: L'UOMO DELLA CROCE. in: Maria-A. Macciocchi: Eléments pour une analyse du fascisme. Séminaire Paris VIII – Vincennes 1974-75. Paris: Union Générale d'Editions 1976.

Kritiken: Giuseppe De Santis in: Cinema (Roma), Nr. 168, 25. 6. 1943. – R. R. (Raul Radice) in: Corriere della Sera, 27. 6. 1943.

DESIDERIO

Kritiken: Lan. (Arturo Lanocita) in: Corriere della Sera, 1. 10. 1946.

M. T. (Max Tessier) in: Cinéma (Paris), Nr. 161, Dezember 1971.

A. W. in: The New York Times, 9. 2. 1950.

ROMA, CITTÀ APERTA. Rom – offene Stadt

Drehbuch: Renzo Renzi (Hrsg.): La trilogia della guerra. Bologna:

Cappelli 1972. Serie retrospettiva 2. Mit einer Einführung von Stefano Roncoroni. S. 25-115; englische Ausgabe: The War Trilogy. New York: Grossman Publishers 1973. S. 1-160. – Französische Ausgabe: L'Avant-Scène du Cinéma, Nr. 71, Juni 1967.

Material: Roland Martin in: Fiche filmographique, Nr. 31, März-Mai 1947, Institut des Hautes Etudes Cinématographiques (Paris). – Barthélemy Amengual: Rome, ville ouverte. Dossiers du Cinéma, Films III, Casterman 1975. – Raymond Lefèvre: Du néo-réalisme à la parabole. in: Cinéma (Paris), Nr. 258, Juni 1980.

Illustrierte Film-Bühne, Nr. 5642. – B. E. W. (Bruno E. Werner): Warum wird Rom – offene Stadt nicht aufgeführt? in: Die Neue Zeitung (München), 28. 10. 1950 (dazu Leserbriefe am 1. 11. 1950, 25. 11. 1950, 9. 12. 1950). – Ludwig Thomé: Rom – offene Stadt. Noch einmal: Warum schweigt die Film-Selbstkontrolle? in: Rhein-Neckar Zeitung, 16. 11. 1950. – hu (Heinz Ungureit): FSK-Gebrauchsanweisung. in: Frankfurter Rundschau, 3. 3. 1961. – Helga Koppel: Rom – offene Stadt. in: H. K.: Film in Italien – Italien im Film. Berlin (DDR): Henschelverlag 1970. – Informationsblatt Nr. 5, Internationales Forum des jungen Films, Berlin 1975.

Interviews: J.-B. Jeener: Roberto Rossellini, réalisateur de Rome, ville ouverte, nous expose ses conceptions. in: Le Figaro, 20. 11. 1946.

Gideon Bachmann: Rossellini blickt zurück. in: Süddeutsche Zeitung, 14./15. 5. 1966.

Aufsätze/Analysen: Mario Gromo: Da ROMA, CITTÀ APERTA a *La terra trema.* Con »ismi« e senza. in: Cinema (Milano), Nr. 1, 25. 10. 1948. – Callisto Cosulich: Così nacquero ROMA, CITTÀ APERTA e PAISÀ. in: Cinema Nuovo, Nr. 57, 25. 4. 1955; nachgedruckt in: Guido Aristarco: Antologia di Cinema Nuovo 1952-58. Vol. 1: Neorealismo e vita nazionale. Rimini, Firenze: Guaraldi 1975. – Umberto Lisi: La critica, allora. in: Cinema Nuovo, Nr. 57, 25. 4. 1955.

anon.: Rome, ville ouverte. in: Télé-Ciné, Nr. 1, 1946, Fiche 9. – Guy Gauthier: Rome, ville ouverte. in: Image et Son/La Revue du Cinéma, Nr. 176/177, September/Oktober 1964. – Maurizio Ponzi: Rome, ville ouverte. in: L'Avant-Scène du Cinéma, Nr. 71, Juni 1967. – Henri Agel: Rome, ville ouverte. in: H. A.: Métaphysique du cinéma. Paris: Payot 1976. Petite bibliothèque Payot 290.

Kenneth MacGowan: Summer Films, Imported and Domestic. in: Hollywood Quarterly, Vol. 2, Nr. 1, Oktober 1946. – William Cooper Makins: The Film in Italy. in: Sight and Sound, Vol. 15, Nr. 60, Winter 1946/47 (u. a. über ROMA CITTÀ APERTA). – Arthur Vesselo: The Italian Cinema before the Liberation. in: Sight and Sound, Vol. 16, Nr. 61, Frühjahr 1947 (u. a. über ROMA CITTÀ APERTA). – Roy Armes: Rome, Open City. in: R. A.: Patterns of Realism. South Brunswick, New York: A. S. Barnes; London: The Tantivy Press 1971. – Marsha Kinder, Beverle Houston: Open City. in: M. K., B. H.: Close-Up. A critical perspective on film. New York, Chicago, San Francisco, Atlanta: Harcourt Brace Jovanovich 1972. – M. Walsh: Rome, Open City; The rise to power of Louis XIV. Re-evaluating Rossellini. in: Jump Cut, Nr. 15, 1977. – Harry Lawton: Italian neorealism: a mirror construction of reality. in: Film Criticism, Vol. 3, Nr. 2, 1979. – David Overbey: Rome, Open City. in: The Movie, Nr. 23, 1980. – Stephen L. Hanson: ROMA CITTÀ APERTA. in: Christopher Lyon (Hrsg.): The Macmillan Dictionary of Films and Filmmakers. Vol. 1: Films. London: Macmillan 1984 (Bibliografie).

Kritiken: Alberto Moravia in: La Nuova Europa (Roma), 30. 9. 1945. – Luigi Chiarini in: Bianco e nero, Nr. 7, Juli 1951 (Discorso sul neorealismo). – Sam Terno in: Bianco e nero, Nr. 1-4, Januar-April 1970.

Georges Sadoul in: Les lettres françaises, 15. 11. 1946. – Georges Altman in: L'écran français, 19. 11. 1946. – Jean Desternes in: La Revue du Cinéma, Nr. 3, Dezember 1946. – J. Ch. (Jacques Chevallier) in: La saison cinématographique 1945/47, Hors série XXVII. – Roger Gebert in: Cahiers du Cinéma, Nr. 1, April 1951 (Kurzkritik). – anon. in: Cinéma (Paris), Nr. 56, Mai 1961. – Marcel Martin in: Cinéma (Paris), Nr. 65, April 1962. – Olivier-René Veillon in: Cinématographe, Nr. 58, Juni 1980.

anon. in: Variety, 24. 12. 1945. – Bosley Crowther in: The New York Times, 26. 2. 1946. – John McCarten in: The New Yorker, 2. 3. 1946. – James Agee in: The Nation, 13. 4. 1946; nachgedruckt in: J. A.: Agee on film. Boston: Beacon Press 1958. – anon. in: Monthly Film Bulletin, Vol. 14, Nr. 163, 31. 7. 1947.

ms. (Martin Schlappner) in: Neue Zürcher Zeitung, 7. 3. 1950. – anon. in: Der Spiegel, Nr. 9, 22. 2. 1961. – R. F. (Rolf Flügel) in: Münchner Merkur, 25. 2. 1961. – Hans-Dieter Roos in: Süddeutsche Zeitung, 25./26. 2. 1961. – Karl Korn in: Frankfurter Allgemeine Zeitung, 28. 2. 1961. – A. W. in: Evangelischer Film-Beobachter, Folge 10, 11. 3. 1961. – H(ans) J(ürgen) Weber in: Die Filmwoche, Nr. 11, 11. 3. 1961. – Heinz Ungureit in: Frankfurter Rundschau, 15. 3. 1961. – Karlfriedrich Scherer in: Film-Echo, Nr. 22, 18. 3. 1961. – Manfred Delling in: Die Welt (Hamburg), 25. 3. 1961; nachgedruckt in: Jahrbuch der Filmkritik III. Hrsg. v. d. Arbeitsgemeinschaft der Filmjournalisten e. V. Emsdetten/Westf.: Verlag Lechte 1962. – pat. (Enno Patalas) in: Filmkritik, Nr. 4, April 1961. – Bas. (Günther Bastian) in: Film-Dienst, Nr. 17, 19. 4. 1961 (FD-Nr. 10 132). – (Hans) Günther Pflaum in: Süddeutsche Zeitung, 14./15. 11. 1970 (TV). – ms. (Martin Schlappner) in: Neue Zürcher Zeitung, 25. 7. 1979. – Corinne Schelbert in: Tages-Anzeiger (Zürich), 27. 7. 1979. – Franz Ulrich in: Zoom, Nr. 17, 5. 9. 1979.

PAISÀ. Paisà

Drehbuch: Renzo Renzi (Hrsg.): La trilogia di guerra. Bologna: Cappelli 1972. Serie retrospettiva 2. Mit einer Einführung von Stefano

Roncoroni. S. 117-140; englische Ausgabe: The War Trilogy. New York: Grossman Publishers 1973. S. 161-348. – Paisà. Episode II, Einstellung 110-136. in: Heinz Ludwig Arnold: Italienischer Neorealismus. München: edition text + kritik 1979. Heft 63, Juli 1979. – *Il prigionero* (Unrealisierte Episode). in: Bianco e nero, Nr. 1, Oktober 1947; Cinema Nuovo, Nr. 57, 25.4. 1955; Filmcritica, Nr. 167, Mai/Juni 1966; englisch in: Film Culture, Nr. 31, Winter 1963/64.

Material: A. K.: Das verstümmelte PAISÀ oder die Frage der freiwilligen Selbstzensur. in: Der Monat, Nr. 14, November 1949. – PAISÀ durch die Kirche verboten? in: Kirche und Film, Nr. 6, 15.3. 1950. – Helga Koppel: Paisà. in: H. K.: Film in Italien – Italien im Film. Berlin (DDR): Henschelverlag 1970. – Informationsblatt Nr. 6, Internationales Forum des jungen Films, Berlin 1975. – Klaus Mann: Der Wendepunkt. Reinbek b. Hamburg: Rowohlt 1984. rororo 5325. S. 505 f.

Interview: Georges Sadoul: Rossellini a recruté les acteurs de PAISÀ parmi les badauts. in: L'écran français, Nr. 72, 12.11. 1946.

Aufsätze/Analysen: Sergio Amidei, Marcello Pagliero: *Il prigioneiro.* in: Cinema Nuovo, Nr. 57, 25.4. 1955; nachgedruckt in: Guido Aristarco: Antologia di Cinema Nuovo 1952-1958. Vol. 1: Neorealismo e vita nazionale. Rimini, Firenze: Guaraldi 1975. – Callisto Cosulich: Così nacquero ROMA CITTÀ APERTA e PAISÀ. in: Cinema Nuovo; Nr. 57, 25.4. 1955; nachgedruckt in: Guido Aristarco: Antologia di Cinema Nuovo. a. a. O.

J. Y.: PAISÀ. in: Télé-Ciné, Nr. 8, 1947, Fiche 61. – André Bazin: Le réalisme cinématographique et l'école italienne de la libération. in: Esprit, Januar 1948; nachgedruckt in: A. B.: Qu'est-ce que le cinéma. Bd. IV. Paris: Cerf 1962.

Ian Johnson: Paisà. in: Films and Filming, Vol. 12, Nr. 5, Februar 1966. – Roy Armes: PAISÀ. in: R. A.: Patterns of Realism. South Brunswick, New York: A. S. Barnes; London: The Tantivy Press 1971. – Harry Lawton: Italian neorealism: a mirror construction of reality. in: Film Criticism, Vol. 3, Nr. 2, 1979. – Charles L. P. Silet: PAISÀ. in: Christopher Lyon (Hrsg.): The Macmillan Dictionary of Films and Filmmakers. Vol. 1: Films. London: Macmillan 1984 (Bibliografie).

Peter Wuss: PAISÀ von Roberto Rossellini. in: P. W.: Die Tiefenstruktur des Filmkunstwerks. Zur Analyse von Spielfilmen mit offener Komposition. Berlin/DDR: Henschelverlag 1986.

Kritiken: Umberto Barbaro in: L'Unità (Roma), 19.9. 1946.

Paul Eluard in: L'écran français, 19.11. 1946. – Jean Desternes in: La Revue du Cinéma, Nr. 3, Dezember 1946. – J. Ch. (Jacques Chevallier) in: La saison cinématographique 1945/47, Hors série XXVII. – Jean Cocteau in: Carrefour, 8.9. 1947 (Venedig; kurze Erwähnung). – Georges Altman in: L'écran français, 30.9. 1947. – Marcel

Martin in: Image et Son/La Revue du Cinéma, Nr. 95/96, August/
September 1956.
Hugh King in: Sight and Sound, Vol. 15, Nr. 59, Herbst 1946. – Lind-
say Anderson in: Sequence, Nr. 2, Winter 1947. – John McCarten in:
The New Yorker, 27. 3. 1948. – Robert Hatch in: The New Republic,
Vol. 118, Nr. 13, 29. 3. 1948. – Bosley Crowther in: The New York
Times, 30. 3. 1948. – anon. in: Newsweek, Vol. 31, Nr. 15, 12. 4. 1948.
– anon. in: Time, Vol. 56, Nr. 16, 19. 4. 1948. – Robert Warshaw in:
Partisan Review, Juli 1948; nachgedruckt in: R. W.: The Immediate
Experience. New York 1962.
-ft. (Friedrich Luft) in: Die Neue Zeitung (Berlin), 12. 8. 1947 (Son-
dervorführung). – anon. in: Der Spiegel, Nr. 33, 16. 8. 1947. – Ba. in:
Der Abend (Berlin), 8. 10. 1949. – Herbert Ihering in: Berliner Zei-
tung (Berlin/DDR), 9. 10. 1949. – Horst Heitzenröther in: B. Z. am
Abend (Berlin/DDR), 10. 10. 1949. – E. K. in: Der Morgen (Berlin/
DDR), 9. 10. 1949. – -ft. (Friedrich Luft) in: Die Neue Zeitung (Ber-
lin), 9. 10. 1949. – K. W. K. in: Der Tagesspiegel, 9. 10. 1949. – D. F.
(Dora Fehling) in: Telegraf (Berlin), 9. 10. 1949. – Norbert Peschke
in: Vorwärts (Berlin/DDR), 9. 10. 1949. – C. B. in: Welt am Sonntag
(Hamburg), 9. 10. 1949. – W. Joho in: Neues Deutschland (Berlin/
DDR), 12. 10. 1949. – W-t. in: Sonntag, 16. 10. 1949. – GMB. in:
Filmecho, Nr. 36, Weihnachten 1949. – Z. in: Film-Dienst, Nr. 5, 6. 2.
1950 (FD-Nr. 574). – W. S. in: Kirche und Film, Nr. 4, 15. 2. 1950. –
nme. in: Der Monat, Nr. 19, April 1950. – Gottfried Bold in: Welt
der Arbeit (Köln), 19. 5. 1950. – H. S. in: Die Neue Zeitung (München), 6. 6. 1950. – Edith Hamann in: Der neue Film, 18. 6. 1950. –
Gunter Groll in: Süddeutsche Zeitung, 19. 6. 1950. – G. N. in: Evangelischer Film-Beobachter, Nr. 16, 16. 8. 1950. – Ursula Blätter in:
Zoom, Nr. 9, 4. 5. 1983.

GERMANIA, ANNO ZERO. Deutschland im Jahre Null
Drehbuch: Renzo Renzi (Hrsg.): La trilogia della guerra. Bologna:
Cappelli 1972. Serie retrospettiva 2. Mit einer Einführung von Stefano Roncoroni. S. 241-305; englische Ausgabe: The War Trilogy. New
York: Grossman Publishers 1973. S. 349-467.
Material: Kurt Kaiser-Blüth: Das Jahr 0 ... Roberto Rossellini, der
einen Film in Berlin dreht, hat mir gesagt ... in: Die Weltbühne,
2. August-Heft 1947 (Interviewpassagen). – B.: Edmund spielt die
Hauptrolle. in: Berliner Zeitung, 17. 9. 1947. – anon.: Ort der Handlung: Berlin. in: Der Spiegel, Nr. 34, 23. 8. 1947. – anon.: Skelett wurde zu dick. in: Der Spiegel, Nr. 46, 15. 11. 1947 (Bericht von den
Dreharbeiten in Rom). – anon.: Deutschland im Jahre Null. in:
Neue Auslese. Aus dem Schrifttum der Gegenwart. 3. Jg., Nr. 1, Januar 1948 (Übersetzung eines Artikels aus »Vie Nuove«, Roma,
o. J.). – anon.: Deutschland im Jahre Null in Rom. Ein Regisseur
spielt Mutter. in: Die Neue Filmwoche, Nr. 6, 7. 2. 1948 (Drehbericht

Rom). – Pierre Michaut: Internationaler Erfolg deutscher Filmarbeit. Rossellini-Film-Union AG siegte mit Deutschland im Jahre 0. in: Die Neue Filmwoche, Nr. 30, 24. 7. 1948 (Locarno). – Max Colpet (i. e. Max Kolpe): Rossellini und das Jahr Null/Weißbrot, Spaghetti und Anna Magnani. in: M. C.: Sag mir wo die Jahre sind. München: Langen-Müller 1976. – GERMANIA, ANNO ZERO. in: Uta Berg-Ganschow (Hrsg.): Berlin. Außen und Innen. Berlin: Stiftung Deutsche Kinemathek 1984 (Dokumentation).

Aufsätze/Analysen: Jean George Auriol: Introduction impromptue au débat sur le réalisme. in: La Revue du Cinéma, Nr. 17, September 1948. – J. P. C.: Allemagne, année zéro. in: Télé-Ciné, Nr. 17, 1949, Fiche 117. – Amédée Ayfre: Allemagne, année zéro. in: A. A.: Ce Cinéma et sa vérité. Paris: Cerf 1968. Septième Art 44.

Lawrence Morton: Film Music of the Quarter. in: Hollywood Quarterly, Vol. 4, Nr. 3, Frühjahr 1950 (u. a. über die Musik zu GERMANIA, ANNO ZERO). – Roy Armes: GERMANIA ANNO ZERO. in: R. A.: Patterns of Realism. South Brunswick, New York: A. S. Barnes; London: The Tantivy Press 1971. – David Overbey: GERMANIA, ANNO ZERO. in: The Movie, Nr. 26, 1980.

Kritiken: Guido Aristarco in: Cinema (Milano), Nr. 4, 15. 12. 1948. – m. m. (Massimo Mida) in: Bianco e nero, Nr. 1, März 1948.

Claude Roy in: L'écran français, 27. 4. 1948. – Raymond Barkan in: L'écran français, 1. 2. 1949. – André Bazin in: L'écran français, 8. 2. 1949. – Amédée Ayfre in: Cahiers du Cinéma, Nr. 17, November 1952. – Pierre Marcabru in: Arts (Paris), 30. 11. 1960. – Bernard Pauly in: Cinéma (Paris), Nr. 192, November 1974. – Jean Narboni in: Cahiers du Cinéma, Nr. 290/91, Juli/August 1978. – P. G. (Pierre Guislain) in: Cinématographe, Nr. 89, Mai 1983 (Kurzkritik).

Quat. in: Variety, 9. 6. 1948. – anon. in: Monthly Film Bulletin, Vol. 16, Nr. 185, 31. 5. 1949. – Adam Helmer in: Sequence, Nr. 8, Sommer 1949. – Bosley Crowther in: The New York Times, 20. 9. 1949. – John McCarten in: The New Yorker, Vol. 25, Nr. 31, 24. 9. 1949. – anon. in: Newsweek, Vol. 34, Nr. 13, 26. 9. 1949. – anon. in: Time, Vol. 54, Nr. 13, 26. 9. 1949. – Robert Hatch in: The New Republic, Vol. 121, Nr. 14, 3. 10. 1949. – anon. in: Films in Review, Vol. 1, Nr. 1, Februar 1950. – Tom Milne in: Monthly Film Bulletin, Vol. 47, Nr. 562, November 1980.

anon. in: Die Neue Filmwoche, Nr. 44, 1. 11. 1947. – anon. in: Telegraf (Berlin), 25. 4. 1948. – anon. in: Der Kurier (Berlin), 3. 8. 1949 (Locarno). – Friedrich Luft in: Die Neue Zeitung (München), 7. 1. 1949. – Hilde Spiel in: Die Welt (Hamburg), 26. 4. 1949. – H. H. (Hans Habe) in: Süddeutsche Zeitung, 28. 9. 1949. – F. V. in: Süddeutsche Zeitung, 10. 4. 1952. – Christian Ferber in: Die Neue Zeitung (München), 15. 4. 1952. – R. S. in: Die Welt (Berlin), 21. 4. 1952. – Ro. in: Film-Dienst, Nr. 20, 24. 5. 1952 (FD-Nr. 1797). – w. b. in: Frankfurter Rundschau, 12. 3. 1953.

L'AMORE. Amore

Literarische Vorlage: Jean Cocteau: La voix humaine. Paris 1930; deutsche Ausgabe: Die geliebte Stimme. München: dtv 1963. dtv 110. – Ramon del Valle-Inclan: Flor de Santidad. Madrid: Espasa Calpe 1961.

Drehbuch: Le miracle. in: La Revue du Cinéma, Nr. 14, Juni 1948.

Material: Programmheft Neue Filmkunst Walter Kirchner, Göttingen. Kleine Filmkunstreihe 23 (Red.: Hans-Dieter Roos). – r. b.: Ein Rossellini-Film wirbelt Staub auf. in: Die Tat (Zürich), 6. 11. 1949. – H. P.: Der Kardinal gegen Rossellinis »Wunder«. in: Deutsche Zeitung und Wirtschaftszeitung, 14. 3. 1951. – H. B. Kranz: Auch Amerika hat seine *Sünderin.* in: Der Tagesspiegel, 31. 3. 1951; nachgedruckt in: Süddeutsche Zeitung, 5. 4. 1951.

Aufsätze/Analysen: Jean George Auriol: Introduction impromptue au débat sur le réalisme. in: La Revue du Cinéma, Nr. 17, September 1948.

Gilbert Seldes: Pressures on Pictures. in: The Nation, Vol. 172, Nr. 5, 3. 2. 1951; Vol. 172, Nr. 6, 10. 2. 1951. – Lilian Gerard: Withdraw the Picture! the Commissioner Ordered. in: American Film, Vol. 2, Nr. 8, Juni 1977. – Lilian Gerard: The Miracle in Court. in: American Film, Vol. 2, Nr. 9, Juli/August 1977.

Kritiken: m. v. (Mario Verdone) in: Bianco e nero, Nr. 9, November 1948.

Eric Rohmer in: Cahiers du Cinéma, Nr. 37, Juli 1954; deutsch in: Filmkritik, Nr. 10, Oktober 1978. – François Truffaut in: Arts (Paris), 4. 4. 1956. – Eric Rohmer in: Cahiers du Cinéma, Nr. 59, Mai 1956; deutsch in: Filmkritik, Nr. 10, Oktober 1978. – L. S. (Louis Seguin) in: Positif, Nr. 16, Mai 1956. – Jean-Luc Godard in: Cahiers du Cinéma, Nr. 92, Februar 1959 (Tours; Kurzkritik).

Quat. in: Variety, 15. 12. 1948. – G. L. (Gavin Lambert) in: Monthly Film Bulletin, Vol. 17, Nr. 194, Februar/März 1950. – L. G. A. (Lindsay G. Anderson) in: Sequence, Nr. 11, Sommer 1950. – Bosley Crowther in: The New York Times, 13. 12. 1950. – anon. in: Time, Vol. 57, Nr. 9, 26. 2. 1951. – Henry Hart in: Films in Review, Vol. 2, Nr. 5, Mai 1951. – Richard Corliss in: Film Comment, Vol. 4, Nr. 4, Sommer 1968. – Gilbert Adair in: Monthly Film Bulletin, Vol. 48, Nr. 566, März 1981.

Bruno E. Werner in: Die Neue Zeitung (München), 19. 12. 1949. – Rolf Flügel in: Münchner Merkur, 25. 1. 1962. – Hans-Dieter Roos in: Süddeutsche Zeitung, 20./21. 1. 1962. – Hans-Dieter Roos in: Die Welt (Berlin), 27. 1. 1962. – bgh (Wilfried Berghahn) in: Filmkritik, Nr. 2, Februar 1962. – Hans-Jürgen Weber in: Film-Echo/Filmwoche, Nr. 9/10, 3. 2. 1962. – anon. in: Der Spiegel, Nr. 6, 7. 2. 1962. – ktl (Theodor Kotulla) in: Die Zeit, 16. 2. 1962. – -wo- in: Evangelischer Film-Beobachter, Folge 9, 3. 3. 1962. – Ev. (Franz Everschor) in: Film-Dienst, Nr. 10, 7. 3. 1962 (FD-Nr. 10915). – MR (Martin

Ruppert) in: Frankfurter Allgemeine Zeitung, 30.4. 1962. - W.K. (Walter Kaul) in: Der Kurier (Berlin), 12.5. 1962. - anon. in: Die Welt (Berlin), 12.5. 1962. - Florian Kienzl in: Der Tag (Berlin), 13.5. 1962. - H.O. (Heinz Ohff) in: Der Tagesspiegel, 13.5. 1962. - D.F. (Dora Fehling) in: Telegraf (Berlin), 13.5. 1962.

LA MACCHINA AMMAZZACATTIVI. Die Maschine, die die Bösen tötet.
Aufsätze/Analysen: Giovanni Calendoli: Grottesco e satira nella MACCHINA AMMAZZACATTIVI. in: Bianco e nero, Nr.2, Februar 1952.
Peter Bondanella: Neorealist asthetics and the fantastic: The machine to kill Bad People and Miracle in Milan. in: Film Criticism, Vol.3, Nr.2, 1979.
Kritiken: c.t. (Corrado Terzi) in: Rassegna del film (Torino), Nr.8, November 1952.
Steve Jenkins in: Monthly Film Bulletin, Vol.48, Nr.565, Februar 1981.

STROMBOLI, TERRA DI DIO. Stromboli
Material: G(iorgio) N.Fenin: L'edizione americana di STROMBOLI non riconoscinta da Roberto Rossellini. in: Cinema (Milano, Nuova Serie), Nr.34, 15.3. 1950.
Illustrierte Film-Bühne, Nr.933. - Hans Habe: Die Wahrheit über Stromboli. »la« Bergman und Rossellini - Liebe in Hollywooder Fassung. in: Die Zeit, 26.5. 1949. - Dr. W.M.Esser: Trübes zum Thema ›Person und Sache‹. Dissonanzen in einem Film. in: Allgemeine Kölnische Rundschau, 23.2. 1950.
›*Aufsätze/Analysen:* J.J.: Stromboli. in: Télé-Ciné, Nr.23, 1951, Fiche 148.
D.Benelli: Rossellini's STROMBOLI and Ingrid Bergman's face. in: Movietone News, Nr.62/63, Dezember 1979.
Kritiken: Ennio Flaianno in: Il mondo, 25.3. 1950. - Alberto Moravia in: L'Europeo, 26.3. 1950. - Guido Aristarco in: Cinema (Milano, Nuova Serie), Nr.46, 15.9. 1950 (Venedig). - Guido Aristarco in: Cinema (Milano, Nuova Serie), Nr.58, 15.3. 1951. - Edoardo Bruno in: Filmcritica, März/April 1951. - Luigi Chiarini in: Bianco e nero, Nr.7, Juli 1951 (Discorso sul neorealismo).
Eric Rohmer in: Gazette du cinéma, Nr.5, November 1950; nachgedruckt in: E.R.: Le goût de la beauté. Ecrits. Hrsg. v. Jean Narboni. Paris: Cahiers du Cinéma, Editions de l'Etoile 1984. - Georges Gaudu in: Raccords, Nr.6, Dezember 1950. - Alexandre Astruc in: Cahiers du Cinéma, Nr.1, April 1951. - J.S. (Jacques Siclier) in: Le Monde, 15.5. 1970. - Charles Tesson in: Cahiers du Cinéma, Nr.329, Dezember 1981. - Gérard Courant in: Cinéma (Paris), Nr.276, Dezember 1981. - Dominique Rinieri in: Cinématographe, Nr.72, No-

vember 1981. – Jacques Valot in: Image et Son/La Revue du Cinéma, Nr. 367, Dezember 1981. – J. V. (Jacques Valot) in: La saison cinématographique 1982, Hors série XXVI.
Herb. (Herb Michelson) in: Variety, 15.2. 1950. – Bosley Crowther in: The New York Times, 16.2. 1950. – anon. in: Time, Vol. 55, Nr. 8, 20.2. 1950. – anon. in: The New Yorker, 25.2. 1950. – Robert Hatch in: The New Republic, Vol. 122, Nr. 9, 27.2. 1950. – anon. in: Newsweek, Vol. 35, Nr. 9, 27.2. 1950. – anon. in: Time, Vol. 55, Nr. 9, 27.2. 1950. – John B. Turner in: Films in Review, Vol. 1, Nr. 2, März 1950. – F. H. in: Monthly Film Bulletin, Vol. 17, Nr. 197, Juni 1950. – Gilbert Adair in: Monthly Film Bulletin, Vol. 47, Nr. 562, November 1980.
Joe Lederer in: Der Tagesspiegel, 15.6. 1950 (London). – Louis Barcata in: Die Neue Zeitung (München), 1.9. 1950 (Venedig). – Carl Lamb in: Süddeutsche Zeitung, 2.9. 1950 (Venedig). – anon. in: Die Zeit, 7.9. 1950 (Venedig). – ger. in: Die Weltwoche (Zürich), 22.9. 1950 (Venedig). – Z. in: Film-Dienst, Nr. 5, 2.2. 1951 (FD-Nr. 1043). – Clara Menck in: Die Neue Zeitung (München), 12.2. 1951. – Hellhoff in: Filmwoche, Nr. 7, 17.2. 1951. – -ck. in: Evangelischer Film-Beobachter, Nr. 5, 1.3. 1951. – R. P. (Rita Pesserl) in: Der Kurier (Berlin), 3.3. 1951. – anon. in: Die Neue Zeitung (Berlin), 4.3. 1951. – Karsten Witte in: epd Film, Nr. 7, Juli 1985. – gs. in: Stuttgarter Zeitung, 22.6. 1985. – p.b. (Peter Buchka) in: Süddeutsche Zeitung, 12.9. 1985.

FRANCESCO, GIULLARE DI DIO. Franziskus, der Gaukler Gottes
Literarische Vorlage: I Fioretti di San Francesco. Anonyme italienische Legendensammlung. Entstanden Ende des 14. Jh. in toskanischem Dialekt nach einem lateinischen Werk wahrscheinlich des Ugolino da Monte Giorgio; deutsch: Die Blümlein des heiligen Franz. in: Legenden und Laude. Hrsg. v. Otto Karrer. Zürich: Manesse 1945.
Drehbuch: Inquadrature, September 1959. – Drehbuch-Auszüge in: Cinema (Milano, Nuova Serie), Nr. 35, 30.3. 1950.
Material: Ulrich Gregor (Red.): Aspekte des italienischen Films I. Hrsg. v. Verband der deutschen Filmclubs e. V. zu den Filmtagen in Bad Ems vom 30.4.–4.5. 1969 (Dokumentation).
Interviews: Antonio Pitta, Ettore Capriolo: Sacerdoti: Dio ha bisogno degli uomini. in: Cinema (Milano, Nuova Serie), Nr. 87, 11.6. 1952; Nr. 88, 15.6. 1952; Nr. 89, 30.6. 1952 (Fragen an Don Eugenio Bussa, Don Giuseppe Gaffuri, Don Edoardo Radaelli, Padre David M. Turolda, Padre Camillo De Piaz).
Aufsätze/Analysen: Pio Baldelli: Falsificazione umana di un fiullare di Dio. in: Cinema (Milano, Nuova Serie), Nr. 55, 1.2. 1951; deutsch in: Ulrich Gregor (Red.): Aspekte des italienischen Films I. a.a.O. –

Pio Baldelli: Dibattito per Francesco di Rossellini. in: Rivista de cinema italiana (Roma, Milano), Nr. 10, Oktober 1954. – Brunello Rondi: Per un riesama del Francesco di Rossellini. in: Rivista del cinema italiana (Roma, Milano), Nr. 1, Januar-März 1955. – Brunello Rondi: Un esempio dello stile di Rossellini. in: B. R.: Cinema e Realtà. Roma: Cinque Lune 1957.

Lauro Venturi: Notes on Five Italian Films. in: Hollywood Quarterly, Vol. 5, Nr. 4, Sommer 1951. – Donald Phelps: Rossellini and The Flowers of Saint Francis. in: Moviegoer, Nr. 1, Winter 1964.

Jörg Peter Feurich: Francesco und die »politische« Linke. in: Filmkritik, Nr. 7, Juli 1969.

Kritiken: Guido Aristarco in: Cinema (Milano, Nuova Serie), Nr. 46, 15. 9. 1950 (Venedig). – Ennio Flaianno in: Il mondo, 30. 12. 1950. – Alberto Moravia in: L'Europeo, 1. 1. 1951. – Luigi Chiarini in: Filmcritica, Nr. 2, 1951. – Fernando Di Giammatteo in: Cinema (Milano, Nuova Serie), Nr. 59, 1. 4. 1951. – Luigi Chiarini in: Bianco e nero, Nr. 7, Juli 1951 (Discorso sul neorealismo). – Brunello Mondi in: Rivista del cinema italiano, Nr. 1, Januar-März 1955.

Roger Gabert in: Cahiers du Cinéma, Nr. 1, April 1951.

Hawk. (Robert F. Hawkins) in: Variety, 27. 9. 1950. – Tullio Kezich in: Hollywood Quarterly, Vol. 5, Nr. 4, Sommer 1951 (Venedig). – Bosley Crowther in: The New York Times, 7. 10. 1952.

Louis Barcata in: Die Neue Zeitung (München), 1. 9. 1950 (Venedig). – Carl Lamb in: Süddeutsche Zeitung, 2. 9. 1950 (Venedig). – anon. in: Die Zeit, 7. 9. 1950 (Venedig). – ger. in: Die Weltwoche (Zürich), 22. 9. 1950 (Venedig). – Jörg Peter Feurich in: Filmkritik, Nr. 5, Mai 1971. – ack in: Frankfurter Allgemeine Zeitung, 12. 5. 1971. – fis. in: Frankfurter Rundschau, 12. 5. 1971. – -ner. in: Süddeutsche Zeitung, 12. 5. 1971.

I SETTE PECCATI CAPITALI L'ENVIE. Die sieben Sünden (Rossellini-Episode: L'INVIDIA. Neid)

Literarische Vorlage: Colette: La Chatte. Paris 1960; deutsch: Eifersucht. Hamburg, Wien: Zsolnay 1959.

Material: Illustrierte Film-Bühne, Nr. 2326.

Aufsatz/Analyse: R. Tourbe: Les sept péchés capitaux. Fiche culturelle. in: Image et Son/La Revue du Cinéma, Nr. 99, Februar 1957.

Kritiken: Nino Ghelli in: Bianco e nero, Nr. 4, April 1952. – f. d. g. (Fernando Di Giammatteo) in: Rassegna del film (Torino), Nr. 3, April 1952. – Vice in: Cinema (Milano, Nuova Serie), Nr. 87, 1. 6. 1952.

Jean-José Richter in: Cahiers du Cinéma, Nr. 13, Juni 1952. – Robert Lachenay in: Cahiers du Cinéma, Nr. 48, Juni 1955.

J. G. in: Monthly Film Bulletin, Vol. 20, Nr. 228, Januar 1953. – A. W. in: The New York Times, 12. 5. 1953. – Henrietta Lehman in: Films in Review, Vol. 4, Nr. 7, August/September 1953.

At. in: Neue Zürcher Zeitung, 7.10. 1952. – M.M. in: Der Tag (Berlin), 12.5. 1954. – D.F. (Dora Fehling) in: Telegraf (Berlin), 12.5. 1954. – W.B. in: Film-Dienst, Nr.21, 21.5. 1954 (FD-Nr.3278). – Kh.V. in: Evangelischer Film-Beobachter, Folge 23, 3.6. 1954. – Hans Hellmut Kirst in: Münchner Merkur, 4.6. 1954. – wd. in: Kölner Stadt-Anzeiger, 9.6. 1954. – w.b. in: Die Welt (Hamburg), 12.6. 1954.

EUROPA '51. Europa 51
Material: Laura Mauri: Fiche filmographique, Nr.121, Institut des Hautes Etudes Cinématographiques, Paris.
Illustrierte Film-Bühne, Nr.2055.
Aufsätze/Analysen: Maurice Schérer (i.e. Eric Rohmer): De trois films et d'une certaine école. in: Cahiers du Cinéma, Nr.26, August/ September 1953. – A.B. (Alain Bergala): Celle par qui le scandale arrive. in: Cahiers du Cinéma, Nr.356, Februar 1984.
Kritiken: Nino Ghelli in: Bianco e nero, Nr.9/10, September/Oktober 1952. – Guido Aristarco in: Cinema Nuovo, Nr.1, 15.12. 1952; nachgedruckt in: Guido Aristarco: Antologia di Cinema Nuovo 1952-1958. Vol.1: Neorealismo e vita nazionale. Rimini, Firenze: Guaraldi 1975. – Giulio Cesare Castello in: Cinema (Milano, Nuova Serie), Nr.99/100, 15.-31.12. 1952. – f.d.g. (Fernando Di Giammatteo) in: Rassegna del film (Torino), Nr.10, Januar 1953.
L.D. (Lo Duca) in: Cahiers du Cinéma, Nr.16, Oktober 1952 (Venedig). – Maurice Schérer (i.e. Eric Rohmer) in: Cahiers du Cinéma, Nr.25, Juli 1953. – C.B. (Claude Beylie) in: Cahiers du Cinéma, Nr.140, Februar 1963. – Bernard Pauly in: Cinéma (Paris), Nr.192, November 1974. – Alain Carbonnier in: Cinéma (Paris), Nr.302, Februar 1984. – Michel Devillers in: Cinématographe, Nr.97, Februar 1984.
Genêt in: The New Yorker, Vol.28, Nr.29, 6.9. 1952. – Hawk. (Robert F. Hawkins) in: Variety, 24.9. 1952. – Penelope Houston in: Sight and Sound, Vol.22, Nr.2, Oktober/Dezember 1952 (Venedig). – Bosley Crowther in: The New York Times, 12.1. 1954. – Lauro Venturi in: Films in Review, Vol.5, Nr.2, Februar 1954.
Louis Barcata in: Die Neue Zeitung (München), 30.9. 1952 (Venedig). – Ernst von Schenck in: Welt der Arbeit (Köln), 16.1. 1953. – Margot in: Die Weltwoche (Zürich), 20.2. 1953. – bn. in: National-Zeitung (Basel), 27.2. 1953. – Z. in: Film-Dienst, Nr.26, 10.7. 1953 (FD-Nr.2592). – wd. in: Die Welt (Hamburg), 26.9. 1953. – S.-F. (Hans Schwab-Felisch) in: Die Neue Zeitung (München), 27.9. 1953. – W.F. (Werner Fiedler) in: Der Tag (Berlin), 27.9. 1953. – Ka. (Walter Kaul) in: Telegraf (Berlin), 27.9. 1953. – anon. in: Welt am Sonntag, 27.9. 1953. – Rita Pesserl in: Der Kurier (Berlin), 28.9. 1953. – Gunter Groll in: Süddeutsche Zeitung, 28./29.9. 1953. – anon. in: Der Spiegel, Nr.40, 30.9. 1953. – -ck. in: Evangelischer Film-Beob-

achter, Folge 40, 1.10. 1953. - hellhoff in: Filmwoche, Nr. 40, 10.10.
1953.

DOV'È LA LIBERTÀ ...?
Kritiken: f.d.g. (Fernando Di Giammatteo) in: Rassegna del film
(Torino), Nr. 20, Januar-Mai 1954. - Giulio Cesare Castello in: Cinema (Milano, Nuova Serie), Nr. 130, 31.3. 1954. - Marcello Clemente
in: Filmcritica, Nr. 36, Mai 1954. - Guido Aristarco in: Cinema Nuovo, Nr. 35, 15.5. 1954.
Pierre Kast in: Cahiers du Cinéma, Nr. 56, Februar 1956 (Kurzkritik). - Claude Beylie in: Cahiers du Cinéma, Nr. 122, August 1961. -
G. A. (Guy Allombert) in: La saison cinématographique 1961.

SIAMO DONNE
(Rossellini-Episode: INGRID BERGMAN)
Kritiken: Vice in: Cinema Nuovo, Nr. 23, 15.11. 1953. - Giulio Cesare Castello in: Cinema (Milano, Nuova Serie), Nr. 124, 30.12.
1953.
John Minchinton in: Films and Filming, Vol. 1, Nr. 3, Dezember
1954. - P. H. in: Monthly Film Bulletin, Vol. 21, Nr. 251, Dezember
1954.
ms. (Martin Schlappner) in: Neue Zürcher Zeitung, 17.6. 1954.

VIAGGIO IN ITALIA. Liebe ist stärker
Drehbuch: Bianco e nero, Nr. 11, November 1953 (Auszüge). - Film-
critica, Nr. 156/57, April/Mai 1965 (Auszüge).
Material: Federico Frascani: De Santis e Rossellini alla Scoperta di
Napoli. in: Cinema Nuovo, Nr. 7, 15.3. 1953.
Pierre Gauge: Fiche filmographique, Nr. 84, Institut des Hautes Etu-
des Cinématographiques, Paris. - Michel Grisolia: Voyage en Italie.
Dossiers du Cinéma, Films II. Casterman 1972.
Illustrierte Film-Bühne, Nr. 2574.
Aufsätze/Analysen: Adriano Aprà, Luigi Martelli: Premesse sintag-
matiche ad un'analisi di VIAGGIO IN ITALIA. in: Cinema e Film, Nr. 2,
Frühjahr 1967.
Philippe Collin: Voyage en Italie. in: Télé-Ciné, Nr. 50, Juli/August
1955, Fiche 249.
L. Bohne: Rossellini's VIAGGIO IN ITALIA: a variation on a theme by
Joyce. in: Film Criticism, Vol. 3, Nr. 2, 1979.
Kritiken: f.d.g. (Fernando Di Giammatteo) in: Rassegna del film
(Torino), Nr. 24, Oktober 1954. - Gian Luigi Rondi in: La fiera lette-
raria, 24.10. 1954. - Edoardo Bruno in: Filmcritica, Nr. 42, Novem-
ber/Dezember 1954. - Giulio Cesare Castello in: Cinema (Milano,
Nuova Serie), Nr. 146/47, 10.-25.12. 1954.
Pierre Kast in: Cahiers du Cinéma, Nr. 43, Januar 1955 (Kurzkritik).
- Maurice Schérer (i. e. Eric Rohmer) in: Cahiers du Cinéma, Nr. 47,

Mai 1955. – Marcel Martin in: Cinéma (Paris), Nr. 66, Mai 1962. – Jean-Luc Godard in: Cahiers du Cinéma, Nr. 138, Dezember 1962. – F. G. (Frantz Gévaudan) in: Cinéma (Paris), Nr. 242, Februar 1979. anon. in: Monthly Film Bulletin, Nr. 290. – Hawk. (Robert F. Hawkins) in: Variety, Vol. 196, Nr. 9, 3. 11. 1954. – John Francis Lane in: Films and Filming, Vol. 11, Nr. 1, Oktober 1964 (Spoleto). – Don Ranvaud in: Monthly Film Bulletin, Vol. 48, Nr. 566, Februar 1981. P. F. in: Frankfurter Rundschau, 11. 11. 1954. – Dieter Fritko in: Filmecho, Nr. 47, 20. 11. 1954. – e. s. in: Evangelischer Film-Beobachter, Folge 50, 9. 12. 1954. – J-t. in: Film-Dienst, Nr. 8, 24. 2. 1955 (FD-Nr. 3882). – Hans Hellmut Kirst in: Münchner Merkur, 8. 5. 1955. – R. P. (Rita Pesserl) in: Der Kurier (Berlin), 28. 5. 1955. – W. F. (Werner Fiedler) in: Der Tag (Berlin), 29. 5. 1955. – Ka. (Walter Kaul) in: Telegraf (Berlin), 29. 5. 1955. – cro in: Die Welt, 1. 6. 1955. – HDW. in: Der Tagesspiegel, 3. 6. 1955. – anon. in: Der Spiegel, Nr. 25, 15. 6. 1955.

GIOVANNA D'ARCO AL ROGO
Literarische Vorlage: Paul Claudel: Jeanne d'Arc au bûcher. Paris 1938; deutsch: Gesammelte Werke. Hrsg. v. Edwin Maria Landau. Heidelberg: Kerle; Einsiedeln, Zürich, Köln: Benziger 1958 f.; Arthur Honegger: Jeanne auf dem Scheiterhaufen. In freier deutscher Fassung von Hans Reinhart. Berlin, Wiesbaden: Ahn & Simrock 1950.
Material: Hans Bauer: Ketzer Rossellini. in: Frankfurter Rundschau, 10. 2. 1955.
Kritiken: Guido Aristarco in: Cinema Nuovo, Nr. 54, 10. 3. 1955.
Jacques Doniol-Valcroze in: Cahiers du Cinéma, Nr. 44, Februar 1955 (Kurzkritik). – Robert Lachenay in: Cahiers du Cinéma, Nr. 48, Juni 1955 (Kurzkritik). – Michel Esteve, Claude Beylie in: Etudes cinématographiques, Nr. 18/19, 1962.
Hawk. (Robert F. Hawkins) in: Variety, Vol. 196, Nr. 9, 3. 11. 1954.

ANGST / LA PAURA
Literarische Vorlage: Stefan Zweig: Die Angst. in: S. Z.: Gesammelte Werke. Frankfurt/M.: Fischer 1982 f.; Meisternovellen. Frankfurt/M.: Fischer 1970.
Material: Das Neue Filmprogramm, Neustadt an der Weinstraße. – Illustrierte Film-Bühne, Nr. 2560. – Karin Thimm: Ingrid Bergmans Sprache versteht jeder. in: AZ (München), 11. 9. 1954. – W. A. Weigl: ANGST. in: Die Filmwoche, Nr. 38, 25. 9. 1954 (Drehbericht). – E. V.: Ingrid Bergman – in Lügen verstrickt. in: Filmecho, Nr. 40, 2. 10. 1954 (Rubrik: Besuch in deutschen Ateliers). – Margret Gröblinghoff: Roberto dichtet mit der Kamera. in: Telegraf (Berlin), 31. 10. 1954.
Interview: François Truffaut: Rossellini 55. in: Arts, 10.-16. 8. 1955.

Kritiken: Guido Aristarco in: Cinema Nuovo, Nr.54, 10.3. 1955. –
P.O. (Pasquale Ojetti) in: Cinema (Roma, Terza Serie), Nr.149, 25.8.
1955.
F.T. (François Truffaut) in: Cahiers du Cinéma, Nr.45, März 1955
(Kurzkritik). – Jacques Siclier in: Cahiers du Cinéma, Nr.52, November 1955. – Jean Domarchi in: Cahiers du Cinéma, Nr.62, August/September 1956. – Jacques Zimmer in: Image et Son/La Revue
du Cinéma, Nr.357, Januar 1981.
anon. in: Monthly Film Bulletin, Nr.288. – Hawk. (Robert F. Hawkins) in: Variety, Vol.198, Nr.2, 16.3. 1955. – Vincent Canby in: The
New York Times, 18.8. 1979. – Jill Forbes in: Monthly Film Bulletin,
Vol.48, Nr.566, März 1981.
Erika Müller in: Die Zeit, 11.11. 1954. – anon. in: Der Spiegel,
Nr.47, 17.11. 1954. – A. in: Film-Dienst, Nr.47, 19.11. 1954 (FD-
Nr.3688). – Hans-Werner Pfeiffer in: Die Filmwoche, Nr.46, 20.11.
1954. – Walter Talmon-Gros in: Filmecho, Nr.48, 27.11. 1954. –
anon. in: Münchner Merkur, 1.12. 1954. – H.H. (Henning Harmsen)
in: Evangelischer Film-Beobachter, Folge 49, 2.12. 1954. – fv. in:
Süddeutsche Zeitung, 2.12. 1954. – At. in: Neue Zürcher Zeitung,
11.12. 1954. – V. in: Die Tat (Zürich), 12.12. 1954. – R.P. (Rita Pesserl) in: Kurier (Berlin), 12.1. 1955. – S.-F. (Hans Schwab-Felisch)
in: Die Neue Zeitung (München), 13.1. 1955. – LM (Ludwig Maurer) in: Spandauer Volksblatt, 13.1. 1955. – W.F. (Werner Fiedler) in:
Der Tag (Berlin), 13.1. 1955. – W.Lg. (Walter Lennig) in: Der Tagesspiegel, 13.1. 1955. – D.F. (Dora Fehling) in: Telegraf (Berlin), 13.1.
1955. – Gottfried Bold in: Welt der Arbeit (Köln), 4.2. 1955. – bel.
in: Tages-Anzeiger (Zürich), 22.2. 1978. – rn. (Rolf Niederer) in:
Neue Zürcher Zeitung, 23.2. 1978.

INDIA, MATRI BHUMI
Drehbuch: Il donatore di terre. in: Contemporaneo, Januar 1958.
Material: F.H. (Fereydoun Hoveyda): La photo du mois. in: Cahiers
du Cinéma, Nr.69, März 1957. – Jean Herman: Rossellini tourne India 57. in: Cahiers du Cinéma, Nr.73, Juli 1957. – Jean Herman:
Rossellini: L'anti-digest défakirisateur. in: Cinéma (Paris), Nr.21,
September/Oktober 1957.
Interview: François Tranchant, J.-M.Vérité: Le pays des hommesdrapés vu par un homme cousu. in: Cinéma (Paris), Nr.36, Mai
1959.
Aufsätze/Analysen: Beniamino Joppolo: La »scelta assoluta« di
Rossellini. in: Filmcritica, Nr.96/97, April/Mai 1960; nachgedruckt
in: Filmcritica, Nr.139/140, November/Dezember 1962.
Callisto Cosulich: Rossellini's India. in: Films and Filming, Vol.5,
Nr.7, April 1959.
Kritiken: Ernesto G.Laura in: Bianco e nero, Nr.6, Juni 1959 (Can-

nes). – a.f. (Adelio Ferrero) in: Cinema Nuovo, Nr. 147, September/
Oktober 1960; nachgedruckt in: Guido Aristarco (Hrsg.): Il mestiere
del critico. Milano: Ugo Mursia Editore 1962.
anon. in: La saison cinématographique 1959. – Jean-Luc Godard in:
Arts, 8.4. 1959; nachgedruckt in: Jean-Luc Godard par Jean-Luc
Godard. Paris: Editions Pierre Belfond 1968; deutsch in: Jean-Luc
Godard: Kritiker. Ausgewählte Kritiken und Aufsätze über Film
(1950-1970). München, Wien: Hanser 1971; Filmkritik, Nr. 10, Okto-
ber 1978. – F.H. (Feraydoun Hoveyda) in: Cahiers du Cinéma,
Nr. 95, Mai 1959 (Kurzkritik). – Charles Bitsch in: Arts (Paris), 20.5.
1959. – Jean-Luc Godard in: Cahiers du Cinéma, Nr. 96, Juni 1959
(Cannes). – René Gilson in: Cinéma (Paris), Nr. 37, Juni 1959. – Luc
Moullet in: Cahiers du Cinéma, Nr. 99, September 1959 (San Seba-
stian). – Louis Seguin in: Positif, Nr. 31, November 1959 (Venedig).
Mosk. (Gene Moskowitz) in: Variety, Vol. 214, Nr. 12, 20.5. 1959. –
Michel McKegney in: The Village Voice, Vol. 15, Nr. 41, 8.10.
1970.
Friedrich Luft in: Die Welt, 16.5. 1959 (Cannes).

IL GENERALE DELLA ROVERE. Der falsche General
Material: Illustrierte Film-Bühne, Nr. 5332. – F.L.: Rückkehr zum
Beginn. in: Deutsche Zeitung, 20.7. 1959. – anon.: Recht komplizier-
ter Tatbestand. Rossellinis neuer Film soll beschlagnahmt werden.
in: Der Tag (Berlin), 1.11. 1959.
Aufsätze/Analysen: Beniamino Joppolo: La »scelta assoluta« di
Rossellini. in: Filmcritica, Nr. 96/97, April/Mai 1960; nachgedruckt
in: Filmcritica, Nr. 139/140, November/Dezember 1962. – Pier Pao-
lo Pasolini: Lo ›sguardo‹ di R.R. in: Filmcritica, Nr. 274/75, April/
Mai 1977.
Gilbert Salachas, Claude Polak: IL GENERALE DELLA ROVERE. in:
Télé-Ciné, Nr. 89, Juni 1960, Fiche 364.
Alfred Andersch: Gewissenserforschung eines Hochstaplers. in:
Merkur, 3. Heft, März 1960.
Kritiken: Edoardo Bruno in: Filmcritica, Nr. 89, September 1959 (Ve-
nedig). – g.a. (Guido Aristarco) in: Cinema Nuovo, Nr. 141, Septem-
ber/Oktober 1959 (Venedig); nachgedruckt in: G.A. (Hrsg.): Il me-
stiere del critico. Milano: Ugo Mursia Editore 1962. – Giulio Cesare
Castello in: Bianco e nero, Nr. 11, November 1959 (Venedig).
anon. in: La saison cinématographique 1959. – J. Dt. (Jean Douchet)
in: Cahiers du Cinéma, Nr. 100, Oktober 1959 (Venedig). – Bernard
Chardere in: Cinéma (Paris), Nr. 40, Oktober 1959 (Venedig). – Max
Egly in: Image et Son/La Revue du Cinéma, Nr. 125, November
1959. – Louis Seguin in: Positif, Nr. 31, November 1959 (Venedig). –
Luc Moullet in: Cahiers du Cinéma, Nr. 102, Dezember 1959. – Raymond Lefèvre in: Image et Son/La Revue du Cinéma, Nr. 126, De-

zember 1959. – René Gilson in: Cinéma (Paris), Nr. 120, Januar 1960.
Hawk. (Robert F. Hawkins) in: Variety, Vol. 216, Nr. 2, 9. 9. 1959. – Francis Koval in: Films in Review, Vol. 10, Nr. 8, Oktober 1959 (Venedig). – John Francis Lane in: Films and Filming, Vol. 6, Nr. 2, November 1959. – Harriet R. Polt in: Film Quarterly, Vol. 13, Nr. 3, Frühjahr 1960 (San Francisco). – Arthur B. Clarke in: Films in Review, Vol. 11, Nr. 9, November 1960. – anon. in: Newsweek, 14. 11. 1960. – anon. in: Time, Vol. 76, Nr. 21, 21. 11. 1960. – Bosley Crowther in: The New York Times, 22. 11. 1960. – Brendan Gill in: The New Yorker, Vol. 36, Nr. 41, 26. 11. 1960. – Stanley Kauffmann in: The New Republic, Vol. 143, Nr. 25, 12. 12. 1960. – Philip Strick in: Films and Filming, Vol. 8, Nr. 4, Januar 1962. – Stanley Kauffmann in: American Film, Vol. 4, Nr. 6, April 1979.
Walter Talmon-Gros in: Filmecho, Nr. 73, 12. 9. 1959. – Fritz Gordian in: Stuttgarter Zeitung, 23. 10. 1959. – HHK (Hans Hellmut Kirst) in: Münchner Merkur, 16. 4. 1960. – Joachim Kaiser in: Süddeutsche Zeitung, 16./17./18. 4. 1960. – H. H. (Henning Harmsen) in: Evangelischer Film-Beobachter, Folge 18, 30. 4. 1960. – Wa. in: Frankfurter Allgemeine Zeitung, 9. 5. 1960. – Ev. (Franz Everschor) in: Film-Dienst, Nr. 20, 11. 5. 1960 (FD-Nr. 9134). – anon. in: Die Welt (Hamburg), 14. 5. 1960. – Erwin Goelz in: Stuttgarter Zeitung, 31. 5. 1960. – E. P. (Enno Patalas) in: Filmkritik, Nr. 6, Juni 1960. – R. P. (Rita Pesserl) in: Der Kurier (Berlin), 21. 10. 1960. – W. F. (Werner Fiedler) in: Der Tag (Berlin), 22. 10. 1960. – Kurt Habernoll in: Der Tagesspiegel, 23. 10. 1960. – D. F. (Dora Fehling) in: Telegraf (Berlin), 22. 10. 1960. – anon. in: Die Welt (Berlin), 22. 10. 1960. – Herbert Linder in: Süddeutsche Zeitung, 17. 4. 1969.

ERA NOTTE A ROMA. Es war Nacht in Rom
Drehbuch: Renzo Renzi (Hrsg.): ERA NOTTE A ROMA. Roma: Cappelli 1960. Collana cinematografica 16. 211 S. (Dokumente).
Material: F. H. (Feraydoun Hoveyda): La photo du mois. in: Cahiers du Cinéma, Nr. 106, April 1960.
Vincent Canby: A 1960 Rossellini has New York premiere. in: The New York Times, 9. 4. 1982.
Kritiken: Giulio Cesare Castello in: Bianco e nero, Nr. 7, Juli 1960 (Karlovy Vary). – l. p. (Lorenzo Pellizzari) in: Cinema Nuovo, Nr. 149, Januar/Februar 1961; nachgedruckt in: Guido Aristarco (Hrsg.): Il mestiere del critico. Milano: Ugo Mursia Editore 1962.
G. A. (Guy Allombert) in: La saison cinématographique 1960. – Jean Domarchi in: Cahiers du Cinéma, Nr. 108, Juni 1960 (Cannes). – Yvonne Barby in: Le Monde, 11. 7. 1961. – Jean Domarchi in: Cahiers du Cinéma, Nr. 123, September 1961. – Michele Mardore in: Cinéma (Paris), Nr. 60, Oktober 1961.
John Gillet in: Sight and Sound, Vol. 29, Nr. 3, Sommer 1960

(Cannes). – Stef. in: Variety, Vol. 220, Nr. 10, 2. 11. 1960. – Letizia Ciotti Miller in: Film Quarterly, Vol. 14, Nr. 2, Winter 1960 (San Francisco).
E. P. (Enno Patalas) in: Filmkritik, Nr. 6, Juni 1960.

VIVA L'ITALIA. Viva l'Italia
Aufsatz/Analyse: Carlo Casalegno: Rossellini e la storia. in: Filmcritica, Nr. 106/107, Februar/März 1961.
Kritiken: Tommaso Chiaretti in: Il Paese, 28. 1. 1961; dazu ein Brief von Rossellini in: Il Paese, 2. 2. 1961. – Edoardo Bruno in: Filmcritica, Nr. 106/107, Februar/März 1961. – g. f. (Guido Fink) in: Cinema Nuovo, Nr. 150, März/April 1961; nachgedruckt in: Guido Aristarco (Hrsg.): Il mestiere del critico. Milano: Ugo Mursia Editore 1962. – Mario Verdone in: Bianco e nero, Nr. 6, Juni 1961.
Jean-André Fieschi in: Cahiers du Cinéma, Nr. 131, Mai 1962. – G. A. (Guy Allombert) in: La saison cinématographique 1969.

VANINA VANINI. Der furchtlose Rebell
Literarische Vorlage: Stendhal: Vanina Vanini, ou particularités sur la dernière vente de carbonari découverte dans les Etats du pape. aus: Chroniques italiennes. Paris 1855; deutsch: Gesammelte Werke. Hrsg. v. Friedrich von Oppeln-Bronikowski. Berlin: Propyläen 1921 f.; Italienische Novellen und Chroniken. München: Winkler 1956.
Material: Roberto Rossellini: VANINA VANINI e la XXII Mostra. in: Filmcritica, Nr. 112/13, August/September 1961.
J. G. (Jean Gruault): La photo du mois. in: Cahiers du Cinéma, Nr. 120, Juni 1961. – Jean-Paul Torok: La littérature au cinéma. in: Positif, Nr. 43, Januar 1962. – Jacques Joly: Les infortunes de VANINA VANINI. in: Les lettres françaises, 5. 7. 1962.
Illustrierte Film-Bühne, Nr. 6042.
Kritiken: Ernesto G. Laura in: Bianco e nero, Nr. 9, September 1961 (Venedig). – Guido Aristarco in: Cinema Nuovo, Nr. 153, September/Oktober 1961 (Venedig).
Jean Douchet in: Cahiers du Cinéma, Nr. 124, Oktober 1961 (Venedig). – P. B. (Pierre Billard) in: Cinéma (Paris), Nr. 60, Oktober 1961 (Venedig). – Ph. P. (Philippe Pilard) in: La saison cinématographique 1962. – Claude Mauriac in: Le Figaro littéraire, 7. 7. 1962. – Jean-André Fieschi in: Cahiers du Cinéma, Nr. 135, September 1962. – Ph. P. (Philippe Pilard) in: Image et Son/La Revue du Cinéma, Nr. 155, Oktober 1962. – René Gilson in: Cinéma (Paris), Nr. 70, November 1962.
Hawk. (Robert F. Hawkins) in: Variety, Vol. 234, Nr. 2, 6. 9. 1961. – Peter John Dyer in: Sight and Sound, Vol. 30, Nr. 4, Herbst 1961 (Venedig). – anon. in: Movie, Nr. 5, Dezember 1962. – P. G. B. (Peter

G. Baker) in: Films and Filming, Vol. 9, Nr. 4, Januar 1963. – T. M.
(Tom Milne) in: Monthly Film Bulletin, Vol. 30, Nr. 348, Januar 1963.
– Paul Mayerberg in: Movie, Nr. 6, Januar 1963. – Vincent Canby in:
The New York Times, 13. 11. 1979.
Heinz Ungureit in: Frankfurter Rundschau, 31. 8. 1961 (Venedig). –
USE (Ulrich Seelmann-Eggebert) in: Film-Dienst, Nr. 11, 14. 3. 1962
(FD-Nr. 10940). – kr. in: Evangelischer Film-Beobachter, Folge 13,
31. 3. 1962. – rpk (Martin Ripkens) in: Filmkritik, Nr. 4, April 1962. –
Bert Markus in: Film-Echo/Filmwoche, Nr. 29, 11. 4. 1962. – anon.
in: Der Spiegel, Nr. 18, 2. 5. 1962. – -witz (Günther Kriewitz) in:
Stuttgarter Zeitung, 8. 5. 1962. – Herbert Linder in: Süddeutsche Zei-
tung, 17. 4. 1969. – Doris Blum in: Frankfurter Allgemeine Zeitung,
9. 2. 1976.

ANIMA NERA. Schwarze Seele
Literarische Vorlage: Giuseppe Patroni Griffi: Anima Nera.
Material: Illustrierte Film-Bühne, Nr. 6187.
Kritiken: Mario Verdone in: Bianco e nero, Nr. 9/10, September/Ok-
tober 1962. – v. s. (Vittorio Spinazzola) in: Cinema Nuovo, Nr. 160,
November/Dezember 1962.
J. J. (Jacques Joly) in: Cahiers du Cinéma, Nr. 140, Februar 1963. –
S. C. (Serge Champenier) in: La saison cinématographique 1962,
Hors Serie XXVI.
Hr. in: Neue Zürcher Zeitung, 25. 5. 1963. – Wd. in: Kölner Stadt-
Anzeiger, 28. 7. 1963. – Heinz Ungureit in: Frankfurter Rundschau,
29. 7. 1963. – H. F. in: Süddeutsche Zeitung, 30. 7. 1963. – Wa. in:
Frankfurter Allgemeine Zeitung, 31. 7. 1963. – fär (Helmut Färber)
in: Filmkritik, Nr. 8, August 1963. – Ho. in: Evangelischer Film-Be-
obachter, Folge 31, 3. 8. 1963. – USE. (Ulrich Seelmann-Eggebert) in:
Film-Dienst, Nr. 32, 7. 8. 1963 (FD-Nr. 12108). – Hans Jürgen Weber
in: Film-Echo/Filmwoche, Nr. 63, 7. 8. 1963. – anon. in: Der Spiegel,
Nr. 32, 7. 8. 1963. – uwe (Uwe Nettelbeck) in: Die Zeit, 9. 8. 1963. –
Max Zihlmann in: Film (Velber), Nr. 4, Oktober/November 1963.

ROGOPAG
(Rossellini-Episode: ILLIBATEZZA)
Kritiken: Mario Verdone in: Bianco e nero, Nr. 3, März 1963. – u. f.
(Ugo Finetti) in: Cinema Nuovo, Nr. 162, März/April 1963. – Mauri-
zio Ponzi in: Filmcritica, Nr. 161, Oktober 1965.
P. L. T. (Paul Louis Thirard) in: Cinéma (Paris), Nr. 76, Mai 1963
(Cannes; besonders über die Pasolini-Episode). – A. A. (Adriano
Aprà) in: Cahiers du Cinéma, Nr. 165, April 1965. – P. L. Th. (Paul
Louis Thirard) in: Positif, Nr. 72, Dezember 1965/Januar 1966. –
S. C. (Serge Champenier) in: La saison cinématographique 1980,
Hors Serie XXIV. – Jean-Claude Biette in: Cahiers du Cinéma,
Nr. 309, März 1980.
Anby. in: Variety, Vol. 232, Nr. 5, 25. 9. 1963.

L'ETÀ DEL FERRO

Drehbuch: Il ferro. in: Filmcritica, Nr. 139/140, November/Dezember 1963 (Auszüge).

Kritiken: Adriano Aprà in: Cahiers du Cinéma, Nr. 169, August 1965. – Marcel Martin in: Cinéma (Paris), Nr. 111, Dezember 1966.

LA PRISE DE POUVOIR PAR LOUIS XIV. La prise de pouvoir par Louis XIV./Die Machtergreifung Ludwigs XIV.

Drehbuch: Télé Sept Jours, Oktober 1966 (Auszüge).

Material: Jacques Meny: LA PRISE DE POUVOIR PAR LOUIS XIV. in: Fiche filmographique, Nr. 231, Institut des Hautes Etudes Cinématographiques, Paris. – J.B. (Jacques Bontemps): Rossellini en Anjou. in: Cahiers du Cinéma, Nr. 181, August 1966. – Anne Villelaur: LA PRISE DE POUVOIR PAR LOUIS XIV. Dossiers du Cinéma, Films III. Casterman 1975.

Interview: Jean Collet, Claude-Jean Philippe: Roberto Rossellini: LA PRISE DE POUVOIR PAR LOUIS XIV. in: Cahiers du Cinéma, Nr. 183, Oktober 1966. – Michel Capdénac: Une méthode qui ouvre une nouvelle voie au cinéma et à la télévision. in: Les lettres françaises, 13.11.1966.

Aufsätze/Analysen: Liborio Termine: Strutture della cronaca per una poetica televisia. in: Cinema Nuovo, Nr. 215.

Patrice Chagnard: LA PRISE DE POUVOIR PAR LOUIS XIV. in: téléciné, Nr. 133, Februar/März 1967, Fiche 470. – Pascal Kané: Cinéma et histoire: l'effet d'étrangeté. in: Cahiers du Cinéma, Nr. 254/55, Dezember 1974/Januar 1975.

Jonas Mekas: Rossellini on the Rise of Louis XIV. in: The Village Voice, Vol. 12, Nr. 51, 5.10. 1967; nachgedruckt in: J.M.: Movie Journal. New York: Macmillan 1972. – James Roy Bean: Rossellini's Materialist Mise-en-scène of LA PRISE DE POUVOIR PAR LOUIS XIV. in: Film Quarterly, Vol. 25, Nr. 2, Winter 1971/72; nachgedruckt in: Leo Braudy, Morris Dickstein: Great Film Directors. A Critical Anthology. New York: Oxford University Press 1978. – M. Sragow: Commentary. in: Film Society Review, Vol. 7, Nr. 5, Januar 1972 (Stellungnahme zum Aufsatz von Bean). – Marsha Kinder, Beverle Houston: The rise to power of Louis XIV. in: M.K., B.H.: Close-Up. A critical perspective on film. New York, Chicago, San Francisco, Atlanta: Harcourt Brace Jovanovich 1972. – Philip Strick: Rossellini in '76. in: Sight and Sound, Vol. 45, Nr. 2, Frühjahr 1976. – M. Walsh: Rome, Open City; The rise to power of Louis XIV: Reevaluating Rossellini. in: Jump Cut, Nr. 15, 1977.

Peter Nau: Die Machtergreifung Ludwigs XIV. in: P.N.: Zur Kritik des Politischen Films. Köln: DuMont 1978.

Kritiken: Mario Verdone in: Bianco e nero, Nr. 9/10, September/Oktober 1966 (Venedig). – Paolo Alatri in: Filmcritica, Nr. 172, November 1966 (Venedig).

J.-A. F. (Jean-André Fieschi) in: Cahiers du Cinéma, Nr. 183, Oktober 1966 (Venedig). - Renée Saurel in: Les lettres françaises, 20.10. 1966. - Michel Mardore in: Le Nouvel Observateur, 9.11. 1966. - Claude Beylie in: Cinéma (Paris), Nr. 111, Dezember 1966. - G. A. (Guy Allombert) in: La saison cinématographique 1967. - Serge Daney in: Cahiers du Cinéma, Nr. 186, Januar 1967. - Marie-Louise Haumont in: Image et Son/La Revue du Cinéma, Nr. 201, Januar 1967. - Ginette Gervais in: jeune cinéma, Nr. 20, Februar 1967. - Jacques Siclier in: Le Monde, 18./19.8. 1968. - Noël Simsolo in: Image et Son/La Revue du Cinéma, Nr. 259, März 1972. - Jacques Grant in: Cinéma (Paris), Nr. 197, April 1975. - O. S. (Olivier Serre) in: téléciné, Nr. 198, April 1975 (Kurzkritik). - Gilles Colpart in: téléciné, Nr. 214, Januar 1977. - Laurence Ardgé in: téléciné, Nr. 216, März 1977.

Mosk. (Gene Moskowitz) in: Variety, Vol. 244, Nr. 5, 21.9. 1966. - Michael Kustow in: Sight and Sound, Vol. 36, Nr. 1, Winter 1966/67 (London). - Bosley Crowther in: The New York Times, 26.9. 1967. - Ken Kelman in: Film Culture, Nr. 47, Sommer 1969. - Roger Greenspun in: The New York Times, 19.8. 1970. - Jonas Mekas in: The Village Voice, Vol. 15, Nr. 34, 20.8. 1970. - Yvonne Chautemps in: Films in Review, Vol. 21, Nr. 8, Oktober 1970. - Paul Schrader in: Cinema (Los Angeles), Vol. 6, Nr. 3, Frühjahr 1971. - J. R. T. (John Russell Taylor) in: Films and Filming, Nr. 346, Juli 1983. - Gilbert Adair in: Monthly Film Bulletin, Vol. 50, Nr. 594, Juli 1983.

B. F. in: Frankfurter Allgemeine Zeitung, 13.10. 1966 (Venedig). - sb. (Martin Schaub) in: Neue Zürcher Zeitung, 14.10. 1966. - Hans Klein in: Kölner Stadt-Anzeiger, 15./16.10. 1966. - Ulrich Gregor in: Frankfurter Allgemeine Zeitung, 22.12. 1975.

LA LOTTA DELL'UOMO PER LA SUA SOPRAVVIVENZA
Material: Registi dal grande al piccolo schermo. in: Cinema Nuovo, Nr. 203, Januar/Februar 1970.
Kritiken: anon. in: Bianco e nero, Nr. 3/4, März/April 1969 (Notiziario XI).
Claude Beylie in: Ecran, Nr. 29, Oktober 1974.

ATTI DEGLI APOSTOLI
Vorlage: Neues Testament, 5. Buch, Apostelgeschichte.
Drehbuch: Cinema e Film, Nr. 9, Sommer 1969 (Auszüge).
Material: Leonhard H. Gmur: Verfilmte Apostelgeschichte. Drehbesuch bei Rossellini. in: Stuttgarter Zeitung, 25.6. 1969.
Kritiken: Edoardo Bruno in: Filmcritica, Nr. 196/97, März/April 1969. - Stefano Roncoroni in: Bianco e nero, Nr. 7/8, Juli/August 1969. - Sergio Arecco in: Filmcritica, Nr. 203, Januar 1970 (Kurzkritik).
Michael McKegney in: The Village Voice, Vol. 15, Nr. 41, 8.10. 1970.

SOCRATE
Drehbuch: La TV di Rossellini. Roma: Coines edizione 1972. – Da
SOCRATE. in: Filmcritica, Nr. 264/65, Mai/Juni 1976 (Auszüge).
Material: Gian Paolo Cresci (Red.): Rossellini SOCRATE per la tv. Ro-
ma: RAI Radiotelevisione Italiana. August 1970. Appunti del Servi-
zio Stampa N. 38. n. p. Broschüre (Beiträge von Alvise Zorzi, Lietta
Tornabuoni, Massimo Olmi, Massimo Vecchi).
Kritiken: Sergio Arecco in: Filmcritica, Nr. 209, September 1970 (Ve-
nedig). – Guido Cincotti in: Bianco e nero, Nr. 9/10, September/Ok-
tober 1970 (Venedig). – Umberto Silva in: Filmcritica, Nr. 210, Okto-
ber 1970.
Marcel Martin in: Cinéma (Paris), Nr. 149, September/Oktober 1970
(Venedig). – Jean Delmas in: jeune cinéma, Nr. 50, November 1970
(Venedig). – Michel Ciment in: Positif, Nr. 121, November 1970.
George Lellis in: Film Quarterly, Vol. 23, Nr. 1, Herbst 1969. – Tom
Milne in: Sight and Sound, Vol. 39, Nr. 4, Herbst 1970 (Venedig). –
Ian Cameron in: Movie, Nr. 18, Winter 1970/71. – Michael McKeg-
ney in: The Village Voice, Vol. 16, Nr. 16, 22. 4. 1971. – Andrew Sarris
in: The Village Voice, Vol. 16, Nr. 47, 25. 11. 1971. – Vincent Canby
in: The New York Times, 26. 11. 1971. – A. C. (Arthur Cooper) in:
Newsweek, Vol. 78, Nr. 23, 6. 12. 1971. – Vine. in: Variety, Vol. 265,
Nr. 5, 15. 12. 1971.
Brigitte Jeremias in: Frankfurter Allgemeine Zeitung, 21. 8. 1970 (Ve-
nedig). – Alf Brustellin in: Stuttgarter Zeitung, 22. 8. 1970 (Venedig).
– Klaus Eder in: Film (Velber), Nr. 10, Oktober 1970 (Venedig).

INTERVISTA CON SALVATORE ALLENDE
Interviewtext: Paese Sera, 16. 9. 1973; englisch in: Take One, Vol. 4,
Nr. 3, Mai 1974; Don Ranvaud: Roberto Rossellini. London: British
Film Institute 1981. BFI-Dossier 8.

BLAISE PASCAL. Blaise Pascal
Drehbuch: La TV di Rossellini. Roma: Coines edizione 1972. – Da
PASCAL. in: Filmcritica, Nr. 264/65, Mai/Juni 1976 (Auszüge).
Material: Andrea Ferredeles: PASCAL, di Rossellini, giornale di lavo-
razione. in: Filmcritica, Nr. 218, September/Oktober 1971.
Kritiken: Edoardo Bruno in: Filmcritica, Nr. 224, April/Mai 1972.
Mac. (J. MacBride) in: Variety, Vol. 278, Nr. 7, 26. 3. 1975. – Vincent
Canby in: The New York Times, 4. 3. 1980. – J. Hoberman in: The
Village Voice, Vol. 25, Nr. 10, 10. 3. 1980. – Jill Forbes in: Monthly
Film Bulletin, Vol. 48, Nr. 570, Juli 1981.

AGOSTINO D'IPPONA
Drehbuch: La TV di Rossellini. Roma: Coines edizioni 1972.
Kritiken: Gino Frezza in: Filmcritica, Nr. 231, Januar/Februar
1973.

Michael McKegney in: The Village Voice, Vol. 19, Nr. 20, 16. 5. 1974.
– Penelope Gilliatt in: The New Yorker, Vol. 53, Nr. 16, 6. 6. 1977. –
Vincent Canby in: The New York Times, 21. 12. 1979. – Gilbert
Adair in: Monthly Film Bulletin, Vol. 47, Nr. 563, Dezember 1980.

L'ETÀ DI COSIMO DE' MEDICI
Aufsatz/Analyse: John Hughes: Recent Rossellini. in: Film Com-
ment, Vol. 10, Nr. 4, Juli/August 1974.
Kritiken: Giuseppe Turroni in: Filmcritica, Nr. 231, Januar/Februar
1973. – g. p. (Giuseppe Peruzzi) in: Cinema Nuovo, Nr. 222, März/
April 1973.
Penelope Gilliat in: The New Yorker, Vol. 50, Nr. 12, 13. 5. 1974. –
Michael McKegney in: The Village Voice, Vol. 19, Nr. 20, 16. 5. 1974.
– Vincent Canby in: The New York Times, 3. 5. 1979. – J. Hoberman
in: The Village Voice, Vol. 24, Nr. 18, 7. 5. 1979. – David Ansen in:
Newsweek, Vol. 93, Nr. 21, 21. 5. 1979. – Jill Forbes in: Monthly Film
Bulletin, Vol. 47, Nr. 563, Dezember 1980.

CARTESIUS. Descartes
Drehbuch: La TV di Rossellini. Roma: Coines edizioni 1974.

L'ANNO UNO
Material: anon.: Heavy presence of pols at ›One‹. in: Variety,
Vol. 277, Nr. 3, 27. 11. 1974.
H. L.: Rossellini dreht wieder fürs Kino. in: Frankfurter Rundschau,
23. 8. 1974.
Aufsätze/Analysen: Sandro Zambetti: Operazione Degasperi: sullo
schermo l'immagine istituzionale dell'azienda DC. in: Cineforum,
Nr. 140, Januar 1975. – Edoardo Bruno: Senso (filmico) dell'intra-
scrivibile (Rossellini, Straub-Huillet, Antonioni). in: Filmcritica,
Nr. 252, März 1975.
Kritiken: g. d. a. (Gian Piero Dell'Acqua) in: Cinema Sessanta,
Nr. 100, 1974. – r. alem. (Roberto Alemanno) in: Cinema Nuovo,
Nr. 233, Januar/Februar 1975. – Lorenzo Pellizzari in: Cinema e Ci-
nema, Nr. 3, April-Juni 1975.
S. C. (Serge Champenier) in: La saison cinématographique 1980,
Hors Serie XXIV. – Jean-Claude Biette in: Cahiers du Cinéma,
Nr. 309, März 1980.
Werb (Hank Werba) in: Variety, Vol. 277, Nr. 4, 4. 12. 1974. – James
Monaco in: Take One, Vol. 5, Nr. 3, August 1976. – Geoffrey Nowell-
Smith in: Monthly Film Bulletin, Vol. 47, Nr. 563, Dezember 1980.
B. J. (Brigitte Jeremias) in: Frankfurter Allgemeine Zeitung, 20. 12.
1974 (Kurzkritik). – Peter Kammerer in: Frankfurter Rundschau,
13. 3. 1975.

IL MESSIA. Der Messias
Drehbuch: Filmcritica, Nr. 264/65, Mai/Juni 1976 (Auszüge).
Material: R. B. Frederich: Fr. Peyton (of radio) partners on Rossellini's Messiah film; present ageless Virgin Mary. in: Variety, Vol. 280, Nr. 10, 15. 10. 1975.
Gideon Bachmann: Biblische Geschichten in Tunesien. in: Süddeutsche Zeitung, 21./22. 12. 1974. – Robert Schär: Mit Mitteln des Vatikan. in: Film-Korrespondenz, Nr. 10, 22. 10. 1975.
Interviews: Jacques Grant: Roberto Rossellini: »Je profile des choses.« in: Cinéma (Paris), Nr. 206, Februar 1976. – Claude Beylie: La messie. in: Ecran, Nr. 45, März 1976. – Joël Magny: Entretien avec Roberto Rossellini. in: téléciné, Nr. 206, März 1976.
Kritiken: Renato Tomasino in: Filmcritica, Nr. 264/65, Mai/Juni 1976. – Italo Morcati in: Cinema Sessanta, Nr. 113, Januar/Februar 1977.
J. Ch. (Jacques Chevallier) in: La saison cinématographique 1976. – Claude Beylie in: Ecran, Nr. 45, März 1976. – Joël Magny, Simon Le Puyat, Bernard Lauret in: téléciné, Nr. 206, März 1976. – Jacques Grant in: Cinéma (Paris), Nr. 208, April 1976. – Françoise Maupin in: Image et Son/La Revue du Cinéma, Nr. 305, April 1976. – R. B. (Robert Benayoun) in: Positif, Nr. 180, April 1976. – Mireille Latil Le Dantec in: Cinématographe, Nr. 18, April/Mai 1976. – Serge Daney in: Cahiers du Cinéma, Nr. 266/67, Mai 1976. – Jacques Chevallier in: Image et Son/La Revue du Cinéma, Nr. 309/310, Oktober 1976. – Joël Magny in: Cinéma (Paris), Nr. 273, September 1981.
hege. (C. Schreger) in: Variety, Vol. 291, Nr. 1, 10. 5. 1978. – J. Hoberman in: The Village Voice, Vol. 24, Nr. 18, 7. 5. 1979.
Jörg Huber in: Tages-Anzeiger (Zürich), 21. 3. 1978. – Eugen Waldner in: Filmbulletin, Nr. 103, April 1978. – Ambros Eichenberger, Reto Müller in: Zoom, Nr. 8, 19. 4. 1978.

BEAUBOURG, CENTRE D'ART ET DE CULTURE GEORGES POMPIDOU. Le Centre Georges Pompidou.
Kritik: Paulo Antonio Paranagua in: Positif, Nr. 206, Mai 1978 (Lille).

Filme über Roberto Rossellini

1966 *Roberto Rossellini: appunti biografici.* – R: Giulio Macchi. – B: Gian Luigi Rondi. – K: Umberto Galeassi. – TV: 6. 4. 1966 (BR III).

1967 *Colonna sonora.* – R, B: Glauco Pellegrini. – K: Sandro Messina. – Präsentation: Giulietta Masina. – P: RAI, Rom.
Statements von Rossellini; nachgedruckt in: Bianco e nero, Nr. 3/4, März/April 1967.

1971 *L'invité du dimanche: Hommage à Roberto Rossellini.* – R: Guy Seligman. – Präsentation: Claude-Jean Philippe. – P: ORTF, Paris. – Pd: Pierre-André Boutange, Daniel Costelle. – U: 24.1. 1971.

1975 *Roberto Rossellini.* Ein Mensch wie jeder andere. – R, B: Georg Stefan Troller. – U: 14.12. 1975 (ZDF). – Sendereihe: »Personenbeschreibung«

1976 *Kolloquium mit Rossellini.* – R, B: Michael Klier. – U: 4.12. 1976 (WDR III). – Sendereihe: »Kino 76«.

1977 *Roberto Rossellini: un ricordo.* – R: Angelo D'Alessandro. – B: Guerrino Gentilini, Angelo D'Alessandro. – Sprecher: Riccardo Cucciola. – M: Mario Nascimbene.

1978 *Roberto Rossellini: un hommage international.* – R: Fabienne Wiaremsky, Claude-Jean Philippe. – B: Claude-Jean Philippe. – P: Gaumont, Paris/Unesco.

1978 *Roberto Rossellini.* – R, B: Rainer Gansera. – U: 1978 (WDR III); 4.11. 1978 (BR III).

Die Herausgeber bedanken sich für vielfältige Hilfen bei: Adriano Aprà, Rom; Cynthia Beatt, Berlin; Akademie der Künste, Berlin; Cineteca Nazionale, Rom; Italienische Botschaft, Bonn; National Film Archive, London; RAI, Rom.

Reihe Film

Herausgegeben von Peter W. Jansen und Wolfram Schütte in Zusammenarbeit mit der Stiftung Deutsche Kinemathek.

1 François Truffaut
   5. erweiterte Auflage 1985. 292 Seiten.
   102 Abbildungen. Gebunden.

2 Rainer Werner Fassbinder
   5. erweiterte und ergänzte Auflage 1985.
   344 Seiten. 120 Abbildungen. Gebunden.

3 Buster Keaton
   2. Auflage 1980. 176 Seiten. 50 Abbildungen.
   Gebunden.

4 Luchino Visconti
   4. erweiterte Auflage 1986. 196 Seiten.
   69 Abbildungen. Broschur.

5 Claude Chabrol
   2. erweiterte Auflage 1986. 292 Seiten.
   84 Abbildungen. Gebunden.

6 Luis Buñuel
   2. erweiterte Auflage 1980. 192 Seiten.
   87 Abbildungen. Broschur.

7 Fritz Lang
   2. Auflage 1986. 204 Seiten. 103 Abbildungen.
   Gebunden.

8 Humphrey Bogart
   3. Auflage 1986. 192 Seiten. 103 Abbildungen.
   Broschur.

 9 <u>Herzog / Kluge / Straub</u>
   1976. 256 Seiten. 70 Abbildungen. Broschur.

10 <u>New Hollywood</u>
   1976. 184 Seiten. 79 Abbildungen. Broschur.

11 <u>Joseph Losey</u>
   1977. 208 Seiten. 79 Abbildungen. Broschur.

12 <u>Pier Paolo Pasolini</u>
   3. Auflage 1985. 252 Seiten. 106 Abbildungen.
   Gebunden.

13 <u>Film in der DDR</u>
   1977. 280 Seiten. 102 Abbildungen. Broschur.

14 <u>Orson Wells</u>
   1977. 184 Seiten. 78 Abbildungen. Broschur.

15 <u>Robert Bresson</u>
   1978. 200 Seiten. 74 Abbildungen. Broschur.

16 <u>Mae West / Greta Garbo</u>
   1978. 192 Seiten. Zahlreiche Abbildungen.
   Broschur.

17 <u>Film in der Schweiz</u>
   1978. 240 Seiten. 113 Abbildungen. Broschur.

18 <u>Stanley Kubrik</u>
   1984. 320 Seiten. 137 Abbildungen. Gebunden.

19 <u>Jean-Luc Godard</u>
   1979. 224 Seiten. Zahlreiche Abbildungen.
   Broschur.

20 <u>Werner Schroeter</u>
   1979. 212 Seiten. 100 Abbildungen. Broschur.

21 <u>Woody Allen / Mel Brooks</u>
   1980. 208 Seiten. 82 Abbildungen. Broschur.

22 Werner Herzog
1979. 196 Seiten. 88 Abbildungen. Broschur.

23 Andrzej Wajda
1980. 264 Seiten. 98 Abbildungen. Broschur.

24 Bernardo Bertolucci
1982. 216 Seiten. 149 Abbildungen. Broschur.

25 Robert Altmann
1981. 208 Seiten. 97 Abbildungen. Broschur.

26 Carlos Saura
1981. 152 Seiten. 89 Abbildungen. Broschur.

27 Jean-Pierre Melville
1982. 270 Seiten. 98 Abbildungen. Broschur.

28 Francesco Rosi
1983. 208 Seiten. 78 Abbildungen. Gebunden.

29 John Cassavetes
1983. 180 Seiten. 70 Abbildungen. Gebunden.

30 Rosa von Praunheim
1984. 280 Seiten. 144 Abbildungen. Gebunden.

31 Michelangelo Antonioni
1984. 284 Seiten. Zahlreiche Abbildungen.
Gebunden.

32 Herbert Achternbusch
1984. 192 Seiten. Zahlreiche Abbildungen.
Gebunden.

33 Francis Ford Coppola
1985. 236 Seiten. 101 Abbildungen. Gebunden.

34 Louis Malle
1985. 176 Seiten. 71 Abbildungen. Gebunden.

35 <u>Roman Polanski</u>
1986. 224 Seiten. 104 Abbildungen. Gebunden.

36 <u>Roberto Rossellini</u>
1987. 352 Seiten. Zahlreiche Abbildungen.
Gebunden.

37 <u>Martin Scorsese</u>
1986. 236 Seiten. 79 Abbildungen. Gebunden.

38 <u>Alain Resnais</u>
1988. Ca. 220 Seiten. Zahlreiche Abbildungen.
Gebunden.

39 <u>Andrej Tarkowskij</u>
1987. 192 Seiten. Zahlreiche Abbildungen.
Gebunden.